예수님의 사랑을 받으며 살고 싶은 분의 책

약한 자를 사랑하시는 예수님

강요셉지음

"…하나님께서 세상의 미련한 것들을 택하사 지혜 있
는 자들을 부끄럽게 하려 하시고 세상의 약한 것들을
택하사 강한 것들을 부끄럽게 하려 하시며"(고전 1:27)

성령

약한자를
사랑하시는 예수님

성령

들어가는 말

필자는 25년이 넘도록 말씀과 성령으로 성도들의 영혼을 치유하여 하나님의 성전으로 살아가도록 목회를 하였습니다. 과연 **"약한자를 사랑하시는 예수님"**이라는 단어가 쉽게 이해가 되십니까? 성경말씀에는 예수를 믿고 성령으로 거듭나 성령의 지배와 인도를 받으면서 말씀을 삶에 적용하여 체험하면서 깨달아야 이해가 되는 역설적인 말씀이 많습니다. 즉 보통 인간의 상식으로는 이해되지 않는 모순 같이 보이는 진리가 있다는 것입니다.

몇 말씀을 언급하면 "내 능력이 약한 데서 온전하여짐이라" "내가 약한 그때에 강함이라." "약한 것들에 대하여 자랑하리니" "애통하는 자가 복이 있다." "심령이 가난한 자가 복이 있다." "주와 함께 죽었으면 또한 함께 살 것이요." "아무 것도 없는 자 같으나 모든 것을 가짐" 등 역설적인 것처럼 보이고 들리지만 성령으로 깨닫고 보면 모두가 참된 바른 진리인 것입니다.

이는 예수를 믿고 성령으로 세례를 받고, 성령으로 거듭나 성령의 지배와 인도를 받으면서 말씀을 삶에 적용하여 성령으로 깨달으면 이해가 되어 아멘이 저절로 나오는 참된 진리입니다. 우리는 하나님의 뜻을 바르게 알아야 합니다. 하나님은 하나님과 원수인 아담이 죽어 없어기를 원하십니다. 죄인 아담이 예수믿고 죽고, 다시사신 예수로 태어나야 합니다. 성령으로 다시 태어나야 한다는 말입니다. 성경말씀은 예수를 믿을 때 죽고, 다시사신 예수로 태어난 자만이 성령으로 깨달을 수가 있는 것입니다.

그래서 예수님은 요한복음 3:5절에서 "예수께서 대답하시되 진실로 진실로 네게 이르노니 사람이 물과 성령으로 나지 아니하면 하나님의 나라에 들어갈 수 없느니라." 하신 것입니다. 다시 태어나 하나님의 성전 된 성도만이 역설적인 진리가 성령으로 깨달아지는 것입니다. 하나님은 골로새서 3:10절에서 이렇게 말씀하십니다. "새 사람을 입었으니 이는 자기를 창조하신 이의 형상을 따라 지식에까지 새롭게 하심을 입은 자니라." 보이지 않지만 살아서 역사하시는 하나님을 주인으로 삼고 삶에서 살아계신 하나님을 나타내는 하늘나라 자녀가 되게 하기 위함입니다.

하나님은 아담이 죽어 없어지고, 성령으로 다시 태어난 사람들을 통하여 세상에 하늘나라를 건설하십니다. 하나님께서 직접 하늘나라를 건설하시는 것이 아니고 성령으로 거듭난 하나님의 사람들을 통하여 세상에 하늘나라를 건설하시는 것입니다.

독자 여러분 이 책을 통하여 **"약한자를 사랑하시는 예수님"** 대하여 바르게 깨닫고 하나님께 쓰임을 받으면서 세상에서 하나님의 살아계심을 증명하며 영광의 도구가 되시기를 바랍니다.

주후 2024년 4월 10일

충만한 교회 성전에서

저자 강요셉목사.

세부적인목차

1부 약한 자를 불러서 축복하시는 예수님

1장 약한자면서 강하게 살아가신 예수님

　(사 53:7-12) "그가 곤욕을 당하여 괴로울 때에도 그의 입을 열지 아니하였음이여 마치 도수장으로 끌려 가는 어린 양과 털 깎는 자 앞에서 잠잠한 양 같이 그의 입을 열지 아니하였도다 (8) 그는 곤욕과 심문을 당하고 끌려 갔으나 그 세대 중에 누가 생각하기를 그가 살아 있는 자들의 땅에서 끊어짐은 마땅히 형벌 받을 내 백성의 허물 때문이라 하였으리요 (9) 그는 강포를 행하지 아니하였고 그의 입에 거짓이 없었으나 그의 무덤이 악인들과 함께 있었으며 그가 죽은 후에 부자와 함께 있었도다 (10) 여호와께서 그에게 상함을 받게 하시기를 원하사 질고를 당하게 하셨은즉 그의 영혼을 속건제물로 드리기에 이르면 그가 씨를 보게 되며 그의 날은 길 것이요 또 그의 손으로 여호와께서 기뻐하시는 뜻을 성취하리로다."

　예수님은 성도들을 불러서 약한자를 성령으로 깨뜨리며 성령으로 충만하게 하여 강한자 만들어 축복하며 사용하십니다. 예수를 믿으며 죽고 성령으로 세례를 받아 거듭나지 못하신 분들은 "약한 자를 축복하시는 예수님"이라는 책 제목이 쉽게 이해가 되지 않을 수도 있습니다. 왜 예수님은 약한자를 축복하실까요? 자신이 강하다고 생각하면 자신의 힘과 지혜로 살아가려고 합니다. 예를 들어 설명하면 자신이 능력이 있어 돈도 잘 벌고 권력도 있으면 예수님의 필요성을 인식하지 못하여 자신의 지혜와 힘으로 살아갑니다.

자신이 돈을 잘 벌지 못하고, 권력도 없고, 몸도 강인하지 못하면 스스로 아무것도 할 수 없기 때문에 예수님을 믿는 자라면 예수님의 도움을 받아야 하기에 애타게 기도하면서 예수님을 찾지 않을 수가 없습니다. 이는 자동으로 예수님을 찾게 되는 것입니다. 예수님을 찾고 찾으면 5차원의 권세가 있으시고 영이신 예수님이 충만하게 채워지게 되는 것입니다. 자신이 없어지고 예수님이 충만하게 채워지면 예수님의 지혜와 권세로 살아가게 됩니다. 그래서 자신이 능력이 있어 돈도 잘 벌고 권력도 있는 사람보다 더 능력도 있게 되고, 돈도 잘 벌게 되고, 권력도 있게 되는 것입니다. 왜냐하면 예수님을 찾고 찾아서 온몸에 예수님이 충만하게 채워져서 예수님이 주인으로 모시도 살아가시기 때문입니다. 그래서 예수님은 약한자를 불러서 성령으로 훈련하시고 사용하시는 것입니다. 왜 "약한자를 축복하시는 예수님"이라고 하는지 이해가 되실 것입니다. 예수님의 축복을 받으려면 빨리 자신이 없어져야 하기 때문입니다.

예수님은 누구이십니까? 창세전에 하나님과 함께 계시던 성자 하나님이십니다. 천지 창조를 하신 성자하나님이십니다. 세상 사람들은 예수님이 마리아의 아들로써 성자의 삶을 산 위인 정도로 알고 있습니다. 이는 예수님에 대하여 지극히 무식한 것입니다. 예수님은 창세이전에도 계셨고, 천지를 창조하신 유일하신 분입니다. 예수님은 영이시지만 이 땅에 육신을 입고 태어나셨습니다.

그 이유는 창세 때 첫 사람 아담이 하나님의 명령을 어기고 선악과를 먹음으로 인하여 범한 죄를 사해주시기 위해 이 땅에 사람으로 오셔서 첫 사람 아담으로부터 유전된 죄 값을 대신 지불하기 위해 십자가에 죽으셨습니다. 예수님이 십자가에 죽으심으로 말미암아 첫 사람 아담으로부터 전인류에게 유전되었던 죄가 단번에 사함을 얻고 하나님과 사람과의 단절된 관계가 회복된 것입니다.

예수님이 오시기전에는 짐승을 잡아 피를 뿌리는 제사를 통하여 죄 사함을 받았지만 예수님이 십자가에 죽으심으로 완전한 죄 사함을 얻게 된 것입니다. 예수님은 삼일 만에 부활하시고 하늘로 올라가셨습니다. 삼층천 하나님 우편에 앉아계시며 지금 이 시간에도 예수님은 온 세상을 불꽃같은 눈으로 감찰하고 계십니다.

예수님을 통하여 율법이나 절기나 모든 얽매이던 것들로부터 자유롭게 되었고 종의 신분에서 자녀의 신분으로 바뀌게 된 것입니다. 자녀의 신분으로 바뀐 동시에 성령하나님께서 믿는자 안에 주인으로 임재 하셨습니다. 성령께서 하나님을 알게 하시고 예수님을 알게 하십니다. 그래서 하나님을 아버지라 부르게 된 것입니다. 하나님이 계시다는 것을 어떻게 아느냐. 예수님을 믿는 자들은 성령으로 알게 됩니다. 그러나 불신자라고 할지라도 하나님께서 살아계신다는 것을 깨달을 수가 있습니다. 모든 만물 속에 하나님의 지혜와 정신이 들어있습니다. 동물이 본능을 따라 살고 밤과 낮이 항상 찾아오고 비가오고 눈이 오고 1년에 사계절이 지나고 모든 자연의 환경들이 질서 데로 움직이고 있다는 사실입니다.

누구도 하나님이 없다고 핑계치 못할 것은 모든 만 물속에 하나님의 능력이 들어있기 때문입니다. 이 세상은 사람이 살도록 창조되었고 우주가운데 지구만이 산소가 존재한다는 사실입니다. 원숭이가 사람이 된다. 또는 외계인이 있다는 말은 모두 근거 없는 거짓입니다. 오직 사람이 사는 지구 외에는 산소가 없기 때문입니다.

사람은 영혼육으로 창조되었고 영은 성령으로부터의 영감을 받을 수 있습니다. 동물은 혼과 육이 있지만 영이 없기 때문에 무엇을 만들어내지 못합니다. 그러나 사람은 성령과 교류할 수 있는 영이 있기 때문에 영감을 받아서 즉 성령으로부터 오는 지혜를 받아서 창작을 할 수 있는 것입니다.

천하 만민에 사람의 영혼을 구원할 자는 예수그리스도 외에는 없습니다. 세상 모든 신은 거짓 신들이고 타락한 천사들과 루시퍼 그리고 귀신들이지만 참된 신은 하나님 한분뿐입니다. 예수님을 믿는 것은 결코 종교를 믿는 것이 아닙니다. 예수그리스도는 진리이시고 영원한 생명이시기 때문입니다. "내가 곧 길이요 진리요 생명이니 나로 말미암지 않고는 천국에 들어갈 자가 없느니라."

이 예수님께서 이 세상을 살아가는 사람들과 예수님을 믿는 자들에게 본을 보이시기 위하여 사람으로 감당하기 어려운 고난을 당하셨습니다. 예수님께서 지금 세상을 살아가는 성도들에게 자신이 비워져야 하나님으로 채워질 수 있다는 것을 깨닫게 하기 위하여 직접 행동하시며 본을 보이신 것입니다. 이는 깨닫지 못한 성도는 이해할 수 없습니다. 성령으로 깨달으면 이해가 되어 아멘! 할 수 있습니다. 참 하나님 되신 예수님은 죄 없이 완전한 사람으로 태어나셨습니다. 그런 예수님이 인간을 구원하기 위해 십자가 형벌을 받았고, 온 몸의 피를 다 흘리시며, 6시간이나 고통 받으신 후 "내가 다 이루었다" 하시고 그 영혼이 육체를 떠나가셨습니다.

예수 그리스도께서 당한 고통은 말로 다할 수 없습니다. 우리의 죄를 대신해 죄 덩어리가 된 예수님께서 십자가에 매달려 있으니 하나님이 바로 볼 수가 없습니다. 말할 수 없이 고통스러운 가운데 하나님조차 고개를 돌리시자 그는 "엘리 엘리 라마 사박다니. 하나님이여! 하나님이여! 어찌하여 나를 버리시나이까?"라고 외치셨습니다. 또 3년 반 동안 데리고 다니며 진리를 가르쳤던 제자들도 모두 달아났습니다. 보이는 사람의 미혹을 받은 것입니다.

가룟 유다는 예수님을 팔았고, 베드로는 세 번이나 "그를 알지 못한다"며 저주하고 맹세까지 했습니다. 그리고 예수님의 귀에는 "저 자를 십자가에 못 박으소서. 십자가에 못 박으소서"라고 고함치는 소리만 들려왔습니다. 예수님을 통해서 병 고침을 받은 사람들도 많았을 텐데, 그들도 모두 돌아선 것입니다. 보이는 예수님에게 소망을 두었는데 죽게 되었기 때문입니다. 그래서 예수님은 분명하게 제자들에게 당부하셨습니다. "예수께서 대답하여 이르시되 너희가 사람의 미혹을 받지 않도록 주의하라 (5) 많은 사람이 내 이름으로 와서 이르되 나는 그리스도라 하여 많은 사람을 미혹하리라."(마 24:4-5). 이는 아주 중요한 진리로서, 지금 많은 성도들이 예수님께서 영이시라 보이지 않으니, 카리스마 있는 보이는 사람의 미혹을 받아 예수님과 상관없는 신앙생활을 하고 있습니다.

그러나 예수님은 약한자가 되어 예수님이 겪은 육체의 고통은 우리가 어떻게 형용할 수 있겠습니까? 로마 군인들이 가시로 왕관을 만들어서 막 누르면서 씌워 온 얼굴은 피투성이가 되었습니다. 그리고 양손과 양발을 포개서 대못을 박았습니다. 예수님은 여섯 시간 동안 그 고통 가운데 계시면서 모든 것을 견뎌 내셨습니다. 하나님 아버지께서 예수님을 통해서 아버지의 뜻을 다 이루어 가실 때 예수님은 "엘리 엘리 라마 사박다니"라고 외쳤습니다. 이 말은 뼈속에서 나온 말이었습니다. 아버지의 뜻을 위해서 하늘 보좌를 버리고 사람으로 오셔서 33년 동안 아버지가 원하시는 길을 걸었는데, 우리 죄를 대신 짊어지고 죄인이 되어 버림을 받았으니 이것을 말로 다할 수 없지 않습니까? 예수님은 완전한 사람이셨습니다. 때문에 지방에서 마지막으로 예루살렘으로 올라가실 때 마음이 흔들리셨습니다. 예수님이 다른 제자들은 두고 베드로와 야고보와 요한을 데리고 산 위에 올라가셨습니다. 성경은 말씀하지 않았지만, 예수님은 '내가 과연 이 고통을 감당할 수 있을까?'라며 마음이 흔들리지 않았겠습니까? 산에 올라가서 하나님께 기도를 하자 예수님의 모습이 변형되셨습니다. 성령님께서 그 산을 뒤덮었고 구약시대의 선지자인 모세와 엘리야가 나타났습니다.

모세는 구약시대의 이스라엘을 인도해낸 분이었고, 엘리야는 위대한 선지자였습니다. 그들이 예수님께 격려의 말씀을 전한 것입니다. 이렇게 하나님도 사람이 되어 고통스러울 때 격려의 말을 원했습니다. 어려움을 당할 때 우리의 격려의 한마디가 도움이 될 수도 있고, 파멸을 가져올 수도 있습니다. '잘했다'는 격려가 보통 때는 아무 의미가 없는 것 같지만, 시련 중에 있을 때는 큰 힘이 되어 줍니다. 반면에 비관적인 말 한마디, 욕하는 말 한마디가 생명을 파멸로 이끌 수도 있다는 것을 기억하시기 바랍니다.

예수님은 모세와 엘리야의 격려를 받아들였습니다. 그리고 변화 산상에서 내려와서 곧장 예루살렘으로 와서 십자가를 걸머진 것입니다. 우리가 신앙생활하면서 가끔 마음이 흔들릴 때 너무 걱정하지 마세요. 주님도 흔들려 봤었기 때문에 우리를 도와주시는 것입니다. 예수님이 고난당하신 것은 내 탓이라는 것을 기억하시기 바랍니다. 나를 대신해 예수님이 형벌을 받으신 것입니다. 신구약 성경에서 가장 중심이 갈보리 십자가입니다. 우리 신앙의 중심도 갈보리 십자가가 되어야 합니다.

모세가 광야에서 뱀을 든 것 같이 인자도 들려야 하리라고 예수님이 말씀하셨습니다. 이스라엘 백성이 하나님께 불평하다가 뱀에 물려 죽게 됐는데, 수많은 사람이 뱀에 물려서 입에 거품을 물고 경련을 일으키면서 죽어갈 때, 모세가 하나님께 기도하니 "뱀을 만들어서 높이 달아라. 쳐다보는 사람마다 나을 것이라"고 말씀하셨습니다. 그래서 구리 뱀을 만들어서 장대에 매달았고, 뱀에 물린 사람마다 그것을 쳐다보니 고침을 받을 수 있었습니다. 예수님께서는 그것이 바로 자신을 상징한 것이라고 니고데모에게 말씀한 것입니다.

이 세상은 죄악의 뱀, 사탄에게 물려서 온 인류가 죽어가고 있습니다. 힘으로도 능으로도 안 되지만 장대에 매달린 뱀을 쳐다보듯이, 십자가에 못 박힌 예수님을 쳐다보기만 하면 낫는다고 말씀해 주신 것입니다. 고린도후서 5장 21절은 "하나님이 죄를 알지도 못하신 이를 우리를 대신하여 죄로 삼으신 것은 우리로 하여금 그 안에서 하나님의 의가 되게 하려 하심이라"고 말씀하셨습니다. 로마서 4장 25절에는 "예수는 우리가 범죄한 것 때문에 내줌이 되고 또한 우리를 의롭다 하시기 위하여 살아나셨느니라"라고 기록되어 있습니다. 나를 위하여 내 죄를 짊어지고 죽으셨고, 그 다음엔 나를 살리기 위해서 예수님이 다시 살아나신 것입니다.

하나님이 우리의 죄와 허물이라고 말씀하셨는데, '죄'는 성품 그 자체, 생명 그 자체의 모습을 말합니다. 예를 들어 동양 사람은 DNA가 동양 사람인 것입니다. 그렇기 때문에 얼굴에 아무리 그림을 그려도 동양 사람이 서양 사람이 될 수가 없는 것입니다. 그러나 '허물'은 죄인이기에 저지를 수 있는 것들을 말합니다. 죄인이 입고 먹고 마시는 것은 다 허물로 나타납니다. 그렇기 때문에 허물이 없는 사람은 없습니다. 우리는 죄의 DNA를 가지고 있기 때문에 일어서고 앉는 곳에 죄의 열매인 허물이 있게 되는 것입니다. 주님께서는 피를 흘려서 죄를 사할 뿐 아니라 허물도 씻어주시는 것입니다.

그리고 성결함을 주시는 것입니다. 에베소서 2장 1절로 5절에는 "그는 허물과 죄로 죽었던 너희를 살리셨도다…긍휼이 풍성하신 하나님이 우리를 사랑하신 그 큰 사랑을 인하여 허물로 죽은 우리를 그리스도와 함께 살리셨고 (너희는 은혜로 구원을 받은 것이라)"라고 말씀하신 것입니다. 예수님의 십자가 보혈은 영원합니다. 예수 그리스도는 영원한 하나님이 사람이 되어, 우리를 대신해 피를 흘리셨습니다. 그리스도의 피는 영원한 피인 것입니다. 영원이란 것은 영원한 미래도 되고, 영원한 과거도 됩니다.

영원한 보혈은 어느 곳에나 계시면서 언제나 동일한 것입니다. 그러므로 우리가 예수 그리스도 십자가를 볼 때마다 "주여! 오늘 내 영혼을 용서하여 주시옵소서. 정하게 해주시옵소서. 죄를 씻으시고 허물을 사하여 주시옵소서"라고 기도를 해야 되는 것입니다.

우리는 그리스도와의 만남을 통해서 병 고침을 받았습니다. 예수님은 우리 인류를 구원하실 때 양 날개를 가진 구주가 되셨습니다. 한쪽 날개는 죄를 사하시고, 또 한쪽 날개는 병을 고치신 것입니다. 예수님은 사생결단하고 우리들을 병에서 건져내려고 했습니다. 그래서 주님은 우리의 병을 대신 짊어져서 매를 맞았습니다. 그는 실로 우리 질고를 지고 우리 슬픔을 당하였다고 했음으로 예수님은 우리의 치료가 되시는 것입니다. 우리를 위해서 몸이 찢겨져서 질병의 대가를 다 청산해 버리신 것입니다. 이것을 우리가 확실히 알아서 신앙을 만세반석 위에 세워야 되는 것입니다.

베드로전서 2장 24절에 '친히 나무에 달려 그 몸으로 우리 죄를 담당하셨으니 이는 우리로 죄에 대하여 죽고 의에 대하여 살게 하려 하심이라 그가 채찍에 맞음으로 너희는 나음을 얻었나니'라고 말씀하십니다. 구원의 말씀이 나오면 반드시 병 고침이 따라와야 합니다. 바늘이 가는데 실이 있는 것처럼, 예수님이 용서하실 때 언제나 병이 치료되고 귀신이 떠나가게 되는 것입니다.

그리고 십자가를 바라볼 때는 예수님이 나의 저주를 담당했다는 것을 잊지 말아야 되는 것입니다. 가시와 엉겅퀴가 땅에서 나고 이마에 땀을 흘려야 먹고 살겠다고 아담에게 하나님이 말씀하셨는데, 예수님께서 그 저주를 몸에 걸머지고 십자가에 매달린 것입니다. 성경 갈라디아서3장 13절은 "그리스도께서 우리를 위하여 저주를 받은바 되사 율법의 저주에서 우리를 속량하셨으니 기록된바 나무에 달린 자마다 저주 아래에 있는 자라"고 말씀하셨습니다.

십자가에 매달린 예수님이 저주를 청산하고 아브라함의 복을 주신다는 것입니다. 때문에 매일같이 십자가를 바라보고 "주님이 나의 저주를 청산하시고 아브라함의 복을 주시니 나는 복덩어립니다"라고 고백해야 되는 것입니다. 세수하시고 얼굴 닦기 전에 거울을 들여다보시고 "야! 너 복덩어리다. 아브라함의 복을 네가 받았다"라고 말하십시오. 눈에는 아무 증거 안보이고 귀에는 아무 소리 안 들리고 손에는 잡히는 것 없어도 입술에 말한 대로 되는 것이기 때문에 복덩어리라고 자꾸 말하면 그 사람이 복을 받는 것입니다. 예수님께서 십자가에서 우리의 저주를 짊어지고 가시고, 우리는 아브라함의 복을 받는 놀라운 하나님의 자녀들이 되는 것입니다.

그 다음에 우리가 주님과의 관계에서 잊지 말아야 될 것은 예수님이 나의 죽음을 대신하시고 부활, 영생을 허락해주신 것입니다. 주님이 죽을 이유가 없었습니다. 그런데 예수님께서 우리의 죽음을 대신 짊어지고 음부에 내려가서 사흘 동안 음부에 계시다가 죄와 허물을 다 청산하고 의로움을 회복했을 때 주님은 음부를 극복하시고 부활하신 것입니다. 사람이 죽으면 예수님을 믿은 사람은 천국 대합실인 낙원으로 갑니다. 엄청나게 좋은 곳이지만 그건 대합실일 뿐입니다. 반면에 예수님을 안 믿는 사람이 가는 곳은 음부의 대합실입니다. 음부라는 것은 지옥에 떨어질 대합실입니다.

부자와 거지에 대한 이야기에도 보면 부잣집 대문 밖에서 얻어먹던 거지는 죽어서 천사들의 받듦을 얻어 낙원으로 들어가고 천국 대합실에 가고 부자는 죽어 그는 마귀에게 끌려서 음부에 내려갔습니다. 지옥의 대합실로 간 것입니다. 천국 대합실과 지옥 대합실은 서로 바라볼 수 있지만 가운데를 갈라놓아서 왔다갔다 할 수는 없습니다. 그러므로 서로 얼굴은 보아도 교제는 할 수 없습니다. 우리들은 모두다 지금 살아서 천국을 누리다가 영원한 천국 대합실 낙원으로 들어가기를 주님의 이름으로 축원합니다.

예수님께서 내 죽음을 대신 죽으셨기 때문에 예수 죽음 내 죽음, 예수 부활 내 부활, 예수천국 내 천국, 예수 승천 내 승천, 예수 낙원 내 낙원이 되었습니다. 그러므로 예수 그리스도께서 우리를 완전히 끌어안고 돌보아 주시는 것입니다.

우리는 그러므로 예수 그리스도를 올바르게 인식해야 합니다. 저는 매일 잠자리에 들 때 갈보리 십자가를 쳐다봅니다. "하나님!

십자가에서 흐르는 피가 지금도 나의 영혼 속에 흐르고 있으니 내 영혼이 정결하게 하옵소서. 허물을 다 사하여 주시옵소서. 그리고 질병을 제하여 주시고 치료로 충만하게 하여 주시옵소서. 아브라함의 축복을 받아 저주와 고난을 받지 않게 하여 주시고 사망과 음부에서 건져내 부활 영생 천국을 누리게 하시옵소서. 주님 감사합니다. 이를 이루시고 우리에게 값없이 주시니 감사합니다"라고 기도하면 잠이 잘 옵니다. 복음은 우리 예수 믿는 사람이 절대로 놓아서는 안 됩니다. 우리들의 힘으로 되는 것이 아니라, 성령으로 말씀을 깨달으면 믿음으로 말미암아 변화되는 것입니다. 자신의 힘으로 노력으로 하면 탈진합니다. 성령님이 자신을 통하여 해야 축복 속에서 천국누리며 살아갑니다. 우리가 이것을 이해를 잘못하게 되면 큰 낭패를 당하고 맙니다. 이사야 53장에는 사람들의 잘못된 생각을 경고하고 있습니다. 이사야 53장 2절에는 "그는 주 앞에서 자라나기를 연한 순 같고 마른 땅에서 나온 뿌리 같아서 고운 모양도 없고 풍채도 없은즉 우리가 보기에 흠모할 만한 아름다운 것이 없도다"라고 말씀하셨습니다. 이사야의 예언처럼 예수님은 보통 아기였습니다. 참 보잘 것 없는 상태로 자라온 것입니다. 그리고 아버지를 도와서 목수 일을 하셨습니다. 예수님이 삼십 세가 될 때까지 아무도 그를 몰랐습니다.

그런데 마가복음 6장 3절에 보면 "이 사람이 마리아의 아들 목수가 아니냐 야고보와 요셉과 유다와 시몬의 형제가 아니냐 그 누이들이 우리와 함께 여기 있지 아니하냐"라면서 예수님을 배척했습니다. 특별한 사명을 가지고 태어난 사람이 직장에 들어가 일을 하려고 하면 일도 안하는 사람들이 시기 질투를 합니다. 세상에서 태어나 유명한 사람이 되는 것은 참 어렵습니다. 죽임을 당할 각오를 해야 되는 것입니다. 예수 그리스도 자신도 위대한 사람으로 태어나지 않은 유대인으로 우리들과 성격이 같아서 일 것입니다. 위대한 인물로 태어나서 삼십 세가 되기 전까지 깃발을 날렸다면 십자가에 올라갈 시간도 없이 미리 죽었을 수도 있는 것입니다.

그러나 아주 평범하고 사람들이 특별하다고 생각하지 않을 모습으로 태어나 아무도 귀하게 여기지 않았습니다. 이사야 53장 3절에는 "그는 멸시를 받아 사람들에게 버림을 받았으며 간고를 많이 겪었으며 질고를 아는 자라 마치 사람들이 그에게서 얼굴을 가리는 것 같이 멸시를 당하였고 우리도 그를 귀히 여기지 아니하였도다"라고 기록되어 있습니다. 태어난 배경이 별 볼일 없었고 가족들도 그를 위대하게 생각하지 않았습니다. 너무나 평범한 분이셨던 것입니다. 하지만 예수님이 서른 살이 되어 요단강에서 세례 요한에게 세례를 받고 난 다음 성령이 임했습니다. 그 때 하나님의 사명이 나타나기 시작한 것입니다. 그래서 삼년 반 동안 주님께서 사역을 마치고 십자가에 못 박히게 된 것입니다. 우리는 예수 그리스도의 실제적인 정황을 확실히 살펴야 될 것입니다.

이사야 53장 4절로 6절에는 "그는 실로 우리의 질고를 지고 우리의 슬픔을 당하였거늘 우리는 생각하기를 그는 징벌을 받아 하나님께 맞으며 고난을 당한다 하였노라 (5) 그가 찔림은 우리의 허물 때문이요 그가 상함은 우리의 죄악 때문이라 그가 징계를 받으므로 우리는 평화를 누리고 그가 채찍에 맞으므로 우리는 나음을 받았도다 (6) 우리는 다 양 같아서 그릇 행하여 각기 제 길로 갔거늘 여호와께서는 우리 모두의 죄악을 그에게 담당시키셨도다"라고 말씀하셨습니다. 그러므로 예수님과 나는 완전히 하나가 된 것입니다. 내 고난과 내 병을 예수님이 짊어지셨습니다. 그가 찔림은 우리의 허물 때문이었고, 예수님이 징계를 받아서 우리의 평안을 허락해 주었고, 채찍에 맞음으로 병에서 고침 받고 치료함을 입은 것입니다. 주님과 우리와의 긍정적인 관계를 꼭 믿으십시오. 예수님을 만남으로 말미암아 어떻게 변화됐냐면 확실하게 죄의 용서를 받았고, 허물의 사함을 받았고, 병 고침을 받은 것입니다.

또 아브라함의 복을 받았고, 부활 영생 천국을 받은 것입니다. 죽으나 사나 예수 그리스도 십자가 고통이 우리를 위해 받은 고통이요 나를 위해 받은 고통입니다. 내가 약하다고 깨닫고 예수님을 찾으면 찾을 수 록 예수님으로 채워져서 강한자가 됩니다. 예수님을 통해 주신 복음을 우리는 절대로 잊어버리면 안 되는 것입니다.

우리가 오늘 고난당하는 것은 아담과 하와 때문입니다. 아담과 하와의 자손으로 태어나서 온갖 고통을 당하는 것을 하나님은 가슴 저미도록 괴로워하셨습니다. 그러므로 여호와께서는 우리 모두의 죄악을 예수님이 담당케 했던 것입니다. 그러므로 십자가 고난과 부활은 우연히 다가온 것이 아니라 우리의 죄악을 여호와께서 청산하기 위해서 그 아들에게 이 짐을 지우신 것입니다.

우리의 짐을 그 아들에게 맡겼으니 하나님이 우리를 얼마나 사랑하는지 알 수 있습니다. "하나님이 세상을 이처럼 사랑하사 독생자를 주셨으니 이는 그를 믿는 자마다 멸망하지 않고 영생을 얻게 하하려 하심이라"(요 3:16). 그러므로 하나님께서 우리를 참 귀하게 여기시고 하나님 아버지는 이사야 53장 7절로 9절을 통해 어떻게 우리를 건지시는가 보여주고 계신 것입니다. "그가 곤욕을 당하여 괴로울 때에도 그의 입을 열지 아니하였음이여 마치 도수장으로 끌려가는 어린 양과 털 깎는 자 앞에서 잠잠한 양 같이 그의 입을 열지 아니하였도다 (8) 그는 곤욕과 심문을 당하고 끌려갔으나 그 세대 중에 누가 생각하기를 그가 살아 있는 자들의 땅에서 끊어짐은 마땅히 형벌 받을 내 백성의 허물 때문이라 하였으리요 (9) 그는 강포를 행하지 아니하였고 그의 입에 거짓이 없었으나 그의 무덤이 악인들과 함께 있었으며 그가 죽은 후에 부자와 함께 있었도다." 주님은 아버지가 보내신 사명이 있기 때문에 그 사명을 끌어안고 불평과 원망을 하지 않았습니다.

"그는 곤욕과 심문을 당하고 끌려갔으나 그 세대 중에 누가 생각하기를 그가 살아 있는 자들의 땅에서 끊어짐은 마땅히 형벌 받을 내 백성의 허물 때문이라 하였으리요 그는 강포를 행하지 아니하였고 그의 입에 거짓이 없었으나 그의 무덤이 악인들과 함께 있었으며 그가 죽은 후에 부자와 함께 있었도다" 그 무덤이 악인과 같이 있었다는 것은 예수를 안 믿는 아리마대 요셉의 무덤에 들어갔으며 그 무덤이 주인이 아리마대 요셉은 부자이기 때문에 부잣

집 무덤에 더부살이로 들어갔다는 것이지 예수 그리스도 스스로가 악인이 되어서 악한 사람들과 같이 섞인 것은 아닌 것입니다. 예수님의 고난은 우리들을 대신해서 받은 것이 고난인 것입니다.

예수님의 고난은 아버지 하나님이 원하셨던 것입니다. 첫 아담이 반역한 것을 가슴 아파하신 하나님께서 마지막 아담인 예수님을 통하여 새롭게 인류를 만드신 것입니다. "그런즉 누구든지 그리스도 안에 있으면 새로운 피조물이라 이전 것은 지나갔으니 보라 새 것이 되었도다"(고후 5:17)

예수님께서 고난을 당하면서 약한자로 사신 이유를 바르게 깨달으려면 예수님께서 공생애 기간 동안 제자를 12명만 만들어 데리고 다니셨는가를 깨달으면 이해가 빨리 될 것입니다. 예수님은 당시 수만 명의 사람들을 모아 데리고 위세를 드러내 내시면서 하나님의 나라를 선포하셨을 수도 있습니다. 그러나 예수님은 단지 12명의 제자만 데리고 다니셨습니다. 예수님은 군중들을 피하여 산으로 가서서 기도하셨습니다. 요한복음 6장 14-15절을 보면 "그 사람들이 예수께서 행하신 이 표적을 보고 말하되 이는 참으로 세상에 오실 그 선지자라 하더라 (15) 그러므로 예수께서 그들이 와서 자기를 억지로 붙들어 임금으로 삼으려는 줄 아시고 다시 혼자 산으로 떠나가시니라"

자신을 임금 삼으려는 군중들을 떠나서 산으로 가서 기도하셨습니다. 하나님께 기도하며 하나님으로 채우셨습니다. 많은 군중을 피하여 산으로 가신 이유는 군중들로 인하여 자신의 영성을 관리하실 수가 없고, 하나님과 기도할 수가 없으니 예수님 자신의 관리를 위하여 그렇게 하신 것입니다. 이를 추리하여 보면 지금 시대를 살아가는 성도들에게 하나님께 기도하며 자신을 예수님으로 채우는 일이 중요하다는 것을 보여주신 것입니다. 우리들도 세상욕심을 뒤로하고 하나님께서 기도하여 예수님으로 채우는 일이 더 중요한 것입니다. 보물인 예수님으로 채워지면 강한자가 되어서 하나님께서 아브라함의 축복을 누리게 하시는 것입니다.

만약에 예수님께서 지금 세상에서 권세를 누리는 사람들과 같이 인간적으로 행동을 했다면 예수님의 사명인 인류의 죄를 지고 십자가에서 죽으시지도 못했을 것입니다. 생전에 예수님께 은혜를 받았던 수만 명들이 예수님을 잡아서 재판할 때나 십자가에 달 때 가만히 보고만 있지 않았을 것입니다. 그렇기 때문에 예수님께서 능력이 있으시면 서도 12명의 제자들만 데리고 다니신 것입니다.

성경에 보면 유대인들도 예수로 인하여 민란이 일어날 것을 두려워했습니다. "이틀이 지나면 유월절과 무교절이라 대제사장들과 서기관들이 예수를 흉계로 잡아 죽일 방도를 구하며 (2) 이르되 민란이 날까 하노니 명절에는 하지 말자 하더라."(막 14:1-2). 성령의 인도를 받는 예수님으로 인하여 "민란이 날까 하노니 명절에는 하지 말자 하더라."

우리 모두는 예수님과 같이 자기 관리를 잘하고 자신의 약함을 알고 성령으로 기도하여 보물인 예수님으로 충만해져서 지금 천국을 누리면서 사시다가 영원한 천국에 들어가시기를 바랍니다.

2장 왜 내가 약한 그 때에 강해질까요?

(고후 12:7-10)"여러 계시를 받은 것이 지극히 크므로 너무 자만하지 않게 하시려고 내 육체에 가시 곧 사탄의 사자를 주셨으니 이는 나를 쳐서 너무 자만하지 않게 하려 하심이라 (8) 이것이 내게서 떠나가게 하기 위하여 내가 세 번 주께 간구하였더니 (9) 나에게 이르시기를 내 은혜가 네게 족하도다 이는 내 능력이 약한 데서 온전하여짐이라 하신지라 그러므로 도리어 크게 기뻐함으로 나의 여러 약한 것들에 대하여 자랑하리니 이는 그리스도의 능력이 내게 머물게 하려 함이라 (10) 그러므로 내가 그리스도를 위하여 약한 것들과 능욕과 궁핍과 박해와 곤고를 기뻐하노니 이는 내가 약한 그 때에 강함이라."

우리가 예수를 믿고 성령으로 거듭나 영의 눈이 열리면 하나님의 나라, 하나님의 세계를 보면서 세상을 살아가게 됩니다. 성령의 인도를 받는 신앙생활에는 세상적인 삶의 원리에 정반대되는 일들이 많이 있습니다. "그러므로 내가 그리스도를 위하여 약한 것들과 능욕과 궁핍과 박해와 곤고를 기뻐하노니 이는 내가 약한 그 때에 강함이라"(고후 12:10). 이와 같이 성경 말씀에는 역설적인 진리가 참 많습니다. 즉 보통 인간의 상식으로는 이해되지 않는 모순 같이 보이는 진리가 참으로 많습니다. "죽은 자들이 죽은 자를 장사(葬事)하게 함"(마 8:22). "으뜸이 되고자 하는 자(者)는 종이 되어야 함"(마 20:27). "먼저 된 자가 나중 되고 나중 된 자가 먼저 됨"(막 10:31). "보이는 것은 잠깐이요 보이지 않는 것은 영원함"(고후 4:18). "근심하는 자(者) 같으나 기뻐함"(고후6:10). "가난한자 같으나 모든 사람을 부요(富饒)케 함"(고후 6:10). "아무 것도 없는 자 같으나 모든 것을 가짐"(고후 6:10). 등등 역설적인 것처럼 보이고 들리지만 성령으로 거듭나 성령으로 깨달으면 모두가 참된 진리인 것입니다.

그 중에 "내가 약한 그때에 강함이라."는 진리도 하나의 역설적 진리라 할 수 있습니다. 도저히 세상 사람들의 논리로는 이해가 불가능합니다. 특별히 이것은 사도 바울이 많은 고난을 겪고 깊은 기도의 생활 끝에 발견한 영적 체험이며 깊은 진리의 말씀입니다.

오늘 본문에도 보면 "내 능력이 약한 데서 온전하여짐이라", 또 "내가 약한 그때에 강함이라." 그러므로 "약한 것들 외에 자랑치 아니하리라"는 말씀에 힘을 주어 언급하고 있습니다.

사도 바울은 다메섹 도상에서 자신이 핍박하던 예수 그리스도를 기적적으로 만나본 후 많은 병자를 신유의 은사로 고치고, 심지어 유두고와 같은 청년은 바울이 밤늦도록 설교할 때 졸다가 3층에서 떨어져 죽은 것을(행 20:9) 살려내기까지 하였습니다.

그러나 바울 자신은 자신의 몸에 가지고 있는 사단의 찌르는 가시 즉 어떤 고질적인 병을 제거해 주시기를 세 번이나 간절히 기도했는데, 그 병은 고쳐 주시지 않고 예수님이 말씀으로 응답해 주시기를 "내 은혜가 네게 족하도다 이는 내 능력이 약한 데서 온전하여짐이라"하는 것이었습니다. 이에 바울은 자신이 받은 계시도 많고 본 것도 많고 체험한 바도 많기 때문에 자고하지 않게 하기 위해서, 즉 교만하여 마귀에게 넘어가서 하나님으로부터 멀어지지 않게 하기 위하여 하나님께서 이 육체를 찌르는 고통의 가시를 뽑아주시지 않으신다는 것을 깨달았습니다.

자기의 약함과 부족함을 느낄 때 성령 안에서 하나님께 기도하기 때문에 기도할 때 그리스도의 능력이 자기에게 머물러 있는 것을 깨닫고 감사했던 것입니다. 곧 "자기가 약하다고 느낄 때 곧 강해진다."고 하는 깊은 역설적 진리를 발견했습니다. 그렇습니다. 하나님의 능력은 자신이 약하다고 인정할 때에 하나님을 찾고 찾게 되어 하나님께서 주인 됨으로 강한자가 되는 것입니다. 자신이 스스로 강하다고 느낄 때는 자신의 능력밖에 나타나지 않는 것입니다. 그러므로 인간의 비극은 약한 데 있는 것이 아니라, 도리어 자기의 연약함과 부족을 모르고 하나님을 믿고 의지하지 않는 데 그 원인이 있는 것입니다.

세계적으로 유명한 영국의 스펄젼(Spurgean)목사님이나, 미국의 무디(Moody) 같은 분들이 그렇게 능력 있는 하나님의 종이 된 것은, 그 비결이 다른 데 있었던 것이 아닙니다. 자기의 무능함과 부족함을 깊이 깨닫고 죽도록 하나님께 찾고 찾으며 하나님을 의지하고 매어 달리며 기도하는데 있었던 것입니다. 심지어 스펄젼 목사님은 설교하러 강단에 서기 전에 하나님께 "거룩한 무질서"(holy disorder)를 요청하는 기도를 드렸다고 합니다. 즉 이 말은 짜임새 있는 조직적인 예배 순서나, 설교에 의지하지 않고 하나님이 자유자재로 인도하시는 가운데 능력 있는 말씀을 전하게 해달라는 기도를 했다는 것입니다.

자기의 약함과 결핍과 부족을 깨달아 아는 것이야말로 하나님의 크신 은혜요, 큰 지혜입니다. 자신의 약함과 부족을 깨닫지 못하는 자에게는 진정한 그리스도의 능력과 축복은 나타나지 않습니다. 왜요, 하나님을 찾지 않기 때문입니다.

고로 우리 하나님의 종들이나, 성도들은 죽을 때까지 인간의 약함과 하나님의 강함 사이의 긴장 관계에서 벗어나지 말아야 하는 것입니다. 나와 같이 부족한 사람이 하나님의 큰 축복 가운데 끊임없이 살아가는 것은 바로 나의 약함과 결핍을 깨달은 분명한 사실은 내가 약함과 무능함을 깨닫는 만큼 거기 비례해서 하나님의 능력과 은혜가 나타난다는 것입니다.

실로 하나님의 능력에 의지해야만 된다는 것을 깨닫게 되는 것은 큰 은혜입니다. 은혜를 받아야 된다는 것을 깨닫는 것이 은혜인 것과 마찬가지입니다. 진리의 빛을 받은 사람은 다 자기의 약함을 깨닫는 법입니다. 하나님의 능력을 많이 받고 하나님의 축복을 많이 받을지라도 끊임없이 자기의 연약함과 비참함을 깨닫는 것이 항상 하나님의 도우심과 축복 가운데 거하는 비결입니다.

하나님의 은혜로 부요하게 되고, 존귀한 자리에 처한다고 해서 자기의 연약함과 비천함을 잊어버리는 사람은 머지않아 비참한 지경에 들어가게 됩니다. 그러나 자신의 연약함과 가난함을 깨닫는 사람은 참으로 복 받을 사람입니다.

이에 마 5:3에서는 "심령이 가난한 자는 복이 있나니 천국이 저희 것임이요"라고 하였습니다. 고전 1:25에 보면 "하나님의 미련한 것이 사람보다 강하니라" 하였고, 또 "형제들아 너희를 부르심을 보라 육체를 따라 지혜 있는 자가 많지 아니하며 능한 자가 많지 아니하며 문벌 좋은 자가 많지 아니하도다 그러나 하나님께서 세상의 미련한 것들을 택하사 지혜있는 자들을 부끄럽게 하려 하시고 세상의 약한 것들을 택하사 강한 것들을 부끄럽게 하려 하시며 하나님께서 세상의 천한 것들과 멸시받는 것들과 없는 것들을 택하사 있는 것들을 폐하려 하시나니 이는 아무 육체라도 자랑하지 못하게 하려 하심이라"(고전1:26-29)고 하였습니다.

하나님은 자기의 약함을 깨닫지 못하는 자에게 여러 가지 고통의 가시를 통해서라도 자신의 약함과 비천함을 깨닫게 하십니다. 어떤 이는 바울과 같이 질병으로, 어떤 이는 가난과 궁핍으로, 어떤 이는 사업의 실패로, 어떤 이는 슬픔으로, 어떤 이는 어쩔 수 없는 육체의 한계를 통해 가시가 찌르고 괴롭히듯 고통을 당하지마는, 이 모든 고통중에 하나님을 찾으니 성령으로 자기의 약함과 비천함을 깨닫게 해서 하나님을 주인으로 삼아 하나님의 크신 능력과 은혜 안에 머물게 하는 자극제가 되는 것입니다. 그러면 어떻게 해서, 어떤 이유로 약할 때에 강해질 수 있습니까?

첫째, 내가 약한 그 때에 강하다. 내가 약해서 힘이 없어서 쓰러질 지경인데 어떻게 강할 수 있습니까? 약한 사람은 누가 붙들어 주던지 지팡이를 짚든지 휠체어를 타든지 자기보다 강한 것에 의지해야 합니다. 내가 강하면 다른 데 의지할 필요가 없습니다. 내가 강하면 두 다리로 굳세게 서고 두 손으로 나를 방어할 수 있지만 내가 약하면 의지해야 되는 것입니다. 사람에게 의지하든지 자동차에 의지하든지 지팡이에 의지해야 되는 것입니다.

고린도후서 1장 9절에 "우리는 우리 자신이 사형 선고를 받은 줄 알았으니 이는 우리로 자기를 의지하지 말고 오직 죽은 자를 다시 살리시는 하나님만 의지하게 하심이라"고 말씀하십니다. 우리에게 어려움이 다가오고 우리가 약해지는 것은 강한 하나님이 계신 것을 깨닫고 찾으라는 것입니다. 하나님으로 채우라는 것입니다. 약할 때 하나님을 찾고 하나님을 의지하게 되므로 강해집니다. 하나님께서 지신의 주인이 됨으로 강해지는 것입니다. 사람은 자기의 연약함과 비천함을 깨닫기 전까지는 참으로 하나님을 찾지 않습니다. 자신의 힘과 능력이 있다고 생각할 때는 하나님을 믿고 하나님을 찾고 의지하지 않습니다.

진정 자신의 연약함과 부족함을 깨달을 때, 전지전능하신 구원자 하나님을 찾게 되고, 의지하게 되고, 그럼으로써 자신 안에 하나님의 능력이 역사하게 되는 것입니다. 포도나무 가지가 줄기에서 떨어지면 열매도 맺을 수 없고, 살수도 없는 것처럼 자신도 심히 연약하여 하나님의 능력 안에서 떨어져 나가게 되면 아무것도 할 수 없다는 절박한 심정으로 하나님을 의지하는 자가 절망이 없는 축복 가운데 살수가 있습니다.

스펄젼(C.H.Spurgean) 목사님은 말하기를 "내가 끊임없이 기도하는 것은 내게 어떤 대가가 돌아오더라도 내 자신의 가장 비참한 지경을 사실대로 알고자 간구하는 것이다"라고 했습니다. 자신의 연약함과 부족을 깨닫고 절망할 줄 아는 사람은 하나님을 믿는 믿음 안에서 큰 은혜를 받을 사람입니다. 축복을 많이 받고 존귀한 위치에 처해서라도 스스로의 약함을 인정하여 하나님을 의지하는 자야말로 계속 축복을 누릴 사람입니다.

인류 역사의 흐름을 바꿀만한 큼직한 사건들은 강한 사람들보다는 대부분 약한 환경에 처한 사람들에 의해 이루어진 것이 많습니다. 마르틴 루터는 종교개혁운동을 할 당시 공민권을 박탈당하고 은둔생활을 하는 가운데 신약성경을 독일어로 번역했습니다. 그 책이 바로 최초의 독일어 성경입니다.

또한 성경 다음으로 많이 읽힌다고 하는 「천로역정」은 존 번연이 감옥에서 고통을 당하고 괴로울 때 하나님께 엎드려 기도해서 신앙고백인 천로역정을 기록한 것입니다. 밀턴은 그의 유명한 「실낙원」을 지었는데 그는 장님이 되어서 아무것을 볼 수 없을 때 상상의 눈을 뜨고 실낙원이라는 아름다운 장편시를 지은 것입니다. 「레미제라블」은 나폴레옹 3세 때 빅토르 위고가 국외로 추방당하여 망명생활을 할 때 고난당하며 하나님께 기도하고 의지하여 적은 책인 것입니다.

음악의 거성인 베토벤은 청각 장애가 와서 음악을 들을 수가 없음에도 불구하고 그 때 자기 이외에 하나님의 능력에 의지해서 훌륭한 작품을 완성했습니다. 미국의 대통령 루즈벨트는 소아마비였습니다. 휠체어를 타고 다녔지만 미국의 역대 대통령 가운데 가장 오랫동안 집권한 4선 대통령이 된 것입니다. 미국의 링컨 대통령은 이렇게 말했습니다. "인생은 위로부터 주어지는 힘에 의해서 움직여진다." 위에 계신 하나님에게서 힘이 와야지 내 힘 가지고는 조그만 일밖에 못합니다. 큰일을 하려면 하나님에게서 힘이 와야 하는 것입니다. 하나님에게서 힘을 얻으려면 하나님을 찾고 하나님을 의지해야 합니다. 우리가 약할 때 강함이 될 수 있는 것은 예수님께서 우리의 연약함을 친히 담당해 주시고 우리를 품어 주시고 안아 주시고 업어 주시기 때문입니다.

둘째, 내가 하나님께 항복할 때 이기는 자가 된다. 하나님을 반대하고 하나님 뜻을 거역하면서 내가 내 중심에 서서 내 고집대로 산다고 하는 사람은 형편없이 약한 자인 것입니다. 그러나 내가 깨어져서 하나님께 항복하고 천부여 의지 없어서 손들고 나오며 하나님께 항복할 때 하나님이 그 사람을 강하게 만들어 주는 것입니다. 하나님께 항복하지 않고 자기 고집대로 사는 자는 강하게 보이나 실제는 형편없이 약한 자인 것입니다.

야곱의 얍복강 씨름을 보면 하나님께서 야곱을 보고 고향으로 돌아가라고 했습니다. 처자들과 많은 짐승들을 거느리고 고향으로 가까이와 얍복강가에 도달하여 형이 있는 곳에 사자를 보냅니다. 사자가 와서 하는 말이 형 에서가 자신 야곱을 죽이려고 400명의 장정들을 데리고 출동을 했다는 것입니다. 이 소리를 듣자 야곱은 간담이 서늘했습니다. 자기를 죽이려고 400인을 거느리고 기다린다는 형이 무서워 하나님의 말씀을 거역하고 얍복강을 건너가지 않습니다. 자기 처자와 짐승 떼에게 얍복강을 다 건너게 하고 난 다음 자기는 다리가 떨려서 안 건넜습니다.

하나님의 사자가 와서 "건너가라 ! 건너가라 !"고 하니 야곱은 "안가요"라고 했습니다. 얼마나 고집이 세든지 초저녁에 씨름을 시작한 것이 새벽에 해가 뜰 때까지 항복을 하지 않습니다. 그러니까 하나님의 사자가 손을 들어 허벅지 관절을 치니 허벅지 뼈가 어그러져 쓰러졌습니다. 야곱은 절름발이가 되었습니다. 이제 큰일 났습니다. 형이 오면 도망치기도 틀렸습니다.

허벅지 관절이 어그러져서 걸을 걸어도 그냥 걷지 못하고 몇 발자국 달아나겠습니까? 그러니까 하나님의 사자를 붙잡고 "나를 축복해 주지 않으면 당신을 놓지 않겠나이다." "너 이름이 뭐냐?", "야곱, 사기꾼입니다.", "이젠 네 이름을 이스라엘이라 하라. 하나님과 씨름해서 이긴 자라고 하라. 하나님과 대면하여 산 자라 하라" 이스라엘은 하나님과 씨름해서 이긴 자라는 것입니다. 하나님과 씨름해서 졌는데도 불구하고 왜 이 긴자라고 말했습니까. 그가 하나님께 하나님 없이 살아갈 수가 없다고 항복을 하니 하나님은 항복한 자를 승리자로 불러 주시는 것입니다. 하나님께서 이스라엘(야곱)의 주인이 되었기 때문입니다.

창세기 32장 24절로 25절에 "야곱은 홀로 남았더니 어떤 사람이 날이 새도록 야곱과 씨름하다가 자기가 야곱을 이기지 못함을 보고 그가 야곱의 허벅지 관절을 치매 야곱의 허벅지 관절이 그 사람과 씨름할 때에 어긋났더라"고 말씀합니다.

창세기 32장 26절로 28절에 "그가 이르되 날이 새려하니 나로 가게 하라 야곱이 이르되 당신이 내게 축복하지 아니하면 가게 하지 아니하겠나이다 그 사람이 그에게 이르되 네 이름이 무엇이냐 그가 이르되 야곱이니이다 그가 이르되 네 이름을 다시는 야곱이라 부를 것이 아니요 이스라엘이라 부를 것이니 이는 네가 하나님과 및 사람들과 겨루어 이겼음이니라"고 말씀합니다.

사실은 하나님과 씨름해서 졌는데 하나님은 진사람 보고 "너는 이겼다"라고 말씀하셨습니다. 항복한 사람은 하나님 안에서 승리자가 되는 것입니다. 야곱이 하나님께 의지하니 400명의 군대를 거느리고 온 형에서의 과거의 원한이 눈 녹듯이 사라지고 말에서 뛰어내려서 동생을 껴안고 화해하고 죽음을 면하고 살아난 것입니다. 하나님의 능력이 싸우지 아니하고 승리를 갖다 주신 것입니다. 그러므로 우리 주님께 항복해서 '천부여 의지 없어서 손들고 옵니다. 주 나를 버리면 내 어디 가리까' 그 찬송처럼 하나님께 항복하는 사람이 가장 지혜로운 사람이고 행복한 사람입니다. 하나님의 권능으로 살아가는 사람이 되는 것입니다.

셋째, 내가 빈 그릇이 될 때 가득해진다. 자신이 약해져서 도저히 상황을 극복하지 못한다고 깨닫고 하나님을 찾고 찾으니 자신이 없어지고 하나님으로 채워집니다. 자신이 없어져야 하나님으로 채워질 수가 있다는 것입니다. 자신이 살아서 자신의 힘으로 살아가겠다고 발버둥을 치며 자신이 없어지지 아니하면 절대로 하나님으로 채워지지 못합니다. "빈 그릇이 되는데 어떻게 가득해 지느냐. 처음부터 가득한 그릇을 가져야지" 그렇지가 않습니다. 내가 인생에 빈 그릇을 가지고 있어야 하나님이 채워 주시지 자신이 살아서 자신의 자아를 가득히 담고 있으면 채울 곳이 없습니다. 자신이 죽어 없어져야 하나님께서 주인이 되시므로 하나님께서 채우시는 것입니다. 죄악과 세상이 가득하면 하늘나라를 채울 수가 없습니다. 벌써 가슴속에 죄가 꽉 들어차고 세상이 꽉 들어차 있는데 하늘나라가 들어올 틈이 없습니다. 그렇기 때문에 "이 때부터 예수께서 비로소 전파하여 이르시되 회개하라 천국이 가까이 왔느니라 하시더라"(마 4:17)다는 것은 죄와 세속을 회개하고 비워 버려야 천국이 들어올 자리가 있는 것입니다. 천국은 자신이 죽어 없어진 빈 마음에 가득히 임하는 것입니다.

마태복음 5장 3절에 "심령이 가난한 자는 복이 있나니 천국이 그들의 것임이요"고 말씀하고 있습니다. 그러므로 우리 마음속에 있는 죄와 세상을 다 회개하고 털어 버리고 빈 그릇이 될 때 가득해지는 것입니다. 탐욕을 비워야 축복이 오는 것입니다. 사람은 마음에 욕심이 꽉 들어차서 자기 욕심대로 무엇을 하려고 합니다. 욕심은 우상입니다. 우리가 나무나 돌을 가지고 형상을 만들어 절하는 것만 우상숭배가 아닙니다. 탐욕은 곧 우상숭배인 것입니다. 욕심이 우상이라는 말인 것입니다. 우상숭배자는 절대로 천당에 못들어가는 것입니다. 자신을 세상 마귀가 채워졌기 때문입니다. 하나님은 우상숭배를 아주 미워하십니다.

탐욕을 가지고 있으면 하나님이 절대로 채워 주지 않습니다. 우리가 신앙생활 할 때도 십일조와 헌물을 아끼지 말고 하나님께 드리라고 하는데 십일조가 아깝고 헌물이 아까워서 그것을 안 드리고 '하나님 축복만 주십시오.'라고 하는 것은 옳지 않습니다. 십일조를 드리는 것은 자신은 예수님을 믿을 때 죽고 하나님께서 주인 되셨으므로 자신의 모든 소유가 하나님의 것이라고 인정한 성도가 되리는 것입니다. 탐욕을 비워야 그 그릇에 하나님이 복을 주시지 그릇을 비워 놓지 않으면 복을 채워주실 수가 없는 것입니다. 우리가 말씀대로 시행하고 환경을 바라보지 않고 하나님만 믿고 하나님을 찾고 찾으면 빈 그릇은 다 채워지는 것입니다.

젊은 사업가인 워너 메이커가 하루는 장미 화원을 잘 가꾼 가정을 방문했습니다. 그 집의 주인은 워너 메이커를 정원으로 데리고 나가서 백장미와 흑장미 등 온갖 종류의 장미들을 구경시켜 주었습니다. 그러더니 장미꽃들을 꺾기 시작했습니다. 이를 보고 놀란 워너 메이커가 물었습니다. "아니, 왜 가지를 모두 칩니까?" 그러자 집 주인은 웃으면서 이렇게 대답을 했습니다. "좋은 장미 덩굴을 만들려면 가지를 다 쳐버려야 됩니다. 내가 가지를 쳐서 잃는 것은 아무것도 없습니다." 워너 메이커는 가지를 잘라내도 잃는 것이 없다는 말에 큰 교훈을 얻고 충격을 받았습니다. '아. 내 사업에 여러 가지 가지를 쳐서 자꾸 나누어 주면 축복을 받는구나!' 가지를 그대로 두면 꽃들이 조그마한 것만 달리는데 다 꺾어 버리니까 몇 송이 피더라도 큼직하고 보암직하게 피는 것처럼, 복도 필요한 사람들에게 나누어 주어야 하나님의 큼직한 복이 임하게 되는 것입니다. 워너 메이커는 이 사실을 깨닫고 그의 사업은 점점 커져서 나중에는 미국의 대 재벌이 된 것입니다.

우리는 욕심과 탐욕을 과감하게 비워 빈 그릇이 될 때 하나님의 축복으로 가득히 채울 수 있습니다. 탐욕을 버리고 하나님의 것은 하나님께 아낌없이 드리고, 사랑과 물질을 재능을 세상에 어려운 사람들에게 다 나눠주고 다 사용하면 하나님께서 크게 축복의 열매를 맺게 해주시는 것입니다.

넷째, 내가 죽을 때 영원히 산다. "내가 그리스도와 함께 십자가에 못 박혔나니 그런즉 이제는 내가 사는 것이 아니요 오직 내 안에 그리스도께서 사시는 것이라 이제 내가 육체 가운데 사는 것은 나를 사랑하사 나를 위하여 자기 자신을 버리신 하나님의 아들을 믿는 믿음 안에서 사는 것이라."(갈 2:20). 사람은 예수를 믿었다고 할지라도 영적인 사람과 육적인 사람 두 사람으로 나눌 수가 있습니다. 역설적으로 설명하면 예수를 믿었더라도 죄인인 아담과 의인인 예수 두 사람이 될 수가 있다는 것입니다. 그런데 그 두 사람 중에 한 사람이 죽어야 다른 사람이 사는 것인데 세상 사람은 속사람이 죽었기 때문에 육신만 살다가 때가 되면 흙으로 돌아가고 지옥에 떨어지고 마는 것입니다. 속사람이 살려면 정욕과 탐욕과 욕심인 겉 사람이 죽어야 합니다. 예수님으로 다시 태어나야 한다는 말씀입니다. 요한일서 2장 15절로 16절에 "이 세상이나 세상에 있는 것들을 사랑하지 말라 누구든지 세상을 사랑하면 아버지의 사랑이 그 안에 있지 아니하니 이는 세상에 있는 모든 것이 육신의 정욕과 안목의 정욕과 이생의 자랑이니 다 아버지께로부터 온 것이 아니요 세상으로부터 온 것이라"고 말씀하십니다.

이 세상에 탐욕은 다 세상 육신에 속한 것 아닙니까? 보는 대로 듣는 대로만지는 대로 그대로 다 가지고 싶고, 방탕하고 방종 하는 육신을 따라 살면 영은 죽습니다. 육신을 죽이고 마음과 뜻을 다하여 하나님을 주인으로 모시고 하나님께 영광 돌리면서 살면 육은 싫어 하지만 영은 사는 것입니다.

주일날 교회에 나와서 예배드리지 않고 세상에 놀러 다니고 등산가고 낚시가고 하면 육은 재밌지만, 그러나 영은 말씀을 먹지 못하고 굶주려 죽지 않겠습니까? 기도 안하고 TV 보고 있으면 육은 좋지만 그러나 영은 말라 죽습니다. 자난 몇 년 동안 코로나19로 인하여 예배당에 모여서 예배를 드리지 못하고 기도하지 못하니 우울증이나 불면증이나 공황장애에 걸려 고통당하는 분들이 많습니다. 마음에 세상이 충만해져서 일어나는 현상입니다. 세상에 화려한 것에 취해서 세상을 따라 가면 육은 좋아하지만 영은 죽습니다. 따라서 육체도 괴로움을 당합니다. 영은 교회를 찾아와서 말씀 읽고 기도하고 하나님을 찬양하면 삽니다.

갈라디아서 2장 20절로 21절에 바울이 말하기를 "내가 그리스도와 함께 십자가에 못 박혔나니 그런즉 이제는 내가 사는 것이 아니요 오직 내 안에 그리스도께서 사시는 것이라 이제 내가 육체 가운데 사는 것은 나를 사랑하사 나를 위하여 자기 자신을 버리신 하나님의 아들을 믿는 믿음 안에서 사는 것이라 내가 하나님의 은혜를 폐하지 아니하노니 만일 의롭게 되는 것이 율법으로 말미암으면 그리스도께서 헛되이 죽으셨느니라."고 말씀합니다. 항상 나는 예수님을 믿을 때 죽었고, 예수님께서 부활하실 때 부활하여 지금 예수그리스도와 함께 예수님을 주인으로 모시고 살고 있다고 고백하며 살아야 합니다.

고린도후서 5장 17절에 "그런즉 누구든지 그리스도 안에 있으면 새로운 피조물이라 이전 것은 지나갔으니 보라 새 것이 되었도다"라고 말씀합니다. 예수 그리스도의 십자가를 기원으로 해서 이전 것인 죄인이던 그 사람은 죽었습니다. 십자가에 그리스도와 함께 죽고 그리스도를 통해서 장사 되었다가 부활한 것은 새사람이 살아난 것입니다. 이전 것은 지나가고 새사람이 되었습니다. 그러므로 우리 마음에 그리스도를 통해서 일어난 변화를 항상 생각하고 나는 새사람이 되었다고 꿈꾸고 믿고 새사람이 되었다고 말하고 새사람의 삶을 살려고 노력하고 애써야 되는 것입니다.

구원은 예수 그리스도의 십자가의 보혈을 믿기만 하면 은혜로 구원 받습니다. 그러나 구원을 받고 난 다음에는 육체는 점점 죽이고 영적으로는 점점 살아나야 되는 것입니다. 어린아이는 어머니가 태어나게 해주었지만 그 다음은 자기가 먹어야 합니다. 그래야 자랍니다. 예수 믿고 구원 받았으면 영적으로 성장해야 되고 장성하게 되어야 천국을 나가서 장성한 분량대로 은혜를 받습니다. 자신이 예배를 드리고, 찬양하고, 성경을 읽고, 성령으로 기도해야 자신을 통하여 예수님이 나타나시는 것입니다. 그러므로 예수가 십자가에서 죽을 때 함께 죽었다고 생각하십시오. 예수와 함께 죽었다고 꿈꾸십시오. 예수와 죽었다고 믿으십시오. 다시 예수로 태어났다고 믿고 행동하며 믿음생활을 하십시오. 성령으로 기도하십시오. 예배드리고, 기도하고, 성경을 읽고 묵상하십시오.

성경에는 내가 약할 때 주님을 찾고 기도하니 주님께서 붙들어 주므로 강하고, 내가 하나님께 항복해서 두 손 들었을 때 하나님은 나에게 이기게 만들어 주시고, 나를 비우면 충만하게 되고, 내가 죽으면 영원히 살게 된다고 말합니다. 이와 같은 축복이 있으시기를 주님의 이름으로 축원합니다.

3장 약한자를 강하도록 축복하시는 예수님

(고전 1:26~29)"형제들아 너희를 부르심을 보라 육체를 따라 지혜로운 자가 많지 아니하며 능한 자가 많지 아니하며 문벌 좋은 자가 많지 아니하도다. 그러나 하나님께서 세상의 미련한 것들을 택하사 지혜 있는 자들을 부끄럽게 하려 하시고 세상의 약한 것들을 택하사 강한 것들을 부끄럽게 하려 하시며, 하나님께서 세상의 천한 것들과 멸시 받는 것들과 없는 것들을 택하사 있는 것들을 폐하려 하시나니, 이는 아무 육체도 하나님 앞에서 자랑하지 못하게 하려 하심이라"

하나님은 약한자를 강하게 하시고 축복하여 사용하십니다. 약한자를 강하게 하시어 사용하시는 이유는 자신의 나약함을 알았기 때문에 자신의 독단으로 살지 아니하고, 하나님께 기도하며 주님의 말씀에 순종하기 때문입니다. 자신의 나약함을 체험했으니 하나님 없이 세상을 살아갈 수 없다고 생각하고 항상 하나님께 기도하며 하나님으로 채우면서 성전되어 살아가기 때문입니다. 하나님께 물어보고 하나님께서 하라는 대로 순종을 잘하기 때문입니다. 하나님은 자신이 부족한 것을 깨닫고 매사를 하나님께 의뢰하여 순종하는 사람을 통하여 이 땅에 하나님의 나라를 만들어 가십니다. 약하고 무식하고 가진 것이 없다고 낙심할 필요가 없습니다. 하나님을 주인으로 모시면 하나님께서 자신을 통하여 일하시기 때문에 자신의 부족한 모든 것을 채워주시기 때문입니다.

성도가 자신이 약하다고 생각할 때 바로 강해집니다. 왜냐하면 자신이 약하기 때문에 하나님 없이 살지 못한다는 것을 알고 기도하기 때문입니다. 그래서 성도는 자신이 약하다고 생각할 때 강해지는 것입니다. 하나님은 자신이 약한자라는 것을 아는 성도를 사용하십니다. 하나님만을 찾고 의지하기 때문입니다. 하나님께 기도하여 하나님께서 말씀하시는 대로 순종하기 때문입니다. 바울은 고린도후서 12장 9-10절에서 "나에게 이르시기를 내 은혜가 네게 족하도다. 이는 내 능력이 약한 데서 온전하여짐이라 하신지라 그러므로 도리어 크게 기뻐함으로 나의 여러 약한 것들에 대하여 자랑하리니 이는 그리스도의 능력이 내게 머물게 하려 함이라. 그러므로 내가 그리스도를 위하여 약한 것들과 능욕과 궁핍과 박해와 곤고를 기뻐하노니 이는 내가 약한 그 때에 강함이라" 약하니까, 기도하고, 기도하니까, 성령이 충만하고, 하나님의 뜻을 알고, 하나님의 능력이 자신에게 머물러서 강한자가 된다고 말합니다.

성도는 대부분 자신이 약하기 때문에, 강한 것이 아닌 약한 자를 사용하신다는 말씀을 좋아합니다. 하지만, 이것을 조금만 더 생각해 보면, 당연한 것이라고 생각할 수 있습니다. 약하기 때문에 하나님이 필요하여 의지하기 때문입니다. 자신의 능력으로는 세상을 이길 수가 없다는 것을 깨달았기 때문입니다. 왜 그렇습니까? 세상을 이길 수 있는 능력은 자신에게 있는 것이 아니라 "하나님께 있기 때문"입니다. 하나님께 의뢰하면 할수록 세상을 이기는 힘은 강해지는 것입니다. 고린도후서 4장 7절의 말씀을 보면, "우리가 이 보배를 질그릇에 가졌으니 이는 심히 큰 능력은 하나님께 있고 우리에게 있지 아니함을 알게 하려 함이라"고 하였습니다. 능력이 우리에게 없고, 하나님께 있다는 사실은 하나님께서 쓰임 받는 사람은 언제나 "내 힘으로 일하지 않고 하나님의 힘으로 일한다."는 말입니다. 하나님께서 사람을 쓰실 때에는 스스로 강하고 능력있다고 자처하는 사람을 쓰시지 않습니다.

필자가 언제인가 집회할 때 이런 질문을 한 적이 있습니다. 첫째, 하나님은 하나님을 위하여 열심히 일하는 성도를 사용하십니다. 둘째, 하나님은 하나님께 기도하여 하나님께서 원하시는 일을 하는 성도를 사용하십니다. 두 가지 중에 어떤 것이 맞는 말이냐고 질문을 했습니다. 그러자 참석하신 분들이 모두 하나같이 두 번째가 하나님의 뜻이라고 대답을 했습니다. 정확한 대답입니다. 하나님은 하나님을 위해서 열심히 일하는 성도를 사용하시지 않습니다.

하나님께서 시키시고 원하시는 일을 하는 성도를 사용하십니다. 왜냐하면 하나님을 위하여 열심히 일하는 성도는 자신이 나름대로 강한자라고 믿고 있기 때문에 하나님께서 사용하실 수가 없습니다. 자신이 강하다고 생각하고 믿기 때문에 하나님을 의지하지 않고 자신의 힘으로 열심히 하려고 하기 때문입니다. 열심히 하는 성도는 하나님의 의중은 상관이 없고 자기 자아를 따라가기 때문에 항상 하나님과 상반될 수 있어서 하나님께서 사용하실 수가 없습니다. 반면에 하나님께서 원하시는 일을 하는 성도는 자신의 힘으로 하나님의 일을 할 수가 없다는 것을 알기 때문에 하나님께 기도합니다. 하나님께 기도하여 하나님의 뜻을 알고 하나님께서 원하시는 일을 하려고 합니다. 하나님의 의중을 알아야 되니 항상 하나님께 집중하고 기도합니다. 하나님께 집중하고 기도하니 하나님과 친밀한 관계가 됩니다. 하나님과 친밀해지니 하나님의 권능이 함께하는 것입니다. 바울이 말하는 대로 "나의 여러 약한 것들에 대하여 자랑하리니 이는 그리스도의 능력이 내게 머물게 하려 함이라." 이루어지는 것입니다. 약하기 때문에 하나님께 기도하여 그리스도의 능력이 머물게 되는 것입니다.

하나님은 하나님의 뜻을 알고 하나님의 뜻에 따라 순종하는 성도를 축복하십니다. 하나님은 분명하게 사도행전 17장 24-25절에서 "우주와 그 가운데 있는 만물을 지으신 하나님께서는 천지의 주재시니 손으로 지은 전에 계시지 아니하시고, 또 무엇이 부족한 것처럼, 사람의 손으로 섬김을 받으시는 것이 아니니, 이는 만민에게 생명과 호흡과 만물을 친히 주시는 이심이라" 하나님은 사람의 손으로 지은 전에 계시지 않습니다. 하나님은 사람의 손으로 섬김을 받지 않는 분입니다. 하나님은 사람의 손으로 하나님을 위하여 열심히 하는 것을 원하시지 않습니다. 하나님은 예수님을 믿는 자들에게 생명과 호흡과 만물을 친히 주신 하나님이십니다. 하나님은 부족한 것이 없습니다. 이제 답이 나왔습니다. 하나님을 위해서 무엇을 열심히 하려고 하지 말라는 것입니다. 하나님께서 시키시고 원하시는 일을 하라는 것입니다. 즉, 하나님의 조력자(보조자)가 되라는 것입니다. 하나님을 위해서 일하는 주관자가 되려고 하지 말라는 것입니다.

왜 그렇습니까? 능력은 하나님으로 충분하기 때문입니다. 그러면, 하나님께서 원하시는 것은 무엇입니까? 하나님께서 원하시는 뜻에 따라, 주신 것들을 활용하여 이 땅을 하나님의 나라를 만드는 성도를 사용하시고, 그런 성도를 찾고 계신 것입니다. 하나님이 주신 것들을 삶에서 누리면서 하나님의 의중에 따라 이 땅을 하나님의 나라를 만드는 성도가 되기를 원하시는 것입니다. 그렇기 때문에 성도가 자신의 힘으로 하나님을 위하여 무엇을 하는 성도를 하나님께서 기뻐하시지 않는 것입니다. 자신이 힘이 있어 하나님께 의뢰하지 않고, 자기 마음대로 열심히 하는 성도는 하나님의 나라의 군사가 될 수가 없습니다. 먼저 자신이 열심히 하려는 생각에서 부터 인간적이기 때문에 자격에 미달되는 것입니다.

하나님께서 주신 것들을 이용하여 이 땅에 하나님의 나라를 만들어가는 그런 사람을 찾다보면, 오히려 힘 있고, 능력 있는 사람보다, 약하고 지혜 없는 사람이 하나님께서 주신 것을 이용하여 이 땅에 하나님의 나라를 건설하는 일에 더 집중하고, 더 관심이 있어 하고, 더 하나님을 붙든다는 말입니다. 그런 측면에서, 하나님은 힘없고, 지혜 없는 사람을 사용하신다는 말입니다. 아무 의미 없이, 그냥 지혜 없고, 힘이 없는 사람을 사용하신다는 것이 아님을 깨달아야 합니다.

하나님의 능력은 무한대로 표현 할 수 있습니다. 하나님은 천지만물을 친히 지으시고 섭리하시는 초자연적인 분이기 때문입니다. 그런데, 어떤 사람에게 능력이 10이 있는 사람이 있고, 또 어떤 사람에게는 힘이 10,000이 있는 경우가 있습니다. 하지만, 하나님과 하나가 될 때에는 자신이 가지고 있는 힘은 필요가 없습니다. 하나님의 힘이 무한대이기 때문입니다. 그래서 자신의 힘이 10,000 정도로 강해도 무한대인 하나님을 주인으로 인정하고, 의뢰할 때에는 무한대인 하나님의 힘만 나타나기 때문입니다. 그래서 내가 지혜가 없고, 무능하고 약해도, 하나님께서 나에게 무한대의 힘이 됨으로 그 힘을 의지하고 나아갈 때에 내 힘은 하나님 안에서 무한대가 되는 것입니다. 그러므로 하나님께서 사용하고자 하는 사람의 능력은 의미가 없는 것입니다. 내가 얼마나 능력을 행할 수 있느냐를 말할 때, 하나님의 능력을 가진 사람에게는 능력의 한계가 없으므로 아무런 가치가 없는 것입니다. 아무리 약해도 하나님을 주인으로 모시고 의뢰하면 자신에게서 무한대의 하나님의 능력이 나나나는 것입니다.

그러면, 하나님이 누구를 사용하십니까? 하나님의 능력을 제대로 전달하는 사람을 사용하십니다. 자기의 나약함을 알고 하나님의 힘을 의지하여 순종하는 성도입니다. 바로 그런 사람이 약한 자들입니다. 하나님은 육신이 건강하고 체력이 강한 사람을 원하시지 않을 수가 있습니다. 왜냐하면 건강에 너무 과신하여 하나님을 의지하지 않을 수 있기 때문입니다. 오히려 가끔 잔병을 앓고 건강에 자신하지 못하여 항상 건강을 위하여 하나님께 기도하는 사람을 사용하십니다. 예수를 믿으면서 태평성대를 누리는 사람도 좋아하시지 않습니다. 이것 역시 하나님께 기도하지 않고 자기 마음대로 하여 하나님의 역사를 역행할 소지가 있기 때문입니다. 가끔 생활에 어려움을 당하여 하나님께 기도하여 기적적으로 어려움을 해결한 체험이 있는 성도를 사용하십니다.

고전 1장 26절 말씀을 보면, "형제들아 너희를 부르심을 보라 육체를 따라 지혜로운 자가 많지 아니하며 능한 자가 많지 아니하며 문벌 좋은 자가 많지 아니하도다."라고 하였습니다. 왜 그렇습니까? 지혜롭지 못하고, 능력이 약하고, 문벌이 좋지 못한 약한 자들이 하나님의 능력을 있는 그대로 올바로 전하기 때문에, 육체를 따라 지혜로운 자의 능력이 가려지는 것입니다. 육체를 따라 지혜롭지 못한 사람이라도 하나님을 의지하면 하나님의 능력을 온전하게 전달하기 때문에 지혜로운 사람보다 강력한 능력의 역사가 일어나는 것입니다. 이런 상황에서 물어봐야 할 것은 내가 얼마나 지식이 있고, 능력이 있고, 학력이 있느냐가 아니라, 하나님께 얼마나 기도하며 메달리며 말씀에 순종하는 자가 되었느냐에 더 관심을 가지고 물어보아야 할 것입니다. 이것이 능력의 관건입니다.

그러므로 하나님의 일을 하는 사람은 자기 속에 있는 힘을 가지고 활용하는 것이 아니라, 하나님의 힘으로 일하는 법을 아는 자가 가장 강력한 사람입니다. 그렇게 기도하고 담대하게 행동하는 자가 강력한 사람입니다. 그래서 하나님은 스스로 약한 자라는 것을 알고 인정하고 하나님의 의뢰하는 성도를 사용하시는 것입니다. 그러면, 하나님의 능력으로 온전히 쓰임받기 위해서는 무엇이 필요합니까? 첫째, 하나님께 영과 진리로 예배드리는 존재, 둘째, 손해가 나더라도 하나님의 말씀에 순종하고, 셋째, 하나님의 나라를 위해서 자기 자신을 죽일 줄 아는 존재, 바로 하찮은 일이라도 하나님께서 원하시는 일을 하는 존재, 하나님은 이런 사람을 들어 쓰십니다. 바로 이런 사람이 강한 사람입니다.

성경인물 중에 그런 인물을 꼽으라면 다윗입니다. 우리는 다윗의 인생의 단면을 통해서 약한 자를 쓰시는 하나님을 볼 수 있습니다. 그는 한 없이 약한 자였습니다. 형제 중에 가장 약한 자를 하나님이 부르셨습니다. 그의 부모도 그의 형제들도 그를 업신여겼습니다. 그렇게 약한 상태에서 하나님으로부터 기름부음을 받았습니다. 앞으로 왕으로 세우시겠다는 약속을 하신 것입니다. 그러나 우리는 그가 하나님으로부터 기름부음을 받은 후 그에게 끊임없는 고난이 따라 다녔다는 것을 잘 압니다. 그래도 그는 하나님께서 그의 평생을 선하심과 인자하심으로 인도 하셨다고 고백을 하고 있습니다. 그는 오직 여호와만 바라보고 의지하고 살았던 우리의 선진들 중의 하나입니다.

그는 시편에서 하나님께서 그의 평생을 선하심과 인자하심으로 자신을 인도 하셨다고 고백합니다. 자신을 믿고 의지하는 사람은 오히려 인간된 연약함으로 인하여 결국 쓰러지고 맙니다. 자기 마음대로 하는 사람은 그 마음대로 하는 것으로 인하여 결국 패배

합니다. 아무리 완벽한 사람도 자기 자신만의 능력으로 이 세상을 살아갈 수는 없기 때문입니다. 하지만 기도하며 하나님을 의지하고 하나님의 인도를 받는 사람은 결코 낙심하지 않습니다. 어떤 순간에도 하나님의 보이지 않는 손이 일하고 계심을 알기 때문입니다. 우리의 약점은 결코 약점으로 남지 않습니다. 그 약점으로 인하여 하나님을 바라볼 때 하나님은 우리를 긍휼히 보시고 막힌 길이라도 열어 주시며 인도하시고 도우십니다.

성도가 하나님 나라에서 쓰임 받기 위해서는 오직 하나님을 우선시하고, 하나님이 하시는 일에 대해서 온전히 조력하는 것에 관심을 가져야 합니다. 우리의 능력은 하나님이십니다. 성도의 주인이 누구십니까? 하나님입니다. 그래서 하나님의 일이 잘 되도록 내가 해야 할 일은 무엇입니까? 바로 조력의 역할입니다. 말씀에 순종하는 것입니다. 하나님께서 잘 하시도록 하나님이 원하는 일을 하는 것입니다. 바로 이 사람이 하나님 나라에서 가장 강력한 일꾼이 될 수 있습니다. 하나님 일의 조력자라로서의 역할을 잘 감당하는 주의 거룩한 일꾼들, 자녀들이 되기를 간절히 원합니다.

하나님은 하나님의 자녀들이 자신의 나약함을 알게 하기 위하여 체험하게 하십니다. 하나님은 성도들이 살아계신 하나님을 체험하게 하십니다. 하나님은 살아계십니다. 살아계시기 때문에 성도들을 체험하게 하면서 군사를 만드십니다. 필자가 지난 시절을 뒤돌아보면 하나님은 공부만 시키지 않으십니다. 즉, 머리로 알게만 하시지 않는다는 것입니다. 그런데 한국의 여러 교회들이 성도들을 공부시키는데 주안을 두는 곳이 많다는 것입니다. 살아계신 하나님과 성령의 역사와 영적인 세계의 체험보다 공부가 많기 때문에 성도들이 영적인 힘이 부족하여 예수를 믿으면서도 알지 못하는 고통을 당하면서 살아가고 있습니다. 하나님이 성도에게 부여한 영적 권위를 사용하지 못한다는 것입니다. 모든 것을 이론으로 알면 다되는 줄 착각하여 살아계신 하나님도 이론으로 아는 것으로 만족한다는 것입니다. 참으로 문제가 아닐 수가 없습니다.

물론 성경말씀을 많이 알아야 합니다. 알고 믿어야 하기 때문입니다. 그런데 아는 것도 주인이신 성령으로 깨닫고 알아야 합니다. 아는 만큼 실제적인 하나님의 역사를 체험해야 합니다. 하나님은 돌아가신 하나님이 아니시고 살아계신 하나님이시기 때문입니다. 하나님을 알고, 몸과 마음으로 느끼고 체험해야 진정 하나님이 함께하는 성도가 되는 것입니다.

필자는 항상 이렇게 강조합니다. 아는 것으로 끝내지 말고 몸으로 느끼고 체험하며 움직이라는 것입니다. 즉, 아는 것과 실제가 균형이 잡혀야 한다는 말입니다. 한쪽으로 치우치면 문제가 발생합니다. 절름발이 신앙인이 되는 것입니다. 영이신 하나님과 교통할 수 있는 영적인 성도를 만들기 위하여 체험하며 훈련하게 하십니다. 하나님은 먼저 성령으로 세례를 받게 하십니다. 그리고 하나님은 영적인 눈을 열게 하십니다. 영적인 눈을 열어 영적인 세계가 있다는 것을 깨달아 알게 하십니다.

영적인 세계를 눈으로 보고 몸으로 부딪치며, 마귀와 귀신이 일으키는 환란과 풍파를 당하게 하면서 자신의 나약함을 깨닫고 하나님을 의지하게 하십니다. 하나님은 극한 상황에 도달하게 하시어 인간이 자신의 한계를 알게 하십니다. 자신의 힘과 재능으로 극한 상황을 극복하기에 버겁다는 것을 알고 자동으로 하나님을 찾게 하십니다. 하나님을 찾으니 성령으로 응답을 하십니다. 성령의 감동을 받아 순종하며 권능을 사용하여 난관을 통과하여 하나님이 살아계시며 함께 한다는 것을 깨달아 알고 믿게 하십니다.

이는 애굽을 떠나 광야로 나온 이스라엘 사람들을 친히 인도하시면서 체험하게 하신 것을 보면 증명이 됩니다. 출애굽기 14장 13절에서 14절에 보면 이스라엘 백성들이 430년 종살이하던 애굽에서 모세의 지도를 통해 홍해수에 이르렀습니다. 건너갈 수 있는 교량도 없고 배도 없습니다. 그들이 그 곳에서 모여 있는데 바로가 대 군대를 거느리고 도로 그들을 포로로 잡기 위해서 습격해 왔습니다. 샌드위치가 된 그들은 좌절과 절망 속에서 하나님께 부르짖고 모세에게 원망하며 말하기를 모세야 애굽에 매장지가 없어서 우리를 이곳에 불러가다 죽게 하는가 애굽에 있을 때에 우리가 말하지 않았는가? 그냥 내버려두라 그냥 우리가 종살이하면서 살겠다 하지 않았는가?… 어찌하여 우리를 이곳에 데려와서 죽이는가? 원망하고 탄식했습니다. 이렇게 살아계신 하나님을 체험하지 못하고 하나님과 관계가 열리지 않은 사람은 극한 상황에 처하면 아무것도 스스로 할 수가 없습니다. 사람은 약합니다. 사람의 힘만으로는 아무것도 할 수가 없습니다. 사람이 스스로 할 수 있는 것은 자신의 목숨을 끊은 것밖에 없습니다.

그럴 때에 모세가 하나님의 계시를 받아서 이렇게 말했습니다. "모세가 백성에게 이르되 너희는 두려워 말고 가만히 서서 여호와께서 오늘날 너희를 위하여 행하시는 구원을 보라! 너희가 오늘 본 애굽 사람을 또 다시는 영원히 보지 못하리라. 여호와께서 너희를 위하여 싸우시리니 너희는 가만히 있을지니라." 모세는 하나님이 함께하시면 어떠한 난관도 극복할 수 있다는 것을 알고 있었습니다. 모세는 광야에서 40년간 하나님의 훈련을 받았습니다. 훈련하면서 하나님께서 보이지 않지만 자신과 함께 하시며 살아서 초자연적으로 역사하심을 체험했습니다.

반드시 하나님은 홍해를 건너가게 하신다는 것을 알고 믿고 있었습니다. 그래서 하나님에게 기도하니 하나님이 모세의 입을 통하여 "여호와께서 너희를 위하여 싸우시리니 너희는 가만히 있을지니라."하고 담대하게 선포하게 하신 것입니다. 여기에서 모세에게 나타난 하나님은 우리를 위해서 싸우시는 하나님이신 것입니다. 하나님이 친히 이스라엘 백성을 인도하고 계시다는 것을 말로 듣고 눈으로 보고 깨닫게 하신 것입니다.

이스라엘 백성들에게 살아계신 하나님이라는 것을 믿게 하시기 위해서 입니다. 하나님은 성도들의 믿음을 키우기 위하여 이렇게 어려운 난관에 봉착하게 하십니다. 거기서 낙심하지 않고, 좌절하지 않고 기도하면 성령으로 비밀을 알려주십니다. 알려주신 비밀대로 행동하면 난관을 극복하게 됩니다. 살아계신 하나님의 역사를 눈으로 보고 믿게 하십니다. 하나님은 이렇게 공부만 시키지 않고 체험하면서 훈련하십니다.

하나님은 거룩 거룩하시고 존귀해서 그냥 보좌에 앉아 계신 것이 아니라, 주의 백성들을 위해서 친히 팔을 걷고 나오셔서 원수와 대적해서 싸우시는 하나님으로 나타나신 것입니다. 하나님께서는 모세를 통해서 홍해수를 가르시고 육지같이 이스라엘 백성들을 건너가게 하시고, 그 뒤를 따라오는 애굽의 바로와 그 군대들을 물로 덮어서 다 수장 시켜버리고 만 것입니다. 친히 싸우시는 하나님이신 것입니다. 여기에 하나님께서 주의 백성을 위해서 친히 소매를 걷고 싸우시는 하나님으로 계시되어 있는 것입니다. 살아계신 하나님을 믿고 찾는 성도에게만 친히 나타나시어 역사하시는 하나님이십니다. 그래서 우리는 자신이 직접 자신의 주인으로 계시는 하나님과 관계를 열어야 합니다. 무엇보다도 하나님과 관계를 여는 것이 중요합니다. 많은 성도들이 예수를 믿고 교회에 들어오면 자신의 영육의 문제를 해결하려고 합니다. 즉, 많은 수의 성도가 예수를 믿는 것이 물질의 축복, 환경의 축복, 자신의 문제를 해결하기 위하여 믿는 다는 것입니다. 그래서 문제를 하나님께서 해결하여 주시기를 위하여 철야도 하고, 작정기도도 합니다. 열심히 봉사도 합니다. 거액의 헌금도 합니다. 그러다가 문제가 해결이 안 되면 하나님을 원망하기 시작을 합니다. 원망하다가 교회를 떠나는 사람도 있습니다.

이것은 하나님에 대하여 잘 몰랐기 때문입니다. 자신이 하나님에 대하여 무지한 결과입니다. 하나님은 이렇게 하십니다. 먼저 예수를 믿고 교회에 들어오면 예배를 드리고, 찬양하며 기도하다가 성령으로 세례를 받게 하십니다. 성령으로 세례를 받게 되면 성령이 심령을 장악하면서 내면의 상처를 치유하게 하십니다. 상처를 치유하면서 자아가 부수어집니다. 상처치유와 자아가 부수어지면서 혈통에 역사하던 귀신들이 떠나갑니다. 심령이 성령의 전으로 바뀝니다. 그러면서 영이시고 살아계신 하나님과 관계가 열립니다. 하나님과 관계가 열리니 살아계신 하나님의 성전으로 살아갑니다. 기도하며 하나님께서 말씀하시는 대로 순종할 때 성령님의 권능으로 문제가 해결되기 시작을 합니다. 자신이 성령의 감동을 받아 선포하고 행할 때 문제가 해결된다는 것입니다.

절대로 개개인의 문제를 해결하는 것은 하나님의 뜻입니다. 모든 성도들이 아브라함의 복을 받는 것이 하나님의 뜻입니다. 그런데 하나님과 관계가 열린 성도에게 만 해당이 됩니다. 하나님과 관계가 열리니 성령이 역사하여 문제가 해결되게 하시기 때문입니다. 그러므로 모든 성도들은 자신의 문제의 해결에 앞서서 하나님과 관계를 여는 것이 중요한 것입니다. 온몸이 보물인 예수님으로 채워지는 것이 중요합니다. 살아계신 하나님의 성전이 되어 성령으로 영의 눈을 열어 하나님과 관계를 열어야 합니다.

모세는 하나님과 관계가 열린 사람입니다. 우리 모두 모세와 같이 영이시고 살아계시는 하나님과 관계를 열어 하나님이 주시고자 하는 축복을 받아 누리시기를 바랍니다. 살아서 역사하시는 하나님과 교통하며 살아가게 하기 위하여 하나님은 성도들을 체험하게 하시는 것입니다. 성도 자신이 얼마나 나약한 존재인가 깨닫게 하십니다. 자신의 나약함을 알아야 하나님을 의지하기 때문입니다. 자신의 나약함을 알고 하나님의 말씀에 순종하면 하나님께서 친히 역사하신다는 것을 눈으로 보고 믿게 하십니다.

하나님은 장엄하고 거룩하셔서 그냥 보좌에 앉아 계신 하나님이 아니라, 주의 자녀들을 위해서 싸우시는 하나님이시라는 것을 우리가 알아야 하는 것입니다. 우리 성도들에게 하나님은 살아서 역사하고 계시다는 것을 믿게 하기 위한 것입니다. 그리하여 아무리 어렵고 힘든 난관이나 고통이 찾아와도 하나님께 기도하면 해결이 된다는 것을 알고 믿게 하시기 위하여 체험하며 훈련을 시키시는 것입니다. 영적인 눈을 열고 영이신 하나님의 역사를 눈으로 보면서 체험하여 믿음을 키우시기를 바랍니다.

살아계신 하나님은 성도들이 마음중심을 하나님께 드리기를 소원하십니다. "네 마음을 다하고 목숨을 다하고 뜻을 다하고 힘을 다하여 주 너의 하나님을 사랑하라 하신 것이요"(막 12:30). 마음 중심이 하나님께 향하고 관계가 열리기를 바라는 것입니다. 필자에게는 문제가 있는 성도들이 많이 찾아옵니다. 이분들에게 이런 말을 합니다. 자신의 힘으로 노력으로 할 수 있기 때문에 잘 되지 않으면 소리를 벅벅 지르고 혈기를 낸다는 것입니다. 자신의 힘으로 할 수 없으면 하나님께 기도할 것입니다. 하나님께 기도해야 하나님께서 지혜를 주셔서 순종할 때 해결이 되는 것입니다.

4장 강하게 하려고 선택해주시는 예수님

(막 1:16-20)"갈릴리 해변으로 지나가시다가 시몬과 그 형제 안드레가 바다에 그물 던지는 것을 보시니 그들은 어부라. 예수께서 이르시되 나를 따라오라 내가 너희로 사람을 낚는 어부가 되게 하리라 하시니, 곧 그물을 버려두고 따르니라. 조금 더 가시다가 세베대의 아들 야고보와 그 형제 요한을 보시니, 그들도 배에 있어 그물을 깁는데 곧 부르시니 그 아버지 세베대를 품꾼들과 함께 배에 버려 두고 예수를 따라가니라"

하나님은 진흙탕 같은 세상 속에서 진주를 찾고 계십니다. 인간의 가장 큰 특권은 역사를 만들어 가시는 하나님께 불림 받아 쓰임을 받는 자가 될 수 있다는 점입니다. 고린도전서 3장 9절에 보면"우리는 하나님의 동역자들이요. 너희는 하나님의 밭이요. 하나님의 집이니라"고 말씀하고 있습니다. 하나님이 우리를 택하셔서 같이 일하게 하신다는 것인데 이것은 그리스도인들의 특권으로 내가 정한 것이 아니라, 하나님이 정하신 것입니다.

하나님께서는 예수 믿는 사람을 편안하게 하십니다. 반대로 마귀는 예수 믿는 사람을 괴롭힙니다. 그러면 주변에 있는 사람이 예수 믿는 사람을 괴롭게 한다면 마귀의 영향을 받는 사람이겠지요? 분명하게 맞겠지요? 그렇다면 주변에 있는 사람을 편안하게 한다면 성령의 사람임이 분명합니다. 이렇게 주변에 있는 사람이 괴롭게 하느냐. 편안하게 하느냐에 따라서 성령의 사람인가, 마귀의 사람인가가 분별되는 것입니다. 우리 예수 믿고 성령으로 거듭난 사람답게 주변 사람들을 편안하게 하게 하는 모두가 되기를 바랍니다. 하나님은 이런 성령으로 충만하여 평안을 전이 시키는 사람을 군사로 선택하십니다.

그렇다면 하나님은 어떤 사람을, 역사를 이끌어 가는 "일꾼"으로 쓰실까요? 구약의 대표인 모세는 출4:10절에서 "입이 뻣뻣하고 혀가 둔한 자"라고 말씀하고 있습니다. 하나님도 이 부분을 인정하셔서 형인 아론을 붙여 주셨습니다. 하나님은 말 잘 하는 아론을 택하지 않으시고 복잡하게 일하셨습니다.

탈무드는 랍비들의 성경해석서로 성경에 없는 것을 설명하고 있으므로 어디까지가 진짜인지 알 수 없지만, 그러나 탈무드는 모세가 말더듬이가 된 이유를 다음과 같이 설명하고 있습니다. 모세가 바로의 왕궁에 살고 있을 때 하루는 바로의 왕관을 써 보았습니다. 당시 왕 외의 사람이 왕관을 쓰는 것은 반역행위를 의미했습니다. 이에 대해 바로는 모세가 의도적으로 썼다면 징계하고 무의식적으로 썼으면 용서하기로 결심하고 모세의 의도를 살펴보기로 했습니다. 바로는 모세 앞에 숯불과 황금 중에 무엇을 택하는지 살펴보아 황금을 택하면 의식이 있는 것이므로 징벌하고, 숯불을 택하면 아직 왕권에 대한 의식이 없는 어린아이이므로 용서해 주기로 결정했습니다. 이때 모세는 숯불을 택하여 죽음을 면하고 나이가 먹도록 바로 궁에서 살게 된 것입니다.

이러한 내용을 미루어 볼 때 자신의 강한 의지를 표현하거나 간절한 소망을 나타낼 때 단호하게 말하는 태도나 행동이 커다란 파장을 가져올 수도 있음을 잘 볼 수가 있습니다.

모세는 행동을 함에 있어서 굉장히 적극적인 사람이었습니다. 애굽 사람들이 싸우는 것을 보았을 때도 그랬고, 하나님 앞에서도 마찬가지였습니다. "나도 지금 살인자 입장에서 도망 다니는 처지에 누구를 이끌겠느냐"는 식으로 몇 번씩이나 거절을 하는 것을 볼 수 있습니다. 여러 가지 핑계를 내세워 자신의 주장을 굽히지 않지만, 역사를 주관하시는 분은 하나님이시기 때문에 결국은 형인 아론까지 동원시켜서 하나님의 뜻대로 일을 이루어가시게 되는 것입니다. 하나님께서는 같이 일을 해나가는데 걸림돌이 될 만한 요소들이 있다면 오랜 시간의 고통과 연단을 통해서라도 고쳐 가시면서, 또는 약점이다 싶은 점이 있다면 보완해가면서 사용하시는 분이 하나님이신 것입니다.

구약의 41명 중 대표적인 왕인 다윗은 용모와 신장이 뛰어나지 못했습니다. 이새의 아들 가운데 왕이 될 사람을 선별하여 기름을 붓고자 할 때 아버지 이새가 다윗을 부르지도 않은 것으로 보아, 다윗의 용모와 신장이 형제들에 비해 출중하지 않았음을 예상할 수 있습니다. 사무엘상16장 7절에 보면 "여호와께서 사무엘에게 이르시되 그 용모와 신장을 보지 말라. 내가 이미 그를 버렸노라. 나의 보는 것은 사람과 같지 아니하니 사람은 외모를 보거니와 나

여호와는 중심을 보느니라.”라고 말씀하고 있습니다.

고린도후서 10장 10절에 바울의 설교에 대한 성도들의 평가가 나오는데 그것은 “저희 말이 그 편지들은 중하고 힘이 있으나 그 몸으로 대할 때는 약하고 말이 시원치 않다 하니”이었습니다. 전 승이 전하는 사도 바울의 외모는 단구였고, 대머리요, 일자눈썹을 가지고 있으며 꼭 원숭이 같이 생겼다고 합니다. 자신이 말을 못 한다는 사실을 사도 바울도 인정하면서 고린도후서 11장 6절에서 자신이 “말에는 졸하다”고 밝히고 있습니다. “내가 비록 말에는 졸하나 지식에는 그렇지 아니하니 이것을 우리가 모든 사람 가운 데서 모든 일로 너희에게 나타내었노라.”

사도 바울이 말을 못했다는 사실은 바울의 설교를 들으면서 졸 다가 떨어져 죽었었던 유두고의 이야기가 나오는 사도행전 20장 7-9절에서도 알 수 있습니다. “안식 후 첫날에 우리가 떡을 떼려 하여 모였더니 바울이 이튿날 떠나고자 하여 저희에게 강론할 쌔 말을 밤중까지 계속하매 우리의 모인 윗 다락에 등불을 많이 켰는 데 유두고라 하는 청년이 창에 걸터앉았다가 깊이 졸더니 바울이 강론하기를 더 오래 하매 졸음을 이기지 못하여 삼 층 누에서 떨 어지거늘 일으켜보니 죽었는지라”

사실 인간적인 생각으로는 전도자는 말을 잘해서 한 번에 수천 명씩 설득 할 수 있는 웅변자여야 합니다. 그러나 하나님이 선택 한 바울은 그렇지 못했습니다. 하나님은 자신의 도구 조건으로 신 앙을 보십니다. 순종 잘하는 사람을 찾습니다. 하나님과 같은 영성의 소유자를 찾습니다.

본문에는 주님이 4명의 제자를 부르시는 장면이 나옵니다. 이 장면을 보면 하나님이 어떤 사람을 불러 사용하시는지 깨닫게 됩니다. 하나님은 어떤 사람을 불러 사용하실까요?

첫째, 성실하고 담대한 사람을 찾으십니다. 주님이 4명의 제자를 부를 때 그들은 무엇을 하고 있었습니까? 본문 막1:16절 말씀을 보면 베드로와 안드레는 그물을 던지고 있었고, 본문 막1:19절 말씀을 보면 야고보와 요한은 그물을 깁고 있었습니다. 하나님은 노는 사람보다 항상 성실하게 일하는 사람을 부릅니다. 그러므로 크게 되기를 원한다면 자신을 준비시키고, 자기 자리에서 열심히 땀을 흘려야 합니다. 하나님은 현재의 일에 충실한 사람을 불러서 사용하십니다. 그래서 하나님은 데살로니가 3장 10절에서 "우리가 너희와 함께 있을 때에도 너희에게 명하기를 누구든지 일하기 싫어하거든 먹지도 말게 하라 하였더니" 이 말씀은 일하지 않는 사람은 굶어서 죽으라는 말과 같습니다.

그리고 베드로와 같이 담대한 사람을 부르시고 훈련하여 사용하십니다. 담대한 사람은 어떤 사람인가 하나님이 말씀하시면 목숨까지 아끼지 않고 순종하는 사람이 담대한 사람입니다.

필자가 군대에서 생활할 때부터 지금까지 좌우명처럼 여기는 말이 있습니다. "윗분이 안 볼 때 더 잘하자. 오늘 주어진 자리에 충실하면 내일은 더 많은 것이 주어진다." 그렇습니다. 오늘의 성실한 땀은 내일의 축복으로 귀결됩니다. 지금의 작은 일에 충실하지 못하면 큰일에서도 결코 충실하지 못합니다. 충실한 사람이란 윗분이 시키면 위험한 일이라도 담대하게 수행하는 사람을 말합니다. 위대한 사람들은 모두 작은 일에 열심히 담대하게 일한 사람들입니다. 그처럼 보잘것없는 일이라도 자신에게 맡겨진 일을 꾸준히 감당하는 것이 위대함입니다.

1950년대 서울의 한 교회에 30년 동안 교회의 종을 치던 한 집사님이 있었습니다. 정말 꾸준히 무급으로 매일 교회의 종을 쳤습니다. 하나님은 성실하신 하나님이기에 성실한 사람에게는 하늘의 냄새가 납니다. 30년 동안 그 집사님은 교회의 종치는 봉사만 했지만, 그분에게는 하늘의 냄새가 났습니다. 그래서 사람들은 그분을 보잘 것 없게 보았지만 담임목사는 그분을 성자로 보았습니다. 하나님도 그를 어떤 사람보다 위대하게 보셨을 것입니다.

어느 날, 그분이 돌아가셨습니다. 그래서 교회에서 장례를 치렀는데 수많은 높은 분들이 장례식에 참석하는 것을 보고 교인들이 깜짝 놀랐습니다. 알고 보니 그 보잘 것 없는 집사의 아들이 그 당시 장관이었던 것입니다. 아들이 장관이었지만, 교인들은 전혀 그 사실을 모르고 그저 묵묵히 종만 치는 집사로 알았던 것입니다. 그런 소리 없는 봉사가 천국에서는 큰 소리가 되어 하나님의 마음을 움직일 것입니다.

둘째, 비전을 가진 사람을 찾으십시오. 본문 막1:17절 말씀을 보면 주님은 제자들에게 "나를 따라오너라. 내가 너희로 사람을 낚는 어부가 되게 하리라!"는 비전을 주셨습니다. 비전은 성도를 가장 성도답게 만드는 것입니다. '비전'을 다른 말로 표현하면 '꿈'입니다. '비전'의 반대말은 '비천'입니다. 비전을 가진 사람은 결코 비천하게 되지 않습니다. 비전은 비천한 인생도 최고의 인생으로 만듭니다. 불신은 '비전 없는 끝(end without vision)'을 보지만 신앙은 '끝없는 비전(vision without end)'을 봅니다.

중요한 것은 현재의 위치와 신분이 아니라 비전입니다. 본문에서 예수님에게 부름 받은 4명은 모두 보잘 것 없는 시골의 어부들이었습니다. 주님은 예루살렘에 살던 수많은 지식인과 높은 사람들을 부르지 않고 갈릴리 어촌에 살던 그들을 부르셨습니다. 그처럼 하나님은 능력 있는 사람을 부르지 않고, 먼저 부르셔서 능력 있는 사람으로 만드십니다. 그러므로 현재 모습이 어떠하든지 시선은 항상 미래에 있어야 합니다.

하나님은 우리의 과거나 현재의 신분에 대해선 별로 관심이 없습니다. 하나님의 진짜 관심은 우리의 가능성과 내일입니다. 그 가능성을 보시고 하나님은 오늘도 여전히 우리를 부르고 계십니다. 아무리 평범한 존재도 비전이 있으면 비범한 존재가 됩니다. 그러므로 사람의 눈으로 자신을 보지 말고, 하나님의 눈으로 자신을 보면서 큰 비전을 가져야 합니다. 비전에 따라 미래는 과거와는 전혀 다른 모습이 될 수 있습니다.

과거를 생각하면 필자는 결코 목사가 될 수 없는 사람입니다.

조상의 죄도 죄지만 인격적으로 부족했습니다. 어느날 대표기도 하는 데 '너 그러다가 목사 된다.'는 음성에 그 자리에서 아닙니다. 저는 목사가 될 수 없습니다. 저는 죄도 많고, 공부도 잘하지 못했고, 다른 목사님들과 같이 배우지도 못했고, 말을 잘 하지 못합니다. 저는 당황하면 말을 심하게 더듬었습니다. 지금도 어둔하다는 말을 많이 듣습니다. 그런 사람이 어떻게 목사가 됩니까? 그래도 목사가 되었습니다. 지금은 제가 말을 더듬었다는 사실을 아무도 믿지 않습니다. 하나님께서 저를 통하여 일하십니다. 얼마나 하나님의 역사가 놀랍습니까? 자신을 어떤 한계 안에 가두지 마십시오. 우리는 '아무 것도 아닌 존재'이지만 하나님은 우리를 '특별한 목적을 가진 어떤 존재'로 보십니다.

이제 하나님의 일을 크게 하겠다는 큰 비전과 꿈과 사명감을 가지고 사십시오. 하나님은 창공을 날다가 안전한 착륙의 축복을 약속하셨지, 날지 않는 삶의 축복을 약속하지 않았습니다. 이 세상에 의미 없는 사람은 한 사람도 없습니다. 다 주님이 부르셨고, 지금도 부르시고 계십니다. 이제 비전을 새롭게 하십시오. 비전은 고난 중에서도 낙심하지 않게 만듭니다. 비전은 선한 일을 하게하고, 생명력을 넘치게 합니다. 그리고 비전은 전염이 됩니다.

미국에 '유진 랜드'란 자수성가한 한 백만장자가 있습니다. 어느 날, 그가 할렘가에 있는 한 초등학교를 방문하게 되었습니다. 그리고 학교관계자로부터 6학년 학생 중에 극소수만 중학교에 진학한다는 얘기를 들었습니다. 그때 그는 자신의 삶을 성공으로 이

끌었던 비전을 학생들에게 주고 싶었습니다. 그래서 아이들에게 말했습니다. "얘들아! 만약 너희들이 끝까지 학교에 남아 졸업하면 내가 대학교육을 시켜줄게."

그 말에 아이들은 난생 처음으로 비전을 가졌습니다. 그리고 자기 앞에서 자기를 기다리고 있는 어떤 축복을 기대하자, 공부하는 맛과 사는 맛이 생기고 너무 기뻤습니다. 결국 그 학교 6학년 학생 중에 90%의 학생이 중학교에 진학했습니다. 비전은 전염됩니다. 비전은 삶에 생동감을 줍니다. 결국 비전은 모든 것을 바꿉니다. 다만 한 가지 주의할 것이 있습니다. 그것은 사명적인 비전과 이기적인 욕심을 혼동하지 말아야 한다는 것입니다. 자신의 영달을 위한 비전이 되지 말아야 한다는 것입니다. 하나님의 영광을 위한 비전이 되어야 합니다. 욕심은 오히려 참된 비전을 망가뜨립니다. 그러므로 비전을 가질 때 그 비전이 정말 하나님의 영광을 위한 비전인지, 아니면 자신의 생계수단과 명예심과 욕심을 위한 야망인지를 성찰해야 합니다. 그래서 참된 비전을 가져야 어떤 환경에서도 흔들리지 않는 행복한 삶을 살 수 있습니다.

예를 들어, 오늘날 많은 부모들이 자녀 교육환경의 문제를 내세워 이민을 계획합니다. 그러나 자녀 교육에서 교육환경의 문제보다 더욱 큰 문제는 부모가 어떤 마음을 가지고 있느냐 하는 것입니다. 한국에서 새는 바가지는 미국에 가서도 새고, 한국에서 튼튼한 바가지는 미국에 가서도 튼튼합니다. 중요한 것은 내면의 바가지를 튼튼하게 해서 부모가 욕심이 아닌 하나님의 비전을 따라 사는 모습을 보여주는 것입니다. 하나님과 관계를 여는 삶을 보여주어야 합니다. 보물인 예수님으로 충만하게 채워지지 않고, 하나님과 영의 통로가 열리지 않으면 어디를 가더라도 풀리지 않습니다. 하나님과 관계가 열리면 어디를 가더라도 풀립니다. 창세기에 나오는 이삭을 보십시오. 창세기 26장에 보면 우물로 인하여 다투는 장면이 나옵니다. 문제는 이삭이 우물을 파는 샘마다 물이 나왔다는 것입니다. 이삭이 하나님의 마음에 합하여 관계가 열리니 사막에서 파는 샘마다 하나님이 물이 나오게 하십니다.

부모에게 욕심이 있으면 남들은 몰라도 자녀는 부모의 마음속에 있는 욕심과 이기심을 다 알고 있습니다. 그래서 부모가 욕심을 따라 살면 자녀도 욕심쟁이가 되지만, 부모가 비전을 따라 살면 자녀도 큰 비전을 가지게 됩니다. 결국 자녀교육에서 가장 중요한 것도 부모가 비전을 가지는 것입니다. 그처럼 비전을 가지고 주님을 따르면 무수한 축복이 뒤따르게 될 것입니다.

셋째, 순종하는 사람을 찾으십니다. 본문에 나오는 4명의 제자들은 주님이 "나를 따라 오라!"고 말씀하자 즉시 순종하고 따랐습니다. 복된 존재가 되려면 비전만큼 중요한 것이 순종입니다. 사실 '하나님의 선택을 받았다'는 사실보다 '하나님께 순종한다'는 사실이 더 큰 축복을 불러옵니다. 하나님의 선택이란 사명을 맡기는 선택이지 물질과 지위를 주는 선택이 아닙니다. 그 하나님의 선택을 잘못 이해하면 이스라엘 백성들처럼 선택받은 것 때문에 더 고난을 당합니다.

축복은 '선택된 사람'보다는 '순종하는 사람'에게 주어집니다. 하나님은 선택받고 불순종하는 사람보다 선택과 상관없이 순종하는 사람을 더 기뻐하십니다. 하나님은 어린 시절 부모에게 순종 잘하는 사람을 찾고 계십니다. 순종이 습관이 되어 하나님의 말씀에도 순종을 잘하기 때문입니다. 사람은 말씀에 순종해야 잘 살 수 있도록 창조되었습니다. 말씀은 비행기의 항로와 같습니다. 아무리 큰 비전을 가지고 솟아올라도 말씀에서 이탈하면 언제 충돌하지, 언제 미사일에 맞을지 모르는 불안한 인생이 됩니다. 말씀대로 살아야 결국 비전도 이룰 수 있습니다.

어느 날, 밀림에 있는 뱀의 꼬리가 머리에게 그 동안 항상 가졌던 불만을 쏟아냈습니다. "야! 머리야! 왜 너는 항상 너 가고 싶은 곳으로만 가냐? 너무 불공평하다!" 꼬리가 끊임없이 불평하니까 하루는 머리가 말했습니다. "야! 꼬리야! 그럼 이제부터 네가 가고 싶은 대로 가봐!" 그러자 꼬리가 신이 나서 열심히 갔습니다. 그러다가 가시덤불로 들어가 온 몸이 피투성이가 되어 심하게 고생했다고 합니다. 꼬리는 머리를 따라가야 합니다. 사람이 아무리 똑똑해도 말씀에 앞서려고 하면 반드시 피투성이가 됩니다. 그러므로 진정 하나님의 은혜를 받기를 원하면 말씀대로 살려고 하십시오. 가끔 억울하고 속상한 일을 당하면 사람을 용서하기 싫을 때가 있습니다. 그러나 그때도 하나님은 용서하라고 말씀하셨습니다. 그 말씀에 순종할 때 하나님은 문제가 해결되게 하시고 더욱 큰 축복으로 함께 해주실 것입니다.

특별히 순종할 때도 본문의 제자들처럼 즉각 순종해야 합니다. 토론 후에 순종하는 것은 순종이 아니고, 변명하고 순종하는 것도 순종이 아니고, 한참 지체하다가 순종하는 것도 참된 순종이 아닙니다. 하나님이 감동 주시면 그것은 하나님이 우리를 어떤 일로 부르신 것입니다. 그 일에 즉각적으로 기쁘게 순종해야 합니다. 어떤 성공학 연구가가 성공한 사람들에 대해 면밀히 연구를 했습니다. 그리고 성공의 최대 요인을 '순종'이라고 결론 냈습니다. 순종하는 사람이 결국 성공적인 삶을 산다는 것입니다. 삶이 지루하고 답답하게 느껴지면 더욱 헌신과 순종을 다짐해보십시오. 순종은 축복을 가져다줍니다. 더 나아가 순종하는 마음을 가진 것 자체가 큰 축복입니다.

넷째, 희생하는 사람을 찾으십니다. 주님의 부르심에 베드로와 안드레는 어떻게 반응했습니까? 본문 18절 말씀을 보십시오. "곧 그물을 버려두고 좇으니라." 야고보와 요한은 어떻게 반응했습니까? 본문 20절 말씀을 보십시오. "곧 부르시니 그 아비 세베대를 삯꾼들과 함께 배에 버려두고 예수를 따라 가니라." 그들은 자기의 소중한 것들과 인간관계를 희생하고 주님을 따랐습니다. 그처럼 복음과 주님을 위해서 나의 소중한 것을 포기하는 희생정신이 있어야 합니다. 위대한 믿음의 선진들은 모두 주님과 복음을 위해 '포기할 줄 아는 능력'을 가진 사람들이었습니다. 초대교회 성도들은 자기 재물을 조금이라도 제 것이라고 여기지 않았습니다(행 4:32). 그런 삶이 능력 있는 삶이고, 그런 마음을 가진 것이 기적 중의 기적입니다. 소유의 기쁨으로 사는 사람이 나눔의 기쁨으로 사는 사람이 되었으니 얼마나 큰 기적입니까?

사람들은 '하나님의 능력'이라고 하면 치유나 기적이 있어야 능력인 줄 압니다. 그러나 진짜 기적은 돈과 소유가 우상이 된 이 시대에서 욕심 많던 사람이 기쁘게 자기 것을 하나님의 뜻대로 이웃을 위하여 사용하는 사람으로 변화되는 것입니다. 자신이 가진 모든 소유(재능, 자손, 재산)가 하나님의 것이라고 생각하고 아낌없이 이웃에게 배푸는 사람으로 바뀌는 것입니다.

다섯째, 깨끗한 사람을 찾으십니다. 하나님은 깨끗한 사람을 찾고 계십니다. 하나님은 거룩하십니다. 그래서 우리에게도 거룩함에 대하여 명령하십니다. "나는 너희의 하나님이 되려고 너희를 애굽 땅에서 인도하여 낸 여호와라 내가 거룩하니 너희도 거룩할지어다"(레 11:45). 거룩함은 하나님의 소유 된 백성으로서 지켜야 할 의무 이기도합니다. "오직 너희는 택하신 족속이요. 왕 같은 제사장들이요. 거룩한 나라요. 그의 소유된 백성이니, 이는 너희를 어두운 데서 불러내어 그의 기이한 빛에 들어가게 하신 자의 아름다운 덕을 선전하게 하려 하심이라"(벧전 2:9). "큰 집에는 금과 은의 그릇이 있을 뿐 아니요. 나무와 질그릇도 있어 귀히 쓰는 것도 있고 천히 쓰는 것도 있나니, 그러므로 누구든지 이런 것에서 자기를 깨끗하게 하면 귀히 쓰는 그릇이 되어 거룩하고 주인의 쓰심에 합당하며 모든 선한 일에 예비함이 되리라"(딤후 2:20-21). 이 말씀을 통해 볼 때, 하나님으로부터 귀하게 쓰임 받는 조건으로 한 가지를 말하고 있습니다. 그것은 자기를 깨끗하게 (거룩하게) 하는 것입니다. 깨끗하지 않고, 깨끗한 척하는 것은 스스로 화를 자초하는 것입니다. 주님께서는 외식하는 바리새인들과 서기관들을 꾸짖으셨습니다. 겉은 깨끗한 척하는데, 속은 탐욕과 방탕으로 가득했기 때문입니다. "화 있을진저 외식하는 서기관들과 바리새인들이여 잔과 대접의 겉은 깨끗이 하되 그 안에는 탐욕과 방탕으로 가득하게 하는도다. 소경된 바리새인아 너는 먼저 안을 깨끗이 하라 그리하면 겉도 깨끗하리라"(마 23:25-26).

우리의 속을 더럽게 만드는 것들이 있지만 주님께서 말씀 하신 것들을 살펴보도록 하겠습니다. 탐욕과 방탕이 있습니다(마 23:25-26). 탐욕은 하나님이 허락하신 그 이상의 것을 가지며, 누리고 싶어 하는 마음입니다. 이스라엘 민족이 아닌 다른 족속들의 탐욕으로 시작으로 해서, 그 마음은 이스라엘에 전이되어 들어왔고, 이스라엘 사람들이 광야에서 하나님께 범죄 하게 됩니다. "이스라엘 중에 섞여 사는 무리가 탐욕을 품으매 이스라엘 자손도 다시 울며 가로되 누가 우리에게 고기를 주어 먹게 할꼬"(민 11:4). 탐욕이 하나님을 위한다는 명분으로 기독교 지도자들에게도 나타나기도 합니다. 그들에게는 성도들로부터 섬김 받고 싶은 마음과, 존경 받고 싶어 하는 명예와, 자랑하고 싶은 사역이 탐욕이 될 수 있습니다. 악한생각, 살인, 간음, 음란, 도적질, 거짓증거, 훼방 등등(마 15:19), 살인과 간음에 대하여는 마 5장에 잘 기록되어있습니다. 모든 일은 하나님이 자신을 통하여 하신 것입니다. 모든 영광을 하나님에게 돌리는 사람들이 되어야 합니다. 그래서 우리의 마음이 중요합니다. "무릇 지킬만한 것보다 더욱 네 마음을 지키라 생명의 근원이 이에서 남이니라"(잠 4:23). 다니엘과 세 친구들! 다니엘과 세 친구들은 느부갓네살 왕에 의해 전쟁 포로로 잡혀 갔습니다. 그러나 다니엘과 세 친구들은 왕의 진미와 포도주로 자기를 더럽히지 않겠다고 결정합니다.

그들에게는 거룩함에 대한 소망이 있었습니다. 그래서 하나님께서는 그들을 귀하게 사용하셨습니다. 잡혀간 사람들이 그 네 사람만 있었던 것은 아닙니다. 그들은 잡혀간 많은 사람들 중에 거룩함에 대한 소망이 있었던 소수였습니다. 하나님은 그 소수를 찾으십니다. "그들 중에 유다 자손 곧 다니엘과 하나냐와 미사엘과 아사랴가 있었더니"(단 1:6). 하나님께서 우리를 선택하신 것은 강하게 하여 축복하시고 사용하시려고 부르신 것입니다. 이는 아브라함은 25년, 야곱은 20년 훈련하고 허벅지 관절을 쳐서 장애인을 만들어 순종하게 하셨고, 요셉은 13년, 모세는 40년, 다윗도 13년을 하나님께서 직접 훈련하시고 완전했을 때 축복하시고 사용하신 것을 보면 잘 알 수가 있습니다. 우리들도 하나님의 직접적인 훈련을 받고 합격하면 축복하시고 사용하십니다.

5장 불러내어 강하게 단련하시는 하나님

(롬9:21)"토기장이가 진흙 한 덩이로 하나는 귀히 쓸
그릇을 하나는 천히 쓸 그릇을 만드는 권이 없느냐"

하나님은 하나님의 자녀들이 모두 성공적인 삶을 살면서 이 땅
에서 하나님의 살아계심을 증명하며 하늘나라를 이루기를 원하십
니다. 우리가 성공적인 삶을 살 수 있는 것은 하나님의 뜻을 알고
성령님이 안내하는 길을 따라가면 모두 성공적인 삶을 살수가 있
는 것입니다. 하나님은 하나님의 마음에 합한 자를 부르시고 훈련
하십니다. 그런데 하나님은 사명을 알게 하여 불러놓고 훈련하십
니다. 다윗이 그런 경우입니다.

또 베드로와 열두 제자, 바울이 그런 경우입니다. 그리고 자신
이 사명을 모르는 상태에서 훈련하여 나중에 본인이 깨닫게 하는
경우도 있습니다. 요셉이 그런 경우입니다. 또 모세가 그런 경우
입니다. 선지자의 후계자로 정하여 불러놓고 따라다니면서 훈련
받게도 하십니다. 여호수아와 엘리사가 그런 경우입니다.

지금 한국의 목회자 분들도 사명도 모르고 훈련받고 있다가 나
중에 알고 목회자가 되신 분들이 있습니다. 그리고 사명을 알고
훈련받아 목회자가 되시는 분들이 있습니다. 그리고 솔로몬과 같
이 부모님이 목회자라 그 목회를 인수 받아 하시는 분들도 있습니
다. 이런 분들은 아버지가 닦아놓은 축복을 받고 가는 것입니다.
이일을 가지고 사람들이 이말 저말을 하시는 분들이 계시는데 영

적인 의미로 보면 하나님의 섭리라고 보는 것이 좋습니다. 또 담임목사 후계자로 지정되어 여호수아나 엘리사 같이 훈련받는 분들도 계십니다. 그래서 영적인 일은 어느 한곳에 고정시키면 안 되는 것입니다. 다 이세상의 주인이신 하나님의 뜻대로 하시는 것입니다.

필자의 경우도 사명을 잘 모르고 훈련을 받았습니다. 그러다가 어느 시기가 되니 사명을 깨닫게 하셨습니다. 알게 하는 시기는 자신의 힘으로는 아무것도 할 수 없다는 것을 깨닫고 오직 하나님에게만 소망을 두는 때가 되면 알게 하십니다. 부디 자신에 대한 하나님의 부르심의 형태를 성령의 감동으로 알아서 순종하시기를 바랍니다. 부르시고 훈련하시는 방법이 무엇이든지 간에 토기장이는 하나님이십니다. 하나님이 마음대로 만드시는 것입니다. 하나님의 뜻을 알고 성령이 인도하는 대로 믿고 인내하며 따라가다 보면 반드시 축복의 날이 옵니다.

첫째, 하나님의 부르심에는 반드시 동기와 때가 있다. 필자의 부르심도 마찬가지입니다. 모세를 연단하고 단련하여 부르셔서 사용하신 것같이 저를 연단하고 단련하셨습니다. 저는 지금 와서 생각해 보면 어머니의 뱃속에서 태어날 때부터 시기를 조절하고 계셨습니다. 부모님이 결혼하신지 7년 만에 제가 태어났습니다. 그리고 유아기의 병약함의 시기에도 저를 죽지 않게 하시고 치유하셔서 어린 시절에 여러 가지 환란과 고통을 체험하게 하셨습니다. 하나님과 관계를 열어 독립하는 훈련을 많이 시키셨습니다.

1) 하나님이 필자에게 사명을 음성으로 보이셨습니다. 필자가 교통사고로 큰아이를 잃고 나서 하나님이 그렇게 두려웠습니다. 또 내가 순종하지 않으면 늦게 생겨난 우리아이들에게 또 다른 일이 생기면 안 된다. 목사님들에게 순종하자. 정말 전방에서의 세월은 한마디로 순종 훈련이었습니다. (시119:67)"고난당하기 전에는 내가 그릇 행하였더니 이제는 주의 말씀을 지키나이다" 이렇게 목사님 말씀에 순종하며 양구에서 지내다가 어느날 목사님이 대표기도를 하라고 하여 열심히 준비하여 강단에 올라가 순서가 되어 기도를 하려고 하니까, 갑자기 음성이 들렸습니다. "너 그러다 목사 된다.""너 그러다 목사 된다." 깜짝 놀랐습니다.

그래서 내가 반사적으로 나는 아닙니다. 나는 목사가 될 수 없습니다. 죄도 많고 공부도 많이 못했고 자질도 부족한 내가 어떻게 목사가 됩니까? 그때 당시만 하더라도 목사님들은 공부도 일등으로 잘했고 화장실도 안가고 강단에 서면 하나님이 말씀을 주어 입만 열면 하나님의 말씀이 나오고 하나님과 교통하면서 사시는 거룩한 그런 분들인 줄 알았습니다.

어느날 양구에서 대표 기도할 때 그러니까 "너 그러다가 목사 된다." 는 음성을 듣고 정확히 7년이 지나 하나님의 호출이 왔습니다. 주변에 있는 교우들이 목사가 되어야 한다는 것입니다. 심지어는 같이 근무하던 장교들도 목사가 되어야 한다는 것입니다.

저는 군대에 가서 출세하겠다는 청운의 꿈을 품고 23년간 나의 모든 지혜와 노력을 다해 열심히 군대생활을 했습니다. 그러나 내가 생각하는 것처럼 잘 풀리지 않았습니다. 이상하게 결정적인 순간에 사람을 통하여 방해하는 일이 생겨서 더 이상 군 생활을 할 수 없는 처지가 되었습니다. 한 가지 감사한 것은 아무리 유혹을 해도 정직하고 깨끗하게 살았다는 것입니다. 흙탕물 속에서도 저의 심령을 더럽히지 않고 저의 곧은 의지를 지켰다는 것입니다. 하나님은 깨끗하고 정직한 사람을 들어 사용하십니다.

저는 하나님의 마음에는 들었지만, 사람의 마음은 움직이지 못해서 앞길이 막힌 것입니다. 저는 군에서 할 일이 너무나 많았습니다. 글을 쓰는 달란트가 있었기 때문에 제가 근무하는 분야에 발전시킬 것들이 많았습니다. 그러나 모든 것이 안개같이 사라지고 말았습니다. 지금 생각하면 하나님이 저를 통하여 하실 일이 있었다는 것입니다. 그것은 글을 쓰는 은사를 가지고 기독교계의 영성과 치유를 발전시키고, 성령의 역사가 있는 책을 집필하여 성도들을 깨우게 하는 깊은 사명이 있었던 것입니다. 하나님의 편에서서 생각하면 지금이 훨씬 유용하게 저를 사용하는 것입니다.

군대생활을 천직으로 알고 일하다가 한창 젊은 나이에 앞길이 막혀서 마땅히 갈 바를 몰랐습니다. 눈앞이 캄캄했습니다. 그때 내 나이는 40대 초반 이였습니다. 여러 가지 우여곡절로 인하여 자녀가 늦게 태어났습니다. 당시 우리 아이들이 초등학교 일학년, 삼학년을 다녔습니다. 앞길이 막막하니 그제야 하나님이 저에게 부여한 사명이 어디에 있는 지 하나님에게 구했습니다.

그러자 길이 두 개가 나타났습니다. 한 길은 사람이 제시하는 길입니다. 이 길은 눈에 보이고 제가 쉽게 갈 수 있는 길입니다. 또 다른 한 길은 하나님이 알려주시는 길이었습니다. 이 길은 한

번도 가 본적이 없는 길이었습니다. 저는 선택의 기로에 서있었습니다. 사람이 알려준 보이고 편안한 길을 갈 것인가? 하나님이 제시한 보이지 않는 길을 따라갈 것인가? 기도하고 또 기도했습니다. 그때 제가 고민을 할 때 결정적으로 방향을 정하게 하는 말을 해주는 분을 만났습니다. 저와 같이 하나님이 알려주는 길을 마다하고 편안한 세상길을 가다가 간암에 걸려서 지금 6개월 시한부 인생을 살고 있는데, 이제야 하나님이 원하는 길을 가겠다고 한다는 것입니다. 그러면서 저보고 집사님도 그렇게 된 다음에 하나님이 원하시는 길을 간다고 하면 때는 늦은 것이니 지혜롭게 판단을 하라는 것입니다. 그래도 제가 자존심이 있고 고집이 있어서 절대로 하나님이 나에게 알려주시고 보여주시지 않으면 절대로 가지 않겠다고 했습니다. 정말로 지금 생각하면 하나님의 역사입니다. 우리 교회에서는 코로나19가 오기 전에 하나님의 음성을 듣는 훈련과 예언사역자 훈련을 하고 있었습니다. 훈련 교재에 보면 하나님의 뜻을 아는 기본원칙이 있습니다. 하나님의 뜻을 아는데 다른 사람을 의지하는 것은 절대로 안 된다는 것입니다.

꼭 본인이 하나님에게 기도하여 뜻을 알고 행동에 옮겨야 합니다. 다른 사람의 말은 참고로 할 수는 있어도 결정을 해서는 안 된다는 것입니다. 하나님의 역사로 기도원에 가서 하나님이 저에게 직접 징표로 보여주시면 목사가 되겠다고 금식하며 기도를 했습니다. 당시 저는 하나님의 소리를 듣지 않으려고 정신을 바짝 차리고 기도를 하는데 음성이 들릴 리가 만무하지 않습니까? 절대로 목사가 되어야 한다는 소리를 들으면 되지 않았기 때문에 정신을 차리고 정한 기간 동안 기도를 한 것입니다.

원래 하나님의 음성을 들으려면 자신의 의지를 내려놓고 성령의 깊은 지배와 임재 하에 들리는 것입니다. 계속 기도하다가 산에서 내려오는 날까지 보여주시지를 않아서 너무 기쁘고 황홀했습니다. 그러나 그 다음이 문제입니다. 아침에 집으로 가려고 준비를 하는데 계속 방언기도가 끊어지지 않고 나왔습니다.

차를 탈 때까지 계속 방언기도가 나왔는데, 차를 타고 휴우 이제 음성을 듣지 못했으니 목사가 되지 않아도 되겠다. 할렐루야! 하고 기분이 좋아서 그만 마음을 놓고 방언으로 몰입되어 기도하다가 성령의 깊은 임재(입신)에 들어가 비몽사몽간에 환상이 보이기 시작하더니, 그림이 많이 보이고 지나가고 했습니다.

마치 비행기를 탄 것 같이 하늘 위에서 땅을 바라보면 보이는 것같이 여러 건물들과 산과 바다를 지나갔습니다. 그러다가 아무도 없는 건물에 들어가 강대상 앞에 서니 사람들이 금방 모여들었습니다. 꼭 많은 사람들이 2002년 월드컵 할 때 시청 앞에 사람들이 모이는 장면을 방송사에서 빨리 돌아가게 하는 것과 똑 같았습니다. 별별 사람들이 다 모여 있었습니다. 그리고 사람들이 다 차자 다른 교회 건물로 제가 들어갔습니다.

거기서도 사람들이 막 모여들면서 금방 가득하게 찼습니다. 이제 또 다른 건물인데 이번에는 아주 큰 건물이라 전체를 한 번에 보여주지 않았습니다. 한 군데 한 군데 나누어서 보여주시는데 마치 우리나라에서 가장 크다고 하는 ○○○기도원 성전과 같은 것을 보여 주시는데 사람들로 가득하게 찼습니다. 그리고 다시 걸어서 조그마한 산에 올라갔는데 올라가 보니, 3사람이 십자가에 달려있었습니다. 그래서 제가 군복을 입고 지나가면서 "어떤 분이 예수님 인가요?" 했습니다. 그러니까 가운데 십자가에 달려 피를 흘리고 계시는 분이 "내가 예수다"하며 손을 내밀며 말씀하셨습니다. 그분이 저에게 손을 내미시는데 손에 종이를 말은 무엇을 나에게 주어 내가 막 받아드는데 옆에 계시던 분이 차에서 내릴 때가 되었다고 깨우며 준비하라고 해서 깨어났습니다.

지금도 생각하면 정말 신비스럽습니다. 어떻게 십자가에 달린 주님과 이야기하고 나니 차에서 내릴 시간이 되었는가 말입니다. 이것은 도저히 사람의 이론으로는 해석이 안 됩니다. 그래서 성경을 보니 예수님이 십자가에 달릴 때 양편에 강도가 있었으니 세 사람이 맞습니다. 그래도 저는 집에 돌아가 사모에게 귀신들이 나를 목사 되게 하려고 헛것을 보여 주었다고 했습니다. 그러나 제가 기도를 하면 할수록 정확하다는 감동이 오고, 또 본 것을 아무에게도 말하지 말고 입을 다물고 있으라는 감동을 주셔서 아무에게도 말을 하지 않고 있었습니다. 그러다가 2002년 8월경에 기도하니까 이제 말을 해도 된다는 감동이 와서 여기에 기록합니다. 그래서 저는 목사가 된 것이 자발적으로 된 것이 아니고 하나님의 강권하심으로 할 수 없이 된 것입니다. 보여주시면 하겠다고 하고 산에 기도하러 갔으니, 약속을 지켜야 되기에 나이 40대 초반에 신학을 시작했습니다. 이 길은 한 번도 가 본적이 없는 길입니다. 그러나 하나님이 저에게 사명을 확실하게 보여 주셨기 때문에 담대하게 순종할 수가 있었습니다.

둘째, 길을 인도하시는 하나님. 하나님의 말씀을 항상 읽고, 듣고, 묵상하고, 말씀을 통하여 하나님의 뜻을 찾으려고 애를 쓸 때 하나님께서는 말씀을 통하여 우리에게 뜻을 보여주시는 것입니다. 여러 성도님들이 보편적으로 알고 있는 것과 같이 하나님께서 그냥 해주시는 것이 절대로 아닙니다. 찾고 찾으며 질문해야 지혜를 주십니다. 지혜대로 순종해야 이루어집니다. 또한 성령님의 감동과 인도를 통하여 우리가 하나님의 뜻을 알 수 있습니다. 하나님의 성령은 꿈이나 환상을 통하여 우리에게 하나님의 뜻을 보여주십니다. 꿈이나 환상은 우리에게 하나님의 뜻을 알려주는 중요한 수단이 되는 것입니다. 저는 하나님이 꿈으로 앞날을 자주 알려 주십니다. 제가 교회를 개척하여 교회를 부흥시키려고 열심히 전도하고 병원에 다니면서 환자들에게 안수 기도 하여 치유하며, 아무리 열심을 내어도 교회가 성장되지 않아 낙심하고 있을 때입니다. 그때 우리는 교회 안에서 살림을 하고 지냈습니다. 정말 사는 것이 말이 아니었습니다. 다 큰 딸들을 그 황무지와도 같은 유흥가라 향락이 판을 치는 곳에서 산다는 것이 정말 어려웠습니다.

그 때는 이미 퇴직금으로 받은 재산은 다 날아가고 도저히 제힘으로는 그곳에서 빠져나오지 못할 지경에 처해 있었습니다. 그래서 날마다 하나님에게 사정하며 기도했습니다. 하나님 저 좀 사용하여 주시고, 사택을 주셔서 어서 빨리 이곳에서 이사 가게 해주셔서 주택가나 아파트에서 살아가게 해주세요. 정말 가장의 체면이 말이 아닙니다. 하고 기도하던 어느날 그 때가 아마 2001년 7월정도 되는 것 같습니다. 한 밤에 꿈을 꾸는데 천사들이 도열하여 박수를 받으면서 우리식구가 나가는 것이었습니다. 그곳을 설명하면 승강기를 내려서 양쪽으로 통로가 나있는데 우리는 대중교통 차가 다니는 곳이 아닌 사람이 통행하는 쪽을 이용하였습니다. 그런데 그곳 양쪽에 작은 제 허리정도 되는 키의 천사들이 통로 좌우편에 도열하여 박수를 치는데 제가 제일 앞에서고, 그 다음은 사모가 서고, 그 뒤에 큰딸 은혜가 서고, 그 다음에 작은딸 은영이가 천사들의 박수를 받으면서 나오는 것이었습니다.

그 꿈을 꾸고 저는 적어도 몇 달이내면 교회를 나와서 밖으로 이사를 갈 것으로 생각했는데, 그 세월이 2년이나 걸렸습니다. 그러나 저는 아무리 현상이 어렵고 막막해도 꼭 승리하여 나간다는 확신을 가지고 기도하며 지냈습니다. 하나님께서 지혜로 주신 성령치유사역을 열심히 했습니다. 2년이 지난 후 하나님이 역사하셔서 치유 받은 권사가 1,100만원을 헌금하여 그 꿈과 같이 아파트 32평을 월세로 얻어서 나왔습니다. 꿈에 하나님이 나타나서 하나님의 뜻을 보여주신 것입니다. 당신도 때때로 성령께서 꿈에 나타나서 인도할 때가 있을 것입니다.

그리고 또 마음에 감동이나 깨달음을 통해서 하나님 뜻을 말씀하는 것입니다. 꿈도 아니고 환상도 아닌데 기도하는 중에 성령께서 마음에 고요하고 잠잠하게 말씀해 주십니다. 우리의 마음에 잠잠한 감동과 깨달음을 통해서 하나님께서 말씀하시는 것입니다. 이것을 성령의 감동하심이라고 하는 것입니다.

누가복음 24장 45절에도 "이에 저희 마음을 열어 성경을 깨닫게 하시고" 마음에 감동이 오면 마음이 열려서 깨달음이 옵니다.

마태복음 13장 19절에도 "아무나 천국 말씀을 듣고 깨닫지 못할 때는 악한 자가 와서 그 마음에 뿌리운 것을 빼앗나니 이는 곧 길 가에 뿌리운 자요"라고 말한 것입니다.

우리 교회가 서울로 이사를 오기로 결정하고 2004년 3월 31일 날 이사를 계획하고 준비하고 있는 데 기도할 때마다 빨리 가라, 빨리 가라, 고 감동을 주었습니다. 그래서 제가 구 교회가 나가기를 기다리고 머뭇거리자 이제는 집회에 사람들이 오지를 않았습니다. 그래서 구 교회가 나가지 않더라도 그냥 빨리 이사를 한다하고 3월 18일에 이사를 왔습니다. 만약 그때 이사를 하지 않았다면 임대료 문제가 생겨 이사도 못하고 시화에서 목회도 못하고 붕 떠있을 뻔 했습니다. 이와 같이 성령의 감동을 받으려면 무엇보다 성령의 깊은 임재 가운데 들어가 문제를 놓고 몰입을 해야 합니다.

그러면 성령께서 우리가 기도할 때 우리가 알지 못하는 크고 비밀한 일을 계시해 주시는 것입니다. 꿈과 환상뿐 아닙니다. 마음에 감동과 깨달음을 통해서 우리에게 하나님의 뜻을 보여 주시는 것입니다. 그리고 또한 가장 평범하게 하나님의 뜻을 아는 길은 마음의 소원을 통해서 하나님이 보여 주시는 것입니다. 빌립보서 2장 13절에 "너희 안에서 행하시는 이는 하나님이시니 자기의 기쁘신 뜻을 위하여 너희로 소원을 두고 행하게 하시나니" 기도할 때 마음에 끝없는 소원이 일어납니다. 그것은 오늘 아침에 일어났다 저녁에 사라지는 소원이 아닙니다. 불길같이 소원이 일어납니다. 자고나도 그 소원, 깨어나도 그 소원, 마음속에 소원, 머릿속에 일어나는 소원이 아니고 배꼽 밑에서 올라오는 소원입니다. 뱃속에서부터 소원의 불길이 기도할 때 일어납니다. 소원이 일어납니다. 그곳으로 가라, 그곳으로 가라, 그 집을 사라. 그 집을 사라. 그 땅을 사라. 인간 방법이 아니라 성령의 인도를 통해서 그 땅을 사라. 그 땅을 사라. 이 사업을 하라. 이 사업을 빨리 정리하라. 그 사람과 결혼하라. 뭐 여러 가지 우리 삶에 있어서 기도하고 간구할 때 뱃속에서 넘쳐 나오는 소원이 나옵니다.

그냥 왔다 갔다 하는 소원이 아닙니다. 구름기둥과 같고 불기둥과 같이 마음속에 소원이 일어납니다. 아무리 꺼보려고 해도 꺼지지 않습니다. 잊어버리려고 해도 잊어지지 않고 끊임없는 소원이 불길같이 일어납니다. 그럴 때는 하나님이 그 소원을 통해서 우리를 인도하실 때인 것입니다.

그리고 또 소원이 일어남과 동시에 하나님은 환경을 통해서 우리를 종종 인도하십니다. 우리는 둔합니다. 잘 모릅니다. 그러니까 하나님이 보이는 역사로 보증해 주십니다. 이와 같이 하나님께서는 오늘 말씀을 통하여, 꿈이나 환상을 통하여, 감동이나 깨달음을 주시고 마음의 소원을 통하여, 우리 주위 환경을 통해서 우리들에게 하나님의 뜻을 보여 주시는 것입니다.

우리의 신앙생활에 가장 중요한 것이 하나님의 뜻을 아는 것입니다. 뜻을 알면 길이 열리는 것입니다. 뜻만 알면 어떠한 어려운 여건이 다가와도 길은 열리는 것입니다. 두려워 할 필요가 없습니다. "일을 행하는 여호와, 그 일을 지어 성취하는 여호와, 그 이름을 여호와라 하는 자가 이같이 이르노라. 너희는 내게 부르짖으라. 내가 네게 응답하겠고 너희가 알지 못하는 크고 은밀한 일을 보여 주겠다(렘33:3)." 뜻만 알면 크고 비밀한 기적이 일어나는 것입니다. 뜻대로 순종할 때 성령하나님께서 역사하십니다.

셋째, 만들어 가시는 하나님. 하나님은 요셉을 구덩이에 빠지게 하시면서 까지 낮추시면서 하나님 만을 찾게 하시고 하나님께서 어디서나 함께 하신다는 것을 믿게 하시며 하나님의 사람으로 만들어 가셨습니다. 필자 역시 여러 환란과 고통을 통하여 나에게 남아있는 자아를 무너지게 했습니다. 결국 내 힘으로는 아무것도 되는 것이 없다는 내 힘으로 할 수 있는 것이 없다는 나약함을 발견하게 하여 오직 하나님에게만 매어 달리게 하셨습니다. 성경에는 하나님은 토기장이시요 우리는 진흙이라고 말씀하고 계십니다.

하나님의 축복을 받는 성도가 되려면 토기장이가 사용하기 쉽게 부드럽게 부수어져야 합니다. 순종해야 합니다. 토기장이가 진흙을 싣고서 도자기 공장에 오면 공장에서 그 진흙을 그릇을 만들기 좋게 하기 위해서 부수어 트리는 것입니다. 진흙 그대로는 작업을 할 수 없습니다. 흙이 뭉쳐있으니까 그것을 이겨서 그릇을 만들 수 없습니다. 잘 부수고 체로 쳐서 깨끗하게 짓이겨야 되는 것입니다. 이와 같이 하나님께서도 우리를 하늘나라의 그릇으로 만들기 위해서는 교회예배당에 와서 말씀과 성령으로 보혈로 씻어주실 뿐 아니라, 그다음 우리를 깨뜨리시는 것입니다.

그냥 쓰다듬어서는 깨뜨려지지 않습니다. 흙의 덩어리 진 것은 두들겨야 깨지는 것입니다. 시련과 환난과 고통을 당해야 깨어지는 것입니다. 히브리서 12장 11절에 "무릇 징계가 당시에는 즐거워 보이지 않고 슬퍼 보이나 후에 그로 말미암아 연달한 자에게는 의의 평강한 열매를 맺나니" 하나님이 우리를 환란과 고통을 당하게 하시고 징계를 내리시고, 그래서 우리의 자아를 깨뜨리시는 것입니다. 우리가 부들부들하고 유들유들하여 순종하는 마음을 갖게 되어야 되는 것입니다.

단단한 흙에는 물이 스며들지 못합니다. 진흙을 부수어 트려야 비로소 토기장이가 원하는 그릇의 모양을 만들 수가 있는 재료가 되는 것입니다. 진흙을 부수어 트려 적당히 물을 섞어 잘 이겨지게 만들어야 녹로에 얹어서 그릇을 만들 수 있지 않습니까? 흙을 잘게 부수어서 물과 섞어 잘 이겨야 도자기를 만들 수 있는 것입니다. 우리는 순종과 말씀의 물이 우리 속에 들어와서 우리가 하나님 손에 말랑말랑하게 되어서 하나님이 우리를 마음대로 만들수 있어야 되는 것입니다. 하나님 손에 순종하지 아니하면 하나님이 우리를 만들 수 없습니다. 그래서 하나님은 부모님에게 순종을 잘하는 사람을 들어서 사용하십니다. 요셉이 아버지의 말에 순종을 잘했습니다. 그래도 요셉은 보다발의 집에 머슴살이와 감옥생활을 하면서 자신에게 남은 자아가 부수어졌습니다. 이와 같이 하나님이 우리를 깨뜨려서 말씀과 순종을 통해서 잘 이겨지게 만들어 주셔야 되는 것입니다.

하나님은 우리가 순종해야 하나님의 손 위에서 하나님이 원하시는 그릇으로 만들 수가 있는 것입니다. 하나님은 우리 한 사람한 사람을 택한 진흙으로 불러서 두들겨서 부수어 트린 다음에 체로 쳐서 유들유들 부들부들한 흙이 되면 물을 섞어 짓이겨서 하나님의 손으로 녹로에 얹어서 우리를 하나님이 원하시는 그릇으로 만들어가는 것입니다. 하나님께서는 하나님이 원하시는 그릇을 만들기 때문에 내가 큰 그릇이든지, 작은 그릇이든지, 영광스럽던지, 천한 일을 하는 것이든지, 모두다 하나님을 주인으로 모시기 때문에 위대한 것입니다. 하나님의 일꾼이 되려면 훈련을 받아야 합니다. 훈련을 받되 하나님에게 직접 받아야 합니다. 하나님께 쓰임을 받은 믿음의 선진들은 모두 광야의 훈련을 받았습니다. 훈련을 받고 하나님의 시험을 통과하니 하나님이 사용하셨습니다.

많은 목회자와 성도들이 성령의 기름부음을 받으면 다된 것으로 생각합니다. 그러나 바르게 알아야 합니다. 기름부음을 받고 인간적인 잔꾀를 뿌리 뽑기 위하여 하나님의 훈련을 받습니다. 다윗은 어린 나이에 사울 왕을 피해서 도망을 다닙니다. 사울왕은 주야를 불문하고 다윗을 찾아 죽이려고 쫓아다녔습니다. 다윗은 밤에 잠도 편안하게 자지 못하면서 하나님에게 기도하여 도움을 청했습니다. 밤에도 사울 왕을 피해서 도망을 다녔습니다. 무려 13년을 그렇게 지냈습니다. 이 모든 것들이 하나님의 훈련입니다. 밤에도 잠을 자지 않으며 하나님에게 기도하기를 원하신 것입니다. 온몸을 하나님으로 채우십니다. 바로 기도로 깨어있는 신앙입니다. 하나님께 부름 받아 나오면 강한 훈련이 기다리고 있습니다. 하나님은 절대로 훈련되지 않은 사람을 사용하시지 않습니다. 우리도 하나님께 부름을 받고 나왔으면 강한 광야의 훈련을 받아야 합니다. 하나님이 원하시는 수준에 도달할 때까지 훈련을 달게 받아야 하나님의 일꾼으로 선물을 받아가며 쓰임을 받게 됩니다.

2부 약한자를 강한자로 바꾸시는 하나님

6장 기도의 중요성을 깨닫게 하시는 하나님

(눅11:13)"악한 자라도 좋은 것을 자식에게 줄줄 알거든 하물며 너희 천부께서 구하는 자에게 성령을 주시지 않겠느냐 하시니라"

기도를 바르게 해야 모든 말씀과 성령의 역사와 영적인 것들을 바르게 깨닫게 된다는 것입니다. 기도를 해야 "약자 될 때 강자되는 크리스천"을 바르게 체험적으로 깨닫게 됩니다. 기도는 하나님과 대화입니다. 기도는 영혼의 호흡입니다. 사람이 호흡을 하지 못하면 죽습니다. 마찬가지로 영혼이 호흡을 하지 못하면 영이 죽게 됩니다. 사람의 주인인 영이 죽으면 살아있으나 죽은 사람입니다. 성도가 기도를 제대로 하지 못하면 여러 가지 생각하지 못한 문제들이 생깁니다. 그래서 기도를 바르게 해야 한다는 것입니다. 기도는 아무렇게나 해서 되는 것이 아닙니다. 하나님과 교통해야 하는 중요한 수단이기 때문입니다. 하나님은 영이십니다. 기도는 영이신 하나님의 음성을 들어야 하기 때문에 사람의 기교를 가지고는 할 수가 없습니다. 반드시 성령으로 기도해야 합니다. 그래서 하나님은 성령으로 기도하라고 하시는 것입니다.

저는 사역의 특성상 영육의 문제가 있는 다종의 많은 사람을 만나게 됩니다. 그런데 모두 기도가 잘못되어 당하는 고통이라는 것입니다. 저는 이렇게 생각을 합니다. 성도가 영육의 이해하지 못하는 문제를 가지고 사는 것은 기도를 바르게 하지 못하기 때문이라 생각합니다. 온몸을 예수님으로 채우는 기도를 하지 않기 때문입니다. 기도가 잘못되면 모든 성도의 영적인 생활이 하나님의 뜻과 상관이 없게 됩니다. 육체의 활동이 되기 때문입니다. 하나님은 육과는 상관을 하시지 않기 때문입니다. 그래서 예수를 믿고 믿음생활은 하지만 실상은 자연인이나 마찬가지라는 것입니다. 명목상 크리스천은 되었지만 한 차원 깊게 생각하면 아니라는 것입니다. 그런데도 정작 본인들은 알지를 못한다는 것입니다. 예수를 믿었고 교회에 열심히 나가서 예배를 드리니까, 영적인 크리스천이라고 스스로 믿어버린다는 것입니다. 한마디로 문제의식이 없다는 것입니다. 한번 신중하게 말씀을 거울삼아 자신을 들여다보면 금방 자신의 수준을 알 수 있을 것입니다. 자신을 정확하게 보는 눈이 열려야 합니다. 아는 것 위주로 외형중심의 신앙생활을 하다가 보니까, 정확한 자신의 모습을 보지 못하는 것입니다.

그러다가 문제가 생겨서 사면초과에 걸리면 그때서야 이리저리 뛰다가 자신의 영적인 상태를 발견하게 됩니다. 그때서야 깨닫고 고치려고 하니 이미 덩어리가 지고 굳어져서 쉽사리 고쳐지지 않습니다. 그래서 성도는 처음 교회를 잘 찾아가야 합니다. 처음 교회에 들어설 때부터 기도를 쉽게 바르게 훈련받는 것입니다. 세상에서 하던 기도 방식을 과감하게 벗어 던지고 새로운 기도 방식을 받아들여서 기도를 바꾸는 것입니다. 교회는 성도를 바꾸는 곳입니다. 육적인 사람을 성령으로 영적인 사람으로 바꾸는 곳입니다.

이 책을 읽는 당신도 조용히 가슴에 손을 얹고 예수를 믿고 교회에 들어와 바뀐 것이 무엇이 있는지 생각하여 보기를 바랍니다. 바꿔야 되는데 바뀌지 않는 것이 무엇이 있는지 생각하여 보시고 바꾸어야 합니다. 그래야 하나님의 축복의 도구가 되는 성도가 될 수가 있습니다. 예수를 35년 믿었어도 세상에서 하던 방식 그대로 하고 있다면 그것으로 인하여 하나님과 친밀하지 못한 것입니다. 거기에서 문제가 발생하고 있는 것입니다.

필자가 성령치유 사역을 장기간 하면서 임상적으로 체험한 바로는 기도가 먼저 바뀌어야 합니다. 지난 토요일 집중치유 시간에 있었던 이야기입니다. 나이가 67세인 여성도가 딸의 권유로 집중치유를 받으러 오셨습니다. 저는 집중 치유를 하기 전에 종이에다가 자신의 사정을 적어놓으라고 합니다. 첫 번째가 예수를 믿고 교회에 들어 온지 11년이 되었는데 기도를 제대로 못하고 항상 마음이 답답하다는 것입니다. 두 번째가 밤에 잠을 깊이 자지 못하여 수면제를 복용하고 잘 때도 있다는 것입니다. 세 번째가 3년 전에 자궁 수술을 받았다는 것입니다.

그래서 기도를 시작을 했습니다. 저는 많은 사람을 안수 해 보았기 때문에 안수를 하면 문제가 무엇인지 어느 정도 터득을 하게 됩니다. 첫 번째 문제가 가슴이 꽉 막혀 있다는 것입니다. 한마디로 영의통로가 막혀있다는 것입니다. 그래서 기도가 되지를 않는 것입니다. 안수를 하면서 막힌 가슴을 뚫는 영의 활동을 했습니다. 한 5분간 안수를 하면서 배에서 올라오는 소리를 내도록 했습니다. 막힌 영의 통로를 뚫어야 하기 때문입니다. 우리가 알아야 할 것은 막힌 영의 통로는 자신의 힘으로 뚫을 수가 없습니다. 목회자가 도우면서 뚫도록 해주어야 합니다. 목회자가 성도의 막힌 영의통로를 뚫어주지 못한다면 목회자로서 사명을 감당하기 어려울 것입니다. 목회는 영적인 싸움이기 때문입니다. 안수를 하면서 5분 여동안 배에서 나오는 소리를 하게 했더니 기침을 하기 시작했습니다. 기침을 시작한다는 것은 막힌 영의 통로가 열리기 시작한다는 신호입니다. 희망이 있는 것입니다. 그런데 제가 그동안 성령사역을 하면서 나름대로 내린 결론은 이렇습니다. 여기저기 돌아다니면서 귀로 들은 것이 많은 성도나 목회자는 순수하지 못합니다. 나름대로 분별하고 판단을 많이 합니다.

그래서 자신 안의 성령하나님과 막힌 영의 통로를 여는데 시간이 배로 걸립니다. 어떤 분은 2시간이 자나서야 열리는 분도 있습니다. 열리지 않는 영의 통로로 여기저기 다니면서 나쁜 영만 받아서 다 안다는 자아의 덩어리가 강해져서 그렇습니다. 이런 분들은 정말로 힘이 듭니다. 차라리 세상에서 살아가다가 여러 가지 해결 못하는 영육의 문제를 해결하고자 예수 믿고 교회에 들어온 사람은 예수 영접시키고 기도하면 훨씬 빨리 영의 통로가 열립니다. 순수하기 때문입니다. 이 여 성도는 순수하기 때문에 쉽게 영의 통로가 열린 것입니다. 영의 통로가 열려야 성령으로 세례가 되어 성령으로 내적인 상처도 치유되고, 귀신도 떠나가고, 성령으로 충만을 받아 성령 안에서 온몸기도가 열립니다. 계속적으로 기도하도록 했습니다. 어느 정도 기도가 열려서 본인에게 물었습니다. 예수를 믿고 교회에 들어와 기도훈련을 받았느냐고 말입니다.

어느 한 사람도 자신에게 기도를 어떻게 하라고 가르쳐준 사람이 없었다는 것입니다. 그래서 세상에서 하던 방법대로 계속 중얼중얼하며 기도하여 왔다는 것입니다. 우리가 알아야 할 것은 기도를 아무렇게나 알아서는 안 됩니다. 기도는 영의 활동입니다. 어떻게 기도하느냐에 따라서 성령도 역사할 수가 있습니다. 반대로 귀신도 역사할 수가 있는 것입니다. 그래서 기도는 아무렇게나 하는 것이 아닙니다. 반드시 기도는 쉽게 훈련하여 바르게 해야 합니다. 아무렇게나 하면 되는 것이 아닙니다. 그래서 기도는 바르게 배워서 성령으로 해야 합니다. 예수님의 제자들이 누가복음 11장 1절에 "예수께서 한 곳에서 기도하시고 마치시매 제자 중 하나가 여짜오되 주여 요한이 자기 제자들에게 기도를 가르친 것과 같이 우리에게도 가르쳐 주옵소서" 한 것을 기억해야 합니다. 기도는 반드시 바르게 배워서 성령으로 해야 합니다. 성령으로 기도를 하지 않기 때문에 마귀가 응답을 해도 분별할 수가 없는 것입니다.

그런데 일반적인 교회에서 무어라고 합니까? 문제가 있어서 찾아가 상담하면 기도하세요. 기도하면 문제가 풀어집니다. 기도를 어떻게도 왜도 없습니다. 문제의식도 없습니다. 무조건 하라고 합니다. 참으로 안타까운 현실입니다. 이분도 이렇게 말을 듣고 알고 있었다는 것입니다. 그래서 기도를 열심히 하려고 해도 기도가 되지를 않아 날마다 답답한 생활을 했다는 것입니다. 이분이 기도가 되지 않은 이유는 이렇습니다. 가슴에 상처로 인하여 영의 통로가 막힌 것입니다. 마음 안에 성령이 역사하시지 못한 것입니다. 영의 통로가 막혀서 성령이 역사하시지 못하니 귀신이 영을 내리 누른 것입니다. 한번 생각하여 보십시오. 예수를 믿고 교회에 들어와 기도를 하면 귀신이 떠나가야 하는데 가만히 두겠습니까? 상처가 있고 세상에서 살 때 들어와 집을 짓고 있는 귀신이 절대로 기도하지 못하게 방해하는 것은 당연한 것입니다. 귀신이 영을 내리 누르니 기도를 한 마디도 못한 것입니다. 성령으로 기도를 못하니 영육의 기능이 온전해지지 못합니다. 그래서 불면증이 찾아온 것입니다. 불면증은 영의 통로가 열리고 성령으로 깊은 기도하면 대부분 일주일이면 해결이 됩니다.

사람의 문제는 영에서부터 생기게 됩니다. 영이 만족을 누리면 모든 문제가 해결이 되는 것입니다. 그렇기 때문에 치유는 성령으로 영에서부터 해야 하는 것입니다. 이 인간의 문제를 해결하려고 성령께서 마음 안에 임재하신 것입니다. 임재하신 성령이 마음과 육을 뚫고 밖으로 나타나게 하는 것이 기도입니다. 기도가 되지 않는다면 영에 문제가 발생한 것입니다. 빨리 영의 통로를 뚫어야 합니다. 기도가 이렇게 중요한 것입니다. 이분을 2시간 정도 안수를 하며 기도하게 했습니다. 온몸기도 집중 치유는 대략 4-6명을 대상으로 돌아가면서 안수하며 기도하는 방식으로 진행합니다. 성령께서 장악을 하시면 저절로 기도하게 됩니다. 저는 막히는 부분만 찾아서 성령님께 문의 하여 레마를 받아 해결하면 성령께서 친히 진행을 하십니다. 2시간 기도를 하니 영의 통로가 완전하게 뚫렸습니다. 영의 통로가 열리니 기도가 자연스럽게 잘 되었습니다. 이제 기도하는 방법을 알려 드렸습니다.

처음 기도를 시작할 때는 반드시 호흡을 깊게 들이쉬고 내쉬면서 아랫배에서 나오는 영의 소리(악을 쓰지 말고)로 주여! 주여! 주여! 하라고 했습니다. 주여! 주여! 주여! 하다가 생각이 떠오르는 대상을 기도하라고 알려 주었습니다. 떠오르는 대상이란 성령께서 그때 그 시간에 기도하라고 알려주는 사람이나 대상입니다. 예를 든다면 주여! 주여! 주여! 하다가, 갑자기 큰 딸을 위하여 기도하라! 이렇게 생각이 떠오를 수가 있습니다. 그러면 큰 딸에 대하여 기도하는 것입니다. 큰 딸을 위하여 기도하다가 할 말이 없으면 다시 주여! 주여! 주여! 합니다. 한참 하다가 보면 어떤 사람을 위하여 기도하라고 감동하십니다. 그러면 그 사람을 위하여 기도합니다. 이것이 성령의 인도를 받는 기도입니다. 자신이 생각하여 기도하는 것은 세상 샤머니즘의 기도입니다. 이렇게 기도하면 육의 기도이기 때문에 독백이 되어 하나님이 응답하지 않습니다. 반드시 주여! 주여! 주여! 하다가 성령이 감동하시거나 생각에 떠오르는 대상을 기도하는 것이 성령으로 기도하는 것입니다.

이제 잠이 오지 않을 때의 기도입니다. 밤에 잠이 들지 않아 고생할 때가 있습니다. 이때 억지로 잠을 청하려면 더욱 잠이 오지 않습니다. 잠을 자야하는데 왜 잠이 안 올까, 생각을 하다가 보면 생각에 사로잡혀서 더욱 잠이 오지를 않게 된다는 말입니다. 이때에는 이렇게 합니다. 호흡을 깊게 들이쉬면서 마음으로 예수님! 호흡을 내쉬면서 마음으로 사랑합니다. 호흡을 깊게 들이쉬면서 마음으로 예수님! 호흡을 내쉬면서 마음으로 사랑합니다. 복식호흡을 하면서 의식을 마음 안에 계신 예수님에게 두고 지속적으로 합니다. 절대로 다른 생각이 들어오지 못하게 해야 합니다. 다른 생각이 들어오지 못하게 하는 것은 마음을 예수님에게 집중하는 것입니다. 잡념에 상관하지 말고 예수님을 부르며 찾아야 합니다.

잡념이 생기면 잡념을 물리치려고 생각하지 말고, 호흡을 깊게 들이쉬면서 마음으로 예수님! 호흡을 내쉬면서 마음으로 사랑합니다. 호흡을 깊게 들이쉬면서 마음으로 예수님! 호흡을 내쉬면서 마음으로 사랑합니다. 이렇게 지속적으로 하다가 보면 성령의 역사가 마음속에서 밖으로 흘러나와서 머리에 떠오르는 잡념이 물러가게 됩니다. 머리에 잡념을 일으키는 것은 마귀, 귀신입니다. 마귀, 귀신은 사람(3차원)보다 강한 초인적인(4차원) 존재입니다. 사람이 아무리 떠나라고 소리를 내어도 귀신은 절대로 떠나가지 않습니다. 오히려 기도만 못하게 됩니다. 이것을 마귀, 귀신이 노리는 것입니다. 이때에는 마귀, 귀신보다 강한 초자연적인(5차원) 성령의 역사가 자신 안에서 일어나면 더 이상 방해를 못하고 물러가는 것입니다. 그런데 마귀, 귀신이 일으키는 잡념이 그리 쉽게 물러가지 않습니다. 그러나 포기하지 말고 물리쳐야 합니다. 성령의 권능으로 한번 물러가면 다음부터는 쉬워집니다. 한번은 끝까지 싸워서 물리쳐야 합니다.

그래서 성도가 깊어지는 것은 영적인 원리와 진리를 깨닫는 만큼씩 깊어지는 것입니다. 하나님이 자신에게 부여한 권능을 사용하는 것입니다. 성령의 권능을 적절하게 사용해야 귀신이 물러가는 것입니다. 절대로 사람의 기교나 노력으로 귀신이 물러가지 않습니다. 예수를 믿으면 하나님의 자녀가 되는 권세가 있습니다. 자신에게 성령의 권세가 있지만 사용하지 않으면 무용지물입니다. 권세를 사용할 때 귀신이 물러가는 것입니다. 많은 성도들이 자신에게 권세가 있는 것은 아주 잘 압니다. 그런데 사용할 줄을 모릅니다. 세상 법원의 명언이 "권리 위에 잠자는 자는 보호받지 못한다." 합니다. 마찬가지로 성도들도 권리를 사용해야 성령님이 역사하십니다. 이를 쉽게 설명하면 경찰관에게는 나라에서 준 권세가 있습니다. 그런데 경찰관이 권세를 사용하지 않으면 처처에 불법과 도적이 판을 치고, 교통사고가 끊이지 않게 됩니다. 권세를 알고 사용할 때 범죄가 없어지고 교통 소통이 원활하게 되는 것입니다. 마찬가지로 성도가 하나님이 주신 권세를 사용하지 않으면 날마다 귀신에게 괴롭힘을 당하면서 살아가는 것입니다. 그러면서도 원인을 잘 모릅니다. 모두 권세를 사용하지 않아서 당하는 것입니다. 가만히 있으면 하나님이 알아서 해주시는 것으로 알고 있기 때문입니다. 절대로 하나님께 기도하고 주신 지혜대로 순종하고 사용해야 역사하십니다.

성도에게 부여한 권세를 사용해야 하나님의 복을 누릴 수가 있는 것입니다. 그래서 권세가 권능이 되어야 합니다. 이 말의 뜻은 무엇인가하면 가정의 가장에게는 하나님이 권세를 주셨습니다. 가정의 가장에게는 기본적인 권세가 있습니다. 그러나 권능 있는 가장은 아닙니다. 그럼 언제 권능 있는 가장이 됩니까? 권능 있는 가장은 세상에 나가서 돈을 벌어서 처자를 먹이고, 입히고, 잠자게 하고, 공부를 시킬 수가 있을 때 권능이 있는 것입니다.

마찬가지로 성도도 예수를 믿으면 기본적인 하나님의 자녀의 권세가 있습니다. 언제 권능 있는 성도가 됩니까? 하나님이 주신 권세를 사용하여 마귀, 귀신을 몰아내며 하나님과 교통하며 지낼때 권능 있는 성도가 되는 것입니다. 기도할 때도 마귀, 귀신의 방해를 성령의 권세를 사용하여 몰아내야 한다는 말입니다. 자신의 힘으로 머리에 잡념을 주는 마귀, 귀신아 떠나가라. 떠나가라. 떠나가라. 아무리 소리를 질러도 기도만 못하지 마귀, 귀신은 떠나가지 않는다는 말입니다. 이때에는 성령의 권세가 자신을 장악하여 밖으로 나타나게 하면 성령의 권세로 방해하던 마귀, 귀신이 물러가는 것입니다. 그러므로 잠이 안 올 때는 호흡을 깊게 들이쉬면서 마음으로 예수님! 호흡을 내쉬면서 마음으로 사랑합니다. 호흡을 깊게 들이쉬면서 마음으로 예수님! 호흡을 내쉬면서 마음으로 사랑합니다. 의식을 마음 안에 계신 예수님에게 두고 지속적으로 합니다. 이렇게 지속적으로 기도하다가 보면 성령의 역사로 마음이 안정이 되어 잠에 빠지게 되는 것입니다.

이제 기도할 때 자세입니다. 많은 분들이 기도하면 무릎을 꿇고 하는 것으로 알고 있습니다. 이것은 샤머니즘의 신앙의 잔재입니다. 대상에게 잘 보여서 응답을 받아야 하기 때문에 무릎을 꿇고 하는 것입니다. 절에 가서 기도할 때 무릎을 꿇고 했기 때문에 습관적으로 무릎을 꿇고 기도하는 것입니다. 물론 성경에도 무릎을 꿇고 기도를 했습니다. 그런데 이는 급박한 상황일 경우 무릎을 꿇고 기도했습니다.

목사님들도 기도하면 무릎을 꿇어야 한다는 생각이 굳어있기 때문에 좀처럼 바뀌지 않습니다. 새벽기도에 가서 기도하려고 해도 자! 이제 장의자 위에 올라가서 무릎을 꿇고 기도하기를 바랍니다. 기도는 각자 마음 속 하늘에 계신 하나님께 하는 것입니다.

앞에서도 누누하게 말했지만 기도는 영의 활동입니다. 기도는 반드시 성령 안에서 성령으로 해야 합니다. 성령은 마음을 열고 평안한 상태가 되어야 역사하십니다. 무릎을 꿇으면 얼마못가서 온몸이 경직되게 됩니다. 이는 우리 교회 집회 때 제가 관찰하여 보았기 때문에 잘 압니다. 우리 교회는 보통 기도시간이 40분이상입니다. 처음에 능력과 치유를 받으러 오신 분들이 앞에 나와 기도하라고 하면 무릎을 꿇고 합니다. 그러다가 10분정도 지나면 몸이 경직되어 몸을 이리저리 뒤틀기 시작을 합니다. 무릎이 아프거나 자세가 편안하지 못해서 그렇습니다. 모두 무릎을 꿇고 10분 이상 기도를 해보지 못했다는 증거이기도 합니다. 물론 1시간 동안 무릎을 꿇고 기도하는 분도 있습니다. 그러나 보통 10분을 넘기지 못합니다. 그러면 제가 편안한 자세로 기도를 하라고 합니다.

편안한 자세로 기도를 하다가 보면 성령께서 서서히 장악을 하기 시작하여 영으로 기도합니다. 영의통로가 열리고 치유되기 시작을 합니다. 자신 안에서 역사하시는 성령으로 성령의 세례가 임하고 성령의 불의 역사로 상처들이 치유되기 시작을 합니다. 기도할 때 자세는 편안한 자세가 좋습니다. 왜냐하면 오랫동안 해야 하기 때문입니다. 오랫동안 기도해야 영의 상태로 들어갈 수가 있습니다. 영의 상태가 되어야 영이신 하나님이 들으시고 응답하시기 때문입니다. 어찌하든지 영적으로 깊게 들어갈 수 있어야 합니다.

성경에 기도 자세가 여러 군데 나와 있습니다. 서서 기도하기도 했습니다. 앉아서 기도하기도 했습니다. 엎드려서 기도하기도 했습니다. 누워서 기도하기도 했습니다. 그러므로 기도할 때 꼭 무릎을 꿇고 하는 것은 필요할 때만 하면 되는 것입니다. 급박한 경우에 한해서 무릎을 꿇고 기도하면 됩니다. 급박한 상황이란 죽어가는 사람을 살려야 한다든지 급박한 문제 해결을 위해 빨리 응답을 받아야하는 경우에 한해서 무릎을 꿇고 하면 됩니다. 기도할 때 자세를 편안하게 하여 오래 기도해야 합니다.

이제 교회에서 모여서 통성(발성)기도하는 방법입니다. 통성기도를 유창하게 할 수 있는 분을 제외하고 나머지는 정말 죽을 지경입니다. 제가 당해보았기 때문입니다. 그래서 예배 후에 통성기도가 있으면 교회에 나오지 않는 분들이 생깁니다. 힘이 들고 따라할 수가 없기 때문입니다. 이때에는 이렇게 하면 됩니다. 기도인도자가 사전에 알려주고 하는 것이 좋습니다. 그냥 통성으로 기도합니다. 하고 시작을 하니까, 방언 기도하는 분들은 따다다! 따다다! 따다다! 합니다. 말로 기도하는 분들은 중얼중얼합니다. 이렇게 기도하면 절대로 보물인 예수님으로 충만하게 채워지지 않습니다. 기도에 대하여 바르게 알고 바르게 하고 싶은 분은 **"성령으로 온몸기도 하는 법"**과 **"기도 쉽게 바르게 하는 방법"** 책을 참고하시기를 바랍니다. 옆에서 이렇게 기도하니 기도하지 못하는 분들은 주눅이 들어 기도 한마디 못하고 기도 시간 내내 다른 사람 떠드는 소리만 듣다가 끝나는 것입니다. 그러니 다음에 나오지를 않는 것입니다. 기도하지 못하는 분들은 이렇게 기도하면 됩니다. 호흡을 들이쉬고 내쉬면서 뱃속에서 나오는 소리로 주여! 호흡을 들이쉬고 내쉬면서 주여! 호흡을 들이쉬고 내쉬면서 주여!

뱃속에서 나오는 영의 소리로 주여! 주여! 주여! 하는 것입니다.

제가 지금까지 20년 이상 성령사역을 하면서 기도를 시켜보면 주여! 주여! 주여! 하는 기도가 제일로 강력한 기도였습니다. 이 기도에 성령으로 세례가 임합니다. 이 기도에 막힌 영의통로가 열립니다. 이 기도에 깊은 상저가 치유됩니다. 이 기도에 귀신이 쫓겨나갑니다. 이 기도에 보물인 예수님이 충만하게 채워집니다. 이 기도에 살아계신 하나님의 성전이 됩니다. 정말로 강한 기도가 호흡을 들이쉬고 내쉬면서 주여! 호흡을 들이쉬고 내쉬면서 주여! 하는 기도입니다. 이렇게 기도하다가 보면 성령이 임하여 방언도 터지고 성령의 세례도 받게 되는 것입니다. 기도 알고 보면 쉽습니다. 무조건 기도하라고 하고, 무조건 기도하려니 어려운 것입니다. 이렇게 기도를 성령으로 하다가 보면 자궁 수술한 것은 절대로 재발하지 않습니다. 성령의 역사가 심령을 장악하니 모든 기능이 정상이 되기 때문입니다. 이분이 집중치유를 마치고 하시는 말이 너무너무 좋다는 것입니다. 마음이 편안하여 날아갈 것만 같다는 것입니다. 딸에게 어떻게 이런 곳을 알았느냐고 데리고 와주어서 감사하다는 것입니다. 이렇게 성령으로 하는 집중치유는 몸으로 느끼고 보이는 은혜를 체험합니다. 몸으로 느끼고 눈으로 보이는 가시적인 현상이 나타나니 보람을 가지고 사역하고 있습니다.

7장 나약함을 체험한 자를 축복하시는 예수님

(요12:24)"내가 진실로 진실로 너희에게 이르노니 한 알의 밀이 땅에 떨어져 죽지 아니하면 한 알 그대로 있고 죽으면 많은 열매를 맺느니라"

하나님은 자신의 나약함을 체험한 사람을 축복하십니다. 자신의 나약함을 아는 사람이란 말씀과 성령으로 깨어져서 예수님을주인으로 모시지 않으면 살수가 없다고 체험한 사람입니다. 우리가 세상에서 사용하는 모든 물건을 금이 가거나 깨어지면 무용지물이 되고 마는 것입니다. 그러나 하늘나라에서는 하나님이 사람을 사용하실 때 언제나 그 사람이 금이 가고 깨어져야 귀하게 사용될 수 있습니다. 하늘나라에서는 깨어지지 않은 사람은 도무지 소용이 없습니다. 그렇기 때문에 하나님이 사용하시려고 하는 사람이나 하나님이 축복해 주시려고 하는 사람은 반드시 깨뜨리십니다. 생활의 여러 가지 풍파를 통해서 역경에 부딪치게 하므로 고난에 처하게 하므로 하나님께서는 깨뜨려서 사용하시는 것입니다.

하나님께서 깨뜨려서 축복하는 성도는 이렇습니다. 여러 가지 일이 잘되지 않아 주변에 있는 가족이 기도하라고 하면 혈기를 내고 소리를 지르는 성도는 아직 자신의 힘으로 해보겠다는 성도입니다. 이런 성도는 하나님께서 내버려두십니다. 이 성도가 자기 힘으로 하다가하다가 자신의 능력으로 안 된다는 것을 깨닫고 성령 안에서 온몸으로 기도하기 시작하면 하나님께서 역사하시기 시작하는 것입니다.

그러므로 우리 하나님이 사용하신 사람들을 역사적으로 살펴 보면 하나님 손에서 깨어지지 않은 사람이 없습니다. 아브라함은 믿음의 조상이었지만 장장 25년 동안에 계속적으로 하나님의 손에 의해서 깨어지고 깨어졌습니다. 그의 나이 100세 때 되어서는 완전히 깨어져서 믿음과 순종에 부족함이 없는 사람이 되었습니다. 이삭은 모리아산에서 순식간에 깨어졌습니다. 멋도 모르고 아버지와 제사 지내러 갔다가 자기가 제물이 되어야 되는 것을 알고 아버지가 그를 묶어서 제단에 얹어서 칼로써 잡으려고 할 때 그는 벌써 그 마음속에 산산조각으로 깨어졌습니다. 그래서 이삭은 일생동안 하나님 앞에 믿음과 순종의 생활을 했습니다. 야곱은 20여년의 나그네 생활 동안 수없이 많이 부딪쳐서 상처투성이의 인물이 되었고 결국에 그는 허벅지 관절이 어그러지는 고통 속에서 완전히 깨어지고 믿음과 순종의 사람이 된 것입니다. 성경 속의 인물들을 통해서 보게 될 때 하나님이 사용하신 사람들 중에서 깨어지지 않은 사람은 아무도 없습니다. 여기서 깨어진다는 것은 환란과 고통과 괴로움을 통해서 하나님을 주인으로 모시지 않고 자신의 힘으로는 아무것도 할 수가 없다는 것을 인정한 사람입니다.

성경 야고보서 1장 2절로 4절에 보면 이렇게 기록하고 있습니다. "내 형제들아 너희가 여러 가지 시험을 만나거든 온전히 기쁘게 여기라. 아는 너희 믿음의 시련이 인내를 만들어 내는 줄 너희가 앎이라. 인내를 온전히 이루라. 이는 너희로 온전하고 구비하여 조금도 부족함이 없게 하려 함이라" 그러면 우리들은 왜 깨어져야 할까요? 깨어지지 않고는 하나님이 우리를 사용하실 수 없을까요? 어떤 것들이 깨어져야 할까요?

첫째, 자기 마음대로 하는 자기중심이 깨뜨려져야 하는 것입니다. 아담과 하와가 하나님을 반역하고 나올 때는 하나님 아닌 자기중심의 삶을 주장하고 나온 것입니다. 인간의 원래 지어졌을 때 하나님을 섬기면서 살 수 밖에 없도록 만들어 졌습니다. 인간중심이 아니라 신본주의요 인간 주체가 아니라, 하나님 주체로 만들어진 것입니다. 그렇기 때문에 사람은 형용컨대 집이라고 말했습니다. 집에는 주인이 들어와 있어야 그 집이 온전하게 되는 것입니다. 사람은 그릇이라고 말했습니다. 그릇은 그 내용물을 담아 놓아야 온전하게 되는 것입니다. 그러므로 사람은 그 자체가 주체가 아닙니다. 사람은 하나님을 주인으로 모셔 놓은 집이요, 하나님을 모셔 놓은 그릇인 것입니다.

그런데도 불구하고 아담은 잘못되어서 하나님 중심과 하나님 주체의 삶을 포기하고 자기중심으로 자기 주체로 살 것을 주장하고 나왔습니다. 그러므로 아담 이후에 이 세상에 사는 모든 사람들은 하나님과 교통하는 영적인 생활을 잃어버리고, 육체에 살면서 인본주의요, 자기 주체사상을 가지고 삽니다. 이러한 사람이 하나님께 사용함을 받으려면 그 자기 마음대로 하는 것, 인본주의가 깨어지고, 하나님 앞에 빈 그릇이 되어 나와야 하는 것입니다. 그런데 하나님 앞에 깨어지고 빈 그릇이 되기 위해서는 시련에 부딪쳐서 자기 한계점을 발견해야 되는 것입니다. 인간의 시련과 고난을 통하여 인간의 한계를 발견하기 전에는 하나님을 찾아 나오지 않습니다. 병들어 이 방법 저 방법을 다 동원해도 고칠 수가 없으면 별도리가 없이 천부여 의지 없어서 주님께 나옵니다.

인간의 위기를 당하여 자기의 무능력을 깨달을수록 깨어져 하나님께 의지하게 되는 것입니다. 하나님의 사람으로 장성하기 위해서는 육의 사람이 깨어지고 성령으로 세례받고 성령의 사람으로 성장해야 인간으로 장성할 수 있습니다. 이렇기 때문에 하나님께서는 원하시든 원하시지 않던 인간을 깨뜨려야 되는 것입니다. 어떠한 사람이라도 예수를 믿고 나오면 벌써 그 육의 사람이 깨어진 것입니다. 그리고 하나님께서 사용하시고자 하시는 척도에 따라서 적게 깨어지는 사람, 많이 깨어지는 사람의 차이는 있지만, 깨어지지 아니하고 예수 그리스도를 구주로 믿고 하나님을 찾는다는 것은 어불성설인 것입니다. 그러므로 오늘 예수를 믿고 하나님께 나온 사람들은 다 환경에 부딪쳐 어떠한 연유든 간에 깨어진 사람들인 것입니다. 그래서 자기중심에서 탈피하고 하나님 중심으로 돌아오고 자기 위주에서 하나님 위주로 들어와 있는 사람인 것입니다. 정도의 차이는 있지만 모두다, 이러한 변화를 체험한 사람들이 예수를 믿게 되고 하나님의 자녀가 된 것입니다. 그렇기 때문에 하나님은 우리 사람을 깨뜨리시는 것입니다. 전혀 나는 깨뜨려지지 않았다고 하는 사람은 버림받은 사람인 것입니다. 하나님이 택하지 않은 사람은 하나님이 깨뜨리지 않습니다. 하나님이 택한 사람은 어떠한 환경에도 그를 깨뜨리시는 것입니다.

둘째, 교만을 버리고 겸손한 사람이 되어야 합니다. 교만한 사람이란 자신이 주인된 사람입니다. 겸손한 사람은 하나님없이 살수가 없다는 것을 인정하고 하나님을 주인으로 모시고 사는 사람입니다. 하나님이 주신 십계명 가운데 두 번째 계명은 우상에 절하지 말라고 했습니다. 하나님을 경외하지 아니하고 예수님을 믿지 않은 사람은 자기 자신이 우상이 되어 있습니다. 금이나 음이나 보석으로 만든 우상에 절하지 않는다고 나는 우상 숭배자가 아니라고 할 사람이 있겠습니까? 불신자들은 모두다, 자기가 우상이 되어 있는 것입니다. 무엇이든지 자기 뜻대로 생각하고 자기 고집대로 행합니다. 그리고 자기를 만족시키기 위해서 자아가 우상이 되어 있는 것입니다. 이러므로 제 2계명을 어기고 살고 있는 것입니다. 이러므로 자기가 우상이 되어 있는 이 우상을 박살을 내고 하나님을 중심으로 모시게 하기 위해서는 하나님께서 깨뜨리지 아니하면 안 되는 것입니다. 사람은 모두다 제 잘난 맛에 산다고 말합니다.

그러나 우리는 장차 예수 그리스도의 잘난 맛에 살아야 되는 것입니다. 성경에 보면 사울이 바울이 된 경위를 기록하고 있는 것입니다. 사울이란 사람은 학문에 깊은 조예가 있는 사람이었습니다. 그리고 예루살렘에서 가장 좋은 가말리엘 대학을 졸업하고 학문이 정통하고 유대교에 심취해 있는 열심 있는 사람이었습니다. 그런데 그가 예수 그리스도와 그 복음을 파멸하기로 결정하고, 그는 나아가서 교회를 훼파하고, 예수 믿는 사람을 잡아서 감옥에 가두고, 스데반이 죽을 때 그는 스데반을 죽이는 사람을 총지휘해서 그들의 옷을 지켜 주었습니다. 그리고 스데반이 돌에 맞아 죽게 한 것입니다. 거기에 한술 더 떠서 대제사장의 허락을 받아서 이웃 나라인 시리아에 도망가 있는 기독교인들을 다메섹에 가서 모두 잡아와서 죽이거나 감옥에 넣는 사명을 받고 부하들을 거느리고 말을 타고 시리아로 향했습니다. 시리아의 햇빛은 소나기처럼 쏟아진다고 합니다. 그렇게 태양 빛이 강렬합니다. 그는 말을 타고 다메섹이 보이는 그 근처까지 갔는데 갑자기 대낮에 햇빛보다 더 밝은 빛이 하늘에서 비췄습니다. 그는 눈이 부셔 견딜 수가 없어서 말에서 떨어졌는데 그때 귀에 음성이 들려왔습니다. "사울아! 사울아! 어찌하여 너는 나를 핍박하느냐 네가 가시 채를 뒷발질하기에 너만 괴롭다." "주여! 뉘시니이까?" "나는 네가 핍박하는 예수라" 거기에서 그는 크게 충격을 입었습니다. 머리를 들어보니 눈이 장님이 되었습니다. 꼼짝할 수 없었습니다. 자기는 자기 이름을 사울이라고 했습니다. 사울이라는 말은 '크다, 당당하다'라고 생각했는데 예수님 한 번 만나고 그 음성 한 번 듣고 장님이 되어서 천지를 분간할 수가 없었습니다. 그래서 자기와 같이 가던 종자들이 손을 잡고 이끌어서 다메섹에 들어가서 직가라는 조그마한 집에 들어가 그곳에서 사흘 밤 사흘 낮을 먹지도 않고 자지도 않고 금식하며 그는 부르짖었던 것입니다. 거기에서 사울을 깨어졌습니다. 나중에 예수님의 명령에 따라 아나니야라는 하나님의 사람이 와서 안수해 주매 그가 성령을 받고 눈에 비늘 같은 것이 떨어졌습니다. 그때 그는 그의 이름을 사울에서 바울로 바꾸었습니다. 바울이라는 것은 지극히 작다라는 것입니다. 그가 예수를 발견하기 전에는 "내가 그래도 굉장한 사람이다. 나는 제일 크다." 그러나 그는 예수를 발견하고 난 다음에 "나는 바울이다. 참 작은 사람이다." 일평생을 바울은 깨어져서 주님 중심으로 하나님을 모시고 살았던 것입니다.

이와 같이 하나님께서 우리에게 시련에 부딪치게 하는 것은 우리가 깨어져서 겸손하게 되게 하기 위한 것입니다. 하나님의 축복 속에서 살아가게 하기 위한 하나님의 은총입니다. 내가 깨어졌나! 깨어지지 아니했나! 그것을 알아보려고 하면 내가 하나님 앞에서 겸손하냐! 겸손하지 아니하냐? 그것을 알아보면 아는 것입니다. 안 깨어진 사람은 그 누구나 사울입니다. "나는 크다. 나는 지식이 있고, 실력이 있고, 내 청춘이 있고, 내 힘으로 할 수 있다. 나는 사울이다." 그러나 깨어진 사람은 바울입니다. "나는 작은 사람이다. 나는 인간의 힘으로 아무 것도 할 수 없는 사람이다. 오직 주 예수를 믿고 하나님을 의지해서 내게 능력 주시는 자 안에서 내가 능치 못함이 없다." 이러한 신앙으로 들어온 바울이 될 때 이 사람을 깨어진 사람인 것입니다.

그러므로 오늘 하나님께서 우리를 깨뜨려서 크다고 생각하는 자기 우상을 없애 버리고 하나님 앞에 겸손하게 엎드리게 하기 위해서 시련을 보내 주시는 것입니다. 우리가 시련과 환난을 겪게 되면 자기가 얼마나 보잘 것 없는 사라인가 보이는 것입니다. 하나님 앞에 엎드려서 먼지와 티끌이 되어서 회개하고 하나님을 의지하게 되는 것입니다. 겸손한 사람 이 사람은 깨어진 사람입니다. 겸손한 사람은 자신의 힘이나 지혜로는 세상을 살수가 없고 하나님을 주인으로 모셔야 된다는 체험있는 사람입니다.

셋째, 육적인 사람이 온유한 성령의 사람이 되어야 합니다. 깨어지기 전에 인간은 정도의 차이는 있으나 과격하고 성내며 고집이 셉니다. 그래서 자기 멋대로 행하려고 합니다. 짐승들도 보십시오. 온유하지 않은 사나운 짐승들은 사자나 호랑이나 늑대나 이리나 이런 모든 짐승들은 저 험산 준령에서 살고 사람을 떠나서 사람을 대적합니다. 그러나 온유하고 길들여진 가축들은 소나 말이나 개나 이런 짐승들은 사람과 함께 살고 편안한 곳에서 살고 있는 것입니다. 사람들도 온유하지 못하고 과격하고 성내며 고집이 센 사람들은 하나님을 멀리하고 하나님을 반역하고 삽니다만 깨어지고 온유하고 길들임을 받은 사람들은 온순하여 하나님께 순종하고 의지하여 하나님과 함께 사는 것입니다.

모세를 보십시오. 모세는 애굽의 바로의 딸의 양자로 들어가서 바로의 궁에서 살았습니다. 온갖 호사를 극치로 누리고 그리고 애굽의 최고 학부를 나와서 학문이 있었습니다. 그는 지식이 있고 웅변을 하고 몸도 건강하고 당당했습니다. 나이 40이 되어 자기 민족을 돌보기 위해서 밖에 나가보았습니다. 자기 민족 이스라엘이 종이 되어서 애굽의 간역 자들에게 호되게 고난을 받으면서 일을 하고 있는 것을 보았는데 한 곳에 가니까 애굽의 간역자가 이스라엘 사람들을 붙잡아서 때리는 장면을 보았습니다. 그는 화가 나서 동족이 맞는 것을 볼 수 없다고 해서 그 애굽 사람을 잡아서 쳐서 그 자리에서 죽이고 땅을 파서 묻어 버리고 말았습니다. 이스라엘 백성들이 자기를 위대한 지도자로 인정해 줄줄 알았습니다. 그런데 그 이튿날 또 나가보니까 이스라엘 사람들끼리 싸우는

지라 가서 말하기를 "이 사람들아 외국에 와서 종살이하는 것도 슬픈데 왜 동족끼리 싸우냐?" 하니까 그 중 한 사람이 말하기를 "야! 너 어제 애굽 사람을 쳐서 죽이더니 오늘은 나를 쳐죽이려느냐?" 그리고 난 다음에 자기 동족이 자기를 고발했습니다.

그는 왕의 진노를 피해서 미디안 광야로 도망쳤습니다. 그리고 난 다음 미디안 광야에서 추장인 이드로의 사위가 되어 그 집 딸하고 결혼하고 40년 동안 아무 사람도 알아주지 않고, 바람 소리가 천지를 진동하며, 모래바람이 세차게 일고 태양이 작렬하는 곳에 양이나 염소 떼를 거느리고, 오늘은 이곳에서 내일은 저곳으로 목동 생활을 하며 평생을 보내게 된 것입니다. 그는 수없이 울고 탄식을 하고 고통을 당했습니다. 그러는 동안에 옛날에 기세가 당당하고 자기를 의지하고 아주 고집이 세던 모세는 죽었습니다.

나이 80이 되어 호렙산 가시덩굴에서 불이 활활 타오르는 가운데서 하나님께서 모세를 불러서 "네가 애굽에 가서 이스라엘을 구하라"고 할 때 얼마나 깨어졌든지 얼마나 겸손했던지 "주여! 나는 주님의 말씀을 듣고도 옮길 줄도 모릅니다. 보낼 만한 사람을 보내소서." 그는 스스로 잘났다는 것이 다 없어지고 말았습니다. 나중에 그는 하나님 손에 의지해서 80 노인이 지팡이 하나 짚고 삼백 만 이스라엘 백성을 이끌어 내서 젖과 꿀이 하라는 가나안 땅으로 이끌어 갈 때 하나님께서 말하기를 "모세는 천하에서 가장 온유한 사람이라."고 말씀하셨습니다. 온유하다는 것은 깨어져서 길들임을 잘 받은 사람을 말하는 것입니다. 하나님께 길들임을 잘 받은 따뜻하고 부드러운 심장을 가진 사람이 온유한 사람인 것입니다. 온몸이 하나님으로 충만하게 채워진 사람입니다.

넷째, 탐욕이 없는 사람이 되어야 합니다. 깨어지기 전의 인간
은 하나님의 것이라도 빼앗으려고 한 것입니다. 아담과 하와는 동
산의 모든 것이 다 자기 것인데도 불구하고 그것 제쳐놓고 하나님
의 것인 선악과조차도 빼앗아서 자기 것을 만들려는 탐욕을 가졌
습니다. 탐욕은 곧장 우상숭배인 것입니다. 그러므로 탐욕이 깨
뜨려져야 온유한 사람이 되고, 또 하나님이 사용하는 사람이 되는
것입니다. 타락한 사람들은 모두 그 마음속에 마귀의 꾀임을 통해
서 탐욕과 욕심을 가지고 있습니다. 탐욕 때문에 사람들은 전쟁을
일으키지요. 남의 나라 물건을 빼앗으려고 하고 남의 나라 땅을
빼앗으려는 탐욕을 갖고 있기 때문에 전쟁을 하게 됩니다. 탐욕이
들어옴으로 말미암아 정상적으로 정치 행정을 하지 않고 총칼을
가지고 강제로 권력을 빼앗고 자기 권력대로 정치를 하려는 것도
욕심 때문에 그렇습니다.

사람이 서로 속이고 사로 속고 서로 고통을 가하는 것도 탐욕
때문에 그런 것입니다. 탐욕이 생기면 모든 사람들이 다 모든 환
경을 이용해서 자기 유익만 주장하게 되는 것입니다. 이 탐욕이
깨뜨려져야만 되는 것입니다. 탐욕을 가지고는 절대로 하나님과
동행할 수 없는 것입니다. 하나님께서 욥을 심히 시련하여서 욥
이 하나님 앞에서 시험을 통하여 깨어졌을 때 그가 신앙 고백하
는 것을 들어보십시오. 욥기 1장 21절로 22절에 "가로되 내가 모
태에서 적신이 나왔사온즉, 또한 적신이 그리고 돌아 가올지라 주

신 자도 여호와시오 취하신 자도 여호와시오니 여호와의 이름이 찬송을 받으실지니이다, 하고 이 모든 일에 욥이 범죄하지 아니하고 하나님을 향하여 어리석게 원망하지 아니하니라" 욥은 옛날에 자기가 자기의 집도 자식도 재물도 소유하고 있었다고 생각했는데 심한 시련을 겪어서 자식이 다 죽고 재물 다 잃고 빈털터리가 될 때 그가 깨달은 것이 있습니다. "주신 자도 하나님시오 가지고 가신 자도 하나님시니 모든 일에 하나님께서 영광을 받으실 지로다" 결국 우리는 소유자가 아니라는 것을 욥은 깨달은 것입니다. 삶의 소유주가 아닌 관리자, 즉 청지기의 본연의 모습으로 돌아간 것입니다. 인생들이란 것은 아무 것도 소유한 것이 없습니다. 어머니 뱃속에서 나올 때 빈 손 들고 울면서 나와서 돌아갈 때도 손목 펴놓고 빈손으로 돌아가는 것입니다. 하나도 가지고 가지 못하는 것입니다. 인생에 살 동안 우리가 가지고 있는 것은 하나님께로부터 맡겨진 청지기로서의 우리 인생을 사는 것입니다. 이것을 깨닫지 못하면 어리석은 사람이 되는 것입니다.

그러므로 권력자도 하나님께 권력을 맡아서 청지기 일을 하는 것입니다. 재물을 맡은 사람도 하나님 앞에서 재물을 맡아 청지기로 일하는 것입니다. 이런 것을 깨닫기 위해서는 시련을 겪어야 되는 것입니다. 환난을 당하고 시련을 통해서 자기 힘으로 아무것도 할 수 있는 것이 없다고 두손들고 자기가 깨어질 때 비로소 아무것도 소유한 것이 없다는 것을 깨닫게 되고, 그 무엇이든지 하나님 앞에서 하나님의 뜻을 쫓아 권력도 행사하고 물질도 행사해야 된다는 것을 알게 되는 것입니다. 이러므로 탐욕이 없는 순수한 사람이 되게 하기 위해서 우리 하나님께서는 시험과 환난을 통해서 우리를 깨뜨리는 것입니다. 나는 스스로 아무것도 못한다. 깨뜨리고 난 다음 하나님이 권력도 주시고 재물을 태산같이 주신다고 할지라도 그것에 집착하지 아니하고 욕심으로 그것을 사용하지 아니하고 하나님의 뜻을 좇아 하늘나라를 위해서 이웃을 위해서 선한 일을 위해서 나누며 사는 사람이 되게 만들어 주시는 것입니다.

다섯째, 하나님을 주인으로 모시는 사람이 되어야 합니다. 하나님을 주인으로 모시는 사람이란 기도하여 하나님께서 알려주신 지혜대로 순종하며 실행하는 사람을 말합니다. 깨어지고 자기 힘의 한계가 확실히 노출되고 인간으로 살 수 없는 것을 알게 될 때는 사람은 "천부여 의지 없어서 손들고 옵니다."고 두 손 번쩍 들고 나오게 되는 것입니다. 바울 선생은 위대한 하나님의 종이요 위대한 믿음의 사람이었습니다만, 하나님께서 바울 선생을 거듭거듭 심히 어려운 환경으로 밀어 넣으셨습니다. 그래서 바울이 거기에 산산조각으로 깨어졌습니다.

그의 고백을 고린도후서 1장 8절로 9절에 보면 알 수 있습니다. "형제들아 우리가 아시아에서 당한 환난을 너희가 알지 못하기를 원치 아니하노니 힘에 지나도록 심한 고생을 받아 살 소망까지 끊어지고 우리 마음에 사형 선고를 받은 줄 알았으니 이는 우리로 자기를 의뢰하지 말고 오직 죽은 자를 다시 살리시는 하나님만 의뢰하게 하심이라" 우리 하나님께서는 사람들을 그대로 내버려 놓으면 사람은 자기 지혜나 지식이나 능력이나 자기 청춘을 의지하고 자신만만하게 생각합니다. 그러나 하나님께서 일단 환난과 시련을 보내셔서 깨뜨려 버리면 자기 자신이 의지한 것이 하나도 없이 모래성 같이 무너지는 것을 볼 수 있는 것입니다. 이것이 다 무너지고 나면 별 도리 없이 천지를 지으신 하나님께 항복하고 두 손 들고 나와서 하나님을 의지할 수밖에 없습니다.

인간은 자신의 나약함을 깨닫고 깨어지면 깨어질수록 더 깊이 하나님을 의지하게 되고 자기의 무력함을 깨달으면 깨달을수록 더 하나님 앞에 나와 하나님을 믿게 되고 하나님의 귀한 그릇이 되는 것입니다. 성도의 일생은 그 차이는 있으나 계속하여 깨어짐의 연속입니다. 깨어지면 깨어질수록 더욱 신령한 사람으로 장성하고 더욱 순종과 믿음이 자라게 되는 것입니다. 순종과 믿음이 자랄수록 하나님께서 더욱 크게 사용하시는 그릇이 되는 것입니다. 이러므로 하나님께서는 자신의 나약함을 깨닫고 깨어진 사람을 찾습니다. 하나님은 사람을 찾으면 하나님 손에서 무자비할 정도로 인생들을 깨뜨리시는 것입니다.

그래서 깨어진 만큼 하나님의 은총과 축복을 받고 또 더 축복을 주시려고 깨는 것입니다. 오늘 이 시간에 나는 과연 깨어진 사람인가? 가슴에 손을 얹고 생각해 보시기 바랍니다. 자신이 깨어진 사람이면 인간중심에 서지 않고 하나님 중심으로 서며 자기 주체로 살지 않고 하나님 주체로 살게 되는 것을 발견하게 될 것입니다. 자기가 깨어진 사람이란 것을 알려면 자기가 하나님 앞에 겸손한가? 아닌가를 살펴보면 알 것입니다. 하나님 앞에 온유하여 순복하는가를 살펴보면 알 것입니다. 탐욕이 사라지고 그 무엇이든지 아무런 욕심 없이 하나님 앞에 서 있는 자기 자신을 발견하게 되면 깨어진 것을 알게 될 것입니다. 모든 일에 하나님을 의지하고 하나님을 찾는 마음이 있으면 그 사람을 깨어진 사람인 것입니다. 우리는 깨어져야만 하는 것입니다. 세상에는 깨어지면 못 살지만 하늘나라에는 깨어지지 않은 사람을 전혀 들어갈 수도 없고 하나님 앞에 설 수도 없는 것입니다.

사람이 말씀과 성령으로 깨어지면 속사람이 자신을 지배하게 됩니다. 겉 사람은 낡아집니다. 나이 한 살 더 먹으니 주름살 하나 더 지고 허리도 조금 더 구부려지고 말도 좀 더 천천히 할지 몰라도 그것 걱정할 것 없습니다. 겉 사람은 후패하나 속은 날로 새로워집니다. 왜 말씀이 있으니까 새로워지는 것입니다. 성령이 계시니까 새로워지는 것입니다. 기도가 있으니까 새로워지는 것입니다. 우리는 날로 속사람이 새로운 생명으로 새로워질 수 있는 것입니다. 그러므로 매일같이 우리는 죄와 허물을 벗어버리는 삶을 살아야 되는 것입니다. 예수 믿었다고 해서 한 번에 천사가 안 됩니다. 조금씩, 조금씩 변화되는 것입니다. 어린 아이가 태어나자마자 어른이 안 됩니다. 세월이 흘러가면서 조금씩, 조금씩 자라는 것과 같은 것입니다.

우리가 끊임없이 목표를 변화에 두고서 말씀을 읽고 성령인도를 받으면서 기도하면서 한발자국, 한발자국 앞으로 나가는 것입니다. 매일같이 나아가고 변화되는 것이 새로 변화된 사람의 모습인 것입니다. 말씀과 성령으로 깨어지면 깨어질수록 하나님이 마음대로 사용하실 수 있는 기뻐하시는 성도가 됩니다.

8장 말씀과 성령으로 바꾸시는 예수님

(요3:7-8)"육으로 난 것은 육이요 영으로 난 것은 영이니, 내가 네게 거듭나야 하겠다 하는 말을 놀랍게 여기지 말라. 바람이 임의로 불매 네가 그 소리는 들어도 어디서 와서 어디로 가는지 알지 못하나니 성령으로 난 사람도 다 그러하니라"

하나님은 율법적인 사고에서 복음적이고 영적인 사고로 바뀐 사람을 사용하십니다. 보이는 것을 보고 따라가는 사람이 아니라, 보이지 않는 하나님을 성령으로 보고 따라가는 성령의 사람을 통해서 일하십니다. 예수님이 30살이 되셔서 요단강에서 물로 세례를 받으시고 성령세례를 받으시고 곧장 복음을 증거하니, 하나님의 능력이 따라 크게 사람들을 감동시켰습니다. 가는 곳마다 예수님이 말씀하시고 손을 데는 사람마다 속박에서 자유와 해방을 얻었습니다. 귀신이 쫓겨나가고 병든 자가 낫고 하나님의 기적이 일어나고 하늘나라가 눈앞에 보였습니다.

깊은 감동을 느꼈습니다. 어떠한 죄인이라도 예수님을 바라보고 나의 죄를 대속한 것을 믿으면 구원을 받게 되는 것입니다. 거듭난 사람은 예수님이 구주되심을 굳게 믿고 고백하는 것입니다. 좌우간 자기가 거듭났는지 아닌지 모른다면 그것은 아직 거듭나지 않은 사람인 것입니다. 거듭난 사람은 예수님을 굳게 믿고 그리스도가 자기 구주된 것을 고백하는 것입니다.

첫째, 거듭난 사람은 예수님의 구주되심을 믿는다. 어떠한 종류의 사람을 특정 짓는 것이 아니라, 예수님을 믿는 자마다 멸망하지 않고 영생을 얻게 하시는 하나님이신 것입니다. 하나님이 그 아들 예수님을 세상에 보내신 것은 세상을 심판하고 판단하려고 한 것이 아니라, 세상을 구원하기 위해서 그 아들을 보내신 것입니다. 우리가 하나님으로 생각하면 하나님은 우리를 심판하고 꾸짖고 교훈하고 때리고 그렇게 하실 하나님이라고 생각하는 사람이 많은데 그렇지 않습니다.

근본적으로 하나님은 영혼이 잘됨같이 범사에 잘되며 강건하고 생명을 얻되 넘치게 얻게 하는 것이 하나님의 뜻입니다. 그러므로 심판을 받을 것이 아니라, 하나님의 축복을 받을 수 있는 사람이 되기를 간절히 바라고 원하는 것입니다. "그 아들을 세상에 보내신 것은 세상을 심판하려 하심이 아니요 그로 말미암아 세상이 구원을 받게 하려 하심이라"(요 3:17).

우리가 하나님의 뜻을 따라 구원을 받고 하나님을 예배드리러 교회 오신 것을 보실 때 하나님은 굉장히 기뻐하시고 즐거워하시는 것입니다. 그런데 "성령으로 아니하고는 누구든지 예수를 주시라 할 수 없느니라"(고전 12:3)고 했는데 하나님이 인생을 구원하기 위해서 준비하는 동안이 구약 4천년이 걸렸습니다. 4천년 동안 하나님은 정면에 나오셔서 인류 구원을 위해서 역사하시고 그리고 하나님 아버지 뒤에서 예수님과 성령께서는 역사하셨습니다. 그러나 2천 년 전에 하나님의 아들 예수님이 오셔서 물로 세례 받고 난 다음에 성령이 임하셔서 구주로 나셨을 때 아들의 시대가 왔습니다. 아버지는 뒤로 물러가고 성령님도 예수님 뒤에 서서 역사할 때 예수님은 3년 반 동안 아들 시대에 구주로써 역사한 것입니다.

그리고 난 다음에 주님 십자가에 못박혀 우리를 대속재물로써 죽으시고 부활하신 이후 성령을 보내신 이후로는 오늘은 성령이 역사하는 교회시대입니다. 성령이 우리를 이끌어가는 시대인 것입니다. 그러므로 아버지도 성령을 통해서 아들도 성령을 통해서 나타나시는 것입니다. 성령을 무시하고는 예수 그리스도를 주라고 할 수가 없습니다. 성령으로 아니하고는 누구든지 예수를 주시라고 할 수가 없는 것은 주님을 모르기 때문인 것입니다. 예수님을 깨달아 알게 된 것도 성령이 우리들을 붙잡아서 깨닫게 해주시는 것입니다. 그러므로 사람의 힘과 능으로 되는 것이 아닙니다. 하나님의 성령이 하나님 아버지 뜻을 따라 우리들을 택하시고 우리에게 하늘나라를 보여주신 것입니다.

예수를 믿고 거듭난 사람은 그러므로 하나님의 생명이 들어와 있기 때문에 하나님의 생명의 영향력을 안 받을 수가 없는 것입니다. 보통 사람이 아니고 하나님의 생명이 들어왔으므로 하나님의 생명에 거역되는 것이 들어오면 마음에 고통을 당하게 되는 것입니다. 하나님의 생명은 의로운 생명인 것입니다. 그러므로 죄를 용납할 수 없습니다. 전에는 죄를 지어도 괜찮았는데 이제는 죄를 지으면 마음에 고통스럽습니다.

둘째, 성령 안에서 죄를 회개하고 멀리한다. 예수를 믿고 성령으로 거듭난 사람은 하나님의 생명인 하나님의 씨가 속에 있기 때문에 죄를 용납할 수가 없습니다. 하나님과 죄는 원수이지 않습니까? 죄가 들어오면 하나님을 밀어내려고 하는 것이기 때문에 하나님이 죄를 용납할 수가 없는 것입니다. 그 하나님의 생명이 새롭게 된 양심을 통해서 마음을 꾸짖어요. 그러므로 마음이 괴롭고 고통스럽습니다. 죄가 들어오면 마음이 고통스럽고 괴롭습니다. 평안이 없습니다. "나의 죄로 말미암아 내 뼈에 평안함이 없나이다"(시 38:3). "내 하나님의 말씀에 악인에게는 평강이 없다 하셨느니라"(사 57:21). 평안함이 사라지고 마음에 고통스럽고 불안하면 죄가 들어오면 그렇게 하는 것입니다. 죄의 값은 사망이기 때문에 생명을 없애려고 짓누르니까 고통스럽지 아니할 수 없는 것입니다.

우리가 어떠한 몸의 부분을 압박을 가해서 피가 통하지 않게 하면 그 곳이 썩기 시작하는 것처럼, 하나님의 생명을 가지고 있는데 죄는 마귀의 생명입니다. 마귀의 생명인 죄가 들어와서 우리를 억압하면 하나님의 생명에 억압을 당하고 역사할 수가 없는 고통을 당하는 것입니다.

그러므로 거듭난 사람은 죄를 회개할 도리밖에 없는 것입니다. 죄를 가지고는 하나님 앞에 나갈 수도 없고 기도가 나오지 않습니다. 예수님께 죄를 다 자백하고 보혈로 씻고 난 다음에 기도하면 기도가 잘 나와서 하늘에 응답되는 것입니다. 그런데 "내가 나의 마음에 죄악을 품었더라면 주께서 듣지 아니하시리라"고, 시편 66편 18절에 말했는데 기도가 막힙니다. 죄악을 품어서 육체가 되니 하나님이 듣지 아니하는 것입니다. 그러므로 우리가 하나님께 기도할 때 마음에 기도가 술술 나오지 않거든 주여! 주여! 하며 부르짖다가 성령의 역사가 일어나면 회개를 해야 되는 것입니다. 무엇을 잘못했는지 그것을 성령으로 깨달아 알고 회개하고 자복하고 난 다음에 그 다음에 마음 문을 열고서 기도하면 하나님이 기도를 받아주시는 것입니다.

하나님께서는 그 손을 가지고 우리를 돕기를 원하시고, 그 귀를 가지고 우리의 기도를 듣기 원하시는 하나님이신 것입니다. 좌우간 주님은 우리를 위해서 일하시기를 원하시는 하나님인 것입니다. 그런데 죄가 들어오면 하나님의 팔을 붙잡고 하나님의 귀를 막아버리고 못 다가오게 만드는 것입니다. 그렇기 때문에 죄를 우리가 철저히 회개하고 하나님 앞에 막힌 담을 헐어버려야 하나님께서 우리를 응답해 주시는 것입니다.

그런데 하나님께서 우리 마음 안에 있는 교회 가운데 오시면 하나님이 미워하는 것이 있고 좋아하는 것이 있습니다. 하나님이 미워하는 것은 죄를 미워하시는 것입니다. 죄를 제일 미워하시는 것입니다. 그러므로 교회(성전) 가운데 하나님이 역사하기를 원하시면 회개를 해야 되는 것입니다. 회개를 하면 하나님이 역사를 하실 수 있는 것입니다. 허물을 미워하십니다. 우리가 죄는 회개하고 구원을 받았으나 삐뚤어진 성격으로 잘못된 훼방을 많이 하는 허물진 죄를 하나님은 용서해주시기 전에는 미워하시는 것입니다. 죄와 허물을 좌우간 미워하시는 것입니다.

그 다음 교회 들어오면 하나님은 병을 미워하시는 것입니다.

마음이 병들거나 육신이 병들어서 고통 하는데 병을 미워하시는 것입니다. 그리고 그 다음에 하나님은 교회에 들어와서 가난을 미워하는 것입니다. 헐벗고 굶주리고 가난한 것 하나님 기뻐하지 않습니다. 미워하십니다. 그 다음에 하나님이 미워하시는 것은 죽어서 지옥 가는 것 미워하시는 것입니다. 하나님은 영생을 주시고 구원을 주시기를 원하시는 것입니다. 그러므로 하나님이 교회 역사하시면 하나님이 이 미워하는 여러 가지를 척결해야만 되는 것입니다.

교회 오면 교회는 반드시 죄와 허물이 쫓겨나가고, 정신적이고 육체적인 병이 낫고, 귀신이 쫓겨나가고, 가난한 사람들이 일용할 양식을 구하게 되고, 그리고 영생복락을 얻는 역사가 일어나야 되는 것입니다. 하나님은 미워하는 것이 교회 있으면 싫어하시는 것입니다. 우리가 하나님을 잘 모시려면 교회 오자마자 하나님 미워하는 것을 척결해야 되는 것입니다. 사람이 똑 부러지고 뚜렷하게 좋아하고 미워하는 것이 갈라서야 되는 것입니다. 교회 와서 그저 찬송이나 부르고 예배나 드리고 집에 돌아가면 그런 것을 해서는 하나님이 무엇을 하시는지도 모르고 세월을 보내면 안 됩니다. 분명히 교회 오면 "나 자신을 보기 위해서 간다. 나는 불치병을 내쫓기 위해서 간다. 정신질환을 고치기 위해서 간다. 저주를 물리치기 위해서 간다. 하나님이 기뻐하고 좋아하는 일을 하기 위해서 간다." 그렇게 자기 행함을 알고 나가면 하나님께서 얼마나 기뻐하시는지 말로 다 할 수 없습니다. 그러므로 거듭난 사람은 교회 들어오면 죄와 허물을 미워하고 의를 사랑하게 되는 것입니다.

셋째, 의를 사랑한다. 하나님은 의로움을 좋아하는 것입니다. 의롭다하는 말은 디카이오스라는 헬라어입니다. 우리 한국어로써는 그 내용을 다 담을 수가 없습니다. 디카이오스라는 말은 죄를 한 번도 안 지은 상태를 말하는 것입니다. 태어나서 지금까지 죄를 한 번도 안 지은 상태…. 그 다음에 의미는 하나님 앞에 부끄럼 없이 설 수 있는 자격. 죄가 용서받았으니까 과거의 죄를 기억도 아니하시므로 우리가 부끄러움 없이 설 수 있는 자격…. 그 다음에는 마귀가 아무리 와도 우리를 참소할 수 없는 의를 말하는 것입니다. 이는 성령으로 되어지는 것입니다.

그러므로 의롭다하는 것은 사람의 힘으로 내가 평생에 죄를 한 번도 안 지은 상태가 되고, 그리고 하나님 앞에 부끄럼 없이 설 수 있는 자격을 얻게 되고, 마귀가 참소할 수 없이 깨끗한 사람이 된다는 것은 우리 힘으로 안 됩니다. 그런 자격을 만들어야 이 땅에서 천국을 누린다면 천국을 누릴 사람 아무도 없습니다.

그런데 예수를 믿으면 선물로 받을 수가 있는 것입니다. 우리가 그렇게는 안 되지만 예수님은 그렇게 되셨으므로 예수님 통해서 우리는 죄를 한 번도 안 지은 상태인 의를 얻게 되고, 하나님 앞에 부끄럼 없이 설 수 있는 자격이 되고, 마귀가 와서 참소할 수 없는 자격이 되는 것입니다. 그러므로 우리는 예수 그리스도의 보혈을 의지하는 이유가 거기에 있는 것입니다. 아무리 죄를 짓고 불의하고 추악하더라도 예수님 보혈을 의지하면 보혈로 말미암아 변화를 받는데 이렇게 철저한 의인이 되는 것입니다. 하나님이 보셨어도 죄가 한 점도 안 보이는 자신이 되는 것입니다. 자신의 과거를 기억하지 않는 하나님이신 것입니다. 마귀가 와도 입을 닫고 마는 것입니다. 예수님의 십자가 보혈이 우리의 죄를 청산한 것처럼 말 갛게 청산하신 것입니다.

우리가 예수님을 믿고 교회 나와도 마귀가 죄를 가져오나 하나님은 죄를 미워하시는 것을 알기 때문에 하나님과 함께 보혈과 성령의 능력을 역사하도록 기도를 하면 보혈이 있는 곳에 죄는 있을 수가 없는 것입니다. 성전 된 자신에게 부흥의 역사가 일어나게 하려면 보혈에 대한 찬송을 많이 하게 되는 것입니다. 내가 큰 은혜가 다가온다고 무엇을 보아서 아느냐. 예수님의 보혈에 대한 간절한 마음이 생기면 생길수록 성령께서 크게 역사하겠구나 하는 것을 알 수가 있는 것입니다. 예수님의 보혈은 내가 십자가에서 죽고, 다시사신 예수님으로 태어나는 것을 말하는 것입니다.

예수 그리스도의 보혈을 믿으면 보혈이 우리를 정결케 할 뿐 아니라, 우리가 예수 그리스도와 함께 죽고 장사지낸바 되고 부활한 것을 확증해 주는 것입니다. 우리가 예수를 믿는다는 것은 굉장한 축복이고 기적을 체험하는 것을 말하는 것입니다. 예수님께서 우리를 대신해서 죽었다고 우리가 처음에는 믿는데 좀 더 깊이 들어가면 대신해서 죽은 것보다 더 깊이 우리와 함께 죽은 것입니다. 그리스도가 우리를 끌어안고 함께 십자가에 못 박혀 죽어서 무덤에 함께 들어가고 부활할 때 함께 부활해서 이제 그리스도와 내가 하나가 되어서 사는 것입니다. "내가 그리스도와 함께 십자가에 못박혔나니 그러므로 이제 내가 사는 것은 내가 아니요 내 안에 그리스도께서 사신 것이라 내가 육체 가운데 사는 것은 나를 사랑하사 나를 위하여 자기 몸을 버리신 하나님의 아들을 믿는 믿음 가운데 사는 것이라"(갈2:20)는 것입니다. 이것은 어떤 신학과 철학 이상으로 깊은 것입니다. 믿음으로만 받아들일 수 있는 것입니다. 믿지 않고는 받아들일 수가 없습니다.

넷째, 이웃과 형제를 사랑한다. 요한일서 3장 14절에 "우리는 형제를 사랑함으로 사망에서 옮겨 생명으로 들어간 줄을 알거니와 사랑하지 아니하는 자는 사망에 머물러 있느니라" 사랑이 굉장히 중요한 것입니다. 예수를 믿고 거듭난 사람은 내 이웃을 내 몸과 같이 사랑한다는 것입니다. '이웃을 사랑한다.' 정말 사랑할 때가 있지만 보통은 사랑을 잘 못합니다. 예수 믿고 난 다음 이웃을 내 몸처럼 사랑하라고 하니까 좀처럼 그렇게 사랑하지 못하고 방황하는 때가 많은데, 그러나 어떻게 이웃을 사랑하는 가 그것을 우리는 알고 있어야 되는 것입니다. 사랑은 이웃의 허물을 덮어주는 것이 사랑인 것입니다. 이웃을 별나게 사랑한다고 먹을 것 갖다 주고 입을 것 갖다 주고 이렇게 해야만 사랑하는 것이니까 나는 그렇게 못하니까 사랑 안한다고 생각하는데 그러지 말고 한 두 사람 모였을 때 이웃의 허물을 자꾸 들춰내고 손가락질하는 그것이 없어야 되는 것입니다. 이웃의 허물과 약점을 덮어주는 것이 사랑인 것입니다.

"미움은 다툼을 일으켜도 사랑은 모든 허물을 가리느니라"(잠 10:12). "무엇보다도 뜨겁게 서로 사랑할지니 사랑은 허다한 죄를 덮느니라"(벧전 4:8). 허물과 죄를 가리워 주고 덮어주는 것이 사랑인 것입니다. 큰 대가를 지불해서 사랑하는 것은 아닙니다. 십리 백리 밖에 나가서 사람을 사랑하면 죄를 용서해주고 덮어주고 변명해준다고 말하지만 그렇게 멀리까지 갈 필요 없습니다. 바로 이웃에 이웃이 누굽니까? 남편은 아내가 이웃이고, 아내는 남편이 이웃이고, 자식이 이웃이고, 부모가 이웃이고, 형제가 이웃이고, 이웃이 이웃이고, 이웃이 바로 곁에 있지 않습니까? 바로 곁에 있는 사람들을 허물과 약점을 덮어주는 것이 사랑인 것입니다.

그러므로 오늘부터 우리가 거듭난 사람 같으면 형제를 사랑하는 증거로서 가장 가까운 내 가족, 친척, 이웃 그렇게 나가서 허다한 허물을 덮어주는 분들이 되시기 바랍니다. 자녀들은 부모의 잘못을 덮어주면 하나님께 크게 축복을 받습니다.

노아의 후손인 샘, 함, 야벳을 보십시오. 노아가 술이 취해서 발가벗고 드러누웠을 때 함이 흉을 봤습니다. 밖에 나와서 사람들에게 우리 아버지 발가벗고 술 취해서 누웠다고 욕을 하고 형제들에게 흉을 보고 얼마나 그랬기에 샘과 야벳이 듣기 싫어서 아버지 옷을 구해가지고서 두 사람은 아버지 옷을 가지고 뒷걸음질치고 들어갔습니다. 저는 그래서 가끔가다 생각하기를 뒷걸음질 쳐서 아버지를 어떻게 알아봤을까? 밑을 내려다보아야 아버지가 보일 것인데…. 함도 아버지의 발가벗은 것을 보고 샘과 야벳도 아버지께 덮으려니까 봤지만 태도가 겸손하게 가서 아버지에게 옷을 덮어 드렸습니다. 아버지가 깨어나고 난 다음에 그 이야기를 듣고 크게 화가 나셔서 함은 저주했습니다. 샘과 야벳은 하나님께서 크게 축복해 주었습니다. 그런데 그 후손이 오늘날 우리가 지도를 펼쳐서 보면 셈 족속도 하나님께 크게 복을 받았고 야벳도 크게 복을 받았으나 함 자녀들은 식민지 생활에서 많은 고통을 겪고 괴로움을 겪고 있는 것을 보게 된 것입니다. 그러므로 네 부모를 공경하라. 그리하면 네가 세상에서 잘되고 장수한다고 했는데, 부모 흉보지 말고, 자녀 흉보지 말고, 이웃도 흉보지 말고, 허물을 덮어 주고, 칭찬해 주는 분들이 되시기를 간절히 부탁합니다.

다섯째, 믿음으로 세상을 이긴다. 믿음이란 예수님께서 나를 통하여 일하신다를 믿는 것입니다. 성령으로 중생한 사람은 믿음으로 세상을 이기면서 살게 되는 것입니다. 전에는 무엇이든지 자신의 수단과 방법으로 살았는데 예수를 믿고 거듭난 다음에는 마음속에 성령께서 들어오셔서 믿음으로 말미암아 성령님의 수단과 방법으로 살도록 자꾸 이끌어가는 것입니다. 따라 해보세요. '나의 의인은 믿음으로 말미암아 살리라.' 우리가 예수를 믿고 구원을 받았는데 그 다음에는 구원이라는 것은 믿음의 수족인 것입니다. 믿음이 하늘나라의 돈과 같은 것입니다. 이 세상에 돈을 가져야 물건을 팔고 살 수 있지 않습니까? 돈 없이 물건을 팔고 사지 못하지요? 하늘나라는 돈은 믿음입니다. 적고 큰일은 전부 믿음으로 드리고 받고 하는 것입니다.

그러므로 하늘나라 돈을 많이 가진 사람은 믿음의 부자고 하늘나라 돈을 적게 가진 사람은 믿음에 가난한 사람인데 자꾸 사용해야 되는 것입니다. 그런데 우리 예수 믿고 난 다음에 중생한 사람은 그 중생한 성격이 바로 믿음을 사용하는 것이 성격인 것입니다. 무엇이든지 믿음을 사용하지 않고 인간의 수단과 방법으로 살려고 하는 사람 많은데 이제는 믿음으로 사는 훈련을 해야 되는 것입니다. 아주 죽을 각오하고 믿어보면 주님께서 응답해 주시는 것입니다. 우연을 바라고 믿음과 우연을 바라고 있으면 주님을 시험하는 것이 되고 마는 것입니다.

우리가 성경을 보면 성경에 위대한 인물들은 다 하나님을 믿은 결과로 응답을 받아서 훌륭한 결과를 나타낸 것입니다. "할 수 있거든이 무슨 말이냐 믿는 자에게는 능치 못하심이 없다. 네 믿음대로 될찌어다." 주님께 나가서 기도하고 믿으면 주님께서 그 믿음을 받아서 잠시 동안 기다려 보시는 것입니다. '진짜로 맡겼는가 안 맡겼는가.' 조금 있다가 주님께 도로 내어 달라고 받아서 나가면 그것은 믿음이 아닙니다. 우리가 주님께 기도해서 짐을 맡겨 놓은 다음에 주님 맡아 주셔서 고맙습니다. 감사합니다. 그러다가 자기 생각대로 빨리 응답이 안 되면 '주님 도로 내놓으십시오. 내가 돌봐야지. 주님만 믿었다가는 되지 않겠습니다. 내가 좀 도와드려야지요.' 주님은 성도가 도와주는 것 원하지 않습니다. 내가 다 이루었다고 하신 주님께서 "네가 맡겨서 내가 다 했는데 왜 도로 내놓으라고 하느냐? 안 돼. 안내줘!" 그러면 내가 주님께로 도로 받아낼 수도 없고 주님이 맡아 줄 수도 없고 낭패를 당하는 것입니다. 그러나 주님께 맡겨 놓으면 반드시 응답이 오는 것입니다. 물에 빠진 사람 죽을힘을 다하고 몸부림을 치면 살지 싶어도 안 됩니다. 발버둥을 치면 칠수록 더 빠집니다. 죽으면 죽으리라고 물에 맡기면 뜹니다.

우리 예수 믿는 사람은 믿음으로 세상을 이기고 나가는 것입니다. 안 믿는 사람들은 인간의 힘으로 고통을 당할지라도 우리는 믿음으로 마음에 평안을 가지고 넉넉히 이기고 나갈 수가 있는 것입니다. 우리는 악한 꾀를 이기고 죄악의 유혹을 이기고 탐욕과 교만을 이기고 축복을 누릴 수가 있는 것입니다.

여섯째, 하나님을 사랑하며 천국을 믿고 산다. 거듭난 사람은 하나님을 사랑하고 섬기며 살아서 천국을 마음에 굳게 믿고 사는 것입니다. 하나님께서 우리에게 규례와 명령을 주시는 것 왜 우리에게 주십니까? 내 행복을 위해서 내게 명하는 것 이 아니냐는 것입니다. 하나님 보시기에 이것이 제일 내가 행복의 길로 갈 수 있다고 생각하기 때문에 하나님이 우리에게 율법과 규례를 지키라고 주신 것입니다. 하나님은 고통을 주려고 여러 가지 의식과 규례를 주는 것이 아닙니다. 신앙적인 여러 가지 율례와 고통을 주는 것은 잘되라고 결과적으로 축복이 오게 하기 위해서 그렇게 하시는 것입니다. 근본적으로 하나님은 좋은 하나님이라는 것을 잊어서는 안 되는 것입니다. 하나님은 절대 좋은 하나님이시기 때문에 어려운 일을 시켜도 결국은 좋게 만들기 위해서 하는 것이라는 것을 알아야 합니다. 마귀는 절대로 나쁜 마귀입니다. 마귀를 따라가서 처음에 보기에는 달콤하고 좋은 것 같아도 결과에 가서는 절대로 나쁘게 만드는 것입니다. 우리 하나님이 좋은 하나님이시므로 하나님과 같이 있으면 좋은 일이 일어나는 것입니다. 인간의 힘으로 안 되는 것도 하나님과 같이 하면 좋게 되는 것입니다. 우리 예수 믿는 사람들은 이미 긍정적이고 적극적이 될 수 있는 것은 여호와는 나의 목자시니 내게 부족함이 없다. 내 목자로써 좋은 하나님이 같이 계시기 때문에 부족함이 없어요. 하나님이 같이 계셔서 언제나 채워 주시는 것입니다. 그러므로 마음에 평화를 누릴 수가 있는 것입니다. "그런즉 너희는 먼저 그의 나라와 그의 의를 구하라 그리하면 이 모든 것을 너희에게 더하시리라"(마 6:33)고 하신 하나님이 우리와 같이 계셔서 죽음의 저 건너편까지 돌보고 계시는 것입니다. "너희는 마음에 근심하지 말라 하나님을 믿으니 또 나를 믿으라 내 아버지 집에 거할 곳이 많도다 그렇지 않으면 너희에게 일렀으리라 내가 너희를 위하여 거처를 예비하러 가노니 가서 너희를 위하여 거처를 예비하면 내가 다시 와서 너희를 내게로 영접하여 나 있는 곳에 너희도 있게 하리라"(요 14:1~3). 영원한 천국까지 주님께서 다 예비해 놓았다는 것입니다. 그러니 이 땅에 우리를 위해서 예비 안한 것이 없습니다. 그가 십자가에서 마지막에 외친 내가 다 이루었다. 그 말은 진실한 말인 것입니다. 이 세상에 당하는 모든 일을 주님께서 다 이루어 놓으신 것입니다.

예수님께서 다 이루었다는 것은 믿는 자의 구원입니다. "구원이라고 하는 것이 무엇인지 가장 쉽게 정의를 하자면 그것은 사람의 아들을 하나님의 아들로 만드는 것입니다" 전능하신 창조주 하나님께서 나의 비천한 운명을 존귀한 하나님의 자녀로 바꾸어 주십니다. 그렇기 때문에 아담을 말씀과 성령으로 바꾸시는 것입니다. 예수님을 믿었어도 바뀌지 않으면 성령하나님의 축복 안에서 지금 살아서 천국을 누리며 살아갈 수가 없는 것입니다.

9장 아담을 하나님의 나라로 바꾸시는 예수님

(롬 9:10~13)"그뿐 아니라 또한 리브가가 우리 조상 이삭 한 사람으로 말미암아 임신하였는데 그 자식들이 아직 나지도 아니하고 무슨 선이나 악을 행하지 아니한 때에 택하심을 따라 되는 하나님의 뜻이 행위로 말미암지 않고 오직 부르시는 이로 말미암아 서게 하려 하사 리브가에게 이르시되 큰 자가 어린 자를 섬기리라 하셨나니 기록된 바 내가 야곱은 사랑하고 에서는 미워하였다 하심과 같으니라"

하나님은 보이지 않는 하나님을 보이는 것과 같이 관심을 가지고 주인으로 믿고 따르며 순종하는 사람을 사랑하십니다. 하나님은 영이시기 때문입니다. 영이신 하나님께 소망을 두고 살아가기를 원하십니다. 하나님께 관심을 집중하고 하나님께서 공급하시는 것으로 만족을 누리면서 살아갈 수 있는 사람을 찾으십니다. 하나님은 보이는 현실을 쫓아가는 사람을 성령으로 훈련하여 보이지 않는 하나님을 믿고 순종하는 사람을 사랑하십니다. 야곱은 육신에 속한 자입니다. 보이는 것을 보고 따라가는 사람입니다.

그러나 야곱은 하나님이 누구인지 알았습니다. 하나님의 축복을 받으면서 살아가기를 소망했습니다. 하나님은 야곱을 선택하신 것입니다. 하나님께서 야곱을 허벅지관절을 부수어서 자기 힘과 지혜로 자기 꾀로 살지 못하고, 하나님의 말씀을 순종하면서 살아가는 이스라엘로 바꾸신 것입니다.

첫째, 야곱은 인간적인 잔꾀로 살았다. 에서는 장자가 하나님 앞에서 누리는 축복을 중하게 여기지 않았습니다. 특별히 아브라함과 이삭과 야곱의 그 후손들은 장자의 혈통이 굉장한 하나님의 약속과 축복을 가지고 왔습니다. 아브라함, 이삭, 야곱에게 주신 하나님의 약속을 이어받는 참으로 놀라운 자리인 것입니다. 그런데 태어날 때 에서가 먼저 태어나고 야곱이 뒤에 태어났는데 장자가 되었으므로 그가 놀라운 은총을 받을 수 있는 자리에 있는데도 불구하고 그는 그것을 무시해 버렸습니다. 하나님의 전통과 하나님이 세운 약속을 별로 귀중하게 생각하지 않았습니다. 현실이 중요했고 장차 받을 꿈을 무시해 버리고 만 것입니다. 현재 잘 먹고 잘 입고 잘 마시면 되었지 장차 복을 받아서 왕성하게 될 것 생각할 것 무엇이냐. 그렇게 생각한 것입니다.

에서는 뛰어난 날쌘 사냥꾼이었으며 장자의 명분을 가볍게 여겼습니다. 그리고 근시안적으로 현 세상의 소유물에서 인생의 의미를 찾고 그 이상의 것을 보지 못했습니다. 에서는 아브라함 이래 이어온 언약 가문의 순수한 혈통과 여호와 신앙을 버리고 우상 숭배하는 여자들을 아내로 맞이하므로 말미암아 부모님의 마음에 걱정을 끼치기도 한 것입니다. 에서가 사냥을 하고 오는데 배가 많이 고팠습니다. 그런데 야곱은 어머니 슬하에서 어머니 부엌에서 일하는데 늘 도와주고 있었기 때문에 팥죽을 끓이고 있었습니다. 그래서 에서가 와서 "야, 그 팥죽 좀 줘." 그러니 야곱은 늘 장자가 못된 것이 한이 서려 있었습니다. "형, 장자의 명분을 내게 팔면 팥죽 한 그릇 주마." 참 너무나 야속한 말이지요. 팥죽 한 그릇에 장자의 명분을 사려고 했습니다. 그래서 에서가 하는 말이 배고파 죽을 지경인데 까짓것 명분 가지고 뭐하느냐. "옛다. 장자 명분 너에게 주었다. 맹세한다. 팥죽 한 그릇 줘." 팥죽 한 그릇 받아먹고 장자의 명분을 팔아 먹어버렸습니다.

그때로부터 시작해서 그는 장자의 명분을 늘 잃어버리고 만 것입니다. 아버지가 세상을 뜨기 전에 장자에게 특별히 축복할 때도 에서가 축복을 받아야 할 터인데 에서가 축복을 받지 못하고 사냥하러 나간 틈에 야곱이 들어가서 장자의 명분의 축복을 다 받았던 것입니다. 에서는 지금 현실에만 집착하고 미래에 대한 꿈과 희망을 저버린 사람은 황무지인 것입니다. 우리 하나님으로부터 받은 찬란한 꿈이 우리에게는 있습니다. 우리의 꿈은 무엇이냐. 바로 갈보리 십자가 예수 그리스도인 것입니다.

하나님께서 아브라함을 네 고향 친척 아버지 집을 떠나 내가 네게 지시할 땅으로 가라고 한 것처럼 하나님께서는 우리를 고향 친척 아버지 집인 세상을 떠나 내가 지시할 땅으로 가라고 하시는데 하나님이 지시한 땅은 바로 예수 그리스도 갈보리 십자가 밑에 있는 것입니다. 우리는 십자가 밑에서 꿈을 얻으면 그 꿈이 현재는 내가 외롭고 괴롭지만 장차 위대한 축복으로 변화되는 것입니다. 십자가 보혈을 통해서 죄에 대한 용서도 거룩함도 치료도 아브라함의 축복도 영생복락도 예비 되어 있는 것입니다. 하나님이 자기를 사랑하는 자를 위해서 예비해 놓은 모든 것이 그리스도 예수 십자가 밑에 있는 것입니다. 그것을 우리가 듣고 꿈꾸고 믿고 나가면 그 은총을 받게 되고 그 은총을 받은 사람은 영원히 축복을 받고 번창하게 되는 것입니다. 우리는 예수님 안에서 꿈이 있는 것을 잊어서는 안 되는 것입니다. 항상 앉으나 서나 예수님 안에서 내가 새사람이 된 것을 생각하고 마음에 부푼 꿈을 갖고 감사해야 되는 것입니다.

야곱은 장자의 축복을 중히 여기고 장자가 되는 꿈을 가슴에 품고 있었습니다. 야곱은 그렇기 때문에 형에게 팥죽 한 그릇이라도 팔아서 강제로 장자의 명분을 빼앗았습니다. 아주 야박한 일을 했지요. 그리고 아버지에게 마지막 상속의 축복도 자기가 형에게 갈 것을 자기가 빼앗은 것입니다. 하나님 앞에서 꿈이 없으면 축복도 잃어버린다는 것을 대표적으로 보여주는 것입니다. 성경에는 꿈이 없는 백성은 망한다고 말한 것입니다.

야곱은 치밀하게 장자의 명분을 얻을 계획을 세우고 꿈을 꾸고 믿었습니다. 그 결과 그는 장자의 명분을 얻고 이스라엘의 축복받은 혈통을 이어받게 된 것입니다. 그리고 야곱은 하나님을 삶의 근원으로 사는 신본주의였었습니다. 야곱은 하나님 축복을 받아야 이 세상에서 잘 살게 된다고 믿고 있었습니다.

그런데 에서는 뭘 하나님 축복 안 받아도 내가 열심히 일하고 노력하고 내 수단과 방법과 노력으로 잘 살 수 있다고 생각한 것입니다. 오늘 우리가 가만히 삶을 돌아보면 우리의 일어서고 앉는 곳에 무엇인지 모르게 하나님이 같이 계셔서 하나님이 축복을 내려 주시면 하는 일마다 평탄하게 잘되게 되는 것입니다. 하나님의 축복을 받지 않고 인간의 수단과 방법으로 일하려고 하다가 일이 자꾸 꼬여 들어가고 안 되면 나중에 고통스럽고 출혈을 하게 되는 것입니다. 하나님께서 같이 하시면 머리가 되고 꼬리 되지 않고 위에 있고 아래 내려가지 않고 남에게 꾸어줄지라도 꾸지 않게 되겠다고 말씀하고 있는 것입니다. 저가 나를 사랑한즉 내가 저를 건지리라. 저가 내 이름을 안즉 내가 저를 높여 주겠다고 말한 것입니다. 저가 내게 간구하리니 내가 응답하리라고 했었습니다.

야곱은 형의 장자의 명분을 빼앗으니까 형이 동생을 죽이려고 했었습니다. 그것을 어머니가 알고 야곱을 친정집으로 빼돌렸었습니다. "야곱아! 너 외가 집에 가 있어라. 형의 분노가 끝나면 내가 너를 부를 테니까 그때는 내게로 오라." 야곱은 엄마의 사랑을 받았었습니다. 왜냐하면 부엌에서 어머니 하는 일을 늘 도와주는 자상스러운 아들이었기 때문에 엄마는 야곱을 사랑하고 아버지는 에서를 사랑했습니다. 에서는 사냥을 해서 사냥한 고기를 아버지께 대접하므로 아버지가 에서를 좋아했던 것입니다. 그래서 어머니가 자기 오라버니에게 야곱을 부탁했는데 야곱이 하란으로 가다가 밤에 해가 지니까 들판에서 돌로 베개하고 잠을 자는데 꿈에 하나님이 나타나신 것입니다(창28:13-16).

에서는 악인의 꾀를 쫓아서 인본주의로 자기 생각으로 살고 야곱은 하나님을 섬기는 마음으로 산 것입니다. 야곱은 신실한 신자는 아니었지만 육신적인 신자였지만, 그러나 하나님을 받들어서 복을 받으려고 결정한 것이 바로 야곱의 신앙태도인 것입니다. 우리도 이 세상에 살면서 처음부터 신령한 사람은 되지 못하였으나, 그러나 하나님을 주인으로 모시면서 변화되기를 바라야 되는 것입니다. 믿었으나 자기 힘으로 살려는 것이 바로 야곱인 것입니다. 야곱은 에서와 달라서 하나님 중심으로 서고 하나님 축복을 받아 살려고 작정을 하고 하나님을 믿었으나, 그러나 인간의 수단과 방법을 동원해서 인간적으로 믿었었습니다.

하나님께 기도해서 "하나님 아버지여 형에게 준 장자의 명분을 내게 주시옵소서" 하면 좋겠는데 팥죽 한 그릇으로 형을 꾀해 가지고서 장자의 명분을 도적질하는 그런 일을 하고 형이 사냥하러 갈 동안에 형에게 주는 축복을 자기가 받기 위해서 아버지 이삭이 눈이 어두우니 형의 옷을 입고 형 대신에 양털을 온 몸에 발라서 형이 털이 부슬부슬 하니까 양털을 몸에 발라가지고서 꾀를 내어서 아버지께 가니까 아버지가 옷을 냄새 맡아 보고 "목소리는 야곱의 목소리인데 냄새는 에서의 냄새구나. 어디 손 한번 내봐라." 손을 만지더니 "이상하다. 목소리는 야곱인데 털이 부들부들 난 것을 보니까 이것은 분명하게 에서구나." 그래서 장자에게 줄 축복을 다 아버지가 주고 만 것입니다.

그러니까 인간의 수단과 방법으로 하나님의 축복을 강제로 빼앗으려고 하는 못된 신앙인이었습니다. 오늘날도 우리가 인간의 수단과 방법으로 하나님의 축복을 빼앗으려고 애를 쓰는 그러한 신앙은 아직 자라지 못한 육신에 속한 신앙인 것입니다. 그래도 그것이 없는 것보다는 낫습니다. 하나님이 계신 것을 알고 어찌하든지 하나님을 주인으로 잘 모셔야 잘 산다는 것을 알고 수단과 방법을 가리지 않고 하나님 축복을 받으려고 애를 쓰는 그 마음을 하나님이 예쁘게 보신 것입니다. 변화는 나중에 가져올 수가 있기 때문인 것입니다.

둘째, 야곱은 하나님을 믿었으나 자기 힘으로 살려고 했다. 사람이 심는 대로 거둔다고 야곱은 자기가 꾀를 내어서 형의 축복을 받고 외 아저씨 집에 도망을 갔는데 외 아저씨 집에 가니까 외 아저씨가 두 딸을 키웠는데 레아와 라헬 두 여형제가 있는데 레아는 언니고 시력이 나빠서 먼데를 잘 못 보았었습니다. 그런데 라헬은 동생인데 굉장히 예쁘고 복스러워요. 야곱이 외사촌 누이동생을 사랑해 가지고서 외삼촌에게 가서 "외삼촌, 라헬을 나에게 주면 내가 7년 동안 공짜로 일을 해드리겠습니다." 왜 삼촌의 생각에 이게 웬 떡이냐. 일손 모자랐는데 이런 장정이 와서 7년 동안 일을 해주겠다니 "오냐. 네가 라헬을 7년 후에 너에게 줄 테니까 7년 동안 일을 해라." 그래서 열심히 일을 하는데 성경에 보니까 7년이 하루 같았다고 말한 것입니다. 사람이 사랑을 하면 시간 가는 줄 모르는 것입니다. 7년을 하루같이 지내서 결혼할 날짜가 오니까 "삼촌, 7년이 되었으니까 라헬을 나에게 주십시오. 라헬의 방에 들어가게 해주십시오." "그래~ 들어가거라. 좋다. 날이 어둡거든 들어가라." 그때는 전등불도 없고 호롱불도 없으니까 캄캄한 밤에 들어가서 밤을 새고 아침에 일어나 보니까 라헬이 아니라 레아였습니다. 야곱이 놀라서 문을 박차고 나와서 "외삼촌, 사람을 속여도 유분수가 있지. 7년 동안 부려먹고 난 다음에 나를 속여서 라헬을 준다고 했는데 라헬을 안주고 왜 레아를 주었습니까?" "이곳의 습관은 언니를 먼저 시집보내는 것이지 동생을 먼저 보내는 것이 아니므로 또 7년 동안 일해라. 그러면 라헬도 너에게 줄 테니까." 팔자에 없는 장가를 두 번 가게 되었습니다. 그러니까 라헬을 위해서 또 7년을 일해서 14년 동안 일을 했었습니다. 자기가 형을 속이니까 또 다른데 가서 삼촌에게 속임을 받지 않습니까? 사람이 무엇으로 심든지 그대로 거둔다고 자기만 꾀가 있는 것이 아니라, 자기 꾀에 빠지는 것입니다.

그리고 난 다음에 그 두 아내를 거느리고, 또 두 아내가 거느리고 온 여종을 아내로 또 맞이해서 야곱은 무려 아내가 네 사람이나 되었습니다. 거기에서 열 두 자식을 낳은 것입니다. 그러니 16년 동안 뼈 빠지게 일을 해도 아무것도 얻은 것이 없습니다. 자식들에게 먹여 주고 입혀주는 것밖에는 아무것도 한 것이 없어서 나중에 고향산천에 돌아가야 되겠는데 빈손 들고 돌아가겠다 말입니다. 그래서 외삼촌에게 가서 외삼촌에게 꾀를 내어서 또 상담을 했습니다. "외삼촌, 나에게 임금을 10번도 더 어겼는데 그러지 말고 나하고 임금협상을 해서 임금을 정해주면 내가 외삼촌 위해서 더 일해 드릴 테니까 어떻게 하겠습니까?" 하니까 외삼촌이 야곱이 일을 할 때 하나님이 복을 주어서 재산이 늘었다는 것을 잘 알고 있었습니다. "그러면 그렇게 하자. 어떻게 할까?" "내가 양무리를 치는데 얼룩덜룩이는 다 제외시켜 버리고 순수한 색깔만 치되 순수한 색깔을 가진 양무리나 짐승 떼가 얼룩덜룩이 새끼를 낳으면 그것을 나의 월급으로 쳐 주십시오." 야곱은 옛날에 고향에 있을 때 아브라함의 이야기를 아브라함에게 늘 들었습니다. 바라봄의 법칙을 사용해서 하나님을 믿어야 된다는 것을 어릴 때 늘 들었기 때문에 이제는 바라봄의 법칙을 사용하기 위해서 외삼촌에게 또 꾀를 부렸었습니다.

"외삼촌, 이제 달리 내 월급을 정할 것이 아니라 내 시키는 대로 얼룩덜룩이는 다 제외시키고 순수한 색깔의 짐승 떼만 내가 칠 테니까 얼룩덜룩 이를 낳으면 내 월급으로 쳐 주십시오." 외삼촌이 생각하니까 얼룩덜룩 이가 아닌 순수한 색깔이 얼룩덜룩 이 새끼를 많이 낳을 턱이 없다 말입니다. 그래서 그는 뛸 듯이 기뻐하면서 "조카야, 너 참 머리 좋다. 네 뜻대로 하겠다. 얼룩덜룩이 낳는 것 다 네가 가져라." 그래서 얼룩덜룩이를 전부 사흘 길로 옮겨 버렸었습니다. 그래서 순수한 색깔만 야곱이 치게 했는데 야곱이 그 양 무리와 짐승 떼를 가지고 좋아해서 외삼촌이 떠나고 난 다음 산위에 올라가서 살구나무, 신풍나무, 버드나무를 베어 와서 얼룩덜룩, 얼룩덜룩 껍질을 벗겨서 병풍을 만들어서 물 구유 앞에 세워 놓고 짐승 떼들이 풀을 뜯고 물을 마실 때 그 얼룩덜룩 이를 보게 하고 자기는 팔장을 끼고 눈을 감고 "새끼 가지면 다 얼룩덜룩이다. 새끼 가지면 다 얼룩덜룩이다." 얼룩덜룩이를 가진다고 생각하고 꿈을 꾸고 환상을 그려보고 주여! 믿습니다. 입술로 늘 말했습니다. "얼룩덜룩이를 낳는다. 얼룩덜룩이를 낳는다." 그런데 그 다음부터 보면 새끼를 낳으면 얼룩덜룩, 새끼를 낳으면 얼룩덜룩인 것입니다. 바라봄의 법칙은 오늘날도 유효한 것입니다.

사람이 무엇으로 심던지 그대로 거두는데 바라봄으로 마음속에 심는 것입니다. 우리들도 마음속에 무엇을 바라보느냐가 생활 속에 큰 영향력을 미치는 것입니다. 언제나 마음속에 축복받고 성공하고 승리하고 건강하고 생명을 얻되 넘치게 얻는 것을 바라보면 그것이 생애 속에 이루어지게 되는 것입니다. 그러나 바라보는 마음이 늘 낙심하고 탄식하고 안 되고 실패하고 패배한 것을 바라보면 그것이 생애 속에 이루어지는 것입니다. 그러므로 "자기가 잘 되는 것을 바라보십시오. 축복받는 것을 바라보십시오. 건강한 것을 바라보십시오. 좋은 것을 바라보십시오. 그것을 마음속에 가슴 쩌릿하게 느끼면서 사십시오." 바라보고 느끼고 감사하고 찬양하면 놀라운 기적이 일어나게 되는 것입니다.

야곱이 바라봄의 법칙을 통해서 얼룩덜룩이 짐승 떼를 얼마나 낳았던지 나중에 한 떼, 두 떼, 세 떼, 바다의 모래 같은 짐승의 수를 가지게 된 것입니다. 외삼촌이 발을 동동 구르면서 "아이구 내 팔자야 이것 웬일이냐." 그러나 약속은 약속이니까 어찌할 도리가 없습니다. 나중에 야곱은 자기 얼룩덜룩이 새끼를 다 거두어가지고서 형 에서에게로 고향으로 돌아오게 된 것입니다. 고향으로 돌아오게 되는데 거기에서 야곱이 하나님의 나라 이스라엘로 변화되는 큰 기적을 체험하게 되는 것입니다.

셋째, 야곱이 하나님의 나라 이스라엘로 변화되다. 형과 생사의 만남을 겪어야 되는 것입니다. 그래서 그는 짐승을 거느리고 자식 데리고서 형 있는 데로 오면서 사람을 미리 보내어서 동생이 20년 동안 외삼촌댁에 있다가 고향으로 돌아오니 형이 나를 받아 주십시오. 형 에서가 분이 나서 자기가 사병으로 기른 4백 명의 군사를 동원시켜서 말을 타고 동생에게로 마중을 나오려고 하는 것입니다. 전령이 뛰어와서 "큰일 났습니다. 형이 4백 명의 군대를 거느리고 오니까 이제 우리는 다 죽었습니다." 야곱이 속이 탑니다. 하나님을 의지하고 여태까지 살았지만 이제는 막다른 골목에 처했었습니다. 그래서 그는 가족들을 다 얍복강을 건너게 했습니다. 그리고 자기는 얍복강을 건너지 않고, 이쪽 편에서 쪼그리고 앉아 있었습니다. 왜 쪼그리고 앉아 있느냐. 자식들을 다 처자를 얍복강 나루터를 건너서 먼저 지나가게 하고 강을 건너는데 시간이 걸리니까 자기는 쪼그리고 있다가 형이 정말 죽일 각오를 하고 처자들을 칼로써 쳐 죽이면 달아나겠다는 것입니다. 처자는 또 장가들면 얻을 수 있으니까. 내가 살아야지. 그게 야곱의 꾀인 것입니다. 야곱은 여태까지 하나님을 믿어도 이용은 했지 진실한 마음으로 믿음이 있던 것이 아니라는 것을 여기 나타낸 것입니다.

죽으면 같이 죽고 살아도 같이 살아야지 자기만 살고 처자들은 형의 칼날 앞에 내놓는 것이 어떤 일이 있을 수 있습니까? 그 애들이 "아빠, 아빠는 왜 같이 강을 건너서 안가?" 그러니까 "나는 여기 할 일이 많다. 너희들 먼저 건너가라" 할 일은 무슨 할 일 도망갈 할 일만 있지. 그래 밤이 왔는데 처자들은 야곱을 떠나서 먼저 강 건너가서 천막을 치고 기다리고 있습니다. 그런데 야곱이 딱 쪼그리고 앉아서 형이 와서 어떻게 하는가. 동향을 살피고 있는데 아 갑자기 키가 큼직한 장정이 한사람 나타나더니 야곱에게 덤벼들었습니다. 너무나 놀래서 그 사람하고 씨름이 붙었는데 밤새도록 씨름을 하는데 그 사람이 뭐라고 말하느냐, 야곱보고 "너 얍복강을 건너가라. 살려면 처자와 같이 살고 죽어도 같이 죽어라." "천만의 말씀, 내가 팥죽 한 그릇으로 형의 장자 명분을 빼앗은 내가 그렇게 쉽게 죽을 것 같으냐. 자식들은 죽으면 또 낳으면 되지 않느냐. 아내가 죽으면 또 장가 들면 되지 않느냐. 내가 살아야지 나는 못 건너간다." "무슨 놈의 가장과 아버지가 이 모양이냐. 건너가라! 건너가라!" "못 간다." "건너가라!" "못 간다." 밤새도록 씨름을 했어요. 야곱이 얼마나 고집이 센지 밤새도록 뒹굴어도 항복하지 않습니다.

그래서 아침이 되어서 해가 뜨려고 하니까 이 사람이 "내가 떠나야 되겠다. 이제 나를 놓아라. 씨름 그만하자." "나를 축복해 주십시오." 야곱이 보니까 보통 사람이 아니라, 하나님 천사입니다. "나를 축복해 주면 내가 놓아 주겠고, 안 그러면 내가 붙잡고 안 놔 주겠다." 가만히 보니까 축복 안 해주고는 밤새도록 잡혔는데 낮에도 또 잡히겠다 말입니다. "네 이름이 뭐냐?" "야곱입니다." 야곱이라는 말은 사기꾼이라는 말인 것입니다. "네 이름이 뭐냐?" "야곱입니다." 이제는 야곱이라 하지 말고 하나님의 나라 이스라엘이라고 하라. 하나님과 씨름해서 이긴 사람이라고 해라." 지금까지 씨름한 것이 누구와 씨름을 했느냐면 이 세상에 육신으로 태어나기 전에 나타난 하나님의 사자 예수 그리스도였던 것입니다. "네가 하나님과 씨름해서 이긴 자라는 이름으로 이스라엘이라고 하라." 우리 예수 믿는 사람들은 하나님 앞에 씨름해서 지면 이기고 이기면 지는 것입니다. 우리가 항복해서 천부여 의지 없어서 손들고 옵니다. 항복하면 진 것 같지만 항복하는 사람이 이긴 사람인 것입니다. 주의 사자가 손을 들어서 허벅지 관절을 쳐버렸습니다. 그러니까 우지끈하고 허벅지 관절이 어그러지니까, 야곱이 쓰러졌습니다. 그 다음 일어나보니까 다시 넘어지고, 다시 일어나려니까 다시 넘어집니다.

이제 도망을 쳐야한단 말입니다, 그런데 자신을 보니까. 이제 허벅지 관절이 어그러졌으니 형이 자기 죽이려고 하는데 도망칠 수가 없으니까, 천사를 붙잡고서 안 놓는 것입니다. 허벅지 관절이 어그러지고 난 다음에 그는 사기꾼 야곱이 하나님과 씨름해서 이긴 하나님의 나라 이스라엘로 변화되게 된 것입니다. 이제 자기 힘으로 인생을 살려고 해도 살지 못하고 별 수 없이 하나님의 뜻대로 살아야 되는 하나님의 나라가 된 것입니다. 허벅지 관절이 어그러지면 자기가 깨어지면 하나님께 의지하게 되는 것입니다. 우리 하나님이 제일 원하시는 것은 하나님께 의지하는 자를 원하는 것입니다. 의지한다는 것은 하나님의 뜻대로 순종한다는 말입니다. 자기가 스스로 하겠다는 것은 하나님이 원치 않습니다. 일은 하나님의 것이지 우리의 것이 아닌 것입니다. 예수를 믿는 하나님의 자녀들의 앞에 일어나는 일은 하나님의 일인 것입니다.

형이 4백 명의 군대를 거느리고 에서가 동생을 죽이려고 오는데 마음에 분이 꽉 들어차서 단 칼에 동생의 목을 치려고 했는데, 야곱이 허벅지 관절이 부러져서 절름발이가 되었습니다. 이제는 이름도 이스라엘로 바꾸고, 하나님께 완전히 맡기고, 형의 군대를 향해서 걸어오는 것입니다. 형이 군대를 거느리고 말을 타고 오는데 야곱은 일전 각오를 하고 준비를 한 것이 아니라, 형을 보고 다리를 질질 끌고 걸어옵니다. 형이 저놈을 단칼을 죽이려고 했는데 칼을 사용할 필요도 없습니다.

야곱은 하나님을 의지합니다. 나는 하나님을 의지합니다. 하나님이 같이 계셔서 눈에 안보이지만 하나님이 야곱과 함께 걸어갔었습니다. 에서의 눈에 보기는 동생 야곱이 절름발이가 되어서 걸어오는데 실제는 예수님께서 야곱과 함께 손을 잡고 걸어가는 것입니다. 형이 가까이 와서 보니까 기가 막힙니다. "이놈아, 형을 속이고 장자의 명분을 빼앗고 아버지에게 장자의 축복을 다 받고 도망을 친 놈이 이 시기에 찾아온다는 것이 고작 절름발이가 되어서 돌아오느냐." 미운 생각이 싹 사라졌습니다. 하나님이 같이 계시기 때문에 하나님이 원수 된 마음을 없애버린 것입니다. 마음에 불쌍한 생각이 생겨서 그냥 말에서 내려서 가지고서 저벅저벅 걸어와서 "야 이놈아, 형을 속이고 난 다음 떠나가서 20년 동안 뭘 했기에 절름발이가 되어서 왔느냐." 그냥 동생의 목을 얼싸안고 엉엉 울었습니다. 이 동생도 울고 눈물로써 하나가 되어서 화해하고 만 것입니다. 하나님이 기적을 베풀어 주신 것입니다. 내가 깨어져야 기적이 일어나요. 야곱이 형이 변화되기를 기다렸다면 형은 변화 안 되었을 것입니다. 야곱이 하나님의 나라 이스라엘로 변화되니까 하나님께서 형 에서를 변화되게 하신 것입니다.

하나님은 아담하고는 상대하시지 않으시고 아담(야곱)을 부르시고 깨뜨려서 하나님의 나라 이스라엘로 바꾸시는 훈련을 하십니다. 훈련하여 야곱(아담)이 완전하게 깨뜨려져서 완전하게 하나님의 말씀에 순종할 때 사용하십니다. 우리들도 예수를 믿었다고 성령의 사람이 아니라는 것을 알아야 합니다. 빨리 성령님에게 온전하게 순종하는 성도로 바뀌어야 합니다.

10장 성령으로 깨달아 자신을 보게 하시는 예수님

(요8:32) "진리를 알지니 진리가 너희를 자유롭게 하리라"

하나님은 사람이 자신을 정확하게 보는 눈이 열려서 자신이 누구인지 깨달아 알기를 소원하십니다. 자신이 누구인지 알아야 하나님을 필요로 하고 말씀에 온전하게 순종할 수가 있기 때문입니다. 소크라테스는 너 자신을 알라고 했습니다. 그런데 자신이 누구인지 온전하게 깨달으려면 반드시 성령으로 세례를 받아야 합니다. 그래야 영적인 눈이 열려서 하나님과 자신과의 관계 자신의 상태를 바르게 깨달을 수가 있는 것입니다. 우리가 성령으로 깨달으면 인간은 하나님의 형상을 따라 지음을 받았기 때문에 그 존귀와 영광이 말로 다할 수 없이 영광스러운 존재입니다. 그러나 마귀의 꾐에 넘어가 죄를 짓고 부패하게 되어서 이제는 가증스럽고 삶 전체가 만신창이가 된 것입니다. 사람들이 왜 죄를 짓느냐. 죄를 짓기 때문에 죄인이라고 생각하는데 그렇지 않습니다. 죄인이기 때문에 죄를 짓습니다. 죄짓기 때문에 죄인이 아닙니다. 죄인이기 때문에 예수를 믿어야 합니다.

사람이 의로운 행동을 하는 것을 보고 아~ 저사람 의인이구나 그렇게 생각하는 것은 잘못된 생각입니다. 의롭기 때문에 의를 행하는 것입니다. 오늘날 사람들이 죄를 짓기 때문에 죄인이 아니라, 모두다 죄인이기 때문에 죄를 짓고 불의하고 추악하게 삽니다. 그러므로 의롭게 사람이 변하기 위해서는 의인이 되어야지 의로운 행동을 아무리 가르쳐도 의인이 되지는 않습니다. 오늘 예수님이 이 세상에 오셔서 십자가에 못 박혀 몸 찢고 피를 흘려 우리를 의인이 되게 하려고 하시는 것입니다. 이를 깨닫게 하시는 분은 성령이십니다. 성령으로 세례를 받아야 깨닫게 되는 것입니다.

첫째, 하나님은 인간을 하나님과 같이 창조하셨다. 창세기 1장 26절로 27절에 보면 "하나님이 이르시되 우리의 형상을 따라 우리의 모양대로 우리가 사람을 만들고 그들로 바다의 물고기와 하늘의 새와 가축과 온 땅과 땅에 기는 모든 것을 다스리게 하자 하시고 하나님이 자기 형상 곧 하나님의 형상대로 사람을 창조하시되 남자와 여자를 창조하시고" 남자와 여자를 하나님의 형상과 모양대로 지으셔서 형상만 닮은 것이 아니라, 다스리게 지배자가 되게 만들어 주신 것입니다. 땅을 정복하고 땅과 공중과 바다 속에 사는 모든 생물을 다스리도록 만들어 주신 것입니다. 그러므로 우리 사람은 참으로 고귀하게 지음을 받았다는 것을 우리가 알 수 있는 것입니다. 하나님의 뜻을 좇아 모든 생물을 다스리고 환경을 정복하고 지배하는 것은 보통일이 아닌 것입니다.

창세기 1장 28절에 "하나님이 그들에게 복을 주시며 하나님이 그들에게 이르시되 생육하고 번성하여 땅에 충만하라, 땅을 정복하라, 바다의 물고기와 하늘의 새와 땅에 움직이는 모든 생물을 다스리라" 우리가 이 땅에 살면서 생육하고 번성하여 땅을 충만케 하는 것도 하나님의 명령입니다. 부부간에 결혼해서 귀찮다고 둘이 달랑 살고 있으면 하나님께서 기뻐하지 아니하시는 것입니다. 자녀들이 많은 것은 하나님 앞에 영광이요 자랑인 것입니다. 하나님께서는 우리가 생육하고 번성하여 땅에 충만하고 그 다음 공중의 새와 땅의 짐승과 물고기를 다스리고 땅을 다 정복해서 사람살기 좋은 땅으로 만드는 것이 하나님의 뜻인 것입니다. 그렇기 위해서는 인간은 초자연적인 5차원과 3차원이 동시에 한 인간 속에 거하여 영적인 세계와 물질적인 세계를 다스리는 것입니다. 차원을 쉽게 설명한다면 땅은 풀은 1차원이고, 짐승은 2차원이고, 사람은 3차원이고, 귀신은 4차원이고, 성령하나님은 초자연적인 5차원입니다. 사람을 다스리는 4차원 이상은 눈에 안 보입니다. 그래서 우리가 하나님께서 3차원인 사람과 4차원인 마귀와 귀신을 지으셨기 때문에 하나님을 초자연적인 5차원이라고 부릅니다. 사람은 하나님의 영으로 지음을 받았기 때문에 초자연적인 5차원에 속하여서 하나님과 교제가 되는 것입니다. 그래서 예수를 믿고 반드시 성령으로 거듭나야 초자연적인 5차원인 하나님과 교통을 할 수가 있는 것입니다.

하나님은 사람과 손을 잡고 하늘과 땅과 세계의 모든 것을 다스리시고 지으시고 변화시키는 것입니다. 그리고 또 사람은 육체적으로 물질에 속하기 때문에 3차원에 속하는 것입니다. 물질이 3차원인 것처럼 사람은 육체가 3차원에 속해서 세상 물질을 다스릴 수 있는 것입니다. 사람은 한손으로는 초자연적인 5차원인 영적인 하나님의 손을 우리가 잡고, 다른 면은 세상 물질을 잡고서 우리는 하나님과 더불어 살고 세상 물질 안에서 삽니다. 하나님을 주인으로 모시고 하나님을 영화롭게 하기도 하고, 하나님의 뜻을 따라 세상을 변화시키고 다스리기도 하는 것입니다. 조화무궁한 존재가 사람인 것입니다. 정말 귀한 존재인 것입니다. 세상 사람들을 그렇게 만드신 하나님을 찬미해야만 할 것입니다.

둘째, 거듭나는 것이 무엇인가. 거듭남은 사람이 죄인이라는 것을 깨닫고 예수를 믿어야 죄가 영원하게 사해진다는 것을 믿고 주 예수님을 믿고 예배드리고 기도하다가 성령으로 세례를 받고 다시 사신 예수님으로 태어나는 것을 말하는 것입니다. 우리가 3차원에 속해서 물질세계에 속한 사람이 영적세계에 속한 사람을 이해하지 못합니다. 영적인 세계에 속한 세계도 우리 인간으로서 알 수가 없습니다. 참으로 놀라운 것은 사람들이 죄를 짓고 영이 죽음으로 말미암아 초자연적인 5차원의 세계를 잃어버렸을 때 신령한 세계에 대해서는 전혀 알지 못합니다. 이스라엘 백성 중에 선생이요, 유명한 바리새교인의 지도자인 니고데모라는 사람이 예수님을 가만히 살펴보았는데 도저히 사람으로서는 생각 할 수 없는 생각을 하시고 말을 하시고 행동을 하시므로 이분은 보통 사람이 아니다. 하늘에서 내려온 사람 아니고는 이런 일을 할 수가 없다. 어디 좀 가서 알아보아야하겠다. 그래서 하룻밤 몰래 사람들이 예수님을 찾아온 것을 알면 손가락질하고 비난할 것을 알기 때문에 숨어서 예수님이 계신 곳을 찾아갔습니다. 그는 예수님이 계신 곳에서 주님 계십니까? 나는 니고데모라는 바리새교인입니다. 예수님께 좀 물어볼 게 있어서 왔습니다. 예수님이 반갑게 맞이하면서 들어와 앉으십시오. 그래서 예수님과 서로 마주쳐 앉게 된 것입니다.

요한복음 3장 1절로 15절 이하의 말씀인 것입니다. "그런데 바리새인 중에 니고데모라 하는 사람이 있으니 유대인의 지도자라 그가 밤에 예수께 와서 이르되 랍비여" 랍비는 선생이라는 말인 것입니다. 선생이여 "우리가 당신은 하나님께로부터 오신 선생인 줄 아나이다. 하나님이 함께 하시지 아니하시면 당신이 행하시는 이 표적을 아무도 할 수 없음이니이다. 예수께서 대답하여 이르시되 진실로 진실로 네게 이르노니 사람이 거듭나지 아니하면 하나님의 나라를 볼 수 없느니라" 당장 대답하시는 것이 인간은 육신으로 태어나서 3차원에 속했는데 3차원의 사람은 그 보다 차원이 높은 초자연적인 5차원의 하늘나라의 일을 알지 못한다는 것입니다. "사람이 거듭나지 아니하면 하나님의 나라를 볼 수 없느니라 니고데모가 이르되 사람이 늙으면 어떻게 날 수 있사옵나이까? 두 번째 모태에 들어갔다가 날 수 있사옵나이까? 예수께서 대답하시되 진실로 진실로 네게 이르노니 사람이 물과 성령으로 거듭나지 아니하면 하나님의 나라에 들어갈 수 없느니라" 니고데모에게는 깜짝 놀랄 일인 것입니다.

사람이 거듭나야지 하늘나라 일을 알 수 있지. 거듭나지 아니하면 육으로 난 것은 육이기 때문에 육으로써는 신령한 일을 할 수 없다고 말했습니다. 그런데 어떻게 사람이 거듭납니까? 예수님 말씀하기를 "사람이 거듭나기 위해서는 물과 성령으로 나야된다." 물이란 우리가 씻는데 사용하지 않습니까? 몸의 때도 씻고 빨래도 하고 이스라엘 사람들이 세례를 받으면 물에 들어가서 세례를 받고 그래서 자기의 죄를 씻는 것을 말합니다. 거듭나기 위해서는 죄를 씻고 하나님께 나가면 하나님이 성령의 능력으로 세례하시니 새로 지어진다는 것입니다. 쉽게 설명하면 예수님을 믿어 옛사람이 죽어 장사되고, 영이신 예수님으로 다시 태어나는 것을 거듭난다고 말하는 것입니다. "성령이 새로 태어나게 하신다. 인간의 힘으로 태어나는 것이 아니라. 성령으로 세례받아 성령으로 태어나게 하신다." 육으로 태어난 것은 아무리 태어나도 육이고 성령으로 태어나야 성령으로 변화된 사람이 되는 것입니다.

도무지 가만히 니고데모가 들으니까 무슨 말인지 알아들을 수가 없습니다. 성령은 또 어떻게 해서 우리를 태어나게 하느냐! 주님께서 "바람이 임의로 불매 네가 그 소리는 들어도 어디서 와서 어디로 가는지 알지 못하나니 성령으로 난 사람도 다 그러하니라" 성령은 바람과 같다. 바람은 없는 것 같으나 실제로 있으며 어디로 와서 어디로 가는지 우리가 알 수는 없으나 그가 움직일 때 바람이 움직이는 소리를 듣고 짐작은 할 수 있어도 바람은 알 수는 없다는 것입니다. 성령이 과연 나와 같이 계시느냐 안 계시느냐 그런 질문이 생기면 숨을 크게 한번 쉬십시오. 후~ 한번 쉬어 보십시다. 하나 둘 셋! 후~ 숨 쉬었지요? 분명이 바람이 폐 속에 들어갔다 나왔는데 바람을 보았어요? 못 보았습니다. 붙잡아 보았어요? 붙잡아 보지 못했습니다. 그러나 바람은 분명히 몸밖에 있다가 몸 안으로 들어왔다가 나가는 것입니다. 성령은 분명히 붙잡을 수 없습니다. 건드릴 수도 없습니다. 그러나 성령은 우리 생각과 믿음을 통해서 우리 속에 모신다고 생각하고 믿으면 생각과 믿음을 쫓아서 우리 속에 들어오시는 것입니다. 생각으로써 성령을 멀리한다고 하면 멀리 나가는 것입니다. 생각과 믿음이 바로 성령이 교제하는 고리인 것입니다. 성령님을 인정하고 환영하고 모셔드립니다. 성령님 반갑습니다. 인정합니다. 성령님 환영합니다. 모셔드립니다. 나와 함께 하여 주시옵소서. 그 말을 통해서 성령과 함께 교제하는 것입니다. 안 보이지만 세상 사람들은 안 보이면 안 보인다고 말하는데 예수 믿고 거듭난 사람은 영이 거듭나서 속에 있는데 살아 있습니다. 영이 이제는 영의 세계와 교제를 하는 것입니다. 어떻게 교제를 하느냐. 생각과 믿음을 통해서 교제하는 것입니다. 성령이 계신다 생각하면 그것이 바로 실제로 성령님과 함께 교제하는 것입니다. '성령님 사랑합니다.' 하면 '성령님이 나도 사랑한다.' 성령님 기뻐하십시오. 성령님이 '나도 기뻐한다.' 성령님 능력으로 역사하옵소서. 내가 능력으로 역사하마. 성령님은 생각과 믿음을 통해서 우리와 같이 교제하는 것입니다. 놀라운 삶을 살 수 있는 것입니다.

예수 믿는 사람들이 성령님과 교제하지 못하고 성령으로 충만하지 못한 것은 성령으로 세례를 맞지 않아 성령이 생각과 믿음을 통하여 우리와 함께 한다는 것을 모르기 때문인 것입니다. 저는 항상 말씀을 전하기 전에 "성령님 함께 가십시다. 성령님 앞서가세요. 저는 성령님을 따라갑니다. 성령님을 인정하고 환영하고 모셔드리고 의지합니다." 제 생각이 그렇게 하면 성령님이 그 생각을 통해서 기쁘게 나와 같이 성전에 와서 말씀 전할 때 같이 계시고 지금도 저와 함께 말씀을 전하고 계신 것입니다.

셋째, 성령과 사람의 생각을 묶어놓는 고리가 생각과 믿음이다.

니고데모에게 이 생각을 통해서 성령이 말씀하고 있다는 것을 가르쳐주고 있는 것입니다. "니고데모가 대답하여 이르되 어찌 그러한 일이 있을 수 있나이까 예수께서 그에게 대답하여 이르시되 너는 이스라엘의 선생으로서 이러한 것들을 알지 못하느냐 진실로 진실로 네게 이르노니 우리는 아는 것을 말하고 본 것을 증언하노라. 그러나 너희가 우리의 증언을 받지 아니하는 도다. 내가 땅의 일을 말하여도 너희가 믿지 아니하거든, 하물며 하늘의 일을 말하면 어떻게 믿겠느냐, 하늘에서 내려온 자 곧 인자 외에는 하늘에 올라간 자가 없느니라. 모세가 광야에서 뱀을 든 것 같이 인자도 들려야 하리니 이는 그를 믿는 자마다 영생을 얻게 하려 하심이니라"(요 3:9~15).

이 말씀은 무슨 말씀이냐면 이스라엘 백성이 모세를 따라 광야를 나올 때 너무 길이 험하고 날이 덥고 고통스러우니까 하나님을 원망하고 모세를 원망하니 하나님이 노하셔서 불뱀을 불러서 이스라엘 백성을 물게 한 것입니다. 불뱀에 물려서 많은 이스라엘 백성들이 독이 올라 죽었습니다. 백성들이 회개하고 모세에게 살려달라고 하니 모세가 하나님께 기도하니 "불뱀을 만들어서 장대 높이 달아라. 보고 믿는 사람은 건짐을 받을 것이고 믿지 않는 사람은 불뱀의 독이 올라 죽을 것이다." 모세가 빨리 불뱀을 만들어서 장대 높이 매달고 그를 믿는다고 말하면 독이 다 사라진다고 말했습니다. 성령이 보고 말하는 사람을 통해서 역사하기 때문인 것입니다. 그런데 웃기는 소리하지 마라. 그런 미신을 누가 믿느냐 하는 사람은 불뱀에 물려서 퉁퉁 부어서 죽었습니다. 그러나 불뱀을 쳐다보고 회개하고 잘못했습니다. 불뱀은 내 몸에서 사라지게 하여 주시옵소서. 그런 사람마다 다 나음을 입었습니다.

이 예를 들어 말씀하시면서 주님께서 "모세가 광야에서 뱀을 든 것같이 사람들은 나를 붙잡아서 온 세상 죄를 덮어씌워서 십자가에 못 박혀 죽일 것이다. 내가 십자가에 못 박혀 온 세상 사람들의 죄를 다 짊어지고 죽을 때 나를 쳐다보고 믿고 입으로 시인하면 거듭나고 구원을 받게 된다. 사람이 마음으로 의에 이르고 입으로 시인하여 구원에 이른다." 입으로 시인하면 말은 굉장한 힘이 되는 것입니다. 에너지 힘입니다. 우리가 말하는 일상 말은 영적인 에너지인 것입니다. 말을 부정적으로 하면 부정적인 에너지가 나타나서 환경을 변화시키고 환경을 악하게 만드는 것입니다.

히브리서 11장 3절에 보면 "믿음으로 모든 세계가 하나님의 말씀으로 지어진 줄을 우리가 아나니 보이는 것은 나타난 것으로 말미암아 된 것이 아니니라" 우리 보이는 이 모든 세계는 보이는 물체가 모여서 된 것이 아닙니다. 안 보이는 하나님의 말씀이 초자연적인 5차원의 영성이 되어서 이렇게 만들어진 것입니다. 하나님이 되라 말씀했기 때문에 그 말씀이 나가서 에너지가 되어서 되게 만들어 주신 것입니다. 만물은 하나님의 말씀으로 지어졌고 말씀은 눈에 보이지 않는 하나님의 에너지가 나타나서 만들어진 것입니다. 그러므로 우리는 하나님의 형상과 모양대로 지었기 때문에 하나님을 대신해서 말을 할 수가 있는 것입니다. 하나님 대신해서 말씀을 선포하면 그 말씀을 따라서 보이는 세계가 형성되어

나오는 것입니다. 그러므로 우리가 생각하는 것은 하나님과 같습니다. 하나님의 생각은 눈에 안 보입니다. 우리의 생각도 눈에 안 보이는 것입니다. 그러나 생각은 생각끼리 교제하는 것입니다. 하나님은 우리의 생각과 교제하시고 우리는 하나님의 생각과 교제하시고 하나님은 우리의 생각을 고리 잡고서 육신세계 만물을 다스리는 것입니다.

골로새서 3장 10절에 "새 사람을 입었으니 이는 자기를 창조하신 이의 형상을 따라 지식에까지 새롭게 하심을 입은 자니라" 새 사람은 지식도 새로워집니다. 왜 지식이 새로워지느냐. 하나님의 말씀과 성령으로 생각이 달라져야 되는 것입니다. 성령으로 세례를 받고 다시 태어나야 되는 것입니다. 세상 사람들은 세상의 생각을 하는 것입니다. 그러나 예수 믿는 사람은 하나님의 생각을 바탕으로 삼는 것입니다. 우리는 십자가에 못 박히신 예수 그리스도의 대속의 생각을 우리 마음의 바탕으로 삼는 것입니다. 예수님은 십자가의 보혈을 통하여 우리의 죄를 다 청산하신 것입니다.

그러므로 우리의 죄가 예수님으로 청산되었다는 생각을 우리는 하는 것입니다. 허물을 다 씻어버렸습니다. 예수님의 피로써 우리는 과거의 허물진 행동을 다 청산하고 거룩하게 되었다고 생각하는 것입니다. 성경에는 저가 채찍에 맞음으로 네가 병 고침을 받았다고 말하는 것입니다. 하나님이 예수님을 통해서 질병을 청산했다고 하나님은 생각하고 계신 것입니다. 우리도 하나님의 생각으로 저가 채찍에 맞음으로 네가 병 고침을 받았다고 생각하는 것입니다. 그 생각을 따라서 역사하는 것입니다. 우리는 생각 속에 하나님께서 저주를 다 청산하고 형통하게 하셨는데 십자가에 못 박혀 예수님이 저주를 다 폐하셨다. 그것을 우리가 생각에 받아 들여서 우리도 저주를 다 청산하고 형통한 사람이 되었다고 생각하는 것입니다. 그 생각을 따라 하나님의 생각이 우리 속에 역사해서 형통하게 만들어주는 것입니다.

우리들의 삶이 저주받고 낭패와 실망을 당하는 것이 아니라, 하나님께서 형통하게 만들어 주신 것, 우리가 형통하다고 생각하므로 형통함이 일어나고 앉는 곳마다 좋은 일이 생겨나는 것을 말하는 것입니다. 주님께서는 우리의 죽음을 대신 짊어지고 십자가에서 죽었습니다. 그리고 우리가 내려갈 음부에 내려가서 음부를 청산하시고 부활 승천하셨으므로 예수님을 따라 우리는 영원히 살게 된 것입니다. 예수님을 구주로 모시고 나는 영생을 얻었다고 생각하고 영생 속에 죽지 않고 산다고 생각하면 그 생각대로 이루어지게 되는 것입니다. 그러므로 근본적으로 생각이 달라져야 됩니다. 우리 옛날 세상에 살던 나는 "못한다. 나는 안 된다. 나는 할 수 없다. 나는 절망이다. 나는 패배자다. 나는 실패했다." 이 파괴적인 생각을 다 벗어버리고, 예수님 안에서 "나는 영혼이 잘되고 범사에 잘되고 강건하고 생명을 얻되 풍성히 얻는다. 나는 의롭고 거룩하고 치료받고 형통하고 축복받고 부활하고 영생천국을 얻는다." 이러한 창조적이고 건설적인 생각을 마음속에 가지고 있으면 그 생각대로 하나님이 우리와 교통해 주시는 것입니다.

긍정적인 생각을 통해서는 하나님이 와서 교통하시고 파괴적인 생각은 마귀가 와서 교제를 하는 것입니다. 마귀는 들어와서 도적질하고 죽이고 멸망시키는 것으로 교제하고 하나님은 오셔서 생명을 얻되 풍성히 얻게 하는 역사로써 교제해 주시는 것입니다.

우리가 거듭나면 생각도 거듭나야 되고 그 다음에는 마음의 꿈도 거듭나야 되는 것입니다. 꿈과 환상이라는 것은 모든 안 믿는 사람들도 가지고 있는 것입니다. 어떤 꿈을 가지고 있느냐. 나쁜 꿈을 가지고 있는 것입니다. 나쁜 환상을 가지고 있는 것입니다. 꿈과 환상은 어디에서 생겨나느냐. 마음의 소원에서 생겨나는 것입니다. 마음의 소원. 이 세상에 소원 없는 사람 없지 않습니까? 좋은 소원, 나쁜 소원, 소원을 가지고 있는 것입니다. 마음속으로 이웃을 보고 저 사람 집안 잘 안되면 좋겠다. 나쁜 꿈을 꾸는 것입니다. 장사가 망하면 좋겠다. 나쁜 꿈을 꾸는 것입니다. 사고가 나서 죽어버리면 좋겠다. 나쁜 꿈을 꾸는 것입니다. 좋은 일이 일어나면 좋겠다. 좋은 꿈을 꾸는 것입니다. 장사가 잘되면 좋겠다. 좋은 꿈을 꾸는 것입니다. 건강하면 좋겠다. 좋은 꿈을 꾸는 것입니다. 마음에 마귀가 들어와서 꿈을 꾸게 하면 부정적인 꿈을 꾸게 하고 성령이 들어와서 꿈을 꾸게 하면 긍정적인 꿈을 꾸게 하는 것입니다. 꿈을 크게 갖고 있으면 그 꿈을 따라 주님이 채우시는 것입니다. 하나님도 말씀하시는 것입니다. 자꾸 적게 준다고 말하지 말고 입을 크게 벌려라. 하나님, 나에게도 좀 크게 주십시오. 그때 하나님이 입에 가득 채워 주시는 것입니다. 빌립보서 2장 13절에 "너희 안에서 행하시는 이는 하나님이시니 자기의 기쁘신 뜻을 위하여 너희에게 소원을 두고 행하게 하시나니" 소원을 먼저 일으켜 주시는 것입니다. 소원을 크게 가져라. 그러면 하나님이 그것을 채워 주신다. 소원이 다른 것이 아닌 꿈인 것입니다. 꿈이라는 것이 무슨 다른 굉장한 것이 있는가 싶어서 기다리는 사람이 있는데 꿈은 바로 소원이 바로 꿈인 것입니다. 마음에 뜨거운 소원이 있으면 눈 뜨고도 그것이 눈앞에 보이는 것입니다.

소원이 없는 사람 없지요. 소원이 없는 사람은 자살할 사람이나 죽는 사람이 소원이 없습니다. 소원이 있어야 사람을 살아갈 수 있는 것입니다. 오늘 다 예수 그리스도로 말미암아 아름다운 소원을 가슴에 안고 하나님의 은혜로 이루는 모두가 되시기를 주님 이름으로 축원합니다.

그 소원이 바로 꿈인 것입니다. 꿈을 마음속에 갖게 되는 것은 거듭난 사람에게는 성령이 오셔서 영적인 하늘나라 꿈을 갖게 해 주시는 것입니다. 안 믿는 사람이 가지는 꿈은 세상 꿈이지만 예수 믿는 사람은 성령의 꿈을 마음속에 갖게 되는 것입니다. 그리고 우리가 초자연적인 5차원의 영성을 가진 영으로 변화되면 믿음이 생겨나는 것입니다. 믿음이란 굉장한 자산인 것입니다. 할 수 없는 것을 할 수 있다고 믿는 것이 믿음인 것입니다. 없는 것을 있는 것같이 부르시는 것이 믿음입니다. 예수님께서도 말씀한 것처럼 산더러 바다에 던지라 하고 그것이 될 줄 믿는 것이 믿음인 것입니다. 자기 권리를 알고 믿고 사용해야 이루어지는 것입니다.

그러나 참 믿음을 정리하기가 힘이 드는데 사람들은 자꾸 믿음이 없다. 믿음이 작다고 마귀가 조잘거리는 것에 귀를 기울이고 마귀의 말에 넘어갈 때가 많습니다. 믿음은 여러분이 어머니 뱃속에서 태어날 때 주셔서 태어난 것입니다. 그러나 타락해서 영이 죽었으므로 믿음이 활동하지 못하므로 사람들은 믿음에 익숙하지 못합니다. 예수 믿고 거듭나면 성령이 마음속에 분량대로 믿음을 주시는 것입니다. 그러므로 예수 믿고 거듭난 사람은 믿음을 가지고 있는 것입니다. 믿겠다고 하면 믿어지는 것입니다. 믿음이 크고 적은 것 걱정할 것 없는 것은 믿음이 겨자씨만한할지라도 이 산들에 명하여 저 바다에 던지라 해도 된다고 하니까 믿음이 적다고 해서 안 되는 것이 아닙니다. 믿음을 사용하면 되는 것입니다.

믿음을 어떻게 사용하느냐. 믿음을 마음속에 없는 것을 있는 것같이 믿으면 믿음을 사용하게 되는 것입니다. 참 믿음은 사용하면 마음속에서 자꾸 자라게 되고 믿음을 체험하게 되면 더 기적을 의지하게 되는 것입니다. 믿음을 잘 믿기 위해서는 근본 바탕을 이렇게 하십시오. 하나님이 나를 뜨겁게 사랑하신다. 사랑하는 사람이 나에게 잘 해줄 줄 믿죠? 사랑하는데 안 해 줄 리가 있겠습니까? 하나님이 우리들을 사랑한다는 것을 믿을 수 있습니다. 왜냐하면 그 아들을 십자가에 못 박혀 죽기까지 사랑해서 주신 아들을 무엇을 안 주시겠습니까? 하나님은 우리들을 사랑하십니다. 그리고 하나님은 무엇이든지 할 수 있습니다. 하늘과 땅의 모든 것을 지으신 하나님은 무엇이든지 할 수 있습니다. 하나님은 우리들이 살아가는데 필요한 것을 못해줄 것이 하나도 없습니다. 그러므로 사람이 예수님을 믿고 하나님께로부터 태어나서 하나님의 자녀가 된다는 것은 진실로 온 우주 가운데 가장 위대한 기적입니다. 거듭남은 예수님을 믿고 하나님께로부터 태어나는 것 이외에 다른 수단으로는 일어날 수 없다는 사실을 알아야 합니다.

3부 약한자를 강한자만들어 축복하시는 예수님

11장 성령세례하시고 충만하게 하시는 하나님

(마 3:11)"나는 너희로 회개하게 하기 위하여 물로 세
례를 베풀거니와 내 뒤에 오시는 이는 나보다 능력이 많으
시니 나는 그의 신을 들기도 감당하지 못하겠노라 그는 성
령과 불로 너희에게 세례를 베푸실 것이요"

내가 약한 그때에 강해진다는 것을 깨닫게 되는 시기는 성령으
로 세례를 받는 때 부터입니다. 성령님께서 모든 것을 알게 하시
고 역사하시고 인도하시기 때문입니다. 하나님은 성령으로 세례
를 받으리라(행1:5). 말씀하십니다. 사도행전 2장 1-4절에 보면
"오순절 날이 이미 이르매 그들이 다 같이 한 곳에 모였더니, 홀
연히 하늘로부터 급하고 강한 바람 같은 소리가 있어 그들이 앉은
온 집에 가득하며, 마치 불의 혀처럼 갈라지는 것들이 그들에게
보여 각 사람 위에 하나씩 임하여 있더니, 그들이 다 성령의 충만
함을 받고 성령이 말하게 하심을 따라 다른 언어들로 말하기를 시
작하니라." 했습니다. 성령으로 세례를 받으니 성령의 충만함을
받고 다른 언어(하늘의 언어)로 말을 했습니다. 성령으로 세례를
받으니 하늘의 사람으로 변하여 하늘언어를 했다는 것입니다.

필자는 20년이 넘도록 성령치유 사역을 했습니다. 성령치유 사
역을 하다가 보니 성령의 세례를 받고 자신 안에서 성령의 불세례

를 받으면 그때부터 성령으로 바뀌고 치유가 이루어지기 시작 했습니다. 저는 성령의 세례를 이렇게 표현하기도 합니다. 성령의 세례는 예수를 영접할 때 내주하신 성령께서 순간 폭발하여 전인격을 사로잡는 것이라고 하기도 합니다. 예수를 믿으면 성령이 내주하십니다. 즉시로 죽었던 영은 살아납니다. 그러나 육체는 성령으로 온전하게 장악당하지 않은 상태입니다. 육체는 구습을 따르는 옛 사람이 그대로 있다는 말입니다. 그러므로 옛 사람에게 역사하던 세상신이 여전히 주인노릇을 하고 있다는 뜻도 됩니다. 하지만 성령으로 세례를 받으면 성령께서 전인격을 사로잡으므로 옛 사람에게 역사하던 세상신이 떠나가기 시작을 하는 것입니다.

그래서 하나님은 성도들이 성령으로 세례를 받아 영적으로 변하기를 소원하십니다. 성령으로 세례를 받아야 전인격이 하나님을 따를 수 있기 때문입니다. 목회자나 성도나 할 것 없이 성령의 불 받기를 사모합니다. 그러나 성령의 세례를 받아야 성령의 불로 세례를 체험할 수가 있습니다. 저의 개인적인 견해로는 성령의 세례가 없이 성령의 불세례를 받을 수가 없습니다. 성령의 불세례가 없이는 성령으로 충만할 수가 없습니다. 성령의 불세례를 받으려면 먼저 성령의 세례를 체험해야 합니다. 성령의 세례를 받으려면 세례를 받을 수 있는 영육의 상태가 되어야 합니다.

성령의 세례를 받으려면 먼저 마음을 열어야 합니다. 성령은 사람의 영 안에서 역사하십니다. 영은 사람의 마음 안에 있습니다. 그래서 마음을 열어야 영 안에 계신 성령이 역사하는 것입니다. 성령이 역사해야 사람이 영적인 상태가 되는 것입니다. 영적인 상태가 되어야 하나님과 교통할 수가 있는 것입니다. 그러므로 우리는 회개의 세례인 물세례로 만족하지 않고 다음은 성령의 세례를 받아야 합니다. 그리고 성령의 불세례를 받아야 합니다.

많은 목회자와 성도들이 '성령체험과 '성령 세례'와 '성령 충만'을 혼용해서 사용하고 있습니다. 이러한 혼동은 바르지 못한 구원관에서 비롯되었다고 생각합니다. 그러므로 이 장에서 성령 체험과 성령 세례와 성령 충만이 무엇인지 분명히 제시하고자 합니다. 이는 필자의 견해이니 오해가 없으시기를 바랍니다.

첫째, 성령체험이란 무엇인가? 성령체험이란 성령하나님을 맛보기로 체험하는 것을 말합니다. 성령님은 보이지 않지만 살아 계신 분이시구나, 성령을 체험하니 몸과 마음에 실제로 느낄 수가 있구나, 하나님은 보이지는 않지만 실제적으로 나의 전인격에 살아서 역사하는 분이시구나 체험적으로 깨달아 아는 것입니다. 성령체험은 성령님에 대하여 맛만 보는 것입니다. 성령 체험했다고 다되었다고 생각하면 체험적인 신앙생활이 되지 못합니다. 성령 체험은 그저 몸으로 성령하나님을 느끼는 정도이기 때문입니다. 그래서 성령체험을 했어도 성령님이 온전하게 영향력을 발휘하지 못하십니다. 성령의 세례와 성령의 불세례, 성령의 충만으로 이어지는 신앙생활이 되어야 성령의 지배를 받는 것입니다. 성령께서 영-혼-육의 질병을 예방하도록 역사하시기 때문입니다.

둘째, '성령 세례'란 무엇인가? 성령세례는 성령의 역사를 몸과 마음으로 느끼고 체험하는 실제적인 역사입니다. 필자는 성령세례는 자신 안에 주인으로 오신 성령께서 폭발하여 자신의 전인격이 장악하기 시작하시므로 몸과 마음으로 느끼고 눈으로 보며 체험하게 하시는 사건이라는 것입니다. 성령세례의 의미에 대해서는 교단마다 또 교회마다 또 개인에 따라서 달라지기 때문에 이것이 성령세례입니다 하고 말씀드리기는 조금 어려운 단어입니다. 일반적으로 성령세례는 두 가지 의미로 쓰인다고 봅니다.

첫째가 성령의 내주하심입니다. 우리가 예수님을 믿게 되면 성령께서 우리 안에 들어오셔서 우리와 함께 동행하시게 되는데 이것을 성령이 내주하심이라고 합니다. 또한 이것은 성령 세례라고 하기도 합니다. 바로 우리가 예수님을 믿고 하나님의 자녀가 됨으로 말미암아 성령과 연합되는 것입니다. 성령으로 거듭난다는 뜻이 바로 우리가 예수님을 믿음으로 하나님의 자녀가 되는 사건을 의미하는 것입니다. 이런 경우 성령세례란 우리의 일생에 딱 한번 있는 단회적인 사건이 되는 것입니다.

두 번째가 우리가 예수님을 믿고 나서 특별한 경험을 하는 경우입니다. 성령의 특별하고 강력한 역사로 말미암아 뼛속까지 회개하는 경험도 하게 됩니다. 방언을 받게 되는 경우도 있고 성령과 친밀한 교제를 하게 되는 경우도 있습니다. 하늘의 권능을 받는 것입니다. 권능 있는 삶을 살아가는 계기가 됩니다. 자신은 없어지고 성령님이 주인 된 삶을 살아가게 됩니다. 이런 경험을 성령세례라고 칭하는 경우도 있습니다. 이런 경우 성령세례란 우리의 일생에 한번 체험할 수 있는 사건이 될 수 있습니다. 성령의 세례를 체험하고 나면 성령에 강하게 사로잡힐 때마다 성령의 역사를 체험하게 된다는 뜻입니다.

바울 사도가 한 번은 에베소 교회를 방문했습니다. 교인들에게 바울이 "너희가 믿을 때에 성령을 받았느냐 가로되 아니라 우리는 성령이 있음도 듣지 못하였노라 그러면 너희가 무슨 세례를 받았느냐 대답하되 요한의 세례로라"(행 19:2-3)고 했습니다. 이때에 "바울이 그들을 안수하매 성령이 그들에게 임하시므로 방언하고 예언도 하니 모두 열 두 사람쯤 되니라"(행 19:6)라고 해서 성령세례가 성령세례 받은 사람을 통하여 전이 된다는 사실과 성령세례의 필요성을 알게 된 것입니다.

하나님은 성령의 세례를 체험하게 하고 단련하여 하나님 마음에 합한 자를 하나님의 일에 사용하십니다. 베드로의 경우를 예로 들어봅니다. 고기를 잡는 어부였던 베드로가 예수님의 부르심으로 그물을 버리고 주님을 따랐습니다. 주님을 따라 다니면서 문둥이를 치유하고, 죽은 자를 살리고, 오병 이어의 기적을 일으키고, 귀신을 쫓아내는 이적과 기적을 보면서 3년 동안 주님을 따랐습니다. 베드로가 이렇게 주님의 능력을 인정하고 주님을 따르면서 3년 동안 훈련을 받았지만 믿었던 주님이 십자가에 죽게 되자 세 번씩이나 주님을 모른다고 부인한 겁쟁이입니다. 왜 그렇습니까? 성령으로 세례를 받지 못해서 그런 것 아니겠습니까? 성령의 세례를 체험하지 못하고 인도받지 못하니 아직 육신적인 믿음의 수준을 넘지 못한 증거입니다.

그러던 베드로가 마가의 다락방에서 120 문도와 함께 기도하다가 성령으로 세례를 받고 완전히 사람이 변했습니다. 육신적인 사람이 초자연적인 5차원의 사람으로 변화되었습니다. 성령이 베드로를 장악한 것입니다. 그러자 성령의 언어를 합니다. 어떻게 변화되었습니까? 초자연적인 성령의 사람이 됩니다. 베드로는 오순절 마가의 다락방에서 완전히 변화되어 성령 충만한 사도로 능력의 삶을 보여 주기 시작하였습니다. 하나님께서 자신을 통하여 일하신다는 믿음이 충만해지니 기도할 때 귀신이 떠나가고, 병자가 고쳐지고, 정신질환이 치유되고, 죽은자가 살아났습니다. 베드로가 전하는 말씀에 감동 받아 하루에 3천명이 예수님 믿고 구원받는 역사가 나타났던 것입니다. 놀라운 일이 아닐 수 없습니다. 우리도 성령의 세례를 받고 성령의 인도 하에 하나님의 훈련을 순종하므로 받으면 우리에게도 베드로와 같은 역사가 나타날 수 있다고 확신합니다. 성령의 세례를 받으시기를 바랍니다. 그리고 성령의 불세례도 받아 성령의 불을 밖으로 품어내시기를 바랍니다.

성령으로 세례를 받음은 하나님의 영으로 사로잡히는 것입니다. 성령의 세례는 성도의 마음을 그리스도에 대한 이해와 사랑과 신뢰로 가득 차게 하며, 성령이 삶의 주관자가 되게 하며, 하나님의 자녀로서 하나님의 부름에 적합하도록 능력을 부여합니다. 거듭나는 것과 성령으로 세례 받은 것과는 다른 별개의 사건입니다. "누구든지 그리스도의 영이 없으면 그리스도의 사람이 아니라." (롬 8:9). 성령의 세례를 받음으로 성령의 지배와 장악, 성령의 이끌림을 받게 됩니다. 그리스도인은 성령에 의해 태어난 사람으로 성령은 그 사람 안에서 중생의 사역을 이루십니다. 그리스도인이란 그 안에 성령이 내주 하는 사람을 지칭하며 성령세례 받은 자를 의미하는 것은 아닙니다. 거듭남으로 구원을 받게 됩니다. 즉 성령으로 거듭나서 하나님의 자녀가 되는 것입니다. 그러나 사람이 성령에 의해 거듭났지만, 성령으로 세례 받지 못한 경우도 있습니다. 그러므로 중생과 성령세례는 동의어가 아니라는 뜻입니다.

그러므로 성령으로 세례를 받으시기를 바랍니다. 성령의 세례를 받음으로 비로소 성령의 인도를 받을 수가 있습니다. 그리하여 성령으로 깊은 영의 기도를 할 수 있게 되는 것입니다. 성령으로 깊은 영의기도를 하므로 성령의 불이 임하고, 마음 속에서 성령의 불이 올라오는 온몸 기도를 할 수 있는 것입니다. 성령의 세례는 성령의 불로 사로잡히는 것이기 때문입니다.

셋째, 성령의 불세례. 성령의 불세례란 자신안의 지성소에 주인으로 계시는 예수님으로부터 성령의 불이 끊임없이 타오르는 것을 말합니다. 예수님을 믿는 사람이라면 누구나 한번쯤은 '성령의 불'에 대한 관심을 가져 봤을 것입니다. '성령의 불'에 대해서 한번도 들은 적도 없고 관심도 갖지 않은 분이라면 이런 책에 관심도 없으실 것입니다. 하나님을 믿는 사람들에게 있어서 성령의 불을 받는다는 것은 신비적인 체험과도 같습니다. 성령의 불세례를 받는다는 것을 다른 말로 표현하면 '성령충만'입니다. 그것은 또한 '성령의 기름부으심'으로 표현되기도 합니다.

요즘에 성령충만이란 말이 하도 많이 남용되어서 "성령충만 합시다"라고 말하면 그저 성령과 더불어 살아가는 정도로 생각합니다. 하지만 성령을 충만이 받게 되면 성령님이 자신의 주인이 되시며 성령님께서 소유하고 있는 권능을 사용할 수 있게 됩니다. 이것은 사도행전 1장 8절의 말씀이기도 합니다. "오직 성령이 너희에게 임하시면 너희가 권능을 받고 예루살렘과 온 유대와 사마리아와 땅끝까지 이르러 내 증인이 되리라 하시니라"(행 1:8)

한 가지 짚고 넘어가야 할 것은, 윗 구절에서 언급된 성령은 성령세례가 아니라 성령의 기름부으심을 말합니다. 그것은 곧 불세례를 말합니다. 자신 안에 주인이신 예수님으로부터 성령의 불세례, 성령의 기름부으심을 받을 때 하늘의 권능을 받게 됩니다.

물론 성령세례를 받을 때에도 역사가 일어납니다. 하지만 성령의 불세례에 성령의 기름부으심에는 더 큰 권능이 있습니다. 예수님께서 제자들에게 이 구절을 말씀하셨을 때는 단순한 성령세례가 아니라 성령 충만(성령의 불세례)이었음을 알아야 합니다. 세례요한은 우리로 하여금 성령세례와 성령의 불세례에 대한 보다 명확한 이해를 돕기 위해 다음과 같은 말을 남겼습니다. "나는 너희로 회개케 하기 위하여 물로 세례를 주거니와 내 뒤에 오시는 이는 나보다 능력이 많으시니 나는 그의 신을 들기도 감당치 못하겠노라 그는 **성령과 불로 너희에게 세례를 주실 것이요**"(마 3:11)

이 구절에 대해서 성경학자들마다 다른 의견을 가지고 있습니다. 하지만 저는 이 구절의 의미를 확실하게 알고 있습니다. 세례요한은 물세례를 베풀었습니다. 고로 물세례는 위임된 사람이 베푸는 것입니다. 하지만 영이신 예수님께서는 성령과 불로 세례를 주십니다. 이미 우리는 성령세례가 무엇인지 알고 있습니다. 이제

남은 것은 성령의 불세례입니다. 이것은 성령의 기름부으심을 말하며 또한 성령의 불세례를 가리키는 것이기도 합니다.

세례요한은 성령과 불에 대한 충분한 이해가 있었던 사람이었습니다. 그는 예수님께서 예수님을 믿어 하나님의 자녀된 성도들을 성령과 불로 세례를 줄 것임을 알았습니다. 성령세례가 물세례보다 더 중요하듯이 불세례는 성령세례보다 더 중요합니다. 성령세례와 불세례는 많은 차이가 있습니다. 물세례와 성령세례가 다르듯이 성령세례와 성령의 불세례는 다른 것입니다. 같은 것이 아니라는 말씀입니다. 성령세례도 중요하지만 성령의 불세례는 더 중요한 것입니다. 성령세례만으로도 하나님의 은혜가 있고 삶의 변화가 있고 영적 능력이 있는 것은 사실입니다. 하지만 성령의 불세례에는 더 큰 은혜와 영광과 능력이 있습니다.

이러한 성령의 불세례는 성령의 불로 표현할 수 있습니다. 성령의 불세례는 성령세례와는 다른 것입니다. 물세례를 이해한다면 성령세례 또한 이해할 것입니다. 물세례는 사람에게 물로 받는 세례이고 성령세례는 예수님으로부터 성령으로 받는 세례입니다. 물세례가 육체적인 것이라면 성령세례는 영적인 것입니다. 하지만 성령의 불세례는 물세례도 아니고 성령세례도 아닙니다. 오히려 그 이상의 것입니다. 성령의 불세례를 받아야 합니다.

성막의 구조상으로 볼 때 번제단은 성막의 뜰에 놓여져 있습니다. 성막의 뜰은 예배를 준비하는 곳이지 예배를 드리는 곳이 아닙니다. 성막의 뜰은 참경배자가 되기 위한 준비 장소이기 때문입니다. 성령세례는 성막의 뜰을 지나 성소에서 행해지는 것입니다.

그러나 성령의 불세례는 성령님의 인도로 성소를 지나 지성소에 계시는 예수님으로부터 행해지는 것입니다. 지성소에서 끊임없이 흘러나오는 것입니다. 물세례와 성령세례 없이 갑자기 성령의 불세례를 받을 수는 없습니다. 장성한 자가 되기 위해선 반드시 어린아이의 시절을 거쳐야 하듯이 성령의 불세례를 받기 위해선 물세례와 성령세례가 먼저 행해져야 합니다. 성령세례를 받은 후에 불세례가 나오는 것입니다.

성령세례가 성소에서 얻어지는 것이라면 성령의 불세례는 마음 안에 예수님이 계시는 지성소에서 얻어지는 것입니다. 자신의 마음 안 지성소에 주인으로 계시는 예수님이 주시는 것입니다. 물세례가 물로 행해지는 것이고 성령세례가 성령으로 행해지는 것이라면 성령의 불세례는 성령의 기름부음으로 행해집니다.

성령세례에도 강력한 능력이 나타납니다. 성령세례를 통해 어떤 이는 방언을 하며 또 어떤 이는 예언도 합니다. 하지만 성령의 불세례를 받은 사람에겐 그 이상의 신령하고 초자연적인 역사가 일어납니다. 어떤 사람은 병을 치유하는 능력을 드러냅니다. 또 다른 사람은 하나님의 음성을 직접 듣기도 합니다. 신유의 은사에도 여러 가지입니다. 어떤 사람은 다리의 길이가 다른 것을 똑 같은 길이로 길어지게 하는 치유만을 가지고 있는가 하면 또 다른 사람은 소경의 눈을 뜨게 해 주는 치유역사를 가지고 있습니다.

성령의 불세례에는 초자연적인 큰 능력이 있습니다. 그래서 사도 바울은 자신의 복음 전함의 근원이 능력과 성령과 큰 확신으로 되었다고 고백을 했던 것입니다. "이는 우리 복음이 말로만 너희에게 이른 것이 아니라 오직 능력과 성령과 큰 확신으로 된 것이니 우리가 너희 가운데서 너희를 위하여 어떠한 사람이 된 것은 너희 아는 바와 같으니라"(살전 1:5). 믿으십시오. 성령의 불세례에는 엄청난 권능과 능력이 있습니다. 그리고 그 성령은 성령세례와 함께 성령의 불세례 성령 충만 함이 있음도 믿으시기 바랍니다. 우리는 자신 안에서 성령의 불이 나오는 자신 안에서 성령의 불세례를 받는 자가 되어야 합니다.

넷째, 성령 충만이란? '성령 세례'는 택한자가 거듭날 때 최초로 한 번 받는 것입니다. 그러나 '성령 충만'은 성령의 불세례를 이미 받은 성도가 그의 남은 일생동안 계속적으로 사모하면서 받아야 할 은혜입니다. 사도행전 2장을 보면 예수님 부활 후 첫 오순절에 제자들이 최초로 성령의 세례를 받는 장면이 나옵니다.

그리고 그 이후에 수많은 반대와 핍박에도 불구하고 담대히 복음을 전하고 기도하다가 성령의 충만을 받는 장면을 발견할 수 있습니다(행 4:23~31). 사도행전을 보면 제자들이 주로 기도와 찬송 중에 성령의 충만을 받는 모습을 발견할 수 있습니다(행 4:23~31). 성령의 불세례를 받는 일이 없었는데도 불구하고 감히 성령 충만하다고 함부로 말하는 사람들을 (타 교회에서) 종종 볼 수 있었습니다. 이것보고 관념적인 신앙생활을 하는 것이라고 할 수가 있습니다. 알기만 하는데 실제 체험이 없다는 것입니다. 단순히 기분이 좋다는 표현을 성령 충만하다는 식으로 농담으로 표현하는 사람도 있었습니다. 성령님은 삼위일체의 제3위가 되시는 하나님이십니다. 하나님의 거룩하신 이름이 들어가는 단어를 진지하고 신중하게 사용해야 합니다.

성령 충만하다는 것은 성령님이 자신을 차고 넘치는 상태입니다. '예수님 그리스도의 영으로 충만해진 상태'를 말하는 것입니다. 그리스도의 거룩하심과 뜨거운 사랑으로 충만해지는 것입니다. 주님의 거룩하신 성품과 사랑과 말씀과 지혜와 능력으로 충만해지는 것을 말합니다. 성령 충만한 사람은 이기적 욕심이 완전히 죽고 성령님께서 인도하시는 이타적 삶으로 인도함을 받게 되어있습니다. 세상이 줄 수도 없고 알 수도 없는 평안과 기쁨이 충만합니다. 세상의 염려와 걱정을 하나님께 내어 맡기고 담대히 자신이 짊어져야 할 '십자가의 사명 (하나님께서 주신 이타적 사명)'을 지고 즐거이 주님을 따르는 삶을 살게 됩니다. 성도라고 한다면 예수님으로부터 성령의 불세례를 받아 성령이 차고 넘치는 성령의 충만함으로 성령의 기름부으심으로 살아야 합니다.

다섯째, 결론입니다. 저는 성도라면 모두가 예수를 영접하고 성령으로 세례를 받아야 한다고 강조합니다. 제가 말하는 성령의 세례는 성령의 내주하심이 아니라, 성령이 전인격을 장악하는 성령 폭발을 말하는 것입니다. 내주하신 성령이 폭발하여 성도의 전인격을 장악해야 육이 치유되어 영의 지배를 받는 영의 사람으로 변하는 것입니다. 성령이 전인격을 장악해야 비로소 육체에 역사하던 세상신이 떠나가기 시작하기 때문입니다. 성령은 초자연적인 권능이 있으시고, 세상신은 권위 면에서 한 단계 하위인 초인적인 존재들이기 때문입니다.

이는 성도에 따라 성령께서 장악하는데 시간이 다르게 걸립니다. 그래서 하나님은 "항상 기뻐하라! 쉬지 말고 기도하라! 범사에 감사하라! 이것이 그리스도 예수 안에서 너희를 향하신 하나님의 뜻이니라"(살전5:16-18). 하시는 것입니다. 전폭적으로 성령의 인도를 받으며 맡기는 성도는 빨리 변화가 되고, 그렇지 못한 성도는 변화되는데 시간이 더 걸릴 것입니다.

성도가 성령으로 빨리 장악이 되면 그 만큼 연단의 기간도 짧아지는 것입니다. 하나님은 성도가 성령으로 전인격이 장악 되어 하나님이 원하시는 수준이 되어야 성도에게 배당된 하나님의 복을 풀어주시는 것입니다. 그러므로 성도는 부단하게 성령으로 세례를 받고 전인격이 성령의 지배를 받으려고 의지적인 노력을 해야 합니다. 자신의 생각이나 의지를 내려놓고 전폭적으로 성령의 인도하심을 따르면 좀 더 빨리 하나님이 원하시는 영적인 수준에 도달할 수가 있는 것입니다.

성령의 세례는 성도에게 와 있는 영육간의 문제를 치유하는데도 지대한 영향을 미치게 됩니다. 성령으로 세례를 받지 않으면 치유가 되지 않습니다. 육체에 역사하는 세상신의 힘이 강하기 때문에 좀처럼 치유가 되지 않습니다. 그러다가 성령으로 세례를 받고 뜨겁게 기도하기 시작을 하면 육체가 성령의 지배를 받게 됨으로 치유가 되기 시작 하는 것입니다.

그러므로 성도가 당하는 영육의 문제를 치유 받으려면 최우선으로 체험해야하는 것이 성령의 세례입니다. 성령의 세례가 없이는 아무리 능력이 강한 사역자라도 치유할 수가 없습니다. 치유는 성령께서 하시기 때문입니다.

하나님은 영이십니다. 영육의 문제는 영이신 하나님이 치유하시는 것입니다. 하나님이 치유하시게 하려면 영적인 상태가 되어야 하는 것입니다. 영적인 상태가 되려니 성령으로 세례를 받고 성령의 깊은 임재에 들어가야 합니다. 그러면 하나님의 치유의 손길이 역사하기 시작을 합니다.

하나님의 음성을 들으려고 해도 성령으로 세례를 받아야 합니다. 상처를 치유 받으려고 해도 성령으로 세례를 받아야 합니다. 귀신을 쫓아내려고 해도 성령으로 세례를 받아야 합니다. 질병을 치유 받으려고 해도 성령으로 세례를 받아야 합니다. 혈통에 흐르는 영-혼-육의 문제를 치유 받으려고 해도 성령으로 세례를 받아야 합니다. 재정의 문제를 해결하려고 해도 성령으로 세례를 받아야 합니다. 성령의 세례가 없이는 아무것도 이루어지지 않습니다. 그러므로 성령의 세례는 모든 성도가 꼭 받아야 합니다.

성령의 세례로 만족하시지 말고 성령의 불세례를 받으시기를 바랍니다. 그래야 초자연적이고 권능 있는 성도가 되는 것입니다. 성령의 불세례=성령충만=성령의 기름부음은 같은 것입니다.

성령으로 세례를 받고 불세례 받으며 성령 충만을 받아 성령의 지배와 장악을 받으며 신앙생활을 하려면 **"성령의 불 받는 법."** **"성령의 불로 충만 받는 비결" "불같은 성령의 기름부으심" "성령의 불세례에 숨은 비밀" "성령의 불 받을 때 느낌 체험"** 책을 읽어보시기를 바랍니다.

12장 믿음의 싸움을 통해 강하게 하시는 예수님

(수 1:6-8)"강하고 담대하라. 너는 내가 그들의 조상에
게 맹세하여 그들에게 주리라 한 땅을 이 백성에게 차지하
게 하리라. 오직 강하고 극히 담대하여 나의 종 모세가 네
게 명령한 그 율법을 다 지켜 행하고 우로나 좌로나 치우
치지 말라. 그리하면 어디로 가든지 형통하리니, 이 율법
책을 네 입에서 떠나지 말게 하며 주야로 그것을 묵상하여
그 안에 기록된 대로 다 지켜 행하라. 그리하면 네 길이 평
탄하게 될 것이며 네가 형통하리라"

하나님은 예수를 믿고 성령으로 거듭나 성령의 인도를 받는 성
도들을 군사가 되도록 예수님께서 직접 훈련하십니다. 믿음의 싸
움을 하면서 단련하시는 것입니다. 세상에서 하나님의 살아계심
을 증명하도록 역사하십니다. 여호수아를 따라서 이스라엘 3백만
백성이 젖과 꿀이 흐르는 가나안 땅으로 쳐들어갈 때의 일인 것입
니다. 이미 그 땅은 이방민족으로 꽉 들어차 있는 땅인데 그 땅에
쉽게 들어가서 빼앗을 수 있다고 생각할 수 없는 지경이었습니다.
그런데 하나님께서는 여호수아를 불러서 격려하는 말씀을 주
셨습니다. 가나안 땅을 이미 하나님께서 너와 네 백성에게 주었
으니 이미 네 땅이 된 것을 네가 들어가서 점령하라는 것입니다.
가나안의 이방 족속들은 하나님이 이미 무력하게 만드셔서 패배
시켜 놓았다는 것입니다. 여호수아에게 하나님이 주신 이겨놓은

전쟁을 싸워 **빼앗고** 소유하라고 하셨습니다. 오직 강하고 담대하여 무서워말고 두려워말고 이겨놓은 싸움을 싸워 **빼앗으라는** 것입니다. 성령의 권위를 사용하여 귀신을 물리치라는 것입니다.

첫째, 십자가를 통해 주신 영적 가나안. 영적 가나안 땅을 100% 마귀에게서 **빼앗아** 놓았습니다. 예수님께서 2천 년 전에 이미 이겨놓은 전쟁을 싸워서 소유하라는 것입니다.

마태복음 11장 12절에 "세례 요한의 때부터 지금까지 천국은 침노를 당하나니 침노하는 자는 **빼앗느니라.**" 세례 요한 때부터 시작해서 지금까지 이미 예수님께서 우리에게 영적 가나안 땅을 점령하도록 해 놓았으니까 침노해 들어가면 **빼앗는다는** 것입니다. 강하고 담대한 마음으로 쳐들어가면 **빼앗는다는** 것입니다.

골로새서 2장 14절로 15절에 보면 "우리를 거스르고 불리하게 하는 법조문으로 쓴 증서를 지우시고 제하여 버리사 십자가에 못 박으시고 통치자들과 권세들을 무력화하여 드러내어 구경거리로 삼으시고 십자가로 그들을 이기셨느니라." 주님께서 십자가를 통해서 우리를 거스리는 율법을 십자가에 다 못박아버렸습니다. 십자가 예수님과 더불어 율법이 다 못 박혀 버리고 그 다음에 우리를 점령하고 다스리던 마귀의 정부와 마귀의 군사들을 무장해제해 버렸다. 우리를 도둑질하고 죽이고 멸망시키던 무기를 해제해 버리고 해방시켜 놓았다. 그러므로 이미 주님께서 십자가로 이겨 놓은 것이기 때문에 그것을 알고 두려워하지 말고 쳐 들어가라. 우리가 병들고 낭패와 실망을 당하고 고통을 당해서 주님께 울면서 기도하면 주님께서 와서 우리 귀에 와서 속삭입니다. "내가 다 이루어 놓았다. 너는 속으로 꼭 그것만 알고 다 이루어 놓았으니까 쳐들어가라." 그렇게 말씀하는 것과 똑같은 것입니다.

그러므로 우리가 오늘 주의 말씀에 귀를 기울이고 강하고 담대하게 들어가면 이스라엘 백성 3백만이 가나안 땅을 쳐들어가서 점령한 것처럼, 영적인 가나안 땅을 쳐들어가서 소유할 수가 있게 되는 것입니다. 우리는 이 세상에 태어나서부터 지금까지 죄와 허물의 노예가 되어 있었습니다.

아담과 하와가 상속해 준 죄, 허물의 종이 되어서 죄가 이끄는 데로 끌려갔고 허무의 올무에 걸려서 발버둥 치며 살았습니다. 그런데 예수님께서 당신이 지은 죄가 없고 당신이 묶인 허물이 없는데도 불구하고 나의 죄, 나의 허물을 하나에서 열까지 남김없이 십자가에서 걸머지고 못 박혀 청산해버린 것입니다. 그러므로 우리는 오직 믿기만 하면 예수님께로부터 용서와 의의 선물을 받게 된다는 것입니다.

로마서 5장 8절로 9절에 "우리가 아직 죄인 되었을 때에 그리스도께서 우리를 위하여 죽으심으로 하나님께서 우리에 대한 자기의 사랑을 확증하셨느니라" 아직 죄인이 되었는데 아직 용서와 의를 받지 못한 지옥의 자식인데 주님이 우리 앞서가서 우리의 죄와 허물을 다 청산해 버렸으니 아직 죄인인 우리가 이미 예수님 안에서 일찌감치 용서를 받고 있다는 것입니다. "그러면 이제 우리가 그의 피로 말미암아 의롭다 하심을 받았으니 더욱 그로 말미암아 진노하심에서 구원을 받을 것이니" 지금 죄를 짓고 불의하고 추악한 인생으로 있는데 주님께서는 2천 년 전에 미리 오셔서 벌써 우리의 죄와 불의와 추악을 청산해 버렸다는 것입니다. 그러니 어림도 없는 일이라고 생각되지 않습니까? 우리가 아직 태어나지도 않았는데 우리 죄를 미리 주님께서 청산해 버린 것입니다.

나중에 주님께서 우리를 부르셔서 이 진리를 깨달아서 믿음으로 의의 선물을 받게 하신 것입니다. 그러므로 누구든지 예수를 믿기만 하면 구원을 얻게 되어 있는 것입니다. 어떠한 사람은 말하기를 그렇게 헐값으로 구원을 받느냐. 헐값이 아닙니다. 예수님께서 우리가 태어나기도 전에 이미 우리의 죄를 청산해버리고 태어나고 난 다음에 예수님의 사랑과 은혜를 통해서 깨닫게 하고 믿고 구원을 얻게 하신 것입니다. 우리가 믿고 구원을 얻지 행위로 구원을 얻는 것이 아닙니다. 그러면 행위도 없이 구원을 받으면 너무 값싼 구원이 아니냐. 공짜로 구원받았으니 마음대로 살자. 그것은 아닌 것입니다. 콩 심은데 콩 나고 팥 심은데 팥 나는 것처럼 구원을 받아서는 구원받은 사람답게 살 수 있는 능력이 나타나게 되는 것입니다. 성령이 임하셔서 믿음으로 구원받은 우리들이 그 열매를 맺게 함으로 말미암아 구원받은 증거가 나타나게 하는 것입니다.

구원은 순수하게 믿음으로 보혈의 은혜로 구원받았지만 행위는 구원받은 사람이 장차 주님 앞에 가서 심판을 받을 때 상을 받을 수 있는 조건이 되는 것입니다. 주님께서는 상급 심판을 하십니다. 오직 믿음으로 구원받은 우리들이 일평생 살면서 하나님의 뜻을 위해서 무슨 일을 했는가 그것을 심판하셔서 상급을 주시게 되어 있는 것입니다. 그러므로 죄와 허물은 주님이 이미 이겨놓은 것을 우리들에게 주신 것입니다. "수고하고 무거운 짐 진 자들아 내게로 오라. 이미 내가 다 이겨 놓았다. 이것을 받아들이겠냐? 안 받아들이겠냐. 믿음으로 받아들이면 네 것이 되고 안 받아들이면 네 것이 되지 않는다." 그러므로 가장 무서운 죄가 안 믿는 죄가 무서운 죄인 것입니다. 다른 죄는 지옥에 안 갑니다. 예수를 믿으면 다 청산되니까. 그러나 안 믿는 죄는 주님이 다 청산해 놓은 것을 안 믿으니까 지옥 가는 가장 무서운 죄가 안 믿는 죄인 것입니다.

우리들보다 훨씬 훌륭하게 산 사람이라도 예수님을 믿지 아니하면 그 죄는 형언할 수 없이 큰 죄인 것입니다. 그러므로 죄와 허물을 이미 이겨놓은 것을 우리가 예수 믿음으로 받아들이는 것입니다. 또 병도 이미 이겨놓은 원수입니다. 싸워서 **빼앗아야** 되는 것입니다. 주님께서 우리의 병을 채찍에 맞으심으로 다 청산한 것입니다. 유대인들이 로마군인들과 함께 예수님을 잡아서 십자가에 못 박히기 전에 묶어놓고 때렸습니다. 그때는 40에 하나 감한 죄 39 차례를 때리는데 엄청나게 무지무지하게 때리는 것입니다. 채찍 끝이 쇠 갈고리를 달아가지고 때리기 때문에 때리면 쇠 갈고리가 몸에 박히고 잡아당기면 가죽이 다 터집니다. 그 채찍에 맞은 예수님의 등허리가 피투성이가 되는데 성경은 말하기를 저가 채찍에 맞음으로 너희 병을 다 짊어지고 갔다. 그 고통으로 너희 병의 대가를 지불했다는 것입니다. 그는 실로 우리의 질고를 지고 우리의 슬픔을 당하셨습니다.

그러므로 우리가 태어나기 전에 벌써 우리 병을 대신 청산하신 것입니다. 그러므로 지금 병을 앓고 있으면 자신은 불법한 병을 앓고 있는 것입니다. 마귀가 불법적으로 병을 들게 한 것입니다. 합법적으로는 이미 청산된 병인 것입니다. 2천 년 전에 이미 다 대가를 지불해버리고 우리들은 병 앓을 이유가 없습니다. 알지 못하는 사이에 마귀가 불법적으로 몸에 병들게 해놓은 것입니다. 베드로전서 2장 24절에 "그가 채찍에 맞음으로 너희는 나음을 얻었나니"라고 말씀하고 있는 것입니다. 믿어야 치유를 받습니다.

"저가 채찍에 맞음으로 너희가 나음을 얻었느니라. 저가 채찍에 맞음으로 너희가 나음을 얻었느니라." 자꾸 믿고 외울 때 이 말씀이 영혼 속에 들어가서 혼과 영과 및 관절과 골수를 쪼개는 능력으로 병을 쫓아내주는 것입니다. 믿음에 굳세게 서면 믿음대로 되는 것입니다. 저주와 가난도 이겨놓은 원수인 것입니다. 저주를 받아 하는 일마다 안 되고 가난하고 헐벗고 굶주리고 있을 때 주님은 말합니다. 내가 다 이루어 놓았다. 주여! 못 믿습니다. 못 믿는 것이 죄입니다. 주님이 우리의 저주를 대신 짊어지시고 가난을 대신 청산해 놓은 것입니다. 이것을 믿고 나가면 주님의 공로로 범사에 잘되게 되어 있는 것입니다.

갈라디아서 3장 13절로 14절 "그리스도께서 우리를 위하여 저주를 받은바 되사 율법의 저주에서 우리를 속량하셨으니 기록된바 나무에 달린 자마다 저주 아래에 있는 자라 하였음이라. 이는 그리스도 예수 안에서 아브라함의 복이 이방인에게 미치게 하고 또 우리로 하여금 믿음으로 말미암아 성령의 약속을 받게 하려 함이라" 예수님이 십자가에 못 박히므로 아브라함의 복을 우리가 받도록 했는데 아브라함에 주님이 뭐라고 말씀하셨습니까? 내가 네게 복주고 복주며 번성케 하고 번성케 하리라고 말한 것입니다. 그 복을 우리들이 상속으로 받게 되었습니다. 우리는 예수님으로 말미암아 아브라함의 복을 받아 번창케 되고 형통케 되어 있습니다. 태어나기도 전에 이미 하나님이 그렇게 우리에게 축복해 놓은 것입니다. 그것을 믿음으로 받아들이면 자신의 것이 되는 것입니다. 믿음으로 받아들이지 아니하면 자신과 관계가 없지요. 그러나 주님이 그렇게 해주신 것을 믿음으로 받아들이고 감사하고 찬송하고 입으로 시인하면 아브라함의 복과 형통이 따라오는 것입니다.

그러므로 잠자리 들어가서 마음으로 "하나님 사랑합니다. 하나님 감사합니다." 하면서 기도하며 잠들기 전에 "나는 아브라함의 복을 받은 사람이다." "나는 매사에 형통한 사람이다." 한 몇 십 번만 외워 보십시오. 마음속에 편안해지고 기쁨이 충만해지는 것입니다. 사실은 하나님이 형통케 만들어 놓았기 때문에 못살게 될 수가 없습니다. 복 받은 사람인 것입니다. 예수님이 가난과 저주를 대신 짊어지고 청산해 버린 것입니다. 눈에는 안 보이고 귀에는 안 들리고 손에는 잡히는 것 없지만 주님이 그렇게 되었다고 하면 그렇게 된 것을 믿어야 되는 것입니다. 가난해지는 것은 주님의 뜻이 아닙니다. 주님이 모든 일에 항상 모든 것이 넉넉하여 모든 착한 일을 넘치게 하려 함이라고 하신 것입니다.

둘째, 다윗과 사울의 차이. 블레셋 대장군인 골리앗의 도전을 받았을 때 사울왕은 인간의 관점에서 골리앗을 평가하고 미리 패배를 맛보았습니다. 육체의 눈, 인간의 관점으로 보니 골리앗은 대장군이요, 감당할 수가 없는 영웅호걸이었습니다. 그러므로 싸우기도 전에 사울과 그 군대들은 가슴속에 자기들이 패배했다고 생각을 하고 패배했다고 꿈꾸고 공포심을 가지고 뒤로 물러갔습니다. 사울이 골리앗 장군의 도전을 받고 벌벌 떨었습니다. 그는 이미 감당할 수 없다는 것을 고백한 것입니다.

사무엘상 17장 8절로 11절에 보면 "그가 서서 이스라엘 군대를 향하여 외쳐 이르되 너희가 어찌하여 나와서 전열을 벌였느냐 나는 블레셋 사람이 아니며 너희는 사울의 신복이 아니냐, 너희는 한 사람을 택하여 내게로 내려보내라. 그가 나와 싸워서 나를 죽이면 우리가 너희의 종이 되겠고, 만일 내가 이겨 그를 죽이면 너희가 우리의 종이 되어 우리를 섬길 것이니라. 그 블레셋 사람이 또 이르되 내가 오늘 이스라엘의 군대를 모욕하였으니 사람을 보내어 나와 더불어 싸우게 하라 한지라 사울과 온 이스라엘이 블레셋 사람의 이 말을 듣고 놀라 크게 두려워하니라"

아예 사울 왕을 사람의 관점에서 보니까 비교가 안 되는 것입니다. 자기들은 비교가 안 된다고 생각하니까 패배자로서 마음이 위축되고 뒤로 물러가고 만 것입니다. 그러나 다윗은 그 처신이 완전히 달랐습니다. 이미 이스라엘 백성은 블레셋 군대와 싸워서 이기게 되어있다는 것을 다윗은 확신했습니다. 왜냐하면 이스라엘 백성은 선민입니다. 아브라함, 이삭, 야곱의 후손들로써 하나님과 언약 맺은 사람들인 것입니다. "너희는 내 백성이라 너는 나와 같이 한다." 언약 받은 증거로써 할례를 받아 언약의 표시를 몸에 가지고 있었습니다. 그러므로 하나님의 사람, 하나님의 백성이었다는 것을 다윗은 알고 있었습니다. 사울과 그 백성들도 이스라엘 백성으로 할례를 받고 하나님의 백성으로 만들어 주었지만 그것을 믿지 않았습니다. 우리들도 예수 그리스도를 믿음으로 말미암아 보통 사람이 아닌 하나님의 사람이 되어 있습니다. 하나님의 나라 사람인 것입니다. 하나님의 사람은 하나님과 함께 있지 떨어져 있지 않습니까? 다윗은 하나님의 사람으로서 이미 골리앗 같은 육의 사람을 정복해 놓았다는 것을 알고 있었습니다.

그러므로 다윗이 만물을 볼 때 하나님의 눈으로 보았습니다. 사람의 눈으로 보지 않고 하나님의 사람으로서 하나님의 눈으로 보니까 아무리 골리앗이 위대한 장군이라도 하나님 앞에서는 아무것도 아닌 것입니다. 더구나 자기가 목동으로서 양무리를 돌볼 때 곰이나 사자가 와서 양의 새끼를 물고 갈 때 그 입에서 빼앗고 곰과 사자들이 덤벼들면 하나님의 이름을 잡고 그 수염을 잡고 주먹으로 쳐서 죽인 경험이 있습니다. 그러므로 하나님의 눈으로 보니까 저 골리앗도 곰과 사자와 그 짐승에 비유할 것밖에 없었던 것입니다. 사무엘상 17장 36절로 37절에 "주의 종이 사자와 곰도 쳤은즉 살아 계시는 하나님의 군대를 모욕한 이 할례 받지 않은 블레셋 사람이리이까, 그가 그 짐승의 하나와 같이 되리이다. 또 다윗이 이르되 하나님께서 나를 사자의 발톱과 곰의 발톱에서 건져내셨은즉, 나를 이 블레셋 사람의 손에서도 건져내시리이다. 사

울이 다윗에게 이르되 가라 하나님께서 너와 함께 계시기를 원하
노라"

사울은 이스라엘 왕으로 대장군이고 이스라엘 군대들이 다 백
전용사들이지만 골리앗 앞에서 벌벌 떱니다. 그런데 여기 다윗은
군인도 아닙니다. 군대 갈 나이도 아닙니다. 초립동 약 17살 정도
되는 소년입니다. 잠망지붕을 입고 양떼를 치는 몽둥이를 그대로
들고 나왔는데 사울이 네가 우리를 대신해서 싸우러 가겠다고 하
니 싸워다오. 말이 안 되는 것입니다. 합리를 가지고 비교를 해보
면 골리앗과 사울이 상대가 됩니까? 골리앗 키가 육척이나 됩니
다. 온몸을 완전히 놋 갑옷으로 무장을 했습니다. 그런데 여기 17
살 먹은 다윗이 양치는 막대기를 들고 아~ 깡충깡충 뛰면서 놀던
이 소년이 골리앗을 대적해서 나가겠다고 하니까 상대가 안 되는
것입니다. 쥐새끼 한 마리로 밖에 취급을 당하고 있습니다. 그러
나 무엇이 다릅니까? 골리앗은 이스라엘을 이미 정복당한 원수
로 보고 단칼에 이스라엘을 쳐 없애겠다고 생각하고 있지만 다윗
은 그 마음속에 "나는 하나님의 사람이다." 생각이 달랐습니다.
"하나님이 나와 같이 계신다. 전쟁은 하나님의 것이다. 장군이
든 아니든 하나님이 같이 계시면 이긴다." 생각이 긍정적이고 적
극적인 생각으로 다윗의 생각에는 골리앗이 곰과 사자같이 보이
고 단칼에 곰과 사자를 벨 수 있다고 생각하고 그는 믿음으로 나
갔고 큰소리 쾅했습니다. 어디에서 싸움을 이겼느냐. 마음의 생
각에서 이미 이긴 것입니다. 인생을 살아갈 때 마음의 생각으로
"나는 영혼이 잘됨같이 범사에 잘되고 강건한 사람이 되도록 하

나님이 만들어 주셨다. 나는 하나님의 자녀이다. 나는 성령으로 세례받고 전인구원을 받은 사람이다. 눈에는 아무것도 안 보이고 귀에는 아무 소리 안 들리고 손에는 잡히는 것 없어도 나는 성령의 권능을 소유한 사람이다. 나는 하나님께서 함께하는 사람이다. 나는 복 받은 사람이다. 나는 축복받은 하나님의 사람이다. 나는 남에게 꾸어줄지라도 꾸지 않는다. 나는 살아계신 하나님의 성전이다." 그렇게 생각하면 생각 속에서 이미 승리자가 되신 것입니다. 사람은 육체적으로도 살고 영적으로도 삽니다. 육체적으로 사는 사람은 3차원의 물질세계에 사는 사람이고 물질적인 세계를 계산해서 삽니다. 그러나 영적으로 사는 사람은 초자연적인 5차원의 영적 사람으로서 하나님의 사람으로 영의 세계, 생각과 꿈과 믿음과 입술의 고백을 가지고 사는 것입니다. 성령으로 거듭난 영적으로 사세요. 눈에는 아무것도 안 보이지만 영적으로 살면 창조적인 능력을 가지게 되는 것입니다. 다윗이 골리앗을 대적해서 나가는 것입니다.

다원은 물맷돌 다섯 개를 호주머니에 집어놓고 물매를 손에 흔들면서 야~ 하면서 뛰어갑니다. 그러니 골리앗이 다윗을 보고 "뭐 저런 놈이 다 있어? 내가 개인 줄 알고 부지깽이 들고 나오느냐? 이 녀석아, 빨리 오너라. 나를 개인 줄 알고 부지깽이 들고 나오냐? 내 한칼에 네 목을 잘라 버리겠다." 다윗은 뭐라고 말했습니까? "너는 칼과 창과 단창으로 내게 나아오거니와 나는 만군의 하나님의 이름 곧 네가 모욕하는 이스라엘 군대의 하나님의 이름으로 네게 나아가노라"(삼상 17:45). "내가 오히려 너의 목을 베어서 공중에 새와 땅의 들짐승의 밥으로 주겠다. 전쟁은 하나님의 것이라. 하나님이 너를 내 손에 붙이리니 두고 봐라!" 압도적으로 정신적으로 5차원의 초자연적인 성령의 권세를 가지고 가서 돌멩이를 덩지니까 돌멩이에 하나님의 진노가 함께하여 골리앗의 이마에 박혀서 앞으로 꺼꾸러지며 벌벌떨다가 죽고 만 것입니다.

크리스천들이여~ 감각적으로 살지 마십시오. 인간경험을 토대로 해서 살지 마십시오. 하나님의 백성으로 하나님 말씀을 통해서 사십시오. 그리고 전인구원을 얻은 하나님의 자녀들이여~ 승리한 자신을 바라보고 사십시오. 믿으십시오. 입술로 승리를 고백하고 사십시오. 그런 사람으로서 이 세상에 승리하고 살아갈 수가 있는 것입니다. 다윗과 사울의 차이는 똑같은 이스라엘 백성이지만 육의 사람과 영의 사람이 다른 것입니다. 다윗은 영의 사람으로 나가서 위대한 승리를 가지고 살았습니다.

셋째, 우리는 그러면 어떻게 해야 되겠습니까? 우리는 십자가에서 예수님이 내가 다 이루었다고 승리를 주신 것을 확실히 알아야 됩니다. 종교적으로 알지 말고 확실히 알아야 됩니다. 너는 어떤 사람이냐. 예수님이 날 위하여 죄와 허물을 청산하고 날 위하여 채찍에 맞으심으로 병을 고치시고 날 위하여 저주를 다 청산하시고 날 위하여 죽었다가 부활하셨습니다. 성경에는 "진리를 알지니 진리가 너희를 자유롭게 하리라"(요 8:32). "그리스도께서 우리를 자유롭게 하려고 자유를 주셨으니 그러므로 굳건하게 서서 다시는 종의 멍에를 메지 말라"(갈 5:1).

진리를 알면 자유와 해방을 얻은 사람인 것입니다. 죄와 허물이 겁나지 않습니다. 병이 두렵지 않습니다. 가난과 저주가 무섭지 않습니다. 죽음이 두렵지 않습니다. 다 이긴 사람인 것입니다. 그러므로 이런 것이 다가오거든 이미 주님께서 십자가에서 다 정복해버린 원수인데 아무 힘이 없다는 것을 알아야 합니다. 이미 패배한 무장해제 당한 적으로 봐야 되는 것입니다. 하나님이 이미 승리를 주신 것을 알고 강하고 담대하십시오. 두려워하지 말고 놀라지 마십시오. 두렵지 않습니다. 죄도 두렵지 않습니다. 병도 두렵지 않습니다. 가난과 저주도 두렵지 않습니다. 죽음조차도 무섭지 않습니다. 그리스도를 통해서 다 이긴 것입니다. 요한일서 5장 4절에 "무릇 하나님께로부터 난 자마다 세상을 이기느니라. 세상을 이기는 승리는 이것이니 우리의 믿음이니라"

이미 이겨놓은 것을 믿음으로 받아들이고 자신의 소유로 삼는 것입니다. 그리고 하나님의 말씀을 담대하게 선포를 하십시오. 몸이 아프고 괴로우면 "저가 채찍에 맞음으로 나음을 얻었다. 너희 고통은 물러가라!" 일을 하다가 일이 잘 안 되면 "내 일을 방해하는 저주의 영은 물러가라! 저주는 예수님이 다 청산하셨다. 나는 예수님이 내 인생을 사는 사람이다. 나는 하나님의 축복을 받으며 살아가는 사람이다. 나는 부요한 사람이다. 죽음이 다가오거든 아직 100살 안 되었으니 죽지 않을 것이다. 죽을 때가 안 되었으니까 미리 다가오지 마라. 예수 이름으로 명하노니 물러가라!" 장난치는 것 같지만 장난치는 것 아닙니다. 내 입의 말로 내가 묶였으며 내 입의 말로 내가 사로잡힌바 된다고 한 것입니다. 죽고 사는 권세가 입술에 있다고 말한 것입니다. 입으로 담대하게 싸우십시오. 그 승리의 말씀을 가지고 마귀를 대적하면 한 길로 왔다가 일곱 길로 도망을 치고 마는 것입니다. 히브리서 10장 35절로 38절에 "그러므로 너희 담대함을 버리지 말라 이것이 큰 상을 얻게 하느니라. 너희에게 인내가 필요함은 너희가 하나님의 뜻을 행한 후에 약속하신 것을 받기 위함이라 잠시 잠깐 후면 오실 이가 오시리니 지체하지 아니하시리라 나의 의인은 믿음으로 말미암아 살리라 또한 뒤로 물러가면 내 마음이 그를 기뻐하지 아니하리라"

사울과 그 군대처럼 물러가서는 안 되는 것입니다. 다윗처럼 담대하게 복음을 선언하고 나가야 되는 것입니다. 하나님께 받은 축복을 입술로 고백하고 시인하고 원수를 대적해서 나가면 승리가 다가오게 되는 것입니다.

충만한교회에서는 매주 월-화-금-토요일 특별 개별집중내적 치유 시간이 있습니다. 대상자는 여기서도 저기서도 치유와 능력을 받지 못한 분/ 지금 천국을 만끽하고 싶은 분/ 불치병, 귀신역사를 빨리 치유 받을 분/ 목, 허리디스크, 허리어깨통증, 근육통, 온몸이 아프고 무거움에서 치유해방 받고 싶은 분/ 자녀나 본인의 우울증, 공황장애, 조울증, 불면증을 빨리 치유 받을 분/ 가슴이 답답하고 기도하기가 힘이 드는 분/ 생업과 목회로 영육의 탈진에 빠져서 고통당하시는 분/ 축복과 영의 통로를 뚫고 싶은 분/ 성령의 불세례를 체험하고 싶은 분/ 최단기간에 성령치유 능력 받고 싶은 분이 참석하시면 기적적인 영육의 치유와 능력을 받습니다.

13장 나약한 자를 강하게 조련하시는 하나님

(왕상 19:4-8) "자기 자신은 광야로 들어가 하룻길쯤 가서 한 로뎀 나무 아래에 앉아서 자기가 죽기를 원하여 이르되 여호와여 넉넉하오니 지금 내 생명을 거두시옵소서 나는 내 조상들보다 낫지 못하니이다 하고, 로뎀 나무 아래에 누워 자더니 천사가 그를 어루만지며 그에게 이르되 일어나서 먹으라 하는지라. 본즉 머리맡에 숯불에 구운 떡과 한 병 물이 있더라 이에 먹고 마시고 다시 누웠더니, 여호와의 천사가 또 다시 와서 어루만지며 이르되 일어나 먹으라 네가 갈 길을 다 가지 못할까 하노라 하는지라. 이에 일어나 먹고 마시고 그 음식물의 힘을 의지하여 사십 주 사십 야를 가서 하나님의 산 호렙에 이르니라"

하나님은 약한자를 불러내어 성령으로 인도하시며 광야훈련을 통하여 강한자가 되게 하십니다. 하나님은 온전하게 순종하여 강한자가 되면 축복하시면서 사용하십니다. 열왕기상 18장은 엘리야의 놀라운 활약으로 여호와 신앙의 화려한 승리를 보여주었습니다. 그런데 본문은 엘리야가 갈멜산에서 영적인 전쟁에서 승리한 신앙의 전사가 깊은 실의에 빠진 모습을 보여 주고 있습니다. 아합왕이 그의 처인 이세벨에게 선지자가 갈멜산에서 행한 일을 설명하였습니다. 바알과 아세라 선지자들이 처형을 당한 일을 말하였고 이에 화가 난 이세벨이 엘리야를 죽이겠다는 것입니다. 이 소식을 들은 엘리야가 긴급히 피신을 하여 도망을 하였고 그곳에서 죽기를 간구하는 나약한 인간의 모습을 보인 것입니다. 이것이 인간의 모습이라는 것입니다. 성경은 엘리야의 두 가지 모습을 보여주고 있습니다. 엘리야의 두 가지 모습은 우리 모두의 모습이기도 합니다. 왜냐하면 우리도 갈멜산의 경험을 할 때도 있고 때로는 로뎀나무의 경험을 할 때도 있기 때문입니다. 어떻게 보면 로뎀나무의 경험을 더 많이 할 수도 있습니다. 오늘 본문을 통하여 우리의 약함을 강하게 하는 비결이 무엇인가를 가르쳐는 내용을 성령으로 깨달아 이리모두 하나님께 축복을 받으면서 살아가기를 원합니다.

첫째, 우리는 근본적으로 나약한 존재임을 깨닫게 하신다(1-4). 이세벨이 엘리야를 내일 이맘때에 죽이겠다는 소식을 들은 엘리야는 유다 남쪽 끝에 있는 최남단 브엘세바로 도망을 하였습니다. 이세벨의 위협을 벗어나려고 한발자국이라도 더 멀리 피하려는 것입니다. 850명이나 되는 거짓 선지자를 죽인 엘리야가 왕후 하나가 죽인다는 소식을 듣고 혼비백산 도망하는 나약한 인간의 모습입니다. 하늘의 불이 내리게 하고 기도하면 3년 6개월을 하늘 문이 닫히게 하는 능력 있는 선지자가 죽음의 위협 앞에 벌벌 떠는 인간의 나약한 모습입니다. 애굽에 내려갔다가 혹시 예쁜 아내 때문에 죽일지도 모른다는 생각으로 아내를 누이라고 속였던 그가 믿음의 조상이 된 아브라함이며, 같이 죽으러 가자고 하면서 주님을 따르며 죽을지라도 절대로 부인하지 않겠다면 베드로가 어린 계집아이 앞에서도 저주하며 3번씩이나 부인하는 베드로의 모습에서 나약한 인간의 모습을 발견하게 됩니다. 작은 병만 걸려도 안색이 달라지고 작은 환경을 만나면 후퇴하고 도망하는 것이 나약한 인간의 모습입니다. 결국은 내 힘과 의지나 능력으로는 아무것도 할 수 없습니다. 크리스천이 내 힘과 의지나 능력으로는 아무것도 할 수 없다는 것을 깨닫는 순간부터 강해지는 것입니다. 왜냐하면 하나님을 의지하기 때문입니다.

그렇기 때문에 자신의 한계를 느끼는 고난이 다가오면 우리에게는 고난과 마귀가 보이지만, 한 단계 더 멀리 바라보면 하나님이 고난을 이용해서 우리에게 유익되게 만들어 주신다는 것을 알아야 되는 것입니다. 로마서 8장 28절에 보면 "우리가 알거니와 하나님을 사랑하는 자 곧 그의 뜻대로 부르심을 입은 자들에게는 모든 것이 합력하여 선을 이루느니라" 모든 것이 합력하여 좋은 일, 어려운 일이라도 합력하여 선을 이룬다. 그러므로 고난은 동등 혹은 그 이상의 축복을 반드시 가져오도록 하나님이 섭리하신다는 것입니다. 고난이 크면 큰 만큼 영광도 다가오고 고난이 적으면 적은 만큼 하나님의 은총도 다가온다는 것입니다. 고난은 하나님을 의지하는 사람에게는 무의미하게 왔다가 지나가지 않는다는 것입니다. 반드시 고난은 동등 혹은 그 이상의 축복을 가져오는 것입니다. 고난이 겉으로 볼 때는 굉장히 손해를 가져오는 것 같지만 하나님을 의지하고 멀리서 바라보면 굉장한 유익으로 변화될 수 있다는 것입니다. 깨닫고 보면 고난을 통과하고 나면 살아가는 동안 재산이 되는 것입니다.

사도바울 선생은 고린도후서 12장 7절로 9절에 "여러 계시를 받은 것이 지극히 크므로 너무 자만하지 않게 하시려고 내 육체에 가시 곧 사탄의 사자를 주셨으니 이는 나를 쳐서 너무 자만하지 않게 하려 하심이라 이것이 내게서 떠나가게 하기 위하여 내가 세 번 주께 간구하였더니” 바울선생이 하나님께로부터 얼마나 계시를 많이 받고, 사람으로서 셋째 하늘까지 올라가서 하나님과 대화한 사람입니다. 사람이니까 교만해지지 아니할 수 없습니다. 내가 그래도 셋째 하늘까지 올라갔다 온 사람인데 무슨 잔소리냐? 교만해질 수 있으니까 하나님께서 사탄의 사자를 보내서 가시 채처럼 몸을 찌르게 했습니다. 바울 선생은 몸에 지병을 가지고 있었습니다. 굉장히 고통스럽고 괴로웠습니다. 그 병이 떠나기 위해서 세 번 기도했으니 바울 같은 위대한 신앙인이 세 번 기도 드렸으니 얼마나 깊은 기도를 했겠습니까? 그러나 하나님께서 말씀하시기를 내가 너무나 내게 은혜를 받았기 때문에 네가 교만하지 아니할 수 없다. 그러므로 이 가시 채를 보내어서 사탄이 너를 괴롭히므로 네가 교만하지 않게 만들기 위해서 그렇게 했다고 대답을 해주셨습니다. “나에게 이르시기를 내 은혜가 네게 족하도다 이는 내 능력이 약한 데서 온전하여짐이라 하신지라 그러므로 도리어 크게 기뻐함으로 나의 여러 약한 것들에 대하여 자랑하리니 이는 그리스도의 능력이 내게 머물게 하려 함이라”

하나님이 고난을 보내어서 나를 약하게 만들므로 더욱 하나님께 의지하고 더욱 하나님께 바라보게 해서 하나님이 사용하는 귀한 그릇을 만들기 위해서 그랬다고 하나님 대답하시므로 고난이 오히려 고맙게 느꼈다고 했습니다. 고난 때문에 내가 더 은혜를 받고 더 큰 능력과 계시가 오는 것이니까 오히려 하나님 더 많은 고난을 주셔도 좋습니다. 내가 하나님의 은혜와 하나님의 축복을 누리기 위해서 받는 고난이라면 상관하지 않습니다. 하나님께 겸비하게 낮아질 수가 있었던 것입니다. 자신에게 어려운 고난이 다가오면 반드시 고난이 자신에게 괴로움만 주는 것이 아니라, 자신에게 길을 가르쳐 주기도 하는 것입니다. 고난에 고통을 당하면 고난을 이기기 위해서 하나님께 지혜를 구하며 기도하게 되는 것입니다. 기도할 때 하나님께서 길을 알려주십니다. 그러므로 고난의 배후에는 하나님이 가지고 계신 신령한 뜻이 있습니다.

우리는 고난이 다가올 때 하나님이 이 고난을 통해서 무슨 말씀을 하시려는 가, 그것에 귀를 기울여야 되는 것입니다. 아무 의미 없는 고난은 없습니다. 반드시 예수 믿는 사람에게는 고난은 의미가 있습니다. 의미 없는 고난이 자신을 괴롭히지 못하게 하는 것입니다. 우리가 고난이 다가오면 제일 먼저 생각해 볼 것은 내가 하나님께 불순종해서 징계를 받은 것이 아닌 가, 그 생각을 하는 것입니다. 부모에게 잘못하면 부모가 꾸짖지 않습니까? 옛날에 우리 어릴 때는 우리 어머니 부지깽이가 징계의 채찍입니다. 들어오라고 해서 부엌 앞에서 부지깽이로 장딴지를 얻어맞은 기억이 나는 것입니다. 하나님의 뜻을 알려고 할 때 이것은 네가 받아야 될 징계라고 하면 회개하고 우리가 변화될 수 있는 것입니다.

히브리서 12장 8절로 11절에 "징계는 다 받는 것이거늘 너희에게 없으면 사생자요 친아들이 아니니라. 또 우리 육신의 아버지가 우리를 징계하여도 공경하거든 하물며 모든 영의 아버지께 더욱 복종하며 살려 하지 않겠느냐"

아버지가 너희들 잘되라고 징계하는데 영의 아버지가 영원히 잘되라고 징계하지 않겠느냐는 것입니다. "그들은 잠시 자기의 뜻대로 우리를 징계하였거니와 오직 하나님은 우리의 유익을 위하여 그의 거룩하심에 참여하게 하시느니라. 무릇 징계가 당시에는 즐거워 보이지 않고 슬퍼 보이나 후에 그로 말미암아 연단 받은 자들은 의와 평강의 열매를 맺느니라" 하나님께서는 훗날에 의롭게 되고 더 평강한 열매를 맺을 수 있는 사람이 되고 인격적으로 존경을 받는 사람이 되기 위해서 채찍을 들어 때리고 몽둥이로 종아리를 때린다는 것입니다. 징계는 우리가 그를 통해서 회개하고 변화받기 위해서 주는 징계라는 것입니다.

둘째, 나약한 존재가 하나님의 능력으로 강해진다(5-8). "여호와여 넉넉하오니 지금 내 생명을 취하시옵소서, 나는 열조보다 낫지 못하나이다."라고 하면서 죽기를 간구하고 있을 때 하나님이 천사를 보내어 어루 만져주시고 위로하시는 장면입니다. 어루만졌다고 하는 표현은 마치 어린아이 같이 안수하며 위로와 격려를 하였다는 의미입니다. 때로는 지치고 낙망 할 때 하나님이 위로함과 격려가 없다면 우리는 실망과 연약함으로 다시 일어나지 못할 것입니다. 실의에 빠질 때 찾아와 주시고 어루만지시는 주님의 손길을 경험한 사람은 그 따뜻한 손길을 느끼고 사는 것입니다.

지금 실망으로 로뎀나무 아래 누워 있는 실망한 사람은 없습니까? 주님의 위로와 만져주심을 받는 날이 되시기를 바랍니다. 고린도후서 1장 3-4절을 보시고 위로를 받으시기를 바랍니다. "찬송하리로다. 그는 우리 주 예수 그리스도의 하나님이시오, 자비의 아버지시오, 모든 위로의 하나님이시며, 우리의 모든 환난 중에서 우리를 위로하사 우리로 하여금 하나님께 받는 위로로써 모든 환난 중에 있는 자들을 능히 위로하게 하시는 이 시로라." 식음을 전폐하고 고민하는 엘리야에게 "일어나서 먹으라, 하는지라. 본즉 머리맡에 숯불에 구운 떡과 한 병 물이 있더라." "여호와의 천사가 또 다시 와서 어루만지며 이르되 일어나 먹으라 네가 갈 길을 다 가지 못할까 하노라 하는지라(왕상 19:7)" 어루만지고 먹으라고 합니다. 어루만졌다는 것은 안수함으로 쌓인 스트레스를 제거하고 소진한 영력을 회복하는 것입니다. 안수했다는 것입니다. 하나님의 공급하시는 양식을 먹어야 합니다. 하나님이 주시는 양식을 먹지 아니하면 우리는 아무 힘도 능력도 없는 것입니다.

엘리야가 천사에게 안수 받고 먹고 마시고 쉬고, 다시 일어나 안수 받고 먹고 마시고 쉬고, 그 식물의 힘을 의지하여 사십 주 사십 야를 행하여 하나님의 음성을 들을 하나님의 전에 나와야 합니다. 본문은 하나님의 산 호렙에 이르게 되었다는 것입니다. 이 양식을 공급받는 곳이 교회에 와야 합니다. 교회에 나오지 않으면 육신은 편할지 몰라도 영적인 힘은 없는 것입니다.

교회는 참으로 중요한 곳입니다. 모든 것을 교회에서 얻을 수 있기 때문입니다. 예수를 믿고 성령으로 거듭난 크리스천은 마음 안에 하나님이 계십니다. 마음 안에 하나님은 유형교회에 나와서 예배를 드릴 때 기뻐하십니다. 유형교회에 나와서 예배를 드리면서 기도할 때 성령으로 충만하게 역사를 하십니다. 크리스천은 혼자의 힘으로 영성을 유지할 수가 없습니다. 반드시 돕는 자(멘토)가 있어야 합니다. 하나님은 하나님의 사람을 통하여 역사하시기 때문입니다. 그렇기 때문에 교회에 나와서 예배드리면서 담임목사님으로부터 영을 깨우는 말씀을 듣고 안수를 받으며 기도하면서 성령으로 충만할 수가 있는 것입니다.

그래서 우리 크리스천들이 영적으로 변하여 하나님의 자녀가 되는 것은 자신의 노력으로 되는 것이 아니고, 성령하나님의 은혜로 되는 것입니다. 우리 예수 믿는 사람이 하늘나라 위해서 무엇을 이루었다면 자기가 한 것이 아니라 하나님의 은혜가 그렇게 한 것입니다. 그 하나님의 은혜가 머물기 위해서는 그 사람이 비워야 되고 약한 그릇이 되어야 은혜로 채울 수가 있는 것입니다.

그러므로 하나님의 사업을 크게 한 사람은 보고 야~ 저사람 위대한 사람이구나. 그렇게 생각하지 마십시오. 그 사람은 하나님의 은혜를 그만큼 받아서 하나님의 은혜가 그 기적을 행하신 것인데 그 은혜를 받기 위해서는 그만한 고통을 겪었으며, 성령으로 정화하여 빈 그릇이 되었다는 것을 알아야 되는 것입니다. 쉽게 되지 않습니다. 하나님의 나라는 고통을 당해서 빈 그릇이 되어야 역사하는 은혜가 채워지는 것입니다. 고난은 괴로워하지만 우리에게 하나님의 능력이 머물게 해주는 것입니다. 고난이 지속적으로 있어야 지속적으로 하나님을 붙잡고 매달리기 때문인 것입니다.

빌립보서 4장 11절로 13절에 "내가 궁핍하므로 말하는 것이 아니라 어떠한 형편에든지 나는 자족하기를 배웠노니 나는 비천에 처할 줄도 알고 풍부에 처할 줄도 알아 모든 일 곧 배부름과 배고픔과 풍부와 궁핍에도 처할 줄 아는 일체의 비결을 배웠노라 내게 능력 주시는 자 안에서 내가 모든 것을 할 수 있느니라" 하나님의 은혜가 오면 다 극복할 수 있다는 것입니다. 슬픔을 안 당하는 것이 아니라 당합니다. 그래도 슬픔을 극복하고 고난이 안 오는 것이 아니라 옵니다. 그도 극복하고 병이 안 되는 것이 아니라 옵니다. 그것을 극복하고 배고픔이 없는 것이 아니라, 와도 그것을 극복하는 것은 그것을 이길 수 있는 하나님의 은혜가 다가온다는 것입니다. 하나님의 은혜는 교회를 통하여 오는 것입니다.

이스라엘 백성이 광야를 지날 때 광야만 지났으면 다 굶어죽었어요. 광야를 안 지날 수 없지만 광야를 극복할 수 있기 위해서 낮에는 구름기둥, 밤에는 불기둥이 와서 시원하고 따뜻하게 만들어 주었으며 배가 고플 때 만나가 하늘에서 임해서 그를 극복하게 해주셨으며, 고기를 달라고 할 때는 메추라기를 보내주신 것입니다. 하나님의 은혜가 와서 도와준 것입니다. 자기들 힘으로 농사지어서 해결한 것이 아닙니다. 우리에게 광야가 안다가오는 것이 아니라 광야가 다가오는 것입니다. 광야는 성도들을 약하게 만드는 것입니다. 인간의 힘으로 광야를 지나고 시험과 환난을 이길 수 없지만 하나님을 찾으면 은혜가 와서 해결하여 주시는 것입니다. 은혜가 가난을 이기게 해주시고 은혜가 분노를 삭이게 해주시고 은혜가 병을 이기게 해주시고 은혜가 시련을 극복하게 해주시고 은혜가 만사형통하게 만들어 주시는 것입니다. 이것이 예수 안에서 안 믿는 사람과 믿는 사람이 다른 것입니다. 그러므로 "환난이나 곤고나 적진이나 위험이나 기근이냐 죽음이냐 칼이랴 이 모든 일에 우리를 사랑하시는 이로 말미암아 우리가 넉넉히 이기느니라." 우리는 안 당하는 것이 아니라, 당해도 이기는 것이 우리들인 것입니다. 어디에서 이기느냐. 하나님을 찾으므로 하나님의 은혜가 와서 이기게 만들어 주시는 것입니다. 우리가 현재 고난은 장차 우리에게 나타날 영광과 지극히 비교할 수 없다고 말한 것입니다.

로마서 8장 35절로 39절의 말씀 보세요. "내가 확신하노니 사망이나 생명이나 천사들이나 권세자들이나 현재 일이나 장래 일이나 능력이나 높음이나 깊음이나 다른 어떤 피조물이라도 우리를 우리 주 그리스도 예수 안에 있는 하나님의 사랑에서 끊을 수 없으리라" 그렇게 끈끈한 사랑으로 하나님이 우리를 붙잡고 있기 때문에 하나님을 찾으면 은혜를 주시는 것입니다. 성령으로 말미암아 우리에게 믿음, 소망, 사랑, 의, 평강, 희락 이 은혜를 주셔서 은혜가 모든 것을 극복할 수 있는 힘을 우리들에게 허락해 주시는 것입니다. 그 은혜가 우리와 같이 계시므로 우리가 물을 통할 때 주님이 같이 계시고, 강을 건널 때 물에 침몰되지 않게 하시고, 불을 지날 때 타지 않게 하시고, 불꽃이 소멸하지 못하게 만들어 주시는 것입니다.

셋째, 나약한 자를 고쳐 새로운 사명을 깨닫게 하신다(9-15).
선지자인 사명자가 소명을 잃어버리고 힘을 잃은 것은 심각한 문제입니다. 하나님의 일을 맡은 사명자가 어떤 조건에 따라 힘을 잃었다고 하는 문제는 보통 문제가 아닙니다. 교회에 제직 된 사명자가 어떤 이유에라도 힘을 잃어 사명을 잃으면 생명이 있다고 하여도 삶의 가치와 능력은 없는 것입니다. 삼손이 머리가 깎이고 눈이 뽑힌 모습은 비참한 몰골입니다. 나귀 턱뼈 하나로 천명을 물리치던 장군이 묶인 채로 연자 맷돌을 돌리는 모습은 힘을 잃은 성도의 모습은 능력을 잃은 삼손의 모습입니다. 교회는 세상을 향하여 싸우는 전사의 모습입니다. 세상과 싸울 전사가 세상에 질질 끌려 다니고 벌벌 떠는 장군이 있다면 얼마나 불쌍한 성도입니까? 전의를 상실하고 서로 분쟁한다면 사명을 모르는 사람입니다.

몇 년 전에 전방에서 근무를 마치고 돌아와 자는 동료들 12명을 사실한 병사가 있었습니다. 싸워야 할 대상은 내부반의 우리 장병이 아니라 적군인데 자기 전우를 사살한 이유가 무엇입니까? 순간 귀신이 주는 생각을 따라 행동하여 돌이킬 수 없는 과오를 범한 것입니다. 우리는 자신과 싸우고 세상과 싸우고 사단과의 싸움입니다. 우리는 전투의 대상을 분명히 알아야 합니다. 우리끼리 분쟁하고 싸울 대상이 아닙니다. 교회에서 성도끼리 다투고 분쟁하면 다 망하고 마는 것입니다. 정치인들 같은 당끼리 검증한다고 서로 비난하고 서로 물고 뜯고 있는 현실을 보시기 바랍니다. 전의를 상실하고 낙망한 엘리야 그를 찾아 오셔서 엘리아야 네가 어찌하여 여기 있느냐? 범죄하고 숨어있는 아담을 찾아오신 하나님이 아담아 부르시면 서 왜 숨었느냐고 물으셨습니다. 다시 고기 잡이로 돌아와 옛날같이 한 마리도 못 잡은 제자들에게 고기가 있느냐고 질문하십니다. 배 오른 편에 그물을 내리고 하시는 주님의 음성을 들어야 합니다.

엘리야가 대답을 합니다. 내가 열심히 주님의 일을 했는데 바알과 아세라 선지자를 이기고 승리했는데 오히려 선지자들이 다 떠나거나 무릎을 꿇고 나만 남았는데 나를 죽이려고 이세벨이 나를 찾고 있습니다. 그게 될 일입니까? 열심히 주님을 위하여 일을 했으면 달라져야 하는 것 아닙니까? 그때 세미한 주님의 음성을 들려주시고 앞으로 할 일과 사명을 회복시키시는 것입니다. 네 길을 돌이키라 도망하던 길에서 다시 사명지로 가라는 것입니다. 구체적으로 할 일을 제시하시면서 사명을 새롭게 하는 것입니다. 엘리야가 탈진을 극복한 것입니다.

어부로 돌아간 베드로에게 어린양을 먹이라고 하시던 주님 이어질 하나님의 역사 속에 일할 왕을 세우고 후계자 엘리사를 세우고 하나님의 역사를 계승할 사명자를 세우라는 것입니다. 지금은 실망하고 한숨 쉬고 죽여 달라고 간구 할 때가 아니라는 것입니다. 할일 많은 세상에서 자살하려는 사람은 오히려 사치스러운 사람이고 시험 들고 원망하고 불평하는 사람이 있다면 그 사람은 사명을 모르는 사람입니다. 아주 한가하고 사치스러운 사람일 것입니다. 지금은 세상을 살피고 해야 될 사명을 찾아야 합니다.

필자가 읽은 책 중에 이런 글이 있었습니다. "건강한 사람은 박수를 부러워하지 않는다. 건강한 사람은 고난도 두렵지 않다. 사명자는 과거의 실수로 현재를 마비시키지 않으며 오히려 실패의 학교에서 도약을 배우는 사람이다." 당신은 지금 어디 있습니까?

갈멜산에 있습니까? 로뎀나무 아래 있습니까? 비록 좌절과 실망의 로뎀나무아래 있다고 하여도, 그 자리가 주님의 음성을 듣는 은혜의 자리가 되어 다시 일어나 사명의 자리로 돌아가야 할 것입니다. 주님은 약할 때 강하게 하시는 분이십니다.

미국의 존슨 대통령은 사람을 채용할 때 남다른 기준이 있었습니다. 그는 너무 빨리 출세한 사람이나, 실패를 경험하지 않은 사람은 채용하지 않았습니다. 왜냐하면 쉽게 출세한 사람은 독선적이 되기 쉬우며, 실패의 경험이 없는 사람은 남의 아픔을 이해하지 못한다고 생각했기 때문인 것입니다. 하버드대학교의 존 코터 교수도 이와 비슷한 의견을 말했습니다. "20년 전에는 임원 승진 후보자를 선발할 때, '큰 실패와 실수를 한 사람은 좋지 않다'고 평가했는데 오늘날은 '실패해보지 않은 것이 걱정이다'라고 평가합니다. 왜냐하면 실패가 오히려 큰 깨우침을 주기 때문인 것입니다." 실패와 시련, 고난은 바람과 같아서 배를 전복시키기도 하지만 반대로 배를 움직이게 하는 원동력이 되는 것입니다. 인생의 가시는 이와 같아서 가시로 인해 통증을 느끼지만 그것으로 인해 우리의 잠든 영혼이 눈을 뜨기도 합니다. 그러므로 고난은 하나님이 가르쳐주는 학교라고 할 수 있습니다.

시편 119편 71절에는 "고난당한 것이 내게 유익이라" 그렇게 말했었습니다. 바람이 심히 불면 배가 전복될 수도 있지만 바람 따라 더 빨리 달려갈 수도 있는 것입니다. 육체의 가시가 있어서 완전히 고통스럽고 괴롭지만 더 많이 공부하고 더 많이 기도하고 더 많이 하나님께 의지하여 하나님의 은혜를 더 크게 받아 큰 일을 할 수도 있는 것입니다. 그렇기 때문에 반대급부로 우리가 세상에 고난당한다고 낙심하지 말아야 될 것은 하나님이 도우심이 있기 때문인 것입니다. 존슨 대통령 말이 옳습니다. 너무 젊어서 성공한 사람 쓰면 큰 낭패가 납니다. 좀 실패도 많이 하고 설움도 많이 겪고 고통 많이 당한 사람을 고용하면 조심하고 남을 이해하고 동정하고 사랑할 수 있는 것을 알기 때문인 것입니다. 너무 빨리 출세해도 안 되는 것입니다. 충분히 경험을 쌓고 출세하는 것을 우리가 좋은 것으로 알아야 되는 것입니다.

사람이 그릇이 있어야 무엇을 담을 수 있습니다. 고난이 우리를 큰 그릇으로 만들어 주는 것입니다. 고난 받기 전에는 그릇이 조그마합니다. 그러나 이 그릇을 깨뜨려서 늘려야 큰 복을 받을 수 있는 것입니다. 축복받기 전에 고난이 와야 우리 그릇을 크게 만들어 줄 수가 있는 것입니다. 욥기 23장 10절에 "내가 가는 길을 그가 아시나니 그가 나를 단련하신 후에는 내가 순금 같이 되어 나오리라" 단련을 하시고 난 다음에 내가 순금과 같이 되어 나옵니다. 지금은 돌멩이 같지만 단련을 받으면 순금이 되어 나오겠다고 욥은 말한 것입니다. 그래서 고난은 유익입니다.

책을 읽는 독자들이여 약한자라고 낙심할 필요가 없습니다. 성령으로 세례를 받고 성령의 이끌림을 받으면 강한자가 됩니다. 강한자는 누구입니까? 자신의 힘으로는 아무것도 하지 못하니 하나님께 기도하여 하나님으로 충만하게 채우는 성도입니다. 누구든지 자신이 없어지고 보물인 예수님으로 충만하게 채우면 귀한 하나님께서 최고로 아끼는 보물이 되는 것입니다.

14장 풍랑과 풍파를 통해 강하게 하시는 예수님

(고후 4:16-18)"그러므로 우리가 낙심하지 아니하노니 우리의 겉 사람은 낡아지나 우리의 속사람은 날로 새로워지도다. 우리가 잠시 받는 환난의 경한 것이 지극히 크고 영원한 영광의 중한 것을 우리에게 이루게 함이니, 우리가 주목하는 것은 보이는 것이 아니요 보이지 않는 것이니 보이는 것은 잠깐이요 보이지 않는 것은 영원함이라"

하나님은 예수를 믿고 성령으로 세례를 받고 성령의 이끌림을 받는 우리들을 환란과 풍파와 고통을 당하면서 살아가도록 하십니다. 이유는 환란과 풍파를 당하게 되면 기도하지 않을 수가 없기 때문입니다. 성령 안에서 온몸으로 기도할 때 성령하나님으로 충만하게 채워져서 하나님의 말씀에 온전하게 순종하는 성도로 하나님의 축복을 받아도 변하지 않는 성도가 되기 때문입니다.

우리의 삶의 과정에서 당하는 고난은 정말 싫습니다. 정말 고난 받기를 좋아하는 사람 누가 있겠습니까? 몸서리칩니다. 고난 안 받으면 좋겠습니다. 그런데도 불구하고 우리 속사람이 새로워지고 성장하는 데는 꼭 필요한 약이 쓴 고난인 것입니다. 안 자라려면 몰라도 우리가 자라려면 고난이라는 약을 먹어야 성장하는 것입니다. 바울 선생은 고난의 유익에 관하여 이렇게 말씀하셨습니다. 고린도후서 4장 16절로 18절 "그러므로 우리가 낙심하지 아니하노니 우리의 겉 사람은 낡아지나 우리의 속사람은 날로 새로 워지도다. 우리가 잠시 받는 환난의 경한 것이 지극히 크고 영원한 영광의 중한 것을 우리에게 이루게 함이니 우리가 주목하는 것은 보이는 것이 아니요 보이지 않는 것이니 보이는 것은 잠깐이요 보이지 않는 것은 영원함이라"

첫째, 고난이 필요한 이유. 고난과 고통은 왜 우리에게 필요하냐면 하나님을 찾게 만들어 주는 것입니다. 예수님이 제자들과 함께 "저편 언덕으로 가자" 말씀하시고 배를 타고 출발했는데 날씨가 좋고 훈풍이 불고 바다가 잔잔하니까 제자들이 자기들끼리 이야기하는데 심취하여 예수님을 등한히 했습니다. 예수님은 아무 하고도 말할 사람이 없기 때문에 그냥 배 한 머리에 가셔서 손으로 베게하고 주무시기 시작한 것입니다. 그런데 점점 날씨가 사나워지고 바람이 불고 파도가 거세어져서 제자들이 배를 바로잡을 수가 없고 그대로 갔다가는 배가 파선하게 되므로 그때야 그들은 예수님을 찾았습니다. 좋을 때는 자기들끼리 이야기하고 희희낙락한다고 예수님을 찾지 않다가 배가 풍랑에 부딪히니까 비로소 예수님을 찾았습니다. "예수님 어디 계시냐? 예수님 어디 계시냐?" 보니까 예수님은 배 한 머리에 팔을 베게하고 주무시고 계십니다. 다 몰려가서 "주여! 주여! 우리가 죽게 되었나이다. 우리의 죽게 된 것을 돌보지 아니하시나이까?" 예수님을 깨워 흔드니까 그때 예수님이 깨어나서 바람과 바다를 꾸짖으시니 바람이 잠잠하고 바다가 고요하게 된 것입니다. 우리가 평안할 때는 예수님이 곁에 계셔도 대화하지 않습니다. 예수님의 도움이 필요 없다고 생각하는 것입니다. 풍랑을 만나서 자기 힘으로 인생을 도저히 항해해 갈수 없을 때는 예수님이 어디 계신가. 새벽기도를 나오고 철야기도를 하고 기도원에 가서 금식을 하면서 "주여! 주여! 우리가 죽겠되었나이다. 우리의 죽는 것을 그대로 내버려 두나이까?" 간절히 부르짖고 찾게 되는 것입니다. 우리가 고난과 고통 속에서 주님을 찾으면 주님이 잠에서 깨시고 우리를 돌보시는 것입니다.

바울과 함께 로마로 가던 알렉산드리아호의 선원과 승객들이 유라굴라롤 만나자 모두 하나님께 돌아온 사실이 기록되어 있는 것입니다. 바울이 죄수가 되어서 손이 묶이고 착고에 발이 채여서 승객들과 함께 알렉산드리아 호를 타고 로마로 갑니다. 그런데 그들이 가는 도중에 큰 풍랑을 만났습니다. 해와 달과 별이 보이지 않고 파도가 얼마나 거센지 살 희망도 잃어버렸었습니다. 배에 있는 짐을 다 풀어 버리고 배에 기구까지 물에 던져 버리고 바람 부는 대로 물결치는 대로 배를 내버려 놓은 것입니다. 이것이 하루, 이틀이 아닙니다. 한주일이 지나도 풍랑이 끝나지 아니하고 두주일이 지나도 풍랑이 끝날 것 같지 않습니다. 열 나흘째 될 때 비로소 하나님께서 바울선생에게 계시하여 주셨습니다. "바울아 두려워하지 말라 네가 가이사 앞에 서야 하겠고 또 하나님께서 너와 함께 항해하는 자를 다 네게 주셨다 하였으니 그러므로 여러분이여 안심하라 나는 내게 말씀하신 그대로 되리라고 하나님을 믿노라"(행 27:24~25). 그 풍랑 가운데 아무것도 의지할 수가 없습니다. 이제는 죄수 바울이 그 배의 선장보다 낫게 존경을 받습니다. 군인들도 선원들도 승객들도 하나님과 교통하는 바울의 입만 바라봅니다. 바울이 그들에게 하나님을 의지하라고 전도하고 예수님이 여러분을 구원하신다고 말해주었을 것입니다. 그런데 바울이 그들 가운데서 "여러분이여 이제 평안하고 안심하라. 배에는 아무 사고가 없고 여기에 탄 276명을 다 내게 주셨다고 하셨으니 여러분 중에 한 사람도 죽는 사람이 없을 것이다." 그리고 안심을 시킨 것입니다. 그 배에 탄 군인들과 승객들이 풍랑이 일어나지 않을 때는 바울을 완전히 죄수로 여기고 눈여겨보지도 않았습니다만 풍랑을 만나니까 예수님을 믿고 하나님과 동행하는 바울에게 목숨을 걸고 기댄 것입니다.

그리고 그 풍랑에 바울의 전도를 받아서 276명이 고스란히 예수님을 믿게 된 것입니다. 몸은 풍랑으로 고통을 당하고 화물은 다 잊어 버렸지만은 영원한 영원이 풍랑을 통해서 하나님을 찾게 된 것입니다. 풍랑을 안 만났더라면 그 배에 탄 276명이 예수를 믿을 리가 만무한 것입니다. 그러나 풍랑이 그들로 하여금 하나님을 찾게 만들어 주신 것입니다. 고난이 그 당시에는 굉장히 괴롭고 쓸쓸해 보이나 시간이 지나고 하나님을 찾게 되면 고난은 거대한 영광으로 변화되게 되는 것입니다.

시편 34편 17절로 19절에 "의인이 부르짖으매 하나님께서 들으시고 그들의 모든 환난에서 건지셨도다. 하나님은 마음이 상한

자를 가까이 하시고 중심으로 통회하는 자를 구원하시는 도다. 의인은 고난이 많으나 하나님께서 그의 모든 고난에서 건지시는 도다" 한 두 고난에서만 건지는 것이 아니라 모든 고난에서 건진 다고 말한 것입니다. 그러므로 지금 자신에게 크고 작은 고난과 고통이 다가오면 예수 믿는 의인이기 때문에 하나님이 결국에는 건지시는 것입니다. 기도할 때 지혜를 주셔서 고난을 통과하게 합니다. 이 고난을 통해서 자신이 하나님을 등한히 했던 것을 회 개하고 깨닫고 깨어져서 하나님 앞에 나와야 되는 것입니다.

둘째, 고난은 자기를 돌아보게 합니다. 고난과 고통은 자기를 돌아보아 회개와 변화를 가져오는 것입니다. 속사람에 무관심하 던 사람이 고난을 받으면 속사람이 살아나기 시작하는 것입니다. 겉사람 즉, 육신의 삶만 찾아오던 사람이 고난당하면 육신이 아무 힘이 없지 않습니까? 육신의 힘으로 인간의 삶의 문제를 해결하 지 못하고 무력함을 깨닫게 되면 그 다음에는 속사람이 일어나서 하나님을 찾기 시작하는 것입니다. 고난 속에서도 속사람 즉, 영 원의 사람은 하나님을 간절히 찾게 되는 것입니다.

고린도후서 4장 16절에 "그러므로 우리가 낙심하지 아니하노 니 우리의 겉 사람은 낡아지나 우리의 속사람은 날로 새로워지도 다" 겉 사람이 낡아져야 속이 새로워지거든요. 겉 사람이 건강하 고 부귀와 영화와 공명을 다 누릴 때는 속사람이 있는지 없는지 관심도 없습니다. 속이 살든지 죽든지 겉 사람만 잘 먹고 잘 입고 잘살면 된다고 쾌락에 빠져서 사는 것입니다. 육신의 정욕을 따라 살고, 안목의 정욕을 따라서 살고, 이 세상 자랑을 따라 사는 것입니다. 그러나 고난이 다가오면 육신이 쇠하여 지는 것입니다. 병들면 건강이 쇠하여 지는 것처럼 가난하게 되면 먹을 것이 없어 육신이 쇠하여 지는 것처럼, 고난을 당하며 가정생활이 쇠하여 지는 것처럼, 눈에 보고 귀로 듣고 냄새 맡고 맛보고 만지는 내 현실 환경이 어려워지는 것입니다. 육신이 의탁할 곳이 없이 쇠약해지는 것입니다. 그렇게 되면 기도하지 않을 수가 없습니다. 기도하면 속사람이 꿈틀거리고 살아 일어나는 것입니다. 그러므로 어찌할 도리가 없습니다. 이런 이율배반이지만 육신이 강하면 속사람이 약하고, 속사람이 강해지면 육신이 약해지는 것입니다.

그러므로 하나님께서는 바울 선생에게 육신의 가시 곧 사탄의 사자를 주어서 그 육신의 삶을 괴롭힌 것입니다. 바울이 세 번이나 그 육신의 가시를 옮겨달라고 하니까 하나님께서 말씀하기를 "바울아! 네가 약할 때 내가 강하다"고 말한 것입니다. 그리고 바울은 오히려 자기 약한 것을 자랑하노니 하나님의 능력이 자기와 함께 하려 함이라고 한 것입니다. 우리가 약해질 때에 속사람이 강해집니다. 약해질 때 우리가 성경을 읽게 되고 약해질 때 주님께 기도하게 되고 약해질 때 열심히 교회 나오게 되는 것입니다. 강할 때는 교회 나오지 않고 친구들하고 놀러 가고 술집에나 가고 혹은 쇼핑을 가고 영화관에 가고 노래방에 가고 그러다가 고난과 고통을 당하면 술집도 쇼핑도 노래방도 다 눈에 들어오지 않습니다. 육체가 고난당해서 가시에 찔리고 약해지면 하나님을 찾아 나가게 되는 것입니다. 자신의 지혜와 힘으로 할 수 없으니 천부여 의지 없어서 손들고 옵니다. 주 나를 박대하시면 내 어디 가리까, 하면서 기도하며 간절한 회개를 하게 되는 것입니다. 세상과 정욕을 좇아가던 사람이 회개하고 하나님의 뜻을 찾는 데는 고난밖에 더 좋은 일이 없습니다. 고난이 없을 때는 하나님의 뜻을 찾지 않고 자기 뜻대로 사는 것입니다. 하나님이여 내 뜻대로 해주시옵소서. 내가 가고 싶은 대로 따라 오시고 오고 싶은 대로 따라 오소서. 그러다가 고난이 다가오면 "아버지여 내 뜻대로 마옵시고 주의 뜻대로 하여 주시옵소서. 살든지 죽든지 흥하든지 망하든지 성하든지 쇠하든지 주님을 앙망하오니 주여, 주님 뜻대로 이끌어 달라"는 기도를 자동적으로 간절하게 할 수밖에 없는 것입니다.

베드로전서 4장 2절에 "그 후로는 다시 사람의 정욕을 따르지 않고 하나님의 뜻을 따라 육체의 남은 때를 살게 하려 함이라" 정욕을 따라 살면 반드시 지옥에 떨어지고 멸망할 것이기 때문에 정욕을 따라 살지 아니하고 하나님의 뜻을 따라 육체의 남은 때를 살게 하기 위해서는 정욕을 죽이는 고난을 보내는 것입니다. 고난이 와서 고통을 줄 때 육신의 정욕이 죽고 속사람이 살아나는 것입니다. 자신의 힘으로 할 수 없으니 기도하기 때문입니다.

고린도후서 4장 17절의 말씀처럼 "우리가 잠시 받는 환난의 경한 것이" 환난은 경하게 받는데 지극히 크고 영원한 영광에 중한 것을 우리에게 이루려 한다. 겨자씨만한 고난이 산(山)만한 영광을 갖다 준다는 것입니다. 우리가 지금 이 세상에 해당하는 겨자 씨만한 고난은 고난이라고 생각하지만 그것이 가져오는 영광은 지극히 크고 영원한 영광에 중한 것을 우리에게 이루어지는 것이니 얼마나 놀랍습니까? 보이는 세계만 쫓던 성도가 보이지 않는 영원한 세계를 찾게 되는 것은 바로 고난의 역사로써 그렇게 되는 것입니다. 하나님을 찾고 찾으니 하나님의 나라가 되는 것입니다. 이렇기 때문에 고난은 우리를 영광을 이루게 하는 씨앗이 된다는 것을 알아야 되는 것입니다. 우리가 불평하고 원망하고 탄식합니다. 고난을 피하고 싶어 하는 것입니다. 그러나 결국 고난은 우리 주 예수 그리스도를 찾게 만들어서 큰 영광을 누리게 하는 것입니다. 나중에 천국에 올라가면 얼마나 큰 영광이 다가오겠습니까?

셋째, 고난은 신앙 인격을 성숙하게 하는 것입니다. 고난은 잠시지만 결과는 지극히 크고 영원한 영광의 중한 것을 우리 인격 속에 이루게 하는 것입니다. 진주조개를 보셨습니까? 진주가 아름답지 않습니까? 그 영롱한 빛이 참 귀하고 우윳빛깔이 얼마나 아름답습니까? 그러나 진주는 조개 속에 있을 때 조개에게는 크나큰 고난이었습니다. 진주조개 혀 밑에 모래알이 들어가서 살을 갉아 먹습니다. 진주조개가 움직일 때마다 그 모래가 살을 파먹으니까 너무나 아프잖아요? 고통스러우니까 그 모래알을 감싸기 위해서 진주조개가 호르몬을 뿜어내는 것입니다. 그것이 모래알을 둘러쌓고 둘러싸니까 둥글둥글해서 혀가 잘리지 않게 만들어 주는 것입니다.

그래서 모래알 때문에 아름다운 진주가 생겨나는 것입니다. 모래알이 없으면 진주조개는 없습니다. 오늘날 인공으로 진주 만드는 것도 진주조개를 인공으로 키워서 핀셋으로 모래알 같은 고통스러운 것을 혀에다 넣어 주어서 조개가 진주를 만들게 만들어 주는 것입니다. 이와 같이 우리의 생애 속에 영광의 진주를 만드는 것은 고난이 만들어 주는 것입니다. 어떻게 만드느냐? 고난이 오면 고난을 면하려고 기도하게 됩니다. 기도가 바로 진주조개를 만드는 재료가 되는 것입니다. 회개하게 만들어 주고, 하나님을 찾게 만들어 주고 말씀을 읽게 되고 하나님을 찬양하게 만들어 주는 것입니다. 누구를 불구하고 평안할 때 기도하지 않습니다. 저도 그래요. 평안하면 기도를 많이 하지 않아요. 고통스러우면 고통스러울수록 더 주님을 간절히 찾고 더 주님의 이름을 부르고 말씀을 읽고 하나님께 영광을 돌리고 찬양을 하는 것입니다. 그것이 우리 영혼의 진주를 만들어 주는 것입니다.

로마서 8장 17절로 18절에 "우리가 그와 함께 영광을 받기 위하여 고난도 함께 받아야 할 것이니라 생각하건대 현재의 고난은 장차 우리에게 나타날 영광과 비교할 수 없도다"

장차 우리에게 나타날 영광과 현재 고난은 비교가 안 됩니다. 경하게 받는 고난이 영광의 지극히 큰 중한 것을 이루게 해주시는 것입니다. 그렇기 때문에 오늘날 경제적으로 고난당하고 어려움을 당할 때 낙심하지 말 것은 지금 당하는 이 잠시간의 고난이 자신으로 하여금 하나님을 찾게 하고 회개하게 하고 주님 품에 안기게 하고 하나님의 말씀으로 충만하게 만드는 영광의 중한 것을 이루는 것이라는 것을 알아 마음에 오히려 감사하시기를 바랍니다. 고난을 당하기 전에는 사람이 깊이가 없고 경박한 삶을 사는 사람이 많습니다. 고난을 당하면 성도의 인격이 변합니다.

야고보서 1장 3절로 4절에 "이는 너희 믿음의 시련이 인내를 만들어 내는 줄 너희가 앎이라 인내를 온전히 이루라 이는 너희로 온전하고 구비하여 조금도 부족함이 없게 하려 함이라" 우리의 신앙생활에 인내가 있어야 온전하게 되는 것입니다. 인내가 없으면 온전하게 안 되는 것입니다. 환난은 인내를 만들고 인내는 연단을 만들고 연단은 소망을 이루게 되는 것입니다. 자기중심으로 살던 삶이 고난당할 때 이웃 사람을 위하여 헌신하게 되는 것입니다. 자기가 고난당하므로 고난당하는 사람의 사정을 알게 되는 것입니다. 우리 한국 속담에 과부가 과부 사정 안다고 과부가 되어보지 않은 사람은 과부의 외로움과 고통스러움을 모르는 것입니다. 자기가 병들어봐야 병든 사람들의 고통과 괴로움과 슬픔을 알게 되는 것입니다. 그래서 젊어서의 고난은 삶의 재산이 되는 것입니다.

의인들이 말했습니다. "주님! 언제 주린 주님을 먹게 했으며 목마를 때 마시게 했으며 언제 주님이 나그네 되었을 때 내가 영접했고 헐벗었을 때 옷을 입히고 병들었을 때 돌보아 주었나이까?" "네 이웃에 있는 지극히 적은 자에게 한 것이 곧 내게 한 것이라"고 말한 것입니다. 우리 이웃에 고통당하는 사람하고 고통을 나누고 함께 도와주는 것이 예수님을 도와주는 것과 같습니다. 그런 사람에게 주님이 상급을 주시는 것입니다.

그러므로 내가 고난당하면 이웃의 고난에 동참하게 되는 것입니다. 내가 주려봐야 배고픈 사람의 사정을 알고 배고픈 사람을 도와줄 수가 있는 것입니다. 내가 목마를 때야 남에게 물 한 그릇이라도 나누려고 하는 것입니다. 내가 나그네 되었을 때 집 없이 방황하는 사람들의 슬픈 사연을 알고 도와주려고 하는 것입니다. 내가 헐벗었을 때 옷이 없어 벌벌 떠는 사람을 이해하게 되고 그들에게 옷을 나누어 입게 되는 것입니다. 내가 병들어봐야 남의 병든 사람을 알고 병상에 찾아가서 위로하고 격려하고 힘을 주는 것입니다. 하나님은 고난이 네게 유익이라고 말씀하시는 것입니다.

그러므로 자기중심으로 살던 삶이 이웃과 고난당하는 사람을 위하여 헌신하게 되는 것은 우리도 고난 당해봐야 깨닫게 되는 것입니다. 그리고 고난이 있어야 살아계신 하나님을 체험하게 되는 것입니다. 어두움이 있어야 빛이 얼마나 좋은 것을 알게 되는 것입니다. 풍랑이 있어야 조용한 바다가 얼마나 좋은 것을 알게 되는 것입니다. 폭풍우가 있어야 조용한 날이 얼마나 좋은 것을 알 수 있는 것처럼 고난이 있어야 하나님이 창창한 축복을 주시는 것을 알게 되는 것입니다. 예레미야 29장 12절로 13절에 "너희가 내게 부르짖으며 내게 와서 기도하면 내가 너희들의 기도를 들을 것이요 너희가 온 마음으로 나를 구하면 나를 찾을 것이요 나를 만나리라"고 말한 것입니다.

보십시오. 하나님을 만날 수 있는 것은 우리가 고난을 당해서 기도하고 부르짖어야 되는 것입니다. 평안할 때는 하나님을 체험하지 못하지요. 왜, 부르짖을 것이 없으니까. 질병이 생겨봐야 병 고치는 하나님을 체험하고, 배가 고파봐야 먹을 것을 주시는 하나님을 체험하고, 슬퍼봐야 기쁨을 주는 하나님을 체험하게 되는 것입니다. 언제나 역설적인 것입니다. 그러므로 마귀가 와서 자신을 도적질하고 죽이고 멸망시키는 일을 당해봐야 성령안에서 온몸으로 기도합니다. 기도하여 예수님이 오시면 생명을 주되 풍성히 주는 것을 깨달아 알 수 있게 되는 것입니다. 살아계신 하나님을 체험하기 위해서는 많은 시험과 환난을 통해야 되는 것입니다. 주의 종, 목회자가 되기 위해서는 많은 시련과 환난과 고통을 하나님이 통하게 하는 것입니다. 아무나 목회자가 되는 것이 아닙니다.

그래서 살아계신 하나님을 여러 면에서 체험하고 난 다음에 체험에 입각한 확실한 신념을 가지고 복음을 전하라고 말씀하시는 것입니다. 그렇기 때문에 자신에게 여러 가지 시험과 환난이 다가오는 것은 자신으로 하여금 하나님을 체험하여 강하고 담대하게 만들려고 그렇게 하시는 것입니다. 머릿속의 하나님이 아니라, 온몸과 삶으로 하나님을 체험한 자녀가 되게 만들어 주는 것입니다.

베드로전서 5장 10절에 "모든 은혜의 하나님 곧 그리스도 안에서 너희를 부르사 자기의 영원한 영광에 들어가게 하신 이가 잠깐 고난을 당한 너희를 친히 온전하게 하시며 굳건하게 하시며 강하게 하시며 터를 견고하게 하시리라" 고난을 당해봐야 우리를 온전하게 하시고 굳건하게 하시고 강하게 하시고 견고하게 하시는 하나님이 살아계신 것을 알게 되는 것입니다.

넷째, 고난은 하나님의 축복을 받기 위한 준비과정인 것입니다.
그릇이 있어야 무엇을 담을 수 있습니다. 고난이 우리를 큰 그릇으로 만들어 주는 것입니다. 고난 받기 전에는 그릇이 조그만 하고 지저분합니다. 그러나 이 그릇을 깨뜨려서 늘리고 깨끗하게 해야 큰 복을 받을 수 있는 것입니다. 축복받기 전에 고난이 와야 우리 그릇을 크게 만들어 줄 수가 있는 것입니다. 욥기 23장 10절에 "내가 가는 길을 그가 아시나니 그가 나를 단련하신 후에는 내가 순금 같이 되어 나오리라" 단련을 하시고 난 다음에 내가 순금과 같이 되어 나온다. 지금은 돌멩이 같지만 단련을 받으면 순금이 되어 나오겠다고 욥은 말한 것입니다. 디모데후서 2장 21절에 "누구든지 이런 것에서 자기를 깨끗하게 하면 귀히 쓰는 그릇이 되어 거룩하고 주인의 쓰심에 합당하며 모든 선한 일에 준비함이 되리라" 귀히 쓰는 그릇이 되기 위해서는 고난을 통해서 하나님을 찾고 찾으며 성령으로 그릇의 먼지와 티끌을 제하는 것입니다.

그러므로 고난이 우리들을 키워서 큰 믿음의 그릇이 되게 만들어 주는 것입니다. "환난이나 곤고나 적신이나 위험이나 기근이나 칼이랴 이 모든 일에 우리를 사랑하시는 이로 말미암아 우리가 넉넉히 이기느니라." 넉넉히 이길 수 있는 신앙의 그릇이 되게 만들어 주는 것입니다. 고난이 없으면 자기 고집대로 살고 대통 좀은 생각을 하고 말을 하지만 고난을 통해서 자란 사람 변화된 사람은 마음이 넓고 넉넉하고 이웃을 용납하고 용인할 수 있는 마음의 도량을 가질 수 있게 되는 것입니다.

그리고 고난을 통해서 하나님은 축복을 받을 때 축복의 귀한 것을 알고 올바르게 쓰도록 하는 것입니다. 고생을 많이 하고 돈을 번 사람은 돈 벌줄 알아도 쓸 줄은 몰라요. 아까워서…. 고생을 하고 돈을 번 사람이 절약할 줄 아는데 부모에게 큰 상속을 받아서 어릴 때부터 조금도 고생 안하고 돈을 번 사람은 돈의 귀한 것을 모릅니다. 돈을 허랑방탕하게 쓰고 나중에 빈 손들게 될 수가 있는 것입니다. 고난과 고통이 자기가 가지고 있는 은총과 축복을 고맙게 생각하도록 만들어 주는 것입니다.

신명기 8장 15절로 16절 읽어 봅시다. "너를 인도하여 그 광대하고 위험한 광야 곧 불뱀과 전갈이 있고 물이 없는 간조한 땅을 지나게 하셨으며 또 너를 위하여 단단한 반석에서 물을 내셨으며 네 조상들도 알지 못하던 만나를 광야에서 네게 먹이셨나니 이는 다 너를 낮추시며 너를 시험하사 마침내 네게 복을 주려 하심이었느니라" 고난과 고통의 끝은 하나님의 축복인 것입니다. 시험과 환난과 고난을 당하게 한 것은 하나님께서 우리를 낮추시고 시험하사 마침내 복을 주려고 그렇게 하시는 것입니다. 하나님은 화를 주려고 고난을 주는 것은 아닙니다. 그릇을 키우고 겸손하게 만들고 하나님의 축복의 귀한 것을 깨달아 알도록 만들어 놓고 난 다음 마침내 하나님은 복을 주시는 것입니다. 그러므로 고난을 당할 때 하늘을 바라보고 복을 주시기를 원하시는 하나님을 기대해야 되는 것입니다. 고난 받기 전에는 하나님을 두려워 안하다가 고난을 받으면 하나님을 두려워하게 되는 것입니다. 어린 아기들을 너무 오냐오냐 하면은 할아버지도 수염도 뽑아간다는 말이 있는 것입니다. 엄할 때는 엄하게 해야 질서가 서지요. 너무 좋기만 하면 안 되는 것입니다. 부모가 자녀 교육하는 것도 무엇이든지 자녀 원하는 대로 하면 자녀를 망나니로 만들게 되는 것입니다. 사랑할 때는 뜨겁게 사랑하지만 잘못했을 때는 엄하게 종아리도 때리고 꾸짖어야 되는 것입니다. 부모를 사랑하고 공경할 줄 알아야 되는 것입니다. 두려워할 줄 알아야 되는 것입니다.

시편 119편 67절을 읽어봅시다. "고난당하기 전에는 내가 그릇 행하였더니 이제는 주의 말씀을 지키나이다" 보십시오. 고난당하기 전에는 내 마음대로 살았어요. 그릇 행하였어요. 방종했어요. 그러나 고난당하고 난 다음에는 "어이구~ 두렵다. 또 얻어맞을라." 정신을 차리고 주의 법을 지킨다는 것입니다. 그러므로 고난당하는 것이 유익입니다. 시편 119편 71절도 일어봅시다. "고난당한 것이 내게 유익이라 이로 말미암아 내가 주의 율례들을 배우게 되었나이다" 고난이 우리 유익이 되는 것입니다. 고난이 와서 기도하고 기도함으로 하나님의 법을 배우게 된 것입니다. 하나님을 존경하게 되고 하나님을 감사하게 되고 하나님의 은총을 귀하게 생각하게 된 것입니다. 고난은 우리에게 훌륭한 교육을 주기 위해서 우리에게 오는 것입니다.

15장 환란을 통하여 영적으로 바꾸시는 예수님

(창 1:26-28)"하나님이 이르시되 우리의 형상을 따라 우리의 모양대로 우리가 사람을 만들고 그들로 바다의 물고기와 하늘의 새와 가축과 온 땅과 땅에 기는 모든 것을 다스리게 하자 하시고 하나님이 자기 형상 곧 하나님의 형상대로 사람을 창조하시되 남자와 여자를 창조하시고 하나님이 그들에게 복을 주시며 하나님이 그들에게 이르시되 생육하고 번성하여 땅에 충만하라, 땅을 정복하라, 바다의 물고기와 하늘의 새와 땅에 움직이는 모든 생물을 다스리라 하시니라"

성령으로 거듭난 사람의 영은 하나님의 형상을 닮아서 창조적인 능력이 있습니다. 사람의 생각은 환경을 변화시키고 새로 만들 수가 있습니다. 사람의 꿈은 깜짝 놀랄 세계를 만듭니다. 사람의 믿음은 불가능을 가능하게 하고 사람의 말은 천지를 변화시키는 수단이 되는 것입니다. 삶의 환경은 주어진 것이 아니라, 우리가 만들어가는 것입니다. 환경에 낙심하여 실망할 것이 아니라, 꿈을 가지고 모든 어려움을 이기고 나아가야 할 것인 것입니다. 마음을 바꿔 먹는 것 이것 정말 중요한 것입니다. 아무리 해도 마음을 바꾸지 아니하면 환경은 바꿔지지 않는 것입니다. 변화가 오도록 기다리지 말고 내가 변화가 되어야 하는 것입니다. 왜 우리 남편이 변화 안 되나, 아내가 변화 안 되나. 그렇게 기다리지 말고, 자신이 변화되면 할 수 없이 남편도 자신을 상대하자면 변화를 입어야 되고, 아내도 변화를 입어야 되는 것입니다. 변화는 내게로부터 출발해야 되는 것입니다.

첫째, 환경이 자기를 따라서 변화된다. 우리는 이 세상에 살면서 자기 생각을 늘 변화시켜야 되는 것입니다. 잠언 4장 23절에 "모든 지킬 만한 것 중에 더욱 네 마음을 지키라 생명의 근원이 이에서 남이니라" 마음을 지키고 보호하면 생명의 근원이 마음에서 나온다는 말씀입니다. 로마서 12장 2절에 "너희는 이 세대를 본받지 말고 오직 마음을 새롭게 함으로 변화를 받아 하나님의 선하시고 기뻐하시고 온전하신 뜻이 무엇인지 분별하도록 하라" 다른 것을 변화시키려고 하지 말고 '마음을 새롭게 하라.' 마음이 어떻게 새로워지는 것입니까? 눈에 보이면 씻어서 다림질이나 할 수 있을 것인데 마음은 눈에 안보이니 마음을 어떻게 새롭게 할 것이냐. 예수님을 만나면 성령의 역사로 마음이 변화될 수 있는 것입니다. 날 위하여 몸 찢고 피 흘려 변화를 가져와 주신 예수님을 만나면 성령께서 변화를 시켜 주시는 것입니다.

고린도후서 5장 17절에 "누구든지 그리스도 안에 있으면 새로운 피조물이라 이전 것은 지나갔으니 보라 새 것이 되었도다" 예수님을 만나면 성령으로 새롭게 됩니다. 그리고 말씀을 읽고 기도하면 변화가 다가오는 것입니다. 성경말씀은 하나님 말씀입니다. 하나님 말씀을 읽고 기도하면 어떻게 된 영문인지 확실하게 논리적으로 설명하지 못해도 변화가 다가오는 것입니다. 누가복음 1장

37절에 "대저 하나님의 모든 말씀은 능하지 못하심이 없느니라" 말씀과 성령으로 능력이 나와서 마음을 변화시키는 것입니다.

마태복음 7장 7절로 11절에 "구하라 그리하면 너희에게 주실 것이요, 찾으라, 그리하면 찾아낼 것이요. 문을 두드리라, 그리하면 너희에게 열릴 것이니. 구하는 이마다 받을 것이요. 찾는 이는 찾아낼 것이요. 두드리는 이에게는 열릴 것이니라. 너희 중에 누가 아들이 떡을 달라 하는데 돌을 주며 생선을 달라 하는데 뱀을 줄 사람이 있겠느냐 너희가 악한 자라도 좋은 것으로 자식에게 줄 줄 알거든 하물며 하늘에 계신 너희 아버지께서 구하는 자에게 좋은 것으로 주시지 않겠느냐" 하나님과 교제하고 하나님께 간구하고 기도하면 하나님께서 기도를 응답하여 주셔서 기도하기 전에 자신과 기도한 후의 자신이 달라지게 되는 것입니다. 우리는 하나님 말씀을 항상 읽고 묵상하면 변화가 다가오는 것입니다.

또 성령님의 도우심을 따라 살면 변화가 오는 것입니다. 성령님이 오셔서 자신의 온몸 속에 거하시면 달라지지 않을 수가 없습니다. 성령님의 도우심을 받고 살면 변화가 다가옵니다. 3차원의 사람이 5차원의 하나님의 나라가 되기 때문입니다. 예수님께서 말씀하기를 "내가 아버지께 구하겠으니 그가 또 다른 보혜사를 내게 주사 너와 함께 계시리라. 저희는 너와 함께 있겠고 너희 속에 있겠다"고 말한 것입니다. 그러므로 지금 자신이 느끼든 안 느끼든 보혜사 성령이 자신에게 와서 주인으로 좌정하고 계신 것입니다. 성령을 인정하고 환영하고 모셔드리고 의지하십시오. 성령은 돕기 위해서 오신 보혜사인 것입니다. 성령님을 주인으로 모셨기 때문에 새사람이 되는 것입니다.

창세기 1장 27절로 28절 본문 말씀에 "하나님이 자기 형상 곧 하나님의 형상대로 사람을 창조하시되 남자와 여자를 창조하시고 하나님이 그들에게 복을 주시며 하나님이 그들에게 이르시되 생육하고 번성하여 땅에 충만하라, 땅을 정복하라, 바다의 물고기와 하늘의 새와 땅에 움직이는 모든 생물을 다스리라 하시니라" 하나님을 닮았으니 하나님이 창조주인 것처럼 우리도 창조하고 하나님이 기적을 행하신 것처럼 우리도 기적을 행하고 하나님 만물을 변화시키는 것처럼 우리도 만물을 변화시키는 능력이 따라오는 것입니다. 우리 힘으로 되는 것이 아닙니다.

예수님이 나는 포도나무요, 너는 가지라고 말했는데 우리 신앙생활은 예수님께 접붙임을 받는 것입니다. 예수님을 십자가에 상처 입은 그곳에 우리를 접붙여 놓으면 예수님의 진액을 받아서 잎 피고 꽃 피고 열매 맺게 되는 것입니다. 예수님께 기도하고 꽉 예수님의 허리춤을 잡고 예수님을 주인으로 모시고 살게 되면 예수님의 생명력이 자신을 통해서 넘쳐 나와서 놀라운 기적이 일어나는 것입니다. 우리가 꿈을 품으면 변화가 온다는 초자연적인 영성의 가르침을 마음속에 꼭 기억해 주시기 바랍니다. 꿈이 없는 백성은 망한다고 했지 않습니까? 우리의 꿈은 하나님이십니다. 꿈이라는 것은 참 희한한 것입니다. 꿈같은 소리하지 마라 하는데 꿈같은 소리 안하면 망하거든요! 꿈이 있는 개인, 꿈이 있는 가정, 꿈이 있는 민족은 망하지 않습니다. 꿈이 꼭 있어야 합니다.

지도자들이 동일한 꿈을 보여주어야 되는 것입니다. 그러면 꿈이 우리를 이끌어 가는 것입니다. 꿈을 마음에 품고 있으면 그 꿈을 향해서 하나님이 우리를 끌고 가시는 것입니다. 네 꿈, 내 꿈, 우리들의 꿈이 이루어지면 우리가 잘 살게 되는 것입니다. 우리가 꿈을 품으면 꿈이 우리를 변화로 이끌어 가는 것입니다. 꿈은 하나님이 기도할 때 성령으로 젊은이들에게는 환상으로 늙은이들에게는 꿈을 주기도 합니다. 자신이 예수 믿으면서 성령의 지배가운데 하나님께 부르짖으며 기도하면 하나님이 감화 감동을 주셔서 우리들의 마음속에 꿈을 꾸게 만들어 주시는 것입니다.

꿈은 내 마음에 소원인 것입니다. 내가 저 소원을 이루고 싶다는 꿈인 것입니다. 아브라함이 하늘의 별들을 헤아리고 난 다음 하나님께서 물으셨습니다. 뭘 봤느냐? 꿈을 봤습니다. 얼마나 많이 헤아렸느냐. 헤아릴 수 없을 정도로 별이 많습니다. 네 자손들이 그와 같이 많으리라. 그러니 그 소원이 꿈으로 이루어진 것을 바라보고 믿었습니다. 하나님이 의롭다고 말한 것입니다.

둘째, 꿈을 품으면 환경에 변화가 온다. 꿈을 마음에 품고 기도하십시오. 막연하게 하나님 아버지여 저에게 집을 한 채 주시옵소서. 집을 주시옵소서. 안 생깁니다. 백년을 해도 안 생깁니다. 힐튼이라는 이름을 가진 청년이 조그마한 여관에 심부름꾼으로 취직해서 있습니다. 그는 아버지가 행상꾼으로 너무 가난해서 데리고 있을 수가 없어서 세상에 나가서 살라고 내던져 버렸는데 조그마한 여관에 보이로써 고용이 되어 일을 했습니다. 그는 항상 큰 호텔을 짓고 그 앞에 자기가 서 있는 모습을 그림으로 그려서 바라보고 깰 때도 잘 때도 좋은 일이 있을 때도 슬픈 일이 있을 때도 그것을 바라보고 기도했습니다. 하나님, 저 호텔, 저 호텔 왕이 제가 되겠습니다. 하나님 도와주시면 나는 호텔 왕이 됩니다. 그는 꿈을 꾸었습니다. 지금 세계 어느 곳에 가도 제일 좋은 호텔 중에 하나가 힐튼 호텔인 것입니다. 수백 개의 호텔 왕이 되었습니다.

　나중에 기자가 물었습니다. 당신 어떻게 아무것도 없는 빈손 들고 호텔 왕이 되었습니까? 저는 꿈을 갖고 있었습니다. 자나 깨나 호텔을 가슴에 품고 있었습니다. 조그마한 호텔 여관을 사가지고서 개조해서 팔고 또 좀 더 좋은 호텔을 짓고 개조해서 팔고 오늘날은 전 세계에서 가장 위대한 호텔 왕이 되었습니다. 꿈을 품으면 우리 모두도 다 됩니다. 시편 81편 10절에 "나는 너를 애굽 땅에서 인도하여 낸 여호와 네 하나님이니 네 입을 크게 열라 내가 채우리라" 꿈을 품고 하나님께 기도하여 주신 지혜대로 움직이면 이뤄집니다. 자신이 스스로 못 채웁니다. 자신이 입을 열면 하나님이 채워요. 내가 스스로 바라는 꿈은 하나님이 소원을 두고 행하게 하시는 것입니다. 네 꿈이 뭐냐, 내 마음에 소원이 뭡니까? 기도할 때 소원이 드러나지 않습니까? 성령으로 기도할때 성령께서 꿈을 품게 하십니다. 그것이 바로 꿈인 것입니다. 하나님께서 주신 지혜대로 순종하면 이뤄집니다. 시편 37장 4절로 6절에 "또 하나님을 기뻐하라. 그가 네 마음의 소원을 네게 이루어 주시리로다" 그 소원이 꿈이에요. "네 길을 하나님께 맡기라. 그를 의지하면 그가 이루시고 네 의를 빛 같이 나타내시며 네 공의를 정오의 빛 같이 하시리로다" 내 길을 하나님께 맡기면 하나님께서 내 마음속에 소원을 부어 주시는 것입니다. 내 길을 하나님께 맡긴다는 뜻을 바르게 이해해야 합니다. 하나님께 맡긴다는 것은 하나님의 말씀대로 순종한다는 뜻입니다. 기도하여 하나님께서 하라는 대로 순종한다는 것입니다. 마음의 소원이 다른 것 아닌 꿈인 것입니다. 꿈이 있으면 형통해집니다. 요셉이 꿈을 꾸니까 보디발의 집에 10년 종살이에 가정총무가 되었습니다. 모함을 덮어쓰고 감옥에 들어가니까 3년 감옥살이에 간수장이 감옥에 총무로 만들었습니다. 애굽의 바로 왕을 만나니까 애굽의 국무총리로 만들었습니다. 요즈음 우리나라는 서울대학을 나와야 장관이나 총리를 하는데 요셉은 서울대학교 졸업장도 없는데 그렇게 되었습니다. 자신이 꿈을 확실히 품고 꿈을 가지고 기도하면 자신에게 형통함이 다가오는 것입니다. 꿈을 가지고 기도해야 합니다. 마음을 안개 낀 부두처럼 흩트려 놓고 기도해서는 소용이 없습니다. 마음에 꿈을 분명히 안고 하나님 보시지요? 저 꿈, 저것이 나의 꿈입니다. 저것을 하나님 이루어 주십시오. 하나님께서 "오냐 오냐! 꿈을 계속 품고 있어라. 일을 행하시는 하나님, 그 일을 지어 성취하는 하나님, 여호와라는 자가 네가 이르노라. 너는 내게 부르짖으라. 내가 응답하겠고 크고 은밀한 일을 보여 주겠다."

　미국의 템플대학교를 설립한 러셀 콘웰 박사는 제1차 세계대전 직후 백만장자 약 4천 명의 성장과정을 조사했습니다. 그런데 놀랍게도 고졸 이상의 학력을 가진 사람은 69명에 불과했고, 나머지 대부분은 남들보다 열악한 환경에서 성장하여 백만장자가 되었던 것입니다. 열악한 환경에서도 백만장자가 되었던 그들에게는 몇 가지 공통점이 있었습니다. 첫째로 뚜렷한 목표를 가져라. 무엇이 되겠다는 뚜렷한 목표가 있어야지 횡설수설하면 안 되는 것입니다. 그리고 뜨거운 열정을 가져라. 셋째 불 퇴진의 인내심을 가지고 있어라. 그러면 성공한다는 것입니다. 환경을 변화시키기 위해서는 뚜렷한 꿈과 목표를 가지고 뜨겁게 소원하는 것이 있어야 성공하는 것입니다. 요즈음 젊은이들은 심지 않고 거두어 드리려는 심리가 있습니다. 곡식을 수확하려면 땅을 기경하고 씨를 뿌리고 가꾸어야 하고, 하나님께서 햇빛을 주시고, 비를 주시고, 바람을 불게 해야 거두어 드릴 수가 있는 것입니다. 심지 않고 거둘 수가 없습니다. 필자는 사람들이 택도 없다고 하여도 하나님께서 하라는 대로 순종했더니 노년이 편안합니다.

셋째, 하나님이 하시는 것을 믿기만 하라. 두려워말고 믿음을 굳게 가져야 되는 것입니다. 마귀는 언제나 두려움을 가져오는 것입니다. 마음에 불안하고 공포가 들어오면 마귀가 들어온 것입니다. 욥기 3장 25절에 "내가 두려워하는 그것이 내게 임하고 내가 무서워하는 그것이 내 몸에 미쳤구나" 욥은 동방에서 제일 큰 부자였는데 두려움을 가지자 패가망신한 것입니다. 마태복음 14장 29절로 31절에 "오라 하시니 베드로가 배에서 내려 물 위로 걸어서 예수께로 가되 바람을 보고 무서워 빠져 가는지라 소리 질러 이르되 주여 나를 구원하소서 하니 예수께서 즉시 손을 내밀어 그를 붙잡으시며 이르시되 믿음이 작은 자여 왜 의심하였느냐" 믿음이 작고 세상을 바라보고 믿음이 흔들리면 불안한 마음의 상태고 마귀가 들어오는 것입니다. 마음에 공포심이 생기면 마귀가 들어왔다고 알아야 되는 것입니다. 성령의 지배 가운데 예수 이름으로 쫓아내야 해요. 권리 위에 잠자는 자는 보호받지 못합니다. 권위를 사용해야 합니다. 주님의 사랑을 깨달으면 사랑은 믿음을 생산하는 것입니다, 사랑으로 말미암아 믿음이 역사하는 것입니다. 그러므로 마귀의 지배는 공포가 있기 때문에 언제나 성령의 권능으로 공포를 내어 쫓아야 되는 것입니다.

오늘날 많은 사람들이 앞날에 대해 두려움을 안고 살아갑니다. 그런데 이러한 두려움은 마귀가 주는 것임을 알고 두려움을 대항해서 이겨야 하는 것입니다. 주님의 사랑에 의지하고 강하고 담대하게 될 수가 있는 것입니다. 사랑은 믿게 만들어 주는 것입니다. 예수님께서 우리들을 얼마나 사랑한다는 것을 압니까? 그가 자기 목숨을 찢고 피를 흘려 우리들을 살려 주셨는데 예수님이 자신을 사랑한다고 믿지 않을 수 있습니까? 그게 믿음입니다. 불안과 공포가 들어오면 십자가를 바라보십시오. 예수님이 자신을 위해서 얼마나 큰 희생을 했다는 것을 기억하십시오. 그 예수님은 하늘과 땅의 모든 권세를 가지고 자신을 보호하고 있다는 것을 알고 감사 기도를 하면 마음속에 믿음이 들어오고 공포는 쫓겨나가고 마는 것입니다. 예수님을 바라보고 사랑을 생각하고 감사기도를 하면 두려움은 다 쫓겨나갑니다. 성령으로 믿음이 들어오게 되는 것입니다. 예수님께서는 "내가 결코 너희를 버리지 아니하고 너희를 떠나지 아니하리라고 말씀하셨고" "세상 끝날까지 너희와 항상 함께 있겠다"고 말씀하신 것입니다.

히브리서 10장 35절로 38절에 "너희 담대함을 버리지 말라 이 것이 큰 상을 얻게 하느니라 너희에게 인내가 필요함은 너희가 하나님의 뜻을 행한 후에 약속하신 것을 받기 위함이라…. 나의 의인은 믿음으로 말미암아 살리라. 또한 뒤로 물러가면 내 마음이 그를 기뻐하지 아니하리라" 믿고서 권위를 사용하고 이루어질 때까지 인내를 하는 거예요. 자신을 준비하면서 주님의 때를 기다리는 거예요. 그러면 주님이 응답해주시는 것입니다. 뒤로 물러가고 믿음을 포기하면 하나님이 그 사람을 좋아하지 않습니다. 이사야 41장 10절을 읽어봅시다. "두려워하지 말라 내가 너와 함께 함이라 놀라지 말라 나는 네 하나님이 됨이라 내가 너를 굳세게 하리라 참으로 너를 도와 주리라.참으로 나의 의로운 오른손으로 너를 붙들리라" 그 다음 이사야 43장 1절로 2절도 읽어 봅시다. "너는 두려워하지 말라 내가 너를 구속하였고 내가 너를 지명하여 불렀나니 너는 내 것이라. 네가 물 가운데로 지날 때에 내가 너와 함께 할 것이라 강을 건널 때에 물이 너를 침몰하지 못할 것이며 네가 불 가운데로 지날 때에 타지도 아니할 것이요 불꽃이 너를 사르지도 못하리니" 얼마나 확실한 언약인 것입니까? 이런 언약의 말씀을 우리가 읽고 보고 믿지 않을 수가 없는 것입니다. 언제든지 자신의 생각에 예수님 십자가가 딱 서있도록 만들어 놓으면 십자가의 보혈로 말미암아 죄도 물러가고 허물도 물러가고 병도 물러가고 가난도 물러가고 지옥도 물러가는 것입니다. 그러므로 자신이 그 십자가를 통해서 예수님이 얼마나 사랑해 주시고 있다는 것을 생각하고 믿고 감사하면 마귀는 한길로 왔다가 일곱 길로 도망을 치고 맙니다.

빌 포터라는 전설적인 세일즈맨의 이야기는 너무나 감동적이어서 영화로도 제작되어 잘 알려져 있습니다. 그는 태어날 때 뇌 손상을 입어서 한 손을 쓸 수 없고 말하는 것조차 힘든 뇌성마비 장애인이 되었습니다. 그는 어른이 된 후 여러 번 이력서를 냈지만 번번이 거절을 당했습니다. 어느 날 회사에 방문 판매사원으로 들어가기 위해 면접을 봤는데, 회사 측은 그의 어눌한 말투와 거동조차 불편한 몸을 보고 입사를 거절했습니다. 하지만 빌은 "다른 세일즈맨들이 가장 가기 싫어하는 지역을 맡겨 달라"고 말했고, 회사는 밑져야 본전이라는 생각으로 일을 맡겼습니다. 그때부터 빌은 비가 오나 눈이 오나 하루도 빠짐없이 매일 8시간 이상 걸으며 집집마다 방문을 했습니다.

어눌한 말투, 굽은 허리, 못 쓰는 오른팔, 찌그러진 얼굴로 문을 두드리면 사람들은 그를 보고 놀라기도 했습니다. 어린아이들은 고함을 지르고 도망을 쳤습니다. 그러나 그는 결코 포기하지 않았고, 마침내 왓킨스사의 최고 판매 왕이 되었습니다. 초자연적인 5차원의 영성을 그가 사용한 것입니다. 인간적인 힘으로는 될 수가 없습니다. 그러므로 "사고를 못한다. 안 된다. 할 수 없다"라는 사고를 버리고, 예수님이 함께하시니 예수님 안에서 "할 수 있다. 하면 된다. 해 보자"라는 긍정적인 사고를 가지고 그는 꿈을 가졌습니다. 그는 머리가 되고 꼬리가 되지 않고 위에 있고 아래 내려가지 않고 남에게 꾸어 줄지라도 꾸지 않는다는 꿈을 가지고 있었습니다. 그리고 믿고 끊임없이 입으로 시인했습니다. 그리고 움직이면서 행동했습니다. 그를 향해서 손바닥을 쳐주고 자신을 믿는다고 격려한 분이 있었습니다.

그 분이 누구냐, 어머니였습니다. 낙심하고 좌절해서 어깨가 축 늘어져 있으면 어머니가 꼭 끌어안고 "내 자식아 할 수 있다. 너는 누구보다 잘 할 수 있다. 나는 너를 믿는다." 그리고 정성어린 김밥을 싸주면 그것을 가지고 샌드위치를 가지고 하루 종일 걸어 다니다가 공원 벤치가 앉아서 먹고 어머니 사랑을 생각하고 어머니가 날 보고 "할 수 있다하시니 할 수 있다고…." 결국 그 회사의 최고 판매자가 된 것입니다. 그가 수많은 어려움 속에서도 포기하지 않았던 것은 바로 "어머니의 사랑" 때문에 믿음을 가지고 일어나서 불가능을 물리친 것입니다. 어머니는 늘 말하기를 너는 하고 싶은 일은 무엇이든지 할 수 있다고 말해주었습니다. 매일 정성껏 도시락을 싸주며 샌드위치에 '인내'라는 글자를 예쁘게 넣어 아들을 격려해 주었습니다. 날마다 길가 벤치에 앉아서 어머니가 싸준 도시락에 담긴 사랑을 먹으면서 그 모든 어려움을 다 이겨냈던 것입니다. 너는 할 수 있다고 격려했기 때문에 승리한 것입니다.

사랑은 어떤 고난도 이길 수 있는 위대한 힘이 있습니다. 우리는 모두 하나님의 사랑을 받는 자녀들로서, 어떠한 고난 속에서도 우리를 향하신 하나님의 그 크신 사랑을 의지함으로 모든 어려움을 넉넉히 이기고 두려움을 이기고 승리하게 되시기를 주님 이름으로 축원합니다. 예수 믿는 사람이 성공하게 되어있는 이유는 세상 사랑으로는 비교될 수 없는 큰 사랑을 받고 있기 때문인 것입니다. "하나님이 세상을 이처럼 사랑하사 독생자를 주셨으니 누구든지 저를 믿으면 멸망하지 않고 영생을 얻으리라." 사회적인 환경이 자신을 인정해주지 않는다고 낙심하지 마십시오. 성령으로 세례를 받아 성령의 인도를 받는 우리는 3차원의 세계에 살지 않고 초자연적인 5차원의 세계에 살고 있는 것입니다. 우리는 생각 속에 꿈속에 믿음 속에 그리고 신앙고백 속에 살고 있는 것입니다. 초자연적인 5차원의 영성을 통해서 우리는 운명을 개척할 수 있는 것입니다. 말의 위력을 사용하십시오. 예수님은 말의 위력, 권세를 통해서 사람들을 살렸습니다. 더러운 귀신 들린 사람에게는 "더러운 귀신아 그 사람에게서 나오라! 바람을 꾸짖으시며 잠잠하라! 고요하라! 죽은 나사로에게 나사로야 나와라! 풀어놓아 다니게 하라! 백부장에게 이르시되 가라! 네 믿음대로 될지어다! 가나안 여자에게는 네 믿음이 크도다. 네 소원대로 되라!" 말씀으로 기적을 행하신 것입니다. 우리도 이렇게 담대히 말하고 행동하면 기적을 일으킬 수 있는 것입니다. 우리 사람에게 하나님이 운명과 환경을 변화시킬 수 있는 수단으로써 말을 주셨습니다. 하나님께서 모든 짐승에게 말(언어)을 주신 것이 아닙니다. 원숭이도 말을 하면 얼마나 좋겠습니까? 소도 말을 하고 개도 말을 하면 얼마나 좋겠습니까? 소도 원숭이도 개도 말 못합니다. 왜, 말을 하면 운명을 다스릴 수 있기 때문인 것입니다. 말로써 환경을 다스리고 말로써 환경을 창조할 수 있기 때문에 아무나 말을 안 준 것입니다. 그런데 사람들이 이 말을 통해서 망하고 있는 것입니다. 하나님을 반역하고 바벨탑을 쌓을 때 주님이 어떻게 바벨탑 쌓는 것을 중지 시켰습니까? 말을 혼동케 했습니다. 말이 혼동케 되자 바벨탑을 못 쌓았습니다. 한결같은 말을 하면 그 말을 고백한대로 에너지가 발산 되어서 기적이 일어나게 되는 것입니다. 말은 참 놀라운 힘을 가지고 있는 것입니다. 하나님이 자신을 망하게 하려면 말에 혼돈을 가져오는 것입니다. 아침에 이런 말을 하다가 저녁에 저런 말을 하고 사람들이 갈라져서 이말 저말을 하게 되면 망합니다. 그러므로 말로써 흥하고 말로써 망한다는 것을 잊어서는 안 됩니다. 말은 흥하게 하는 힘과 망하게 하는 힘이 들어있습니다. 하나님 약속의 말씀에 서서 한결같은 믿음으로 하나님이 나를 통해서 하시니 "할 수 있다. 하면 된다. 해 보자"는 긍정적이고 적극적이고 창조적인 말을 하게 되시기를 주님 이름으로 축원합니다.

우리는 삶의 환경을 변화시키려면 나 자신이 먼저 변화가 되어야 되는 것입니다. 하나님이 초자연적인 5차원의 권능을 주셨다 말입니다. 생각을 바꿀 수 있습니다. 꿈을 지킬 수 있습니다. 믿을 수 있고 말할 수 있습니다. 자신이 변화되면 환경이 변화되는 것입니다. 나 자신이 먼저 변화가 되면 생각이 변화되고 꿈을 꾸고 변화를 가져오고 믿고 말하면 초자연적인 5차원의 능력이 나타나서 기적이 일어나는 것입니다.

우리는 아주 예수 그리스도를 통해서 영혼이 잘됨같이 범사에 잘되며 강건하고 생명을 얻되 넘치게 얻을 수 있는 희한한 삶을 살 수 있는 특권을 가진 것입니다. 결코 우리는 낙심해서는 안 됩니다. 뒤로 물러가서는 안 됩니다. 자신은 하나님이 보시기에 최고의 걸작이고 보물입니다. 하나님의 최고의 보물로 생각하고 꿈꾸고 믿고 말하여 소원을 이루게 되시기를 주님 이름으로 축복합니다.

4부 권세를 사용하며 체험하게 하시는 예수님

16장 약한 자를 강하고 담대하게 하시는 예수님

(고후 12:7~10)"여러 계시를 받은 것이 지극히 크므로 너무 자만하지 않게 하시려고 내 육체에 가시 곧 사탄의 사자를 주셨으니 이는 나를 쳐서 너무 자만하지 않게 하려 하심이라 이것이 내게서 떠나가게 하기 위하여 내가 세 번 주께 간구하였더니 나에게 이르시기를 내 은혜가 네게 족하도다. 이는 내 능력이 약한 데서 온전하여짐이라, 하신지라. 그러므로 도리어 크게 기뻐함으로 나의 여러 약한 것들에 대하여 자랑하리니 이는 그리스도의 능력이 내게 머물게 하려 함이라. 그러므로 내가 그리스도를 위하여 약한 것들과 능욕과 궁핍과 박해와 곤고를 기뻐하노니 이는 내가 약한 그 때에 강함이라"

하나님은 약자를 불러서 훈련하여 강하게 하신 다음에 축복하시고 사용하십니다. 하나님의 손에 들리면 약자가 강한 자가 되는 것입니다. 왜냐하면 강한 하나님을 의지하기 때문입니다. 하나님께서는 오늘날도 두려워 떠는 사람은 사용하지 않습니다. 무슨 일에도 자신이 없고 두렵고 떨리면 손 안 데는 것이 좋습니다. 벌써 정신적으로 적에게 진 것입니다. 하나님은 무슨 일을 하든지 그

나라와 그 의를 먼저 구하고, 내 욕심은 요구는 뒤에 채우는 마음과, 꿇어앉아서 물을 마시는 것이 아니라, 쪼그리고 앉아서 물을 손에 들고 핥으면서 하나님을 바라보고 있는 사람으로 언제 무슨 명령이 떨어져도 즉시 행할 준비가 된 사람을 하나님이 사용하시는 것입니다. "하나님이 무슨 말을 하는지 그것은 뒷전에 두고 내 마시고 싶은 것 다하고 나 하고 싶은 것 다하고 난 다음에 하면 될 일이다. 그 사람은 내 마음대로 가라." 하나님 사용하지 않습니다.

첫째, 바울의 세 번 간구와 거부당함. 역사상 예수님의 제자 중에 가장 위대한 제자가 바울입니다. 그러나 바울은 교만해질 소지를 많이 가지고 있습니다. 우선 가문으로 보면 가문이 엄청나게 좋아요. "팔일 만에 할례를 받은 자로서 이스라엘의 족속이요, 베냐민 지파의 사람이요 히브리인 중의 히브리인이요, 율법으로는 바리새인이요 흠이 없는 사람"이었습니다. 또한 당시 모든 백성에게 존경을 받는 가말리엘 제자이며 율법이 흠이 없고 이처럼, 그는 훌륭한 가문과 철학과 문학과 뜨거운 신앙을 가진 위대한 인물이었습니다. 장래가 총망 되는 유대인이었습니다. 게다가 예수님을 믿고 난 다음에도 하나님의 계시를 엄청나게 받았습니다. 그러므로 하나님은, 바울이 자만하지 않게 하려고 그에게 가시를 주셔서 극렬하게 꺾으셨습니다. 성경은 말하기를 사탄의 사자가 자기를 습격해 와서 바울이 너무 고통스러워서 세 번 사탄의 사자를 물리쳐 달라고 하니까 세 번째 하나님 말씀하기를 "내 은혜가 네게 족하도다. 이는 내 능력이 약한 데서 온전하여짐이라" 그렇게 응답했습니다.

네가 사탄의 공격을 받아서 약하지만은 네가 약할 때 내 은혜가 더 강하다. 지금 상태로써 만족하게 여기라는 것입니다. 그 바울이 자기 몸의 치료를 위해서 세 번 기도해서 하나님 거절당했습니다. 바울이라는 위대한 종이 하나님께 기도하면 언제나 응답받는 사람이 자기 병에 대해서는 응답을 받지 못했습니다. 왜 하나님이 사탄의 사자를 주어서 바울을 밤낮 치게 만들었냐하면 자만하거나 교만하지 않도록 하기 위해서 그런 것입니다. 내가 고통스러워 견딜 수가 없는데 고린도후서 12장 7절로 8절에 "여러 계시를 받은 것이 지극히 크므로 너무 자만하지 않게 하시려고 내 육체에 가시 곧 사탄의 사자를 주셨으니 이는 나를 쳐서 너무 자만하지 않게 하려 하심이라 이것이 내게서 떠나가게 하기 위하여 내가 세 번 주께 간구하였더니" 하나님이 내 은혜가 내게 족하다고 대답을 했습니다. 잠언서 16장 18절에 "교만은 패망의 선봉이요 거만한 마음은 넘어짐의 앞잡이니라" 좀 성공한 사람이 넘어지는 가장 큰 이유는 교만입니다. 교만보다 두려운 것이 없습니다. 고난당한 자는 기도할 것이요, 고난당할 때 더 기도하고 깨어지는 것입니다. 성령 안에서 온몸기도를 하니까, 보물인 예수님으로 채워지니 5차원의 권세가 나타나고 강건해지는 것입니다.

둘째, 하나님의 은혜에 더욱 의지하기 위하여. 고난은 더욱더 하나님의 은혜에 의지하기 위하여 오는 것입니다. 고난당하는 것은 더 기도해라! 더 하나님을 의지해라! 지금도 기도했지만 더 기도해라! 더 의지하라! 야고보서 5장 13절에 "너희 중에 고난당하는 자가 있느냐 그는 기도할 것이요" 고린도후서 1장 9절에 "이는 우리로 자기를 의지하지 말고 오직 죽은 자를 다시 살리시는 하나님만 의지하게 하심이라"고 했습니다.

존 번연(John Bunyan)은 "시험과 고난은 우리가 하나님을 찾게 한다."고 말했습니다. 시험과 고난이 다가오면 우리가 하나님을 찾아요. 마틴 루터는 "시련이 없고 모든 것이 순조로울 때가 가장 위험한 시련이다. 왜냐하면 그때 인간은 하나님을 망각하고자 하는 유혹을 받게 되기 때문이다."라고 말한 것입니다. 시련 없을 때가 가장 무서운 시련이에요. 고통과 시련이 있을 때에는 늘 하나님을 찾고 깨어지는데 고난이나 시련이 없으면 하나님을 잊어버릴 위험이 있다는 것입니다. 열 가지 시련보다 시련 없는 삶이 더 위험한 것은 평안하다. 평안하다. 할 때 하나님을 잊어버리기가 쉽기 때문인 것입니다.

C. S 루이스(Clive Staples Lewis)는 이렇게 말했습니다. "왜 고난이 있는가, 그것은 대부분의 사람들이 큰일을 당하기 전까지는 하나님의 음성에 대해 무관심하기 때문이다. 고난은 이런 인생을 향하여 하나님의 뜻을 전달하는 확성기이다." 고난은 우리에게 정신을 번쩍 차리고 정신 차려라! 하나님 확성기입니다. 우리의 연약과 고난 때문에 우리는 더욱 기도하고 더욱 하나님의 은혜

를 의지하려고 해야 됩니다.

그러므로 하나님께서는 우리가 더욱 부르짖어 기도하여 하나님의 은혜 안에 머물도록 우리에게 고난의 가시를 주는 것입니다. 자신이 나약하다는 것을 알면 기도하지 않을 수가 없기 때문에 약한자를 축복하시는 예수님이 되시는 것입니다. 우리가 저버리고 나가지 못하게 하기 위해서…. 삶에 힘을 얻는 스위치를 내게서 뽑아서 예수님께만 꼽도록 하는 것입니다. 고난당하기 전에는 삶의 스위치를 내게 꼽아 놓는 것이 보통입니다. 그러나 고난당하면 내가 고난을 견딜 수 있는 힘이 없기 때문에 이 스위치를 뽑아 가지고서 예수님께 스위치를 꼽아야 되는 것입니다. 자신은 전류가 너무 약하다는 것을 알기 때문에 예수님이라는 강한 전기에 스위치를 꼽아서 큰 에너지를 얻어야 되는 것입니다.

시편 121편 1절로 2절에 "내가 산을 향하여 눈을 들리라 나의 도움이 어디서 올까 나의 도움은 천지를 지으신 하나님에게서로다" 하나님만이 나의 진정한 도움이 되시는 것입니다. "예수 그리스도는 어제나 오늘이나 영원토록 동일"하십니다(히 13:8). 옛날에 그리스도께서 인생 가운데 오셔서 인간을 도우신 주님은 지금도 똑같이 우리를 도와주시기 위해서 우리 곁에 와 계신 것입니다. 고린도전서 15장 10절에 "내가 나 된 것은 하나님의 은혜로 된 것이니 내게 주신 그의 은혜가 헛되지 아니하여 내가 모든 사도보다 더 많이 수고하였으나 내가 한 것이 아니요, 오직 나와 함께 하신 하나님의 은혜로라" 얼마나 좋은 것을 깨달았습니까?

"내가 나 된 것은 하나님의 은혜로다." 바울선생은 굉장한 사도입니다. 대 신학자요, 대사도요, 하나님의 권능 있는 종입니다. 그러나 바울은 말하기를 "내가 나 된 것은 내가 잘나서 된 것이 아니라. 내 속에 주인으로 들어오신 하나님의 은혜가 나를 이렇게 만들었다. 하나님의 은혜가 이렇게 만들었다. 나는 아무것도 아니다. 나는 이렇게 될 수 없다. 내 속에 들어온 하나님의 은혜가 그렇게 만들었다." 그것을 어떻게 깨달았느냐. 고난을 당해서 괴로움 속에서 자기의 무능력을 깨닫고 하나님의 은혜만이 자기를 지금까지 일으켜 세워줄 수 있다는 것을 깨닫게 된 것입니다. 자신도 자신 된 것은 하나님의 은혜가 들어와서 만든 것입니다. 자신이 잘나서 된 것 아닙니다.

하나님께서 기도 안하는 사람에게 기도를 시키는 유일한 길은 고통을 주는 것입니다. 괴로움이 다가오는 것입니다. 그것이 마음의 괴로움이든 육체의 괴로움이든 생활의 괴로움이든 괴로움 당하면 기도 안할 사람 아무도 없어요. 고통스러운데 기도 안 할 사람 누가 있습니까? 그러므로 여러 가지 고통이 다가오면 기도하라는 하나님의 묵시인줄 알아야 되는 것입니다. 그래야 그리스도의 능력이 머물러 있게 됩니다. 기도를 해야 주님의 능력이 머물러 있을 수가 있습니다. 고린도후서 12장 9절에 "나에게 이르시기를 내 은혜가 네게 족하도다 이는 내 능력이 약한 데서 온전하여짐이라 하신지라. 그러므로 도리어 크게 기뻐함으로 나의 여러 약한 것들에 대하여 자랑하리니 이는 그리스도의 능력이 내게 머물게 하려 함이라” 기도하며 의지해야 주님이 능력을 주시지 의지 안하는데 어떻게 능력을 줍니까? “우리가 의지할 때 하나님 능력을 주신다.” 내가 자신만만하고 하나님 의지 안 해도 내가 할 수 있다고 생각하는 사람에게는 능력을 안주시는 것입니다. 그러면 하나님을 의지하는 사람 자기가 약하다고 느껴야 하나님을 의지하게 되는 것입니다. 그러므로 하나님이 그를 약하게 만들어서 자기 무능력을 알고 하나님께 의지하도록 만들어 주는 것입니다.

베드로전서 5장 10절에 “모든 은혜의 하나님 곧 그리스도 안에서 너희를 부르사 자기의 영원한 영광에 들어가게 하신 이가 잠깐 고난을 당한 너희를 친히 온전하게 하시며 굳건하게 하시며 강하게 하시며 터를 견고하게 하시리라” 고난을 통해서 온전하게 하시고 굳건하게 하시고 강하게 하시고 터를 굳게 만들어 주시는 것입니다. 하나님의 나라 살아계신 하나님의 성전이 되게 하십니다.

미국의 정신과 전문의인 에릭 린드맨(Erick Lindman)박사는 고난당한 사람들을 대상으로 설문 조사를 했습니다. 그 결과 고난당한 사람들의 85%는 자신의 고난이 결국 축복이 되었다고 대답했습니다. 그 이유를 이렇게 설명했습니다. 첫째, 고난 때문에 나쁜 습관을 고칠 수 있었고, 담배 자꾸 피는 사람 아무리 피지 말라고 해도 피는데 암이 걸리면 끊어 버립니다. 고난을 통해서 나쁜 습관을 버리는 것입니다. 둘째, 고난으로 가정과 신앙, 사랑을 회복했다. 고난당하기 전에 가정을 등한이 하고 허랑방탕하던 사람이 고난 당하고 매를 맞으니까 정신이 번쩍 들어서 회개하고 가정으로 돌아오고 정신을 차린다. 셋째, 고난을 극복하기 위해 노력한 결과 인생이 새로워졌고 원망과 불평을 하던 삶이 감사하는 삶으로 바뀌게 되었다. 고난스러우니까 고난을 피하기 위해서 회개하고 자복하고 새로운 사람이 되고 노력해서 행복을 발견하고 감사를 발견하게 되었다는 것입니다.

독일의 시인 괴테(Johann Wolfgang von Goethe)는 이렇게 말했습니다. "고난이 남기고 간 뒤를 보라. 그 고난의 발자국들이 지나간 자리가 기쁨으로 가득 차고 넘치게 된다." 참 놀라운 말 아닙니까? 지나간 옛날을 돌아볼 때 고난의 발자국이 기쁨으로 충만하게 되어 있다. 고난 받은 것이 유익이라. 고난 받기 전에는 잘못되었더니 고난 받고난 이후에는 잘되었다. 우리의 연약함과 고난은 우리 삶의 방향을 바꾸어 터닝 포인트가 될 수 있습니다. 일생에 큰 변화 받는 시점이 언제냐, 다 그렇지는 않지만 대개가 고난이 다가왔을 때 우리 인생에 터닝 포인트가 오는 것입니다.

우리 인생이 들어서는 것입니다. 번데기가 고치를 뚫고 나와야 비로소 아름다운 나비가 되는 것과 같습니다. 고통이나 고난당할 때는 괴롭지만, 그로 인해 우리는 더욱 기도하며 예수님만 의지하고 주님께 나오므로 번데기 된 우리가 보물인 예수님으로 충만하게 채워져서 나비가 되어서 날게 만들어 주는 것입니다.

셋째, 바울을 약하게 하는 원수들. 바울이 나를 약하게 한 원수가 어떤 것이라고 말했습니까? 성경 고린도후서 12장 10절에 "그러므로 내가 그리스도를 위하여 약한 것들과 능욕과 궁핍과 박해와 곤고를 기뻐하노니 이는 내가 약한 그 때에 강함이라" 바울을 약하게 하는 것들이 어떤 것이냐. 제일 첫째가 약한 것입니다. 바울은 몸이 약했어요. 몸이 약했기 때문에 이게 자기에게 다가온 큰 가시였습니다. 몸이 약하니까 하나님께 끊임없이 기도하며 의지해야 되었습니다. 고린도후서 10장 10절에 "그들의 말이 그의 편지들은 무게가 있고 힘이 있으나 그가 몸으로 대할 때는 약하고 그 말도 시원하지 않다"

실제 바울을 만나보면 너무 허약하고 말도 더듬거리고 그런데 그 편지를 보면 장엄하고 힘이 있다. 몸으로 대할 때는 약한데 편지를 보면 강하다. 바울은 그것이 그를 약하게 하는 고난 중에 첫째인 것입니다. 약한 것이. 그 다음은 능욕입니다. 업신여기며 욕을 보는 것입니다. 가는 곳마다 바울을 능욕했습니다. 업신여기고 욕보였습니다. 마귀가 따라다니면서 그렇게 만들었습니다.

고린도후서 11장 23절에 "그들이 그리스도의 일꾼이냐 정신없는 말을 하거니와 나는 더욱 그러하도다. 내가 수고를 넘치도록 하고 옥에 갇히기도 더 많이 하고 매도 수없이 맞고 여러 번 죽을 뻔을 당했다." 그러므로 가는 곳마다 업신여김을 당하고 욕보임을 당했었습니다. 마태복음 5장 11절로 12절에는 "나로 말미암아 너희를 욕하고 박해하고 거짓으로 너희를 거슬러 모든 악한 말을 할 때에는 너희에게 복이 있나니 기뻐하고 즐거워하라 하늘에서 너희의 상이 큼이라" 이 세상에서 복음전하다가 능욕 당하는 사람은 하늘에서 상이 큽니다. 그 다음에 바울은 욕됨이라고 말한 것입니다. 욕됨이란 궁핍을 말하는 것입니다.

고린도후서 11장 27절에 "또 수고하며 애쓰고 여러 번 자지 못하고 주리며 목마르고 여러 번 굶고 춥고 헐벗었노라" 복음을 전하러 정처 없이 돌아다니니까 어디 한곳에 오래 있어야 먹기도 하고 입기도 하고 쉬기도 하겠는데 자꾸 돌아다니니까 그러지 못하지 않습니까? 수고하고 애쓰고 못자고 주리고 목마르고 굶고 헐벗은 생활 이것이 매일 고난과 고통이 됩니다. 그때마다 성령으로 기도를 해야 됩니다. 자지 못할 때, 주리며 목마르고 굶고 배고플 때 하나님 물을 주시옵소서. 음식을 주시옵소서. 쉴 수 있도록 해주시옵소서. 하나님! 어떻게 해야합니까? 하나님께 기도해서 하나님의 지혜와 도움을 받아가지고 살았습니다.

베드로전서 4장 14절에 "너희가 그리스도의 이름으로 치욕을 당하면 복 있는 자로다 영광의 영 곧 하나님의 영이 너희 위에 계심이라" 그 다음에는 바울이 다가오는 것은 박해였습니다. 힘이나 권력 따위로 약한 사람을 괴롭게 하고 해를 입히는 것이 박해인데, 고린도후서 11장 24절로 25절에 "유대인들에게 사십에 하나 감한 매를 다섯 번 맞았으며 세 번 태장으로 맞고 한 번 돌로 맞고 세 번 파선하고 일주야를 깊은 바다에서 지냈으며" 참 바울 선생 고통 많이 당했습니다. 복음을 전하기 위해서 그가 당한 고통은 쓰디쓴 고통인 것입니다. 사십에 하나 감한 매를 다섯 번 맞았습니다. 그러니 등허리에 성한 흔적이 없습니다. 세 번 태장으로 맞고 한번 돌로 맞아 죽은 줄 알고 동구 밖으로 끌어 내버려진 적이 있습니다. 세 번 파선당하고 밤낮을 바다에 떠있었습니다. 주님이 철저하게 바울을 죽이셨습니다. 마태복음 5장 44절과 10절에 "너희 원수를 사랑하며 너희를 박해하는 자를 위하여 기도하라"고 했는데 이 박해 당할 때 원수를 위해서 기도한다는 것 큰 짐입니다. 가시와 엉겅퀴입니다. 힘든 일인 것입니다. "의를 위하여 박해를 받은 자는 복이 있나니 천국이 그들의 것임이라" 박해의 결과 천국이 그들 것이지만 박해를 이겨나가는 것처럼 힘듭니다.

그 다음 곤고함입니다. 형편이 처지가 곤란하고 고생스러운 것이 곤고함인데요. 고린도후서 11장 26절에 "여러 번 여행하면서 강의 위험과 강도의 위험과 동족의 위험과 이방인의 위험과 시내의 위험과 광야의 위험과 바다의 위험과 거짓 형제 중의 위험을 당하고" 가는 곳마다 위험 안한 데가 없어요. 바울 선생이 복음을 전할 때는 요사이와 같이 문명한 시대가 아닌 미개한 시대였었습니다. 강을 건너가는데도 교량이 없으니까 떠내려갈 위험을 당하고 가는 곳마다 강도들이 득실거리고 유대인들은 바울을 언제나 잡아 죽이려고 하고 이방인들은 복음을 못 전하게 위협을 하고 시내의 위험을 당하고 광야에 가면 광야의 위험이 있고 바다에 가면 바다의 위험이 있고 거짓 형제 중에 위험을 당하고….

로마서 8장 35절로 37절에 "누가 우리를 그리스도의 사랑에서 끊으리요. 환난이나 곤고나 박해나 기근이나 적신이나 위험이나 칼이랴, 그러나 이 모든 일에 우리를 사랑하시는 이로 말미암아 우리가 넉넉히 이기느니라" 바울이 그렇게 큰 어려움을 겪고 난 다음에도 그리스도에 대한 사랑을 끊을 수 없는 것을 체험했기 때문에 이런 말을 담대하게 말할 수가 있는 것입니다. 우리가 온 세상 모든 것 다 가져도 내가 하나님을 중심에 모셔놓지 않으면 언제나 허전한 것이 있습니다.

아무리 큰 부자도 그 마음 중심에 허전한 것이 있고 아무리 권력자도 마음에 허전함이 있습니다. 아무리 훌륭한 남편을 모시고 살고 천하 절세미인을 데리고 살아도 마음이 허전합니다. 어떻게 압니까? 솔로몬보고 물어보면 압니다. 솔로몬 어떻습디까? 마누라를 솔로몬은 천명을 거느렸습니다. 한명이면 충분할 것 같은데 천명을 거느렸습니다. 그렇다고 만족했습니까? 만족 안했습니다. 온갖 호화찬란한 궁전을 짓고 호의호식해도 나중에 뭐라고 했습니까? 헛되고, 헛되고 또 헛되고 헛되니 모든 것이 헛되도다. 우리 마음속에 하나님이 중심에 잡고 계시지 않으면, 예수님이 마음에 주인되어 계시지 않으면 모든 것이 헛된 것입니다.

그러므로 누가 우리를 그리스도의 사랑에서 끊으리오. 아무리 환난이 다가오고 곤고하고 박해 기근 적신이나 위험이나 칼이 와도 우리가 예수님을 사랑하면 그리스도의 사랑으로 인하여 이 모든 것을 극복하고 넉넉히 이길 수가 있다는 것입니다. "예수 사랑하심은 거룩하신 말일세. 우리들은 약하나 예수 권세 많도다." 예수님 참 좋습니다. 예수님 보다 더 좋은 것이 어디 있습니까? 배의 돛대는 항해할 때 강풍이 불어도 부러지지 않아야 하기 때문에 제일 단단한 나무를 씁니다. 그래서 돛대를 쓸 나무를 미리 선정해서 키웁니다. 높은 산에 올라가서 돛대가 될 나무를 선정을 해놓고 난 다음 그 주위에 있는 모든 방파제가 될 수 있는 나무를 다 베어 버립니다.

그래서 바람이 불고 눈보라치는데 노출되도록 만들었습니다. 이러면 산꼭대기에 있는 나무가 바람을 맞고 눈보라를 맞고 어려운 환경 가운데서 자라면 굉장히 강하게 자라는 것입니다. 튼튼하게 자라요. 그것을 베어다가 돛대를 만들어 놓으니까 바다에 바람이 아무리 불어도 돛대가 부러지지 않습니다. 바람 분다고 해서 돛대가 뚝하고 부러지는 날이면 적막강산 (寂寞江山)입니다. 돛대가 안 부러지는 것은 그렇게 어려운 시련을 겪었기 때문에 튼튼하고 강하게 되는 것입니다. 이렇게 10년을 키운 후에 그 나무를 잘라서 배의 돛대를 만들면 이 돛대는 어떤 강풍과 풍랑을 만나도 흔들리지 않는 견고한 돛대가 되는 것입니다. 우리들도 한가지인 것입니다. 우리들을 약하게 만드는 여러 가지 원수가 있습니다. 가정과 사업의 문제, 가난과 질병의 문제, 우리 몸의 연약한 것, 능욕, 욕됨, 박해, 곤고 등이 다가와서 우리를 약하게 합니다.

그러나 이 모든 고통의 원수들은 결국 우리를 어떠한 비바람이 불어와도 꿈쩍도 하지 않는 강력한 하나님의 믿음의 군대로 만들어 놓고 마는 것입니다. 우리가 생각하기는 시련과 환난과 고통과 괴로움이 패배한 신자로 만들 것 같은데 세월이 지나고 보면 능력 있고 강하고 흔들리지 아니하고 위대한 신앙인은 고통으로 말미암아 만들어지는 것입니다. 하나님은 약하고 무능한 사람을 훈련하여 사용하시고, 강하고 똑똑한 사람이면 인간의 무능을 깨닫게 하신 후에 사용하시는 것입니다. 그러므로 절대로 학교 공부 많이 못했다고 아이큐가 낮다고 자신의 환경이 나쁘다고 낙심하지 마십시오. 하나님은 무능력하고 무력하고 힘이 없을 때 주님을 찾게 되고 의지하게 되고 하나님이 나를 위하시면 누가 나를 대적하리요, 강력한 하나님의 그릇이 되게 해 주시는 것입니다. 하나님을 찾고 찾으니 영이신 하나님이 충만하게 채워집니다.

강하고 똑똑한 사람이면 하나님이 환란과 고통과 시련을 보내어서 얼마나 무능력하고 무력하다는 것을 깨닫게 해주시는 것입니다. 고난을 통해서 무능력한 자기를 발견하고 하나님 앞에 엎드리게 만들어 주는 것입니다. 그러므로 너무 똑똑하고 너무 훌륭한 사람은 하나님이 사용할 때 굉장히 고통을 주십니다. 하나님이 자신을 사용하게 하려면 자기가 없어지고 자신의 똑똑함이 없어지고 하나님의 똑똑함이 나타나고, 내가 무기력해야 하나님의 능력이 나타나는 것입니다. 아무리 촛불이 밝다고 해도 대낮에 무슨 촛불이 밝습니까? 밤이 되어야 촛불이 밝지요. 어두울수록 촛불의 효과를 발생하는 것입니다. 그런데 대낮에 아무리 내가 밝은 전등불이 되어서 흔들어도 재껴도 전등불이 안보입니다.

그러나 우리는 전등불이 아닌 호롱불이 되어도 밤에 켜놓으면 꽤 역할을 하거든요, 호롱불이 하나님만 주인으로 모시고 있으면 약하고 무능해도 하나님이 우리를 도우시는 것입니다. "하나님이 우리를 위하시면 누가 우리를 대적하리요 그 아들을 우리에게 주신 이가 그 아들과 함께 무엇을 선물로 주지 아니하시겠느냐." 죽은 자를 살리시고 없는 것을 있게 하시는 하나님은 그리스도 예수 안에서 우리 편이 되어 있는 것입니다. "지존자의 은밀한 곳에 거하는 자는 전능자의 그늘 아래 거하리로다." 지존자는 하나님인데 그 은밀한 곳은 예수님인 것입니다. 하나님의 비밀인 예수 그리스도 안에 있으면 우리는 전능자의 그늘 아래 거합니다. 그러면 우리는 담대하게 말할 수 있어요. "하나님은 나의 피난처요, 나의 요새요, 나의 의뢰하는 하나님이라. 하리니, 이는 저가 너를 새 사냥꾼의 올무에서와 극한 염병에서 건지실 것이다. 그 하나님이 계시므로 나는 밤에 놀람과 낮에 흐르는 살과 흑암 중에 행하는 염병과 백주에 황폐케 하는 파멸을 두려워 아니하리로다. 천인이 네 곁에서, 만인이 네 우편에서 엎드러지나 이 재앙이 네게 가까이 못하리로다" 분명하게 하나님이 말씀하셨어요. "저가 나를 사랑하니 내가 저를 건지리라. 저가 내 이름을 안즉 내가 저를 높이리라. 저가 내게 간구하리니 내가 응답하리라. 저희 환난 때에 내가 저와 함께하여 저를 건지고 영화롭게 하리라. 내가 장수함으로 저를 만족케 하며 나의 구원으로 보이리라" 이런 하나님이 계시는데 우리가 무엇을 두려워하는 것입니까? 하나님께서 우리를 깨뜨려 복종케 하시는 것은 은혜를 더욱 부어주셔서 하나님의 크신 그릇이 되게 하기 위한 것입니다. 하나님은 약하고 무능한 사람을 훈련하시고 단련하시고 축복하시고 사용하십니다.

17장 고난을 통하여 기도꾼 만드시는 예수님

(시 91:15-16)"그가 내게 간구하리니 내가 그에게 응답
하리라 그들이 환난 당할 때에 내가 그와 함께 하여 그를
건지고 영화롭게 하리라. 내가 그를 장수하게 함으로 그를
만족하게 하며 나의 구원을 그에게 보이리라 하시도다"

우리는 고난당하고 고통당할 때 원망하거나 불평할 것이 아니
라, 그것이 결과적으로 내게 유익이라고 믿고, 더욱 겸손해지고
하나님을 의지하며 성령으로 기도하며 나아가야 합니다. 그럴 때
위기는 우리 삶에 축복으로 변화되는 것입니다. 축복의 길은 고난
의 광야를 지내야 다가오는 것입니다. 우리는 모두 다 축복해 달
라고 기도합니다. 하나님은 축복해 주시기를 원하십니다. 그러나
반드시 축복이 있는 가나안 땅에 가기 전에 광야를 지나야 되는
것입니다. 광야가 없는 축복은 결코 없습니다.

정신과 전문 의사 에릭린드맨 박사는 위기를 당한 사람들을 조
사해 보았습니다. 병들고, 사업에 실패하거나 사회적으로 어려
움을 당한 사람들, 위기를 당했던 사람들을 조사한 결과 그들의
85%가 위기가 축복이 되었다는 것을 결론 얻게 되었습니다. 위기
를 당하면 사람들은 위기를 극복하기 위해 나쁜 습관을 고치고,
가정의 분위기를 바로잡고, 신앙생활을 더욱 철저히 하며, 자기관
리에 관심을 집중하고, 시간과 물질을 절약했습니다. 그 결과 인
생이 새롭게 변화되거나 발전하고 성장했다는 것입니다.

첫째, 고난은 회개를 위한 지팡이다. 우리는 고난의 지팡이에 얻어맞을 때, 고난이 내 잘못으로 당하는 것이라고 회개하게 되는 것입니다. 무엇보다도 무엇을 잘못했는가, 회개와 기도가 등한이 되었다는 것을 누구든지 느낄 수가 있는 것입니다. 말씀과 기도를 게으르게 한 죄를 깨닫지 않는 사람은 없습니다. 시편 119편 59절로 60절과 71절에 보면 "내가 내 행위를 생각하고 주의 증거들을 향하여 내 발길을 돌이켰사오며 주의 계명들을 지키기에 신속히 하고 지체하지 아니하였나이다. 고난당한 것이 내게 유익이라. 이로 말미암아 내가 주의 율례들을 배우게 되었나이다" 고난당하기 전에는 하나님의 율례를 한쪽귀로 듣고 한쪽 귀로 흘려듣고 했는데 고난을 당하면 마음에 깨달음이 와서 하나님의 말씀을 생각하게 되고 자신의 진면모를 정확하게 깨닫고 이제는 깊이 말씀을 따라서 살겠다고 새로운 각오와 결심을 하게 된다는 것입니다.

시편 34편 17절로 19절에 보면 "의인이 부르짖으매 하나님께서 들으시고 그들의 모든 환난에서 건지셨도다. 하나님은 마음이 상한 자를 가까이 하시고 충심으로 통회하는 자를 구원하시는 도다. 의인은 고난이 많으나 하나님께서 그의 모든 고난에서 건지시는 도다" 우리가 생각할 것은 세상에 환난과 고난만 있는 것이 아니라, 환난과 고난이 있으면 그것을 건지는 하나님이 항상 같이 계신다는 것입니다. 환난과 고난이 없는 사람은 하나님을 만나볼 수가 없습니다. 그릇이 있어야 물을 담을 수 있는 것과 같이 환난과 고난은 하나님을 만날 수 있는 그릇인 것입니다. 환난이 다가오면 외롭고 괴롭다고 생각하지만 하나님이 계시다는 것을 깨닫게 되고 하나님을 찾으며 부르짖으니 그때 하나님이 찾아오시는 것입니다. 그때 기도하고 부르짖으면 하나님을 만나게 되는 것입니다. 우리 인생에 가장 중요한 것은 하나님을 만나보는 것입니다. 그러면 인생이 달라지는 것입니다. 하나님을 만날 수 있는 장소가 바로 환난과 고난과 고통인 것입니다. 기쁘고 좋고 평안할 때는 하나님이 필요 없으니까요. 하나님 없이도 잘 살 수 있지 않습니까? 그러나 내가 환난과 고난당하여 내 힘으로 일어날 수 없을 때는 하나님을 찾게 되니까 하나님이 나타나시는 것입니다.

둘째, 고난은 하나님을 찾게 한다. 영국의 기독교 작가 C.S. 루이스는 고난의 이유에 대하여 이렇게 말했습니다. "고난이 있는 것은 대부분의 사람들이 큰일을 당하기 전까지는 하나님의 음성에 무관심하기 때문이다. 고난은 이런 인생을 향하여 하나님의 뜻을 전달하는 확성기다." 아무리 말을 해도 몰라봅니다. 안 들어요. 그러니까 하나님이 고난이라는 확성기를 귀에다 탁 대고 이래도 안 들리느냐? 들립니다. 그러면 회개하게 되고 돌이키게 되는 것입니다. 이 세상사는 사람치고 죄가 없는 사람 누가 있습니까? 하나님의 뜻을 온전히 지키는 사람이 어디에 있습니까? 다 잘못이 있습니다. 하나님께서는 달래서 올바르게 되기를 원하나 우리가 그 말을 듣지 아니하므로 환난과 고난이라는 확성기를 대놓고 하나님이 고함을 치시는 것입니다.

그러면 우리가 회개하게 됩니다. 많은 사람들이 고난을 만났을 때에야 비로소 하나님의 뜻을 찾고 기도하는 것을 보게 되는 것입니다. 저도 목회하는 목사이면서도 고난을 당하면 더 기도하게 되는 것입니다. 편안할 때는 기쁘고 즐거움에 쌓여서 회개할 줄 모릅니다. 그러나 고난과 고통을 당하면 하나님을 부르며 회개하게 되는 것입니다. 고난은 하나님의 도우심을 구하기 위하여 하는 것입니다. 고난이 다가오면 하나님의 도우심을 우리가 간절히 찾게 되는 것입니다. 고난은 자기 교만과 오만을 회개하게 하는 것입니다.

성경에 보면 하나님이 선지자 요나에게 앗수르의 수도 니느웨에 가서 회개하지 아니하면 40일 만에 그 성을 멸망시키겠다고 경고하라고 했습니다. 그런데 앗수르는 이스라엘을 늘 침공하고 이스라엘을 괴롭히기 때문에 요나는 이 하나님의 말씀을 듣자 뛸 듯이 기뻤습니다. 이때야말로 앗수르를 멸할 수 있는 기회가 왔구나. 내가 무엇 때문에 원수의 나라가 회개하라고 경고할 필요가 있느냐. 그래서 니느웨로 가는 배를 타지 않고 정 반대인 다시스로 가는 배를 탔습니다. 그리고 난 다음 배안 제일 밑 칸에 내려가서 잠이 들었습니다. 그런데 그 배가 바다로 떠나가자 큰 파도가 쳤습니다. 하나님이 가는 길을 막았습니다. 온 배가 파선에 이르게 되니까 선원들이 잠자는 요나를 깨워서 "당신은 누구이기에 여기서 잠을 자느냐? 당신의 신은 누구냐. 무엇 때문에 이런 풍파가 왔느냐." "요나가 내가 니느웨에 가서 회개하지 아니하면 40일 만에 망한다는 예언을 하라고 했는데 그것을 안 하고 도망치다가 이렇게 되었다." 그러면 어떻게 하면 되느냐. "나를 들어서 물에 던져라." 죽더라도 니느웨에 가서 경고하지 않겠다는 것입니다. 그만큼 유대민족들은 앗수르를 미워했습니다.

그래서 그들은 안 되었지만, 우리들이 살기 위해서 이 사람을 물에 던져야 되겠습니다. 물에 던지니까, 하나님은 예비하신 하나님이라 큰 물고기를 예비해서 덥석 삼켜 버렸습니다. 그렇지 않더라도 배가 고파서 요깃거리 없느냐. 배를 따라오던 물고기가 얼씨구나 좋다고 삼켜 버렸습니다. 그런데 하나님이 같이 계시면 물고기 뱃속에 들어가도 소화가 안 되는 것입니다. "하나님이 집을 세우지 아니하시면 세우는 자의 수고가 헛되며 하나님이 성을 지키지 아니하시면 파수꾼의 경성함이 허사로다 너희가 일찍이 일어나고 저녁에 늦게 누우며 고생이 떡을 먹음이 헛되도다." 하는 것 같이 하나님이 같이 있어야 행복해지고 하나님이 함께 하셔야 결과가 좋습니다. 하나님 없이 장관이 되어도, 지사가 되어도, 백만장자가 되어도, 별 수 없이 순식간에 떠나가 버리고 마는 것입니다. 하나님이 같이 계시니까 요나가 물고기 뱃속에 들어가도 소화가 안 됩니다. 물고기는 소화를 시키려고 3일 동안 떴다가 내려갔다가 온갖 몸부림을 다 칩니다. 요나도 소화가 되었음 되었지 니느웨에 가서 복음은 전하지 않겠다고 결심을 했는데 소화가 되기는커녕 3일 동안 어지러워서 견딜 수가 없습니다. 물고기가 하도 발버둥을 치니까. 그래서 물고기 뱃속에서 그가 회개를 하니까 어떠한 형편에 처하든지 회개하면 하나님이 들어주시는 것입니다. 만일 우리가 우리 죄를 자백하면 저는 미쁘시고 의로 우사 우리 죄를 사하시며 모든 불의에서 우리를 깨끗케 하실 것이라고, 하나님이 우리에게 고통을 당하게 하는 것은 우리를 멸하기 위해서 고난을 주시는 것이 아니라 회개시키기 위해서 고통을 당하게 하시는 것입니다. 회개하면 하나님이 우리를 놓아 주시는 것입니다. 요나서 2장 1절로 2절에 보면 "요나가 물고기 뱃속에서 그의 하나님 여호와께 기도하여 이르되 내가 받는 고난으로 말미암아 여호와께 불러 아뢰었더니 주께서 내게 대답하셨고 내가 스올의 뱃속에서 부르짖었더니 주께서 내 음성을 들으셨나이다" 회개하면 하나님이 들으시지 않습니까? 역대하 7장 13절로 14절에 보면 "혹 내가 하늘을 닫고 비를 내리지 아니하거나 혹 메뚜기들에게 토산을 먹게 하거나 혹 전염병이 내 백성 가운데에 유행하게 할 때에 내 이름으로 일컫는 내 백성이 그들의 악한 길에서 떠나 스스로 낮추고 기도하여 내 얼굴을 찾으면 내가 하늘에서 듣고 그들의 죄를 사하고 그들의 땅을 고칠지라" 하나님은 우리의 잘못을 인해서 꾸짖으시되 잘못에서 돌아서기 위해서 꾸짖은 것이지 멸하시기 위해서 꾸짖지 않으시는 것입니다. 땅에서 회개하면 하늘에서 들으시고 하나님께서 도와주신다는 것입니다.

하나님은 좋은 하나님이신 것입니다. 영혼이 잘되고 범사에 잘되며 강건하고 생명을 얻되 풍성히 얻게 하기 위해서 우리들을 부르시고 내세운 것이지 잘못되게 하기 위해서 주님이 내던져 버린 것은 아닌 것입니다. 주님께서 우리 보고 하신 말씀이 '두려워 말라. 내가 너를 구속하였고 내가 너를 지명하여 불렀나니 너는 내 것이다.' 하나님이 내 것이라고 하는 것입니다. 자신은 자신의 것이 아니라, 하나님의 것인 것입니다. 그러므로 항상 어려운 일을 당할 때나 좋을 때나 어려울 때나 "하나님! 나는 하나님의 것입니다. 나는 기쁘고 즐겁습니다. 많이 기쁘고 많이 즐겁습니다." 그러면 몸속에 기쁨을 가져오고 행복을 가져오는 호르몬이 분출되어서 굉장히 기뻐지고 행복해지는 것입니다. 결코 부정적인 되지 마시기 바랍니다. 우리 하나님께서는 우리가 긍정적이고 적극적이고 창조적인 말을 할 때 우리와 같이 하셔서 축복해 주시는 것입니다. 우리가 환난을 당할 때 하나님께서 우리를 버린다고 생각하면 안 되는 것은 환난은 하나님의 은혜를 담는 그릇인 것입니다. 그릇이 없으면 은혜를 담을 수가 없습니다. 인생을 살면 고난을 당하고 쓰디쓴 고난을 당하고 있으면 그 쓰디쓴 고난의 잔을 어떻게 하는 것입니까? 주님이 은혜를 주어서 달게 만들어 버리는 것입니다. 은혜가 고난을 달게 만드는 것입니다. 고난이 있어야 은혜를 주십니다. 고난이 없는 데는 은혜를 줄 필요가 없습니다. 은혜는 무엇을 하는 것이냐. 고난을 달게 변화시키는 하나님의 약인 것입니다.

그러므로 고난당했다고 버림받은 것이 아니고, '하나님 내가 고난 중에 있사오니 나를 도와주셔서 은혜를 주시옵소서.' "오냐! 은혜를 주마~" 은혜를 부어 주시면 고난이 달아 지고 마는 것입니다. 그러므로 우리 주 예수 그리스도를 믿고 하나님의 자녀가 된 사람은 좋을 데는 좋아서 좋고 어려울 때는 부르짖으면 하나님이 성령으로 고난을 제어해줄 은혜를 부어주시매 좋은 것입니다.

셋째, 고난은 우리로 겸손하고 깨어지게 만들어 온유하게 만들어 주는 것이다. 사람이 깨어지지 않은 사람은 하나님도 못씁니다. 사람은 자아가 깨어져야 되는 것입니다. 깨어지면 낮아지고 겸손해집니다. 하나님의 말씀에 순종을 잘합니다. 자아가 깨어지지 않는 사람은 모든 것이 자기가 옳다고 말하는 것입니다. 사람을 대해 볼 때 이 사람이 깨어 졌나, 안 깨어졌나를 알아볼 때는 대화를 해보면 아는 것입니다. 얼마 안 있다가 무엇이든지 "자기가 옳다. 내가 옳고 네가 나쁘고 세상이 나쁘고 나라도 나쁘고 하나님도 나쁘다. 내가 옳다." 안 깨어진 사람인 것입니다. 깨어진 사람은 모든 면에 "자기가 잘못했다. 자기가 돌이킨다. 자기가 변화되겠다. 자기가 더 노력해 보겠다." 낮아진 사람이 깨어진 사람인 것입니다. 하나님은 자신이 깨어지고 낮아져서 아무것도 스스로 할 수가 없다고 인정하기를 고대하고 계십니다. 자신이 할 수가 없으니 하나님의 말씀에 순종하기 때문입니다.

넷째, 고난당할 때 그 고난을 극복하기 위해 주시는 하나님의 은혜를 받게 하신다. 은혜를 그냥 은혜를 받는 것이 아닙니다. 우리가 어려울 때 은혜 받는 것입니다. 우리가 어렵고 고난당할 때 하나님께 부르짖으면 하나님께서 지혜를 주셔서 순종하면 고난을 물리치는 것이 은혜인 것입니다. 하나님께서는 사도바울 선생이 고난당해서 환난에 죽게 되었을 때 주께 부르짖으니까 내 은혜가 네게 족하다고 한 것입니다. 고난당할 때 하나님께서 자신이 미워서 고난 준다고 생각하지 마십시오. 은혜를 줄 때가 왔기 때문에 고난이 오는 것입니다. 고난이란 그릇은 반드시 은혜를 담는 그릇인 것입니다. 고린도후서 1장 8절로 9절에 "형제들아 우리가 아시아에서 당한 환난을 너희가 모르기를 원하지 아니하노니 힘에 겹도록 심한 고난을 당하여 살 소망까지 끊어지고 우리는 우리 자신이 사형 선고를 받은 줄 알았으니 이는 우리로 자기를 의지하지 말고 오직 죽은 자를 다시 살리시는 하나님만 의지하게 하심이라" 하나님이 성도들을 도와주실 때 일찌감치 도와주시면 좋은데 우리의 체험을 통해서 보면 낙동강까지 떨어지기를 기다리시는 것입니다. 이제는 더 이상 믿을 수도 없습니다. 이제는 더 이상 견딜 수도 없습니다. 이제 하나님 날 버렸어요. 이제는 어찌할 바를 모르겠습니다. 그때 하나님이 깜짝 놀랐지? 내가 여기 있어. 하나님이 그때 은혜를 베풀어 주십니다. 그렇기 때문에 주님께서 참으로 인내하라는 이유가 거기에 있는 것입니다. "끝까지 참아라. 하나님께서 네 짐을 하나님께 맡겨라. 그리하며 저가 이루시고 네 의를 빛같이 나타내시며 네 공의를 정오의 빛같이 하실 것이라"고 했는데 반드시 우리의 공의를 나타내 주실지라도 끝까지 참으시는 것입니다. 아브라함이 이삭을 데리고 모리아 산에 올라가서 재단을 쌓아놓고 장작불을 피워놓고 자기 아들이삭을 잡아서 재물로 드려 불로 태우려고 할 때 마지막에 칼을 들어서 목을 찌르려고 할 때까지 아무 말도 안했습니다. 칼이 목을 향해서 내려가니까 "그만해라! 네가 네 아들이삭을 아끼지 않고 내게 내놓는 것을 보니 네가 나를 참으로 사랑하는 줄 알았다. 내가 이제 정말로 네게 큰 복을 주고 번성하게 하리라." 고린도후서 12장 7절로 10절에 보면 "여러 계시를 받은 것이 지극히 크므로 너무 자만하지 않게 하시려고 내 육체에 가시 곧 사탄의 사자를 주셨으니 이는 나를 쳐서 너무 자만하지 않게 하려 하심이라 이것이 내게서 떠나가게 하기 위하여 내가 세 번 주께 간구하였더니 나에게 이르시기를 내 은혜가 네게 족하도다" 사도 바울 같은 선생을 하나님이 사용하셔서 온 천하에 나가서 복음을 증거하려니까, 굉장히 은혜가 있어야 되는 것입니다. 하나님의 권세와 능력도 따르고 치료의 역사도 따르고 말씀도 깊이 증거하고 훌륭한 주의 종이 되어야 되겠는데 이 은혜를 담으려니까 어떻게 하는 것입니까? 보통은 은혜를 담을 그릇이 없어요. 고난의 은혜의 그릇이니까 바울 선생은 다른 사람보다 더 많은 고난을 당케 해야 은혜를 담을 수가 있는 것입니다.

그러므로 큰 은혜를 달라고 하나님 은혜를 주시옵소서. 주시옵소서. 그러면 하나님이 물어보는 대답이 있습니다. '고난을 참겠느냐.' 고난이 있어야 은혜가 담아지는 것입니다. 그냥 적당히 믿으려면 은혜 달라고 하지 마십시오. 적당히 믿으면 되는 것이지 큰 은혜, 마음에 하나님 나라가 충만해서 기도하면 하나님 음성이 들려오고 기도하면 계시가 나오고 진리가 깨달아지고 능력이 나타나고 하는 이런 것은 반드시 고난의 그릇에 하나님이 은혜의 계시를 부어주시는 것입니다. 그래서 바울 선생보고 바울이 너무 고난을 당하여 괴롭기 때문에 세 번 기도했습니다. 이 육신의 고통을 면해달라고 세 번 기도하니까 "하나님이 내 은혜가 네게 족하도다. 내 은혜를 네가 계속 받아서 유지하고 싶으면 고난을 옮겨주마. 그러나 이 고난이 있어 계속 너를 낮추고 고통을 주면 네가 은혜를 구하기 때문에 은혜로운 사람이 될 수 있다." 그래서 바울은 고난을 택했습니다.

오히려 내가 고난당하고 난 다음 하나님의 은혜를 모시고 살고 싶습니다. 고난당해서 괴로울지라도 이것 없어지지 않아도 좋습니다. 은혜 주시옵소서. 그는 그렇게 말한 것입니다. "내 은혜 가 네게 족하도다. 이는 내 능력이 약한 데서 온전하여짐이라 하 신지라. 그러므로 도리어 크게 기뻐함으로 나의 여러 약한 것들에 대하여 자랑하리니 이는 그리스도의 능력이 내게 머물게 하려 함 이라. 그러므로 내가 그리스도를 위하여 약한 것들과 능욕과 궁핍 과 박해와 곤고를 기뻐하노니 이는 내가 약한 그 때에 강함이라" 우리가 약해서 세상 사람들에게 동정을 받거나 흉을 받는다 할지 라도 하나님을 의지한 사람은 반드시 그 고난에 같이 가는 은혜가 다가오는 것입니다. 왜냐하면 고난중에 하나님께 기도하기 때문 입니다. 기도할 때 성령하나님으로 충만하게 채워지는 것입니다.

다섯째, 고난당할 때 인생에 가장 귀한 것이 무엇인지 깨닫게 되 는 것이다. 고난을 당하기 전에는 이 세상에 부귀, 영화, 공명, 돈 이런 것이 최고로 좋다고 생각할 때가 많습니다. 이 세상에 사라질 것이 제일 좋게 보입니다. 그러나 고난당하면 그런 것이 다 일시에 물거품이 되는 것입니다. 아무 소용이 없어요. 고난당할 때 하나님 이 예수 그리스도가 가장 귀한 것을 깨닫게 해주신 것입니다. 어려 울 때 예수님이 가장 귀하신 분인 것입니다. 예수님만 계시면 다른 것은 그대로 다 따라오는 것입니다. 시편 23장 4절에 "내가 사망 의 음침한 골짜기로 다닐지라도 해를 두려워하지 않을 것은 주께 서 나와 함께 하심이라 주의 지팡이와 막대기가 나를 안위하시나 이다" 이사야 43장 1절로 2절에 "너는 두려워하지 말라 내가 너를 구속하였고 내가 너를 지명하여 불렀나니 너는 내 것이라 네가 물

가운데로 지날 때에 내가 너와 함께 할 것이라 강을 건널 때에 물이 너를 침몰하지 못할 것이며 네가 불 가운데로 지날 때에 타지도 아니할 것이요 불꽃이 너를 사르지도 못하리니" 주님을 자신의 주인으로 마음 중심으로 모시고 있으면 주님이 은혜로써 우리를 지켜 주시는 것입니다. 베드로전서 5장 10절에 "모든 은혜의 하나님 곧 그리스도 안에서 너희를 부르사 자기의 영원한 영광에 들어가게 하신 이가 잠깐 고난을 당한 너희를 친히 온전하게 하시며 굳건하게 하시며 강하게 하시며 터를 견고하게 하시리라" 이러므로 고난은 예수님을 모시게 만들고 가장 귀하게 만들고 그로 말미암아 더 큰 하나님의 능력을 허락해 주신다는 것입니다.

고난은 우리의 인생을 갈고 닦아서 겸손하게 만들고 다른 고난 당하는 사람들을 이해하고 동정할 수 있습니다. 고난당하는 사람 내가 고난당했으니까 동정할 수가 있는 것입니다. 삶을 홀로 살지 않고 더불어 사는 사람으로 변화시키는 힘이 고난 중에 있음을 체험하게 됩니다. 나중에 깨닫게 되는 것은 고난을 긍정적으로 받아들일 때 고난당하는 자에게 축복이 되도록 마스크를 쓰고 나타난 천사라는 것입니다. 서양 격언에 "포탄이 떨어지는 참호 속에는 무신론자가 없다."라고 말했습니다. 전쟁할 때 적군의 총탄이 빗발처럼 날아오면 참호에 엎드려서 믿는 자나 믿지 않는 자나 머리를 감싸고 "하나님 날 살려 주옵소서." 모두다 하나님을 찾습니다. 평소에는 이름도 안 부르던 하나님을 참호 속에서 총탄이 빗발같이 날아오면 하나님을 찾게 되는 것입니다.

마더 테레사는 "고통은 성장의 법칙이요. 우리의 인격은 이 세계의 폭풍우와 긴장 속에서 만들어 지는 것이다."라고 말한 것입니다. 고통을 당해야 인격이 성장하고 발전한다고 말한 것입니다. 독일 격언에 의하면 "고난은 기도의 선생"이라고 말한 것입니다. 기도하라. 기도하라해도 기도 안하는 사람이 고난당하면 기도하게 되는 것입니다. 허드슨 테일러는 "하나님께서 나를 연단하시는 까닭은 나의 믿음을 증대시키기 위함이다. 이 모든 것은 주님이 나를 사랑하시는 연고이다. 만일 주님께서 영광을 받으신다면, 나는 그것으로 만족한다." '고난이 와서 믿음이 자라게 한다.' 고난을 안 받으면 믿을 필요가 없습니다. 고난이 있기 때문에 '믿으려고 발버둥을 치고 예수님을 믿습니다.'를 외치게 되는 것입니다. 고난이 기도의 스승입니다. 평소에 기도하라고 하면 "시간이 없다. 몸이 피곤하다. 바쁘다." 기도하지 않습니다. 그러나 고통의 폭풍우가 몰아칠 때 우리는 새벽 기도도 나오고, 철야 기도도 하게 되고, 치유집회도 참석하고, 스스로 짐 보따리 싸고 산 기도에 올라가게 되고, 기도를 하며 하나님께 매달리게 되는 것입니다. 고통 고난은 다가올 축복을 감당케 하는 준비를 시키는 것입니다. 고난당해서 변화되어야 하나님이 안심하고 축복을 해 줄 수가 있는 것입니다.

고난을 안 당하면 신앙의 뿌리가 너무 얕아서 조금만 바람이 불어도 흔들리는 것입니다. 그러나 고난과 고통을 당하면 신앙의 뿌리가 점점 깊어져서 사람 눈에 안보이지만, 그 사람의 신앙은 만세반석에 서게 되는 것입니다. 아무도 좋아하지 않는 고난이, 우리에게 유익하다는 이 역설적인 내용을 시편 기자는 왜 기록하고 있는 것일까요? 간단하게 이해하기로는 고난 중에 얻는 깨달음이 있고 교훈이 있다는 말일 것입니다. 광야에서는 인간이 할 수 있는 것은 아무것도 없습니다. 광야에서 인간이 발버둥 친들 할 수 있는 것이 아무 것도 없습니다. 살아가면서 만나는 고난(광야)의 종류는 다양할 것입니다. 우리는 고난 중에 자신의 한계와 맞닥뜨리게 됩니다. 평상시에는 깊이 생각하지 않고 살다가도 고난 앞에서는 자신의 모습, 자신의 능력, 자신의 한계를 정직하게 바라볼 수밖에 없습니다. 내가 할 수 있는 것이 무엇인가? 인간의 유한성 앞에서 인간은 완전자, 절대자, 전능자 하나님을 찾고 묵상하고 만나게 됩니다. 아무것도 할 수 없어서 하나님의 이름만 불러본 적이 있습니까? 필자는 40대 초에 그런 상황에 놓인 적이 있었습니다. 자기중심성의 죄 성을 가진 인간은 조금의 가능성만 있어도 하나님을 찾고, 의지하고, 도움을 구하기보다는 자신이 무언가를 할 수 있다고 생각합니다. 그러나 이 가능성이 완전히 사라진 상태에서 내가 할 수 있는 일이 아무것도 없다는 진실 앞에서 인간은 드디어 하나님을 찾고, 만나고, 도움을 구합니다. 이런 하나님과의 만남을 통하여 자신의 어떠함을 깨닫고 하나님을 인정하고, 전능하신 하나님의 도움을 구할 때, 아니 그분의 처분을 기다릴 때 하나님과 인간의 본연의 관계로 돌아가는 회복의 은총을 누리게 됩니다. 이것이 고난이 주는 유익일 것입니다. 그러나 죄성을 가진 인간이 평생을 한 결 같이 신실하게 주님을 따르는 것이 쉽지 않습니다. 방향을 잃고 헤매기도 하고, 가던 길을 포기하기도 합니다. 그럴 때 다시 하나님에게로 돌이키게 하는 것은 고난 밖에 없습니다. 지나고 보면 광야훈련은 축복이라는 것입니다.

18장 순종하는 성도 되면 축복하시는 예수님

(삼상16:12-13)"이에 사람을 보내어 그를 데려오매 그
의 빛이 붉고 눈이 빼어나고 얼굴이 아름답더라. 여호와께
서 이르시되 이가 그니 일어나 기름을 부으라 하시는지라.
사무엘이 기름 뿔병을 가져다가 그의 형제 중에서 그에게
부었더니 이 날 이후로 다윗이 여호와의 영에게 크게 감동
되니라. 사무엘이 떠나서 라마로 가니라"

사람은 외모를 보지만 하나님은 속마음을 보십니다. 사무엘 선
지자가 베들레헴 사람 이새의 아들 중 한 사람에게 기름을 부어
이스라엘 왕으로 삼으려고 했습니다. 사무엘상 16장 10절로 13
절에 보면 "이새가 그의 아들 일곱을 다 사무엘 앞으로 지나가게
하나 사무엘이 이새에게 이르되 여호와께서 이들을 택하지 아니
하셨느니라. 하고, 또 사무엘이 이새에게 이르되 네 아들들이 다
여기 있느냐 이새가 이르되 아직 막내가 남았는데 그는 양을 지키
나이다" 막내 다윗은 별 볼일 없는 아들이라는 것입니다. 데려와
도 별 볼일 없으니까 양이나 치고 있으라고 했다니까, 사무엘이
이새에게 말하기를 "이미 지나간 아들들은 택하지 않고" 사무엘
이 이새에게 이르되 사람을 보내어 그를 데려오라. 그가 여기 오
기까지는 우리가 식사 자리에 앉지 아니하겠노라. 이에 사람을 보
내어 그를 데려오매 그의 빛이 붉고 눈이 빼어나고 얼굴이 아름답
더라. "여호와께서 이르시되 이가 그니 일어나 기름을 부으라 하

시는지라 사무엘이 기름 뿔 병을 가져다가 그의 형제 중에서 그에게 부었더니 이 날 이후로 다윗이 여호와의 영에게 크게 감동되니라" 여덟 아들을 다 끌고 나와서 하나님의 종 사무엘에게 보여도 낙제를 했는데, 사람보기에는 볼품이 없고 아주 형제들 중에 외소하고, 잘나지도 못하고, 아버지가 별 볼일 없는 자식이라고 생각하기 때문에 아예 사무엘에게 인사도 시키지 않은 그 막내 아들을 하나님이 선택을 해서 이스라엘의 왕으로 기름을 부으신 것입니다. 그러므로 우리 하나님은 우리 외모를 보지 않습니다. 우리 속사람이 어떻게 되었는지를 보므로 우리 자신이 어떤 속사람이 되어야 될 것을 깊이 생각해 보아야 될 것입니다.

첫째, 자기가 자기를 정확하게 보는 눈이 열려야 합니다. 하나님이 우리가 어떠한 사람인지 알고 계신 것처럼, 우리 자신도 우리 자신이 누구인지를 알고 있어야 하나님 앞에 담대하게 설수가 있는 것입니다. 자신은 어떠한 사람입니까? 하나님의 형상과 모양대로 지음을 받았으니 하나님의 영을 가진 영원히 사는 사람인 것입니다. 한정된 차원에서 하나님처럼 말하고 창조하고 변화를 가져오는 능력을 가져오는 사람인 것입니다. 하나님의 형상과 모양대로 지었으니까, 하나님은 영이지 육이 아닙니다. 그러므로 예수를 믿는 우리도 영이므로 영은 죽지 않습니다. 영원히 사는 것입니다. 그리고 하나님은 영이시므로 초자연적인 5차원의 세계속에 속하며, 3차원적인 물질세계를 다스리고 창조합니다. 어느 정도의 면에서는 우리는 하나님과 같으므로 환경을 다스리고 창조하는 힘을 가지고 있다는 것을 알고 믿어야 하는 것입니다.

창세기 1장 27절로 28절에 보면 "하나님이 자기 형상 곧 하나님의 형상대로 사람을 창조하시되 남자와 여자를 창조하시고 하나님이 그들에게 복을 주시며 하나님이 그들에게 이르시되 생육하고 번성하여 땅에 충만하라, 땅을 정복하라, 바다의 물고기와 하늘의 새와 땅에 움직이는 모든 생물을 다스리라 하시니라" 그러므로 자신은 하나님 형상대로 만들어져서 하나님께서 생육하고 번성하고 땅에 충만한 복을 주시고 땅을 정복하라고 하셨습니다. 완전히 과학적으로 발전시켜서 땅을 정복해서 우리가 원하는 데로 만들라는 것입니다. 그러므로 사람들은 땅을 다스리는 권한을 가지고 있습니다. 그리고 땅만 다스릴 뿐 아니라, 살아있는 동식물들 바다의 물고기와 하늘의 새와 땅에 움직이는 모든 생물들을 다 다스리라고 한 것입니다. 그러므로 우리들은 보통 사람이 아닙니다. 믿는 자의 손에 의해서 만물이 정복되고 발명되고 발견되고 자동차를 만들고 비행기를 만들고 IT제품을 만들고 핸드폰을 만들고 하나님이 그것들을 하라고 했습니다.

그리고 산과 들에 있는 짐승들을 다 다스리고 다 훈련시키라고 했습니다. 그러므로 내가 하나님을 닮은 영적인 사람으로 다스리는 능력이 있다는 것을 우리가 알아야 합니다. 그리고 하나님과 대화하며, 하나님을 감동시키는 기도를 하는 사람인 것입니다. 하나님은 짐승들을 보고 즐거워하지 않습니다. 하나님은 사람을 지어놓고 사랑하고 사람들에게 사랑받기를 원해서 지어놓으신 것입니다. 하나님의 형상과 모양대로 지어놓았기 때문에 하나님이 우리들을 보면 하나님이 거울을 들여다보는 것처럼 자신을 보는 것입니다. 그리고 하나님은 믿는 자들을 엄청나게 사랑하십니다. 믿는 자녀들이 없이는 하나님이 우주에서 계신 것이 재미가 없습니다. 믿는 우리들이 있어야 재미가 있으십니다. 그러므로 하나님께서 우리를 보면 최고의 복 덩어리라고 하시면서 기뻐하고 즐거워하시는 것입니다. 하나님은 예수믿는 성도를 최고의 보물로 여기십니다. 그런 자신이 하나님의 피조물이 되어 있다는 것을 알아야 하는 것입니다. 베드로전서 2장 9절에 보면 "그러나 너희는 택하신 족속이요 왕 같은 제사장들이요 거룩한 나라요, 그의 소유가 된 백성이니 이는 너희를 어두운 데서 불러내어 그의 기이한 빛에 들어가게 하신 이의 아름다운 덕을 선포하게 하려 하심이라"

하나님이 우리를 온천하 만국에 내세워서 하나님 자랑을 하도록 만드신 것입니다. 하나님은 우리들을 자랑으로 생각할 뿐 아니라, 우리는 하나님을 자랑해야 될 것입니다. 고린도전서 2장 9절로 10절에 보면 "기록된바 하나님이 자기를 사랑하는 자들을 위하여 예비하신 모든 것은 눈으로 보지 못하고 귀로 듣지 못하고 사람의 마음으로 생각하지도 못하였다 함과 같으니라. 오직 하나님이 성령으로 이것을 우리에게 보이셨으니 성령은 모든 것 곧 하나님의 깊은 것까지도 통달하시느니라" 하나님이 자기를 사랑하는 자들을 위해서 예비를 합니다. 하나님은 자녀들을 위해서 무엇을 먹을까 무엇을 입을까 무엇을 마실까 어떻게 살까를 직접 예비하시는 하나님이신 것입니다.

너무나 자녀들을 사랑하시기 때문에 필요한 것을 예비하시는 하나님이신 것입니다. 하나님이 자녀들을 위해서 깜짝 놀라게 예비해 놓으시고, 그것을 성령으로 보여주므로 우리들이 즐거워하는 것을 보시고 하나님도 기뻐하시는 것입니다. 하나님은 "너는 내게 부르짖으라 내가 네게 응답하겠고 네가 알지 못하는 크고 은밀한 일을 네게 보이리라"(렘 33:3). 우리들이 현실문제로 어려움을 당할 때 부르짖으면 우리를 위해서 지혜로 응답을 하시되 깜짝 놀라게 만들어 주신다는 것입니다. 천지를 모르고 있을 때 하나님은 이것 봐라. 내가 너를 위해서 예비해 놓았지 않느냐. 놀라게 할 정도로 예비를 해주시는 하나님이라는 것입니다. 그렇기 때문에 우리는 이런 하나님의 마음에 드는 사람이 되어야 하겠습니다. 하나님이 이렇게 나를 좋아하는데 내가 하나님 마음에 드는 사람이 되어 있으면 하나님이 얼마나 좋아하시겠습니까? 물론 오늘 이 책을 읽는 모두다 하나님이 기뻐하셔서 택해서 불러주신 것입니다. 하나님의 마음에 드는 보물이라는 것입니다.

그러나 마음에 크게 드는 분도 있고 좀 덜 드는 분도 있고 하니까 크게 마음에 들면 좋지 않겠습니까? 하나님이 우리가 마음에 들기 때문에 무엇이든지 좋은 것 해주시를 원하시는 것입니다. 다윗은 하나님을 사랑하고 의지하는 사람으로 관용과 겸손의 사람으로 평생에 하나님이 다윗을 좋아하셨고 다윗은 하나님의 마음에 드는 사람이었습니다. "내가 이새의 아들 다윗을 만나니 내 마음에 맞는 사람이라 내 뜻을 다 이루리라"(사 13:22). "다윗은 당시에 하나님의 뜻을 따라 모시다"(사 13:36), 하나님의 마음에 드는 사람이었습니다. 우리가 결혼할 때도 그렇지 않습니까? 많은 사람하고 친구를 사귀어보지만 자기 마음에 드는 사람하고 결혼을 해야지 그렇지 않고는 내내 후회하고 내가 좀 더 기다릴 걸 좀 더 좋은 사람을 택할 걸…. 그렇게 할 수 있지 않습니까? 마음에 드는 사람, 그런 사람을 짝을 지어서 살면 즐겁게 살수가 있는 것입니다. 하나님은 다윗을 만나니 내 마음에 꼭 맞는 사람이라고 말한 것입니다. 오늘 자신을 하나님이 택해서 세운 것은 하나님 마음에 꼭 맞았기 때문에 택한 것입니다.

우리 기독교 신앙이 다른 종교와 다른 것은 내가 늘 말씀 드리는 것처럼, 하나님이 우리를 찾아서 응답하는 우리들을 통하여 세우신 것입니다. 기독교는 하나님께서 친히 제정하신 것입니다. 구원해 달라고 신을 찾아가서 예배를 드리고 고행을 하고 힘을 다해서 섬겨서 구원받으려고 하는 것이 아니라, 하나님은 죄를 짓고 불의하고 추악하고 버림받아야 마땅한 우리들 내던져버린 사람들 같은데도 불구하고 하나님께서 따라오셔서 우리 등허리를 두들겨 주고 쓰다듬어 주고 이름을 불러주면서 "오너라. 내가 너를 사랑한다. 내 마음에 딱 맞는다. 내가 너를 사랑한다. 너는 나의 최고의 보물이다." 성령으로 마음에 감동을 주시므로 마음에 감화 감동을 받아 예수를 구주로 모시고 교회에 와서 예배드리며 하나님과 교통하는 것입니다. 보통 사람들과 다른 것은 이와 같이 하나님의 특별한 사랑과 배려를 받은 사람들이므로 하나님을 사랑하면 하나님이 얼마나 기뻐하시는지 끌어 안으시며 축복하시며 최고의 보물로 여기시는 것입니다.

하나님은 하나님께 감사를 하면 정말로 더 좋아하시는 것입니다. 시편 23편을 보면 다윗은 자기가 누구인지를 잘 알고 있었습니다. 자기는 하나님이 목자가 되시고 자기는 하나님의 양이라는 것을 알고 있었던 것입니다. 그래서 목자이신 하나님이 자기를 돌보시기 때문에 내게 부족함이 없다고 고백을 하며 감사를 드렸습니다. 하나님이 나의 목자이기 때문에 나는 그의 기르는 양이기 때문에 내게 부족함이 있을 수가 없다. 물질이 필요할 때는 푸른 초장에 뉘이게 하시고, 마음에 즐거움이 필요할 때는 쉴만한 물가에 속 시원하게 물마시게 하시고, 우리 영혼을 소생시켜서 행복하게 만드시고, 즐겁게 만들어 주시고, 의롭게 살게 만들어 주시고, 하나님은 다윗은 사망의 음침한 골짜기로 다닐지라도 같이 계셔서 지팡이와 막대기로 해를 받지 않게 해주시고, 원수 보는 앞에서 나에게 밥상차려 주시고 선하고 인자하심을 베풀어 주시는 좋은 하나님인 것을 노래하고 감사했기 때문에 하나님은 다윗을 보고 너무나 좋아했던 것입니다.

하나님이 좋은 하나님이라는 것을 알고 항상 하나님이 좋은 하나님이시다. 좋은 하나님을 감사하면 하나님은 너무나 기뻐하시는 것입니다. 하나님은 이러한 다윗에 믿음을 기뻐하였고, 그래서 다윗이 하나님 앞에 나올 때, 하나님은 내 마음에 꼭 합당한 자라도 말씀을 하신 것입니다. 우리가 목자이신 하나님을 믿고 감사로 나아가면, 하나님께서 우리를 "내 마음에 합당한 자"라 부르시고 우리와 함께하시는 것입니다. 하나님이 합당한 자라도 안하고 사람이 자신보고 내 마음에 합당한 사람이라고 해도 기쁘고 즐거울 것인데 천지와 만물을 지으신 하나님이 우리를 품에 품으시고 내 마음에 합당한 자다. 참 너 같은 아들, 딸을 두어서 기쁘다고 그 말을 하면 우리가 얼마나 행복하겠습니까?

영국 찬송가의 아버지로 불리는 아이작 왓츠(Isaac Watts)는 "하나님이 계신 곳이 두 곳 있는데, 하나는 천국이요, 다른 하나는 감사하는 마음이다."라고 말했습니다. 하나님이 천국에 계시고, 감사하는 자신의 마음에 계신다. 그러므로 감사를 얼마나 기뻐하시는지를 알 수가 있습니다. 우리가 없는 것을 가지고 불평할 것이 아니라, 있는 것을 가지고 감사를 드리면 하나님께서 기뻐하시고 없는 것을 채워주시고 우리와 함께 계시는 것입니다. 뿐만 아니라 하나님은 감사하는 사람에게 계속해서 은혜를 주십니다. "감사는 벽에 공을 던지는 것과 같아서 반드시 자기에게로 돌아온다."는 것입니다. 감사를 하나님께 드리면 벽에 공을 던지는 것처럼 하나님 편에서 우리에게 또 감사와 축복이 돌아오는 것입니다. 던지면 돌아오고 던지면 돌아오고 하나님과의 감사와 기쁨으로 교제할 수 있다는 것입니다. 우리가 하나님께 감사를 드리면 하나님께서 은혜를 주셔서 감사할 일이 생기고 또 감사할 일이 생기는 것입니다. 감사로 영광을 돌리는 모두가 되시기를 바랍니다.

둘째, 하늘나라를 늘 상상하고 하나님에 대한 꿈을 꾸어야 되는 것입니다. 예수님을 안 믿는 사람은 하나님에 대한 상상을 하지 않고 하나님에 대한 꿈을 꾸지 않잖아요. 그러나 우리들은 상상력이 풍부하고 꿈을 꾸는 사람이 되어야만 합니다. 꿈이란 마음에 간절히 소원하는 것이 꿈입니다. 무슨 꿈을 꿉니다. 내가 늘 마음에 바라고 소원하는 것이 이루어지는 것을 꿈으로 보는 것입니다. 모든 사람이 마음에 꿈을 가지고 있어야 되는 것입니다. 꿈이 없는 백성은 망하지요. 꿈이 없는 백성은 미래가 없습니다. 내가 바라는 미래가 없습니다. 그러므로 꿈이 없는 사람은 하나님이 버린 것입니다. 항상 마음속에 크고 적은 꿈을 품고 있어야 하는 것입니다. 내가 소원하고 바라는 것을 이루어진 모습으로 마음에 꿈꾸고 있는 것은 굉장히 중요합니다. 사도행전 2장 17절에 보면 "너희의 젊은이들은 환상을 보고 너희의 늙은이들은 꿈을 꾸리라" 성령하나님이 오셔서 젊은이들에게 환상을 늙은이들에게는 꿈을 마음속에 자꾸 심어주는 것입니다. "꿈을 꾸어라. 꿈을 꾸면 꿈이 이루어진다." 자신이 꿈을 이루는 것이 아니라 꿈이 이루어주는 것입니다. 기관차에 키를 넣으면 화차들이 모두 끌려가지 않습니까? 쫙 끌려갑니다. 꿈을 가지면 화통이고, 이루어지는 것은 끌려가는 것입니다. 꿈이 끌고 나갑니다. 그러면 붙어서 쭉 끌려가는 것입니다. 그래서 꿈이 이루어지는 것입니다. 꿈을 꾸게 만드는 것이 하나님의 성령인 것입니다.

빌립보서 2장 13절에 "너희 안에서 행하시는 이는 하나님이시니 자기의 기쁘신 뜻을 위하여 너희에게 소원을 두고 행하게 하시나니" 꿈은 하나님을 향한 소원입니다. 하나님이 자신에게 소원을 두어서 꿈을 꾸게 하고 그 꿈이 이루어지게 하는 것입니다. 가슴에 꿈을 품으면 꿈이 그 사람을 이끌고 가는 것입니다. 지금도 성령께서 붙잡고서 꿈을 이루기 위해서 끌고 있는 것입니다.

꿈을 쳐다보고만 있으면 언젠가 그 꿈이 자신의 속에 이루어지게 된 것을 보게 될 것입니다. 꿈을 늘 바라보는 것이 아브라함과 야곱과 요셉이 행하는 것입니다. 아브라함에게는 하나님께서 갈데아우르에서 나이가 75살에 은퇴하고도 남은 인생인데 꿈을 심어서 새로 출발시켰습니다. "너는 너의 고향과 친척과 아버지의 집을 떠나 내가 네게 보여 줄 땅으로 가라"(창 12:1). 지시할 땅은 갈데아우르에서 가나안 땅을 바라보고 그 땅으로 가라! 내가 너에게 복주고 복주며 번성케 하고 번성하게 하리라고 말씀하신 것입니다. "너는 눈을 들어 너 있는 곳에서 북쪽과 남쪽 그리고 동쪽과 서쪽을 바라보라. 눈을 들어서 너 있는 곳에서 북쪽, 남쪽, 동쪽, 서쪽을 바라보라. 보이는 땅을 내가 너와 네 자손에게 주리니 영원히 이르리라"(창 13:14~15). 눈으로 보고 꿈을 꾸는 그 땅을 네게 주고 네 자손에게 주겠다는 것입니다.

창세기 15장 5절에 보면 "그를 이끌고 밖으로 나가 이르시되 하늘을 우러러 뭇별을 셀 수 있나 보라 또 그에게 이르시되 네 자손이 이와 같으리라" 하늘의 별들을 헤아려보고 기도를 해라. 그 수대로 내가 자식들을 주겠다. 그러므로 아브라함은 꿈을 꾸는 사람입니다. 75살에 꿈을 꾸고 그는 하나님의 은총과 축복을 잔뜩 받은 분인 것입니다.

셋째, 우리는 믿음과 창조적인 말을 늘 하면서 살아야 합니다.
하나님께서 뭐라고 말씀하십니까? 히브리서 10장 38절에 "나의 의인은 믿음으로 말미암아 살리라. 또한 뒤로 물러가면 내 마음이 그를 기뻐하지 아니하리라" 믿음으로 사는 것이 내 자식이다. 뒤로 넘어지고 물러가면 내가 그를 기뻐하지 않는다. 사람들이 다 걱정하는 것은 내가 과연 믿음이 있느냐. 그것을 걱정하는데 하나님은 성경에 각 사람에게 분량대로 믿음을 주셨다고 말씀하신 것입니다. 이목구비를 가진 사람처럼, 태어날 때 이미 믿음을 받아서 태어나는 것입니다. 겨자씨만한 믿음은 다 가지고 계신 것입니다. 믿음이 있습니다. 그러나 그 믿음이 있음과 동시에 믿음을 하나님을 모시면 활용할 수 있는 것은 하나님이 뜨겁게 사랑하고 계시다는 것을 믿을 수 있습니다. 자기 아들을 우리를 위해서 대신 내주신 하나님이 우리들을 얼마나 사랑하시는 것입니까?

하나님의 사랑을 믿을 수 있고 하나님의 능력을 믿을 수 있으니 그 하나님이 수고하고 무거운 짐을 가져 오라고 하는데 가져가면 해결해 줄 것을 믿을 수가 있고, 또 태어날 때부터 믿음을 분량대로 받았으니 믿음의 사람으로 살기를 원하시는 것입니다. 무엇이든지 믿음을 가지고 기도를 하면 기도가 응답되는 것입니다. 기도를 믿음이 없이 하면은 헛소리하는 것이 되지만, 믿음으로 기도하면 그 기도가 이루어지는 것입니다. "믿음이 없이는 하나님을 기쁘시게 하지 못하나니 하나님께 나아가는 자는 반드시 그가 계신 것과 또한 그가 자기를 찾는 자들에게 상주시는 이심을 믿어야 할지니라"(히 11:6). 이러한 참 큰 축복을 우리가 가지고 있는 것입니다. 그리고 믿은 것을 늘 하나님 앞에 말하고 마귀에게 말하고 자신에게 말을 해야 되는 것입니다. 하나님은 말로써 교제를 할 대상이 되는 것입니다. 하나님이 짐승들하고는 말 안합니다. 짐승들하고는 말 대상을 삼지 않습니다. 말 대상을 삼는 것은 사람들에게 말 대상을 삼고 말을 하는 것입니다.

하나님과 말하는 말은 믿음의 말인 것입니다. 생각을 통해서 말하고 꿈을 통해서 말하고 믿음을 통해서 말하고 말을 통해서 말하는 것입니다. 그러면 하나님과 대화를 하게 되는 것입니다. 말은 창조적인 에너지를 가지고 있어요. 힘을 가지고 있습니다. 가슴에 품고 있으면 자신이 말을 컨트롤하지만 입 밖에 나가면 말은 호수에 돌을 던지면 물 파도가 되어가지 있습니까? 그런 것과 같이 말은 에너지 파도가 되어 나갑니다. 자신을 위해서 이웃을 위해서 기적을 만들어 나가는 것입니다. "우리가 다 실수가 많으니 만일 말에 실수가 없는 자라면 곧 온전한 사람이라 능히 온 몸도 굴레 씌우리라"(약 3:2). 이 말 자체가 굴레 씌우는 힘이 있는 것입니다. 좋은 말을 말하면 선한 말로 굴레를 씌우고 나쁜 말을 하면 나쁜 것이 와서 굴레 씌우고 말이 우리 운명을 좌우하는 큰 힘을 가지고 있는 것입니다. "누구든지 이 산더러 들리어 바다에 던져지라 하며 그 말하는 것이 이루어질 줄 믿고 마음에 의심하지 아니하면 그대로 되리라"(막 11:23). 태산을 옮기는 에너지가 말속에 있다는 것입니다. 말을 잘하는 성도가 되어야 합니다.

자신은 무심하게 말을 하지만 하나님께서 말씀하시기를 이 산 보고 옮겨 가라고 말해 놓고 난 다음에 그 말한 것을 믿고 있으면 그 말이 밖으로 나가서 산을 뽑아 옮기는 역사를 베풀어 준다는 것입니다. 그러므로 말은 그냥 우연히 지나가는 것이 아니라, 운명과 환경을 변화시키는 큰 힘을 가지고 있는 것입니다.

시편 107편 20절에 보면 "그가 그의 말씀을 보내어 그들을 고

치시고 위험한 지경에서 건지시는도다"라고 말했습니다. 하나님께서 말씀을 보내어 우리를 고치고 위험한 지경에서 건지신다고 말씀하셨으니 말씀이 얼마나 힘이 있는 것입니까? 그런데 하나님의 형상을 따라 지음 받은 우리의 말도 마찬가지로 힘이 있습니다. 우리 입에서 나온 말은 사라지지 않고 에너지가 되어 우리 삶에 역사하게 되는 것입니다. 높은 산에 올라가 욕을 하면 그 욕이 말한 내용대로 메아리쳐 자신에게 옵니다. 자신이 말한대로 자신에게 축복이나 파괴를 가져오게 되는 것입니다. 축복을 하면은 밖에 나가서 축복의 에너지가 되어서 축복을 주는 것입니다.

평균적으로 여자는 하루에 2만 단어를 말합니다. 남자는 7천 단어의 말을 합니다. 그러므로 가정에서 자녀들을 기르거나 일을 할 때 누구의 뜻이 많이 이루어지느냐. 부인의 뜻이 많이 이루어집니다. 말을 많이 하기 때문에 에너지가 나가서…. 남자들은 말을 안 하고 입만 다물고 있으면 에너지가 나가지 않습니다. 그러므로 자식들이 훗날에 애정을 많이 기억하는 것은 어머니를 기억하지 아버지를 별로 기억하지 않습니다. 그만큼 말의 영향력이 큰 것입니다. 말은 밭에 씨앗을 뿌리는 것과 같아서, 오늘 한 말이 땅에 심겨져 자라나고 언젠가 반드시 그 말의 열매를 거두게 됩니다. 좋은 씨앗을 뿌리면 좋은 열매를 거두고, 나쁜 씨앗을 뿌리면 나쁜 열매를 거두게 되는 것입니다.

19장 사람을 의지하지 못하게 하시는 예수님

(렘 17:5)"여호와께서 이와 같이 말씀하시니라 무릇 사
람을 믿으며 육신으로 그의 힘을 삼고 마음이 여호와에게
서 떠난 그 사람은 저주를 받을 것이라."

하나님께서는 알지 못하는 우상에서 절하는 것을 용서하지 않
으십니다. 요한복음 4장 20-24절에 보면 예수님과 사마리아 여
인과의 대화가 기록되어 있습니다. "우리 조상들은 이 산에서 예
배하였는데 당신들의 말은 예배할 곳이 예루살렘에 있다 하더이
다. 예수께서 이르시되 여자여 내 말을 믿으라. 이 산에서도 말고
예루살렘에서도 말고 너희가 아버지께 예배할 때가 이르리라. 너
희는 알지 못하는 것을 예배하고, 우리는 아는 것을 예배하노니,
이는 구원이 유대인에게서 남이라. 아버지께 참되게 예배하는 자
들은 영과 진리로 예배할 때가 오나니 곧 이 때라 아버지께서는
자기에게 이렇게 예배하는 자들을 찾으시느니라. 하나님은 영이
시니 예배하는 자가 영과 진리로 예배할지니라" 예수님께서 말씀
하셨습니다. 하나님은 보이지 않지만 실존하시는 분입니다. 하나
님은 목숨을 아끼지 않고 살아계신 하나님께만 예배하는 자들을
축복하십니다.

첫째, 왕의 우상숭배 명령을 거역한 세 청년. 성경에 보면 중
동 일대를 석권하고 천하 왕으로 자부하는 바벨론의 느부갓네살

이 수도에 자기 모습의 금우 상을 세워 놓고 자기 나라의 모든 지도자들과 수도에 사는 모든 사람들을 동원시켜서 우상에 절하는 예식을 선포했습니다. 엄청난 모임입니다. 온 세계를 석권하고 난 다음에 자기의 영광과 권세가 얼마나 대단하다는 것을 보여주기 위해서 민관 상관할 것 없이 모아서 상량식을 하는 날이니까 얼마나 어마어마한지 모릅니다. 그래서 느부갓네살 왕이 두라평지에 세운 높이 60규빗 너비 6규빗되는 금신 상에 제막식에서 누구든지 절하지 않는 사람은 즉시 맹렬히 타는 풀무 불에 던져 넣으라고 명령을 내렸습니다.

그 사람들을 보는 군중 가운데 큰 불구덩이를 만들어 놓고 불이 활활 타고 있습니다. 금신 상에 절하지 않는 사람은 여지없이 그곳에 던져 놓기로 한 것입니다. 그러나 바벨론에 포로로 잡혀온 유다민족의 사람들 중에 머리가 좋은 사람이 있었습니다. 사드락, 메삭, 아벳느고라는 세 청년은 엄청나게 머리가 좋았습니다. 그래서 바벨론에서 택함을 받고 요사이 말하면 도지사격인 그런 위치에서 일을 하게 되어 있었습니다. 그러나 그 세 청년이 서로 언약한 것은 '우리는 절대로 우상에 절하지 말아야 된다.' 우리나라가 망하게 된 것은 다른 신을 섬기고 우상에 절하다가 이 모양이 되었으니 우리는 절대로 다른 신에 절하지 말고 우상을 섬기지 않기로 하자고 결심을 했습니다. 그래서 음악소리가 날 때 모두다 엉덩이를 치켜들고 땅에 머리를 대어서 우상 앞에서 절을 하는데 사드락, 메삭, 아벳느고는 **뻣뻣**이 서 있습니다.

그러니 다른 동료들이 시기, 질투하고 있는 중이었는데 좋은 기회가 왔습니다. 즉시로 느부갓네살 왕에게 가서 왕이여, 왕이 택해서 도지사로 세운 사드락, 메삭, 아벳느고라는 사람은 음악이 울릴 때 다른 사람은 다 절을 하나 절을 안했습니다. 이것은 왕에 대한 도전이요, 우리 신에 대한 도전이요 있을 수 없는 일이니 본대있게 풀무 불에 던져 넣어야 됩니다. 왕이 이 말을 듣고는 분해서 몸을 떨었습니다. 왜냐하면 자기 명령에 불순종한 놈이 자기도를 다스리는 자가 되었다는 후회도 있고 분노했습니다.

그래서 그는 '사드락, 메삭, 아벳느고를 끌어오라.' 그 사람들을 왕의 앞으로 끌어온지라, 느부갓네살이 그들에게 물어 이르되 "사드락, 메삭, 아벳느고야 너희가 내 신을 섬기지 아니하며 내가 세운 금 신상에게 절하지 아니한다 하니 사실이냐? 이제라도 내가 기회를 한번 주겠으니까 준비했다가 나팔과 피리와 수금과 삼현금과 양금과 생황과 및 모든 악기 소리를 들을 때 내가 만든 신상 앞에 엎드려 절하면 좋거니와 너희가 만일 절하지 아니하면 즉시 너희를 맹렬히 타는 풀무 불 가운데에 던져 넣을 것이니 능히 너희를 내 손에서 건져낼 신이 누가 있겠느냐." 선택의 기로에 섰습니다.

내가 만든 금신 상에 절을 하면 내가 사면해주겠거니와 그렇지 아니하면 여부없이 풀무 불에 던져 넣겠다. 타협 없는 신앙을 보이라는 것입니다. 마치 아브라함이 100살에 낳은 아들을 모리아 산에 재물로 드리라하는 하나님의 명령을 들은 것처럼, 이는 바벨론의 느부갓네살 왕의 산천초목이 떠는 위엄과 권세를 가지고 이 세 청년들에게 명령을 했는데 선택하지 않을 수 없습니다. 그러나

이 사람들은 하나님만을 믿는다는 신앙이 독실했습니다. 그때 사드락과 메삭과 아벳느고가 말했습니다. 느부갓네살 왕이여 우리가 이 일에 대하여 왕에게 대답할 필요가 없습니다.

왕이여! 우리가 섬기는 하나님이 계시다면 우리를 맹렬히 타는 풀무 불 가운데에서 능히 건져내시겠고 왕의 손에서도 건져내 주실 것입니다. 우리의 하나님은 만왕의 왕, 만주의 주가 되시므로 그가 살아있다면 그를 섬기는 우리를 위해서 역사해서 불에서 안 타죽고 왕의 협박에도 건져 주실 것입니다. 그러나 우리는 그런 것 바라고 충성하는 것이 아닙니다. 죽어도 우상에 절하지 않고 우상은 섬기지 않습니다. 우리 하나님이 우리를 건져주지 아니하셔도 하나님을 섬기고 의지할 것입니다. 그 참 놀라운 말입니다. 건져주실 것을 바라고 불순종하는 것은 우리도 다 할 것인데 안 건져줘도 불속에 들어가서 죽겠다고 하면 그 신앙은 견줄 데가 없습니다. 비교할 수 없는 신앙인 것입니다.

"그렇게 하지 아니하실지라도 왕이여! 우리가 왕의 신들을 섬기지도 아니하고 왕이 세우신 금 신상에게 절하지도 아니할 줄을 아옵소서." 그러니 느부갓네살이 앉은 의자에서 벌떡 일어나서 몸을 부들부들 떨었습니다. 야~ 이놈들아! "이 세 놈을 잡아서 묶어 가지고서 당장 온 대중이 보는 앞에 불에 던져 넣어라." 무시무시한 순간이었습니다. 왕의 명령이 너무 엄하고 풀무불이 심히 뜨거우므로 사드락과 메삭과 아벳느고를 붙든 군인들이 불길에 타죽기도 했습니다. 불꽃이 사드락과 메삭과 아벳느고를 붙든 사람을 태울 정도로 활활 탔으니 이 세 사람 사드락, 메삭 아벳느고는 결박된 채 불꽃 가운데 던졌으니 살아날 수가 없는 것입니다.

모두 다 생각하기를 바삭하고 타버릴 것을 생각했는데 던져 놓고 보니까 불구덩이 속에 세 사람이 있는 것이 아니라 네 사람이 나타났습니다. 그들의 결박은 다 풀려지고 네 사람이 손을 잡고 춤을 추는 것입니다. 기적같고 꿈같은 일입니다. 느부갓네살 왕이 눈을 휘둥그레 뜨고 여보게들 분명 세 사람을 던져 넣었지? 그렇습니다. 그런데 봐라. 네 사람이 아니냐? 네 번째 사람은 신의 아들 같은 사람인데 그 사람이 와서 손잡고 춤추고 있으니 이것 웬일이냐? 그래서 그는 불구덩이 가까이 가서 "사드락, 메삭, 아벳느고야, 그만 춤추고 나오너라." 세 사람이 나왔어요. 좀 더 시위를 했으면 좋겠다고 저는 생각을 하는데 너무 빨리 나왔어요. 그리고 왕과 모든 관원들이 그의 머리카락을 만져보니 머리카락이 안탔고 옷을 냄새 맡으니 옷에 거스른 냄새도 안 나고 불에 댄 흔적도 없고 여전히 사드락과 메삭과 아벳느고였습니다.

그러나 그 네 번째 사람은 사라졌습니다. 그 네 번째 사람은 누구겠습니까? 환난 때 내가 너와 함께하여 너를 건지고 너를 영화롭게 하리라는 하나님이신 것입니다. 구약시대에 나타나신 하나님의 아들은 예수님이 다 그러한 모습으로 나타나신 것입니다. 예수님께서 우리에게도 "볼지어다, 세상 끝 날까지 내가 너희와 함께 하리라" "네가 불 가운데로 지날 때에 타지도 아니할 것이요, 불꽃이 너를 사르지도 못하리니"(사43:2)고 말씀하신 것입니다. 하늘과 땅의 모든 권세를 가지고 계시매 자기를 따르는 자를 버리지 아니하셨습니다. 그래서 느부갓네살 왕은 크게 그 자리에서 깨우침이 있었습니다. 느부갓네살이 말하기를 "이제부터 사드락과 메삭과 아벳느고의 하나님을 찬송하고 영광을 돌려라. 그가 그의 천사를 보내사 자기를 의뢰하고 그들의 몸을 바쳐 왕의 명령을 거역하고 그 하나님 밖에는 다른 신을 섬기지 아니하며, 그에게 절하지 아니한 종들을 구원하셨도다. 그러므로 내가 이제 조서를 내리노니 각 백성과 각 나라와 각 언어를 말하는 자가 모두 사드락과 메삭과 아벳느고의 하나님께 경솔히 말하거든 그 몸을 쪼개고 그 집을 거름터로 삼을지니 이는 이같이 사람을 구원할 다른 신이 없음이니라, 하더라." 이방나라왕이 하나님의 살아계심을 증명한 것입니다. 전도는 기가 막힌 멋진 전도를 했습니다.

우리가 병고침을 받는다든지 귀신역사로 인한 악한 습관에서 해방을 얻는다든지 사람들 보는 앞에 하나님의 기적을 체험한 사건을 가지면 자기만 은혜를 받는 것이 아니라, 주위에 보는 사람들이 다 은혜를 받습니다. 큰 축복을 얻게 되는 것입니다. 마귀에서 해방되고 여러 가지 고통에서 자유를 얻는 일이 일어나는 것이 신앙인 것입니다. 예수님의 사역은 그것입니다. "성령이 내게 임하셨으니 내가 가난한 자에게 복된 소식을 전하기 위하여 기름 부으시고 포로된 자에게는 자유를 눈 먼 자에게는 다시 보게 함을 전파하고 눌린 자를 자유하게 하며 은혜의 해를 전파하게 하려 함이라." 이런 놀라운 변화가 우리에게 일어나게 되어 있습니다. 그것이 주님이 하시는 일인 것입니다. "나를 믿는 자에게는 이런 표적이 따르리니 저가 내 이름으로 귀신을 쫓아내며 새 방언을 말하며 뱀을 집으며 무슨 독을 마실지라도 해를 받지 아니하며 하나님의 영광과 능력을 우리 생활 속에 나타낼 것"을 말씀하신 것입니다. 예수님은 지옥 같은 삶을 사는 사람을 천국으로 바꾸는 사역을 하시기 위해서 이 땅에 오신 것입니다.

둘째, 죽음을 각오하고 하나님을 공경한 다니엘. 바벨론은 메대와 파사 나라에 의해서 망했습니다. 전 구라파와 중동은 파사의 다리오왕의 통치하에 들어갔는데 다리오 왕이 역시 유대인의 포로가 되어서 다리오 왕에게 끌려온 다니엘이라는 사람을 너무 사랑하고 그를 굉장히 높여서 그 나라 총리대신 세 사람이 있는데 그 중에 한 사람으로 삼고 주된 총리로 삼아서 왕과 나라를 다스리는 것을 의논하므로 다른 사람들의 시기와 분노가 굉장히 가득 찼습니다. 유대인들이 오늘날 온 세계 가서 정치적으로 성공한 사람이나 경제적으로 성공한 사람이나 학문적으로 성공한 사람들이 거의 유대인이 과반수이상이라고 해도 과언이 아닙니다.

왜냐하면 그 유대인들은 그 가슴속에 하나님을 섬겼기 때문에 나를 아는 사람을 내가 높이리라고 주님께서 말씀하신 것입니다. 하나님을 섬기면 하나님이 우리를 높여 주시는 것입니다. 예수 믿고 하나님을 섬기는 사람이 1대, 2대, 3대째 내려가면 어느 곳에 가나 머리가 되고 꼬리가 안 되는 하나님의 축복이 같이 계시는 것입니다. 그런데 이 다니엘은 파사 국가에서 굉장히 중요한 요직을 얻고 왕의 총애를 받기 때문에 다른 총리들과 관원들이 굉장히 미워하고 어떻게 하든지 다니엘을 넘어뜨리려고 다른데 넘어뜨릴 조건이 없고 오직 그가 하루에 세 번씩 아침, 점심, 저녁때 집으로 돌아가서 동쪽으로 창문을 열어 놓고 무릎을 꿇고 하나님께 기도를 하는 것을 보고 신앙으로 이놈을 때려잡아야 되겠다. 그래서 그들이 모여서 왕에게 아부를 합니다. 다리오 왕이여, 왕은 천하에 비교할 수 없는 왕인데 누구든지 왕에게 불경한 행동을 하면 그는 죽여야 됩니다.

그러므로 오늘부터 시작해서 30일 동안 어떤 신이나 어떠한 우상에게 기도를 하거나 예배를 하는 사람은 다 잡아 죽여야 합니다. 왕의 권위를 세워야 합니다. 이 많은 백성들을 다스리기 위해서는 권위가 있어야 하는데 이 권위는 왕 이외에 다른 신에게 절하는 사람들은 잡아 죽인다는 특별한 명령을 포고해야 합니다. 왕이 자기 위해서 그렇게 말해주니까 기분이 좋다 말입니다. 도장을 탁 찍었습니다. 다니엘이 보니까 자기를 노리고서 그렇게 하는 것을 알았다 말입니다. 그리고 다니엘은 그것을 알고도 집으로 돌아가서 예루살렘으로 향한 창문을 동쪽으로 열어 놓고 아침, 점심, 저녁 때 하나님께 기도했습니다. 그는 현장에서 잡혔습니다. 그를 노리고 있던 다른 관원들이 와서 현장에서 잡았으니 왕이 말할 수가 없습니다.

왕이 그때야 늦게 깨닫고 다니엘을 잡아 죽이려고 너희가 모함했구나. 그러나 이제 정말 왕의 권위 때문에 안 죽일 수가 없습니다. 다니엘을 사자굴 속에 던져 넣어라. 며칠 굶은 사자들이 가만히 있을 턱이 있습니까? 이리 뛰고 저리 날뛰다가 다니엘이 굴속에 달아매서 내려오니까 우리 생각하기에는 그냥 달려들어서 뼈까지 부서뜨릴 것이라고 생각하니까 다니엘이 내려오는데 사자들이 아주 얌치 있는 여성같이 앉아서 목을 쭉 내밀고 꿈쩍도 안합니다. 왜냐하면 하늘의 천사가 와서 벌써 이 사자들의 입을 막았으므로 사자들이 꿈쩍 합니까? 왕은 한밤을 지나고 난 다음에 너무너무 마음이 괴로웠습니다. 잠을 못 잤습니다. 사자굴 앞에서 울음 섞인 소리로 다니엘아, 네가 그렇게 섬기던 하나님이 너를 보호해 주시더냐? 다른 사람들은 아이고 임금이 참 헛된 짓 한다. 배고픈 사자가 다니엘이라고 내버려 두겠느냐? 그런데 곧장 가서 왕이여 만세수를 하옵소서. '아이고! 살았구나.' 내가 왕의 명령에 불순종한 것도 아니고 왕에게 손해를 끼친 것도 아니라는 것을 증명해 주었습니다. 왕이여, 하늘의 천사가 와서 나를 보호해 주어서 살아났습니다.

'빨리 다니엘을 끄집어내라.' 그래서 다니엘을 끄집어내었습니다. 가만히 보니까 긁힌 자국도 하나도 없다 말입니다. 그리고 사자가 그냥 고함을 치고 이리 뛰고 저리 뛰는데 다니엘을 참소한 총리들과 높은 사람들을 모두 다 끄집어내어서 이 사자굴 속에 던져라! 사자들이 달라 들어서 내려오기도 전에 뼈를 꺾어 버렸습니다. 이런 신앙이 위대한 유대민족들이 많이 있습니다. 우리가 예수를 믿으면서 꼭 살려고 하면 못살아요. 죽으면 죽으리라는 각오를 가지고서 나가면 오히려 사는 것입니다.

셋째, 우리를 살리기 위해 죽으신 예수님. 우리가 예수님의 생애를 보면 이것을 절실히 깨달을 수가 있는 것입니다. 예수님께서는 사람으로 태어났으되 죄가 없이 태어났습니다. 아버지 없이 태어나서 원죄를 갖고 있지 않습니다. 그러나 그는 사람입니다. 어머니를 통해서 태어난 사람이기 때문에 사람처럼 희로애락이다 있고 먹고 입고 자고 하는 모든 것이 사람이었습니다. 그런데 예수님은 이 땅에 사람들을 대신해서 죄를 짊어지고 청산한 재물로 왔기 때문에 죽어야만 되는 것입니다. 우리를 살리기 위해 예수님께서 죽어야 하는데 예수님이 죽기를 싫어했습니다. 우리가 그것을 인정 안하려고 자꾸 하지만 성경에 보면 예수님께서 죽기를 싫어하셨습니다. 죽는 것에 대해서 하나님 아버지께 살려달라고 간언을 했습니다. 죽는 것이 그렇게 기분 좋은 것이 아닙니다.

더구나 예수님이 죽는 것은 자기는 죄를 한 번도 안 지었는데 아담의 자손들이 지은 그 죄를 다 자기가 짊어져야 되니까 지옥에 떨어져서 고생할 그 죗값을 예수님이 대신 짊어져서 청산하니까 그 괴롭지 않을 수가 없는 것입니다. 성경 마태복음 26장 38절로 39절에 "이에 말씀하시되 내 마음이 매우 고민하여 죽게 되었다." 죽음에 대해서 너무 고통스러워서 죽게 되었어요. "너희는 여기 머물러 나와 함께 깨어 있으라 하시고 조금 나아가사 얼굴을 땅에 대시고 엎드려 기도하여 이르시되" 보십시오. "내 아버지여 만일 할 만하시거든 이 잔을 내게서 지나가게 하옵소서. 그러나 나의 원대로 마시옵고 아버지의 원대로 하옵소서, 하시고"

할 수만 있으면 살려 주십시오. 그러나 내가 살고 인생들이 다 죽으면 무슨 소용이 있겠습니까? 아버지의 뜻이 내가 죽는 것이면 내가 아버지의 뜻을 받들 것이겠습니다만 방법만 있으면 나를 살려 주십시오. 성경에는 보니까 달이 밝은 달밤인데 예수님이 이

기도를 하는데 예수님 얼굴에 땀이 물줄기 같이 흐르는데 핏방울이 되어서 떨어졌다고 했습니다. 얼마나 마음에 고통스럽고 괴로웠든지 땀이 피가 되었습니다. 머리에 핏방울이 뚝-뚝-뚝 떨어졌습니다. 예수님은 전혀 자기가 걸머질 필요가 없는 죄악을 대신 걸머졌는데 주님의 고통이 얼마나 심한지 알면 자기가 3년 반 동안 가르친 제자들이 다 배신했습니다. 다 떠나가 버렸습니다. 베드로는 예수님을 모른다고 세 번이나 부인했습니다. 그리고 그가 고쳐 준 환자들, 돌봐준 유대인들이 다 예수님을 모른다고 등을 돌렸습니다. 그리고 예수님은 따라서 오며 울고 불며 가슴을 치는 그 어머니와 어머니의 형제들을 볼 때 더 마음에 고통스럽습니다.

그리고 세상 죄를 다 짊어졌으니 그는 죄인입니다. 하나님 아버지께서 죄인으로 예수님을 버렸습니다. 하늘을 처다봐도 하나님과 예수님 사이에 구렁이 있고 건너갈 수가 없습니다. 하나님께 버림을 받았습니다. 그런데다가 생손에 대못을 박고 발가벗겨 십자가에 매달렸으니 그 수치와 곤욕이 어떠하겠습니까? "제구 시쯤에" 우리 시계로 오후 세시쯤에 "예수께서 크게 소리 질러 이르시되 엘리 엘리 라마 사박다니 하시니 이는 곧 나의 하나님, 나의 하나님, 어찌하여 나를 버리셨나이까. 하는 뜻이라"(마 27:46) 버림받은 심정을 느꼈습니다. 이제 '예수님조차도 버림받았다. 이제 나는 영원히 지옥에서 불탈지도 모른다.' 예수님이 십자가에 못 박힌 것은 오로지 우리의 죄악 때문에 그렇게 한 것입니다. "저가 찔림은 우리의 허물 때문이요, 저가 상함은 우리 죄악을 인함이라. 저가 징계를 받음으로 우리가 평화를 누리고 저가 채찍에 맞음으로 우리가 나음을 입었도다. 우리는 다 그릇 행하여 각기 제 길로 갔거늘 하나님께서는 우리 무리의 죄악을 저에게 담당시키셨도다." 우리는 죄를 짓고 불의하고 추악하고 버림을 받아야 마땅함에도 불구하고 예수 그리스도의 은혜로 은혜라는 것은 선물입니다. 은혜라는 것은 지옥에 가서 영원하게 살아야 하는데 예수님의 십자가 은혜로 천국에서 영원하게 살아가게 된 것입니다.

예수 그리스도의 선물로 구원을 받게 된 것입니다. 그래서 예수님이 "사랑하는 자여 네 영혼이 잘됨같이 네가 범사에 잘되고 강건하기를 내가 간구한다." 왜, 내가 너 때문에 몸 찢고 피 흘리고 고생 당했기 때문에…. "내 영혼아 여호와를 송축하라. 내 속에 있는 것들아 다 그의 성호를 송축하라. 내 영혼아 여호와를 송축하며 그 모든 은택을 잊지 말라. 저가 내 모든 죄악을 사하시며 내 모든 병을 고치시며 내 생명을 파멸에서 구속하시며 인자와 긍휼로 관을 씌우시며 좋은 것으로 내 소원을 만족케 하사 내 청춘으로 독수리같이 새롭게 하시는 도다." 장난으로 하는 말이 아닙니다. 그리스도는 이렇게 해주시기 위해서 그는 영원히 하나님께 버림받고 그 마음에 한없는 불안과 고통을 겪었고 육체의 고통도 형언할 수 없었습니다. 대가를 지불했습니다. 마지막으로 예수님께서 숨이 끊어지기 전에 내가 다 이루었다. 그럴 때 하나님의 성전의 휘장이 쫙 찢어졌습니다. 지성소 안에 법궤에 임재 하여 계셨던 하나님이 일반 사람이 그 지성소에 들어오면 다 죽었습니다. 제사장이 일 년에 한번 피를 가지고 들어갔지 보통 때는 못 들어갑니다. 그 휘장이 찢어졌습니다. 이제는 누구든지 예수님을 믿으면 하나님 앞에 나갈 수가 있는 것입니다.

예수 이름을 부르는 자는 구원을 얻습니다. 모든 종교는 우리가 좋은 일을 해야 되고 종교적인 율례를 지켜야 구원을 받습니다. 그러나 기독교만은 선물로 구원을 받습니다. 무엇을 하라. 그리하면 구원을 주겠다. 그런 종교가 아닙니다. 우리는 주님이 오셔서 구원을 선물로 주는 것을 받으면 되는 것입니다. "하나님이 세상을 이처럼 사랑하사 독생자를 주셨으니 누구든지 저를 믿으면 멸망하지 않고 영생을 얻으리라." 우리가 믿기만 하면 그 다음 일은 주님이 다 이루어 놓으신 것입니다. 너무 공짜라고 생각할지 모르겠습니다만 값없이 용서해 주시고 의롭다함을 주시는 이 주님의 은혜가 아니면 구원받을 수 있는 사람이 없습니다. 첫사람 아담의 죄악으로 마귀와 세상은 너무나 흉악하기 때문에 인간의 선행을 통해서 구원받을 수가 없습니다.

그러나 주님이 십자가에 몸 찢고 피 흘려 죽으심으로 생명을 가져오신 것입니다. 주님이 살았으면 우리는 다 죽었습니다. 그러나 주님이 끝까지 참고 죽으셨기 때문에 주님의 생명이 우리에게 전달되게 된 것입니다. "그는 육체에 계실 때에 자기를 죽음에서 능히 구원하실 이에게 심한 통곡과 눈물로 간구와 소원을 올렸고 그의 경건하심으로 말미암아 들으심을 얻었느니라. 그가 아들이시면서도 받으신 고난으로 순종함을 배워서 온전하게 도셨은즉 자기에게 순종하는 모든 자에게 영원한 구원의 근원이 되시고"(히 5:7~9). 마가복음 10장 45절에도 보면 "인자가 온 것은 섬김을 받으려 함이 아니라 도리어 섬기려 하고 자기 목숨을 많은 사람의 대속 물로 주려 함이니라" "내가 진실로 진실로 너희에게 이르노니 한 알의 밀이 땅에 떨어져 죽지 아니하면 한 알 그대로 있고 죽으면 많은 열매를 맺느니라"(요 12:24).

예수님께서는 우리 위해서 나 위해서 고난당했기 때문에 고린도후서 4장 10절로 11절 같이 "우리가 항상 예수의 죽음을 몸에 짊어짐은 예수의 생명이 또한 우리 몸에 나타나게 하려 함이라. 우리 살아 있는 자가 항상 예수를 위하여 죽음에 넘겨짐은 예수의 생명이 또한 우리 죽을 육체에 나타나게 하려 함이라"

이제 우리가 해야 될 것은 항상 예수 그리스도가 십자가에 죽은 그 공로를 내 것으로 걸머져야 되는 것입니다. 그러면 예수 그리스도께서 죽음을 이기고 부활하신 그 생명도 내 것이 되는 것입니다. 따라서 말씀하세요. "예수 죽음 내 죽음, 예수 부활 내 부활, 예수 천당 내 천당, 예수 영생 내 영생!" 이렇게 나와 예수님과 하나가 된다는 것을 알아야 하는 것입니다. "이제 우리가 산 것은 우리가 아니요, 우리 안에 그리스도께서 사신 것이라." 우리는 예수님을 믿을 때 예수님이 달렸던 십자가에서 죽었습니다. 예수님께서 부활하실 때 우리는 부활했습니다. 이제 우리는 영원하게 예수님의 인생을 사는 것입니다. 예수님께서 십자가에 죽은 모든 것은 법적으로 우리가 예수 그리스도 품에 안겨서 같이 죽은 것이 되는 것입니다. 실제는 우리는 고통을 안 당했는데 예수님이 법적으로 우리를 끌어안고 고통을 당했기 때문에 예수님이 당하신 모든 것은 우리가 당한 것이요, 예수께서 자유를 값 주고 사신 것이므로 다 우리의 것이 되고 마는 것입니다.

20장 살아계신 것을 세상에 증명하시는 하나님

(행 9:40-42)"베드로가 사람을 다 내보내고 무릎을 꿇고 기도하고 돌이켜 시체를 향하여 이르되 다비다야 일어나라 하니 그가 눈을 떠 베드로를 보고 일어나 앉는지라. 베드로가 손을 내밀어 일으키고 성도들과 과부들을 불러들여 그가 살아난 것을 보이니, 온 욥바 사람이 알고 많은 사람이 주를 믿더라."

하나님은 크리스천들을 통하여 살아계신 것을 세상 사람들에게 증명되기를 원하십니다. 하나님은 말이 아니고 실제로 살아 계시다는 것을 세상 사람들에게 나타내 보일 성도들을 찾고 훈련하시고 계십니다. 신구약성경을 자세하게 보면 하나님의 사람들이 이방사람들에게 하나님의 살아계심을 나타내어 경배하게 한 사건들이 많습니다. 모두 믿음의 사람들을 통하여 하나님께서 살아 역사하시고 계심을 보여주었습니다. 필자는 이렇게 하나님의 살아서 역사하심을 세상에 나타내며 살아가는 것이 하나님의 뜻이라고 믿고 있습니다. 사실 많은 그리스도인들도 극심한 어려움을 만나면 때때로 "정말 하나님께서 살아계신 걸까?"하는 질문을 하게 됩니다. 그러므로 "하나님의 존재 증명"이라는 이슈는 무신론자들뿐만 아니라, 그리스도인들에게도 상당히 중요한 질문입니다. 그렇다면, 인간의 감각을 통해 증명할 수도 없는 하나님을 어떻게 증명할 수 있을까요? 사람들이 "하나님의 존재를 증명해보라"는 요구를 할 때마다, 우리는 그저 꿀 먹은 벙어리처럼 침묵할 수밖에 없을까요? 분명하게 하나님을 성경 말씀과 초자연적인 기적을 통하여 살아계심을 증명하고 계십니다. 오늘 말씀을 통하여 우리 모두가 하나님의 살아계심에 대한 확신을 가지고 세상에 살아계신 하나님을 증명하는 우리가 되기를 예수님의 이름으로 소원합니다.

첫째, 하나님은 인간의 지식이나 과학으로 증명할 수 없는 분이다. 우선 저는 "하나님의 존재를 어떻게 증명할 수 있나요?"라는 질문에 대하여 이렇게 반대로 질문하고 싶습니다. "묻는 자신은 하나님의 존재를 증명할 능력이 있습니까?" 성경은 분명하게 말씀하고 있습니다. "오직 은밀한 가운데 있는 하나님의 지혜를 말하는 것으로서 곧 감추어졌던 것인데 하나님이 우리의 영광을 위하여 만세 전에 미리 정하신 것이라. 이 지혜는 이 세대의 통치자들이 한 사람도 알지 못하였나니 만일 알았더라면 영광의 주를 십자가에 못 박지 아니하였으리라. 기록된바 하나님이 자기를 사랑하는 자들을 위하여 예비하신 모든 것은 눈으로 보지 못하고 귀로 듣지 못하고 사람의 마음으로 생각하지도 못하였다 함과 같으니라. 오직 하나님이 성령으로 이것을 우리에게 보이셨으니 성령은 모든 것 곧 하나님의 깊은 것까지도 통달하시느니라. 우리가 세상의 영을 받지 아니하고 오직 하나님으로부터 온 영을 받았으니 이는 우리로 하여금 하나님께서 우리에게 은혜로 주신 것들을 알게 하려 하심이라. 우리가 이것을 말하거니와 사람의 지혜가 가르친 말로 아니하고 오직 성령께서 가르치신 것으로 하니 영적인 일은 영적인 것으로 분별하느니라. 신령한 자는 모든 것을 판단하나 자기는 아무에게도 판단을 받지 아니하느니라. 누가 주의 마음을 알아서 주를 가르치겠느냐 그러나 우리가 그리스도의 마음을 가졌느니라."(고전 2:7-16). 분명하게 세상 사람들은 하나님을 증명하지 못한다고 말씀하십니다.

성경이 말하는 하나님은 이 세상만물과는 본질적으로 다른 분입니다. 왜냐하면, 하나님은 '스스로 계신 분', 즉 '누군가가 만들어 낸 존재'가 아니라 '시작도 끝도 없는 영원한 살아계신 존재'인데 반하여, 하나님 외의 나머지 존재들은 모두 '만들어진 존재들'이기 때문입니다. 즉 이 세상의 그 어느 것도 하나님께서 만드시지 않은 것이 없습니다. "태초에 하나님이 천지를 창조하시니라"(창세기 1:1). "만물이 그로 말미암아 지은 바 되었으니, 지은 것이 하나도 그가 없이는 된 것이 없느니라"(요한복음 1:3).

그러므로 창조주 하나님과, 하나님께서 만드신 이 세상의 모든 것들은 본질적으로 다를 수밖에 없습니다. 창조주를 피조 된 존재가 알 수가 없는 것은 당연한 것입니다. 하나님은 영이신데 육체를 가진 사람의 지혜로는 하나님을 증명하지 못하는 것입니다. 그래서 이렇게 말씀하시는 것입니다. "오직 은밀한 가운데 있는 하나님의 지혜를 말하는 것으로서 곧 감추어졌던 것인데 하나님이 우리의 영광을 위하여 만세 전에 미리 정하신 것이라. 이 지혜는 이 세대의 통치자들이 한 사람도 알지 못하였나니 만일 알았더라면 영광의 주를 십자가에 못 박지 아니하였으리라. 기록된바 하나님이 자기를 사랑하는 자들을 위하여 예비하신 모든 것은 눈으로 보지 못하고 귀로 듣지 못하고 사람의 마음으로 생각하지도 못하였다 함과 같으니라."(고전2:7-9).

하나님과 우리 인간들 사이의 본질적인 차이는 우리가 감히 상상조차 할 수가 없습니다. 그런데 과연 우리가 본질적으로 우리와는 완전히 차원이 다른 '위대하신 하나님'에 대하여 증명할 수 있을까요? 사실 현대과학은 현재 하나님께서 만드신 이 우주만물조차 다 이해하지 못하고 있습니다.

몇년전(2012) KBS가 영국 BBC 방송이 제작한 3부작 (우리가 알아야 할 과학) 시리즈를 방영하였는데, 그 중에서 2부 [우주의 신비]를 관심 있게 보았습니다. 그 프로그램에서 과학자들은 우주의 생성과 소멸, 블랙홀 등의 우주의 역사에 대하여 마치 눈으로 직접 본 것처럼 쉽게 설명하고 있었습니다. 그런데, 저는 그 과학자들의 설명 중 한 대목에 집중하여 보았습니다. "현재 우주에 존재하는 물질의 약 95%는 암흑물질과 암흑에너지로 구성되어 있는데, 과학자들은 아직 이것들에 대하여 전혀 모른다." 그렇다면, 현재 우리가 아는 우주는 최대 5% 정도 밖에 안 된다는 뜻이 아닙니까? "아니, 불과 5%의 지식으로 우주의 역사에 대하여 그렇게 장황하게 설명하다니…!" 현대과학이 많은 것을 설명할 수 있을 것 같아도, 현대과학이 제공할 수 있는 지식은 아직 전 우주에 비하면 최대 5%에 불과합니다.

이렇게 하나님께서 만드신 온 우주뿐만 아니라, 자기 잠재의식에 숨어있는 자신조차 온전히 이해할 수 없는 인간이, 어떻게 하나님을 이해하거나 증명할 수 있을까요? 또는 그 위대하신 하나님에 대하여 무엇이라도 설명하거나 증명할 능력이 있을까요? 필자는 절대로 불가능하다고 생각합니다.

그런데, 인간이 하나님의 존재를 과학적으로 증명할 수 없는 또 다른 이유가 있습니다. 바로 하나님은 본질적으로 물질이 아닌 '영(靈)'이시나 살아계시기 때문입니다. "하나님은 영이시니"(요한복음 4:24). 성경의 언어인 히브리어나 그리스어에서, '영'은 '바람'이나 '숨'이라는 뜻도 가지고 있습니다. 즉 분명히 실제로 존재하지만 인간의 눈에 보이지도, 손에 잡히지도 않는 존재가 바로 영입니다. 그러나 살아계십니다. 인격을 가지고 계십니다. 살아계시는 것을 믿게 하기 위하여 기적을 일으키십니다.

인간은 물질적인 동시에 영적인 존재입니다. 그래서 우리의 삶 속에는 '분명히 존재하지만 그 존재를 과학적으로 온전히 증명할 수 없는 것'들이 있습니다. 우리에게 친숙한 사랑조차 인간의 언어나 과학으로는 다 설명할 수가 없습니다. 그런데 성경은 하나님을 이런 사랑 같은 존재라고 설명합니다. "하나님은 사랑이시라"(요한1서 4:16). 앞서 말씀 드린 것처럼, 우리는 우리 자신의 물질적인(잠재의식) 부분도 제대로 이해하지 못하고 있지만, 영적인 부분에 대해서는 더욱 무지합니다. 현대과학은 인간의 영적 부분이 겉으로 표현되는 현상만 관찰할 수 있을 뿐, 그 영적 본질을 증명할 능력이 없습니다. 하물며, 본질적으로 영이신 하나님을 어떻게 현대과학이 증명할 수 있겠습니까?

그래서 무신론자들이 "도무지 하나님의 존재를 증명할 수 없다"고 떠드는 것은 오히려 당연한 것입니다. 즉 하나님께서 존재하시지 않는 것이 아니라, 인간이 그것을 증명할 능력과 방법이 없다는 것입니다. 많은 신학자들과 철학자들이 하나님의 존재에 대하여 증명하려고 노력하였지만 결국 실패한 근본적인 이유가 바로 이것이었습니다.

그래서 독일의 철학자 칸트는 일찍이 "우리 인간의 순수이성으로는 하나님의 존재를 증명할 수 없다"고 단언했습니다. 결국 "영원무한(永遠無限)하신 하나님의 존재를 증명하라"는 말은 "눈먼 사람에게 아름다운 그림을 보여주라"는 요구와 다를 바가 없습니다.

둘째, 하나님은 성령의 계시를 통해서만 알 수 있다. 우리는 하나님에 대하여 어떻게 알 수 있을까요? 앞서 말씀 드린 대로, 우리 인간의 입장에서는 하나님을 이해할 방법이 없으므로, 우리는 "하나님께서 자신을 보여주시는 만큼"만 알 수 있습니다. "오직 하나님이 성령으로 이것을 우리에게 보이셨으니 성령은 모든 것 곧 하나님의 깊은 것까지도 통달하시느니라."(고전 2:10). 이처럼 "하나님께서 숨겨진 자신을 세상에 드러내시는 것"을 신학적 용어로 "계시(啓示)"라고 합니다. 하나님께서는 자기 자신을 크게 두 가지 방법으로 드러내십니다. 하나는 하나님께서 만드신 모든 만물을 통해 드러내는 것이고, 또 하나는 하나님의 특별한 말씀을 통해 드러내십니다. 우리는 이를 성령으로 깨닫게 됩니다. 성령이 아니고는 하나님을 알 수가 없습니다.

로마서 1:20절 말씀을 읽어 봅시다. "창세로부터 그의 보이지 아니하는 것들, 곧 그의 영원하신 능력과 신성이 그가 만드신 만물에 분명히 보여 알려졌나니, 그러므로 그들이 핑계하지 못할지니라." 그리고 그 세상 만물 속에는 우리 인간 자신도 포함됩니다. "이는 하나님을 알 만한 것이 그들 속에 보임이라. 하나님께서 이를 그들에게 보이셨느니라"(로마서 1:19). 그렇다면 하나님께서는 이 세상 만물들을 통하여 자신을 어떻게 드러내실까요? 사도바울은 로마서 1:20절에서, 하나님께서 세상만물을 통하여 하나님의 "능력과 신성"을 분명하게 보이신다고 말씀합니다. 즉 인간은 하나님께서 만드신 온 우주만물을 바라보며, "이 모든 것을 설계하고 만드신 위대한 존재가 있다"는 사실을 성령의 계시로 깨닫게 됩니다. 성령으로 아니하고는 알 수도 깨달을 수도 없습니다. 사람들은 하나님으로부터 다양한 재능과 성품을 선물로 받았습니다. 그래서 사람들마다 생긴 것도, 생각하는 것도, 사는 방식도 다 다릅니다. 하지만 그런 개인적인 특성과는 상관없이, 하나님께서 모든 사람에게 기본적으로 주신 것이 있습니다. 그것이 바로 "아, 이 세상을 만드시고 움직이시는 위대한 존재가 계시구나!"하는 깨달음입니다. 성령께서 깨닫게 하는 것입니다. "우리가 세상의 영을 받지 아니하고 오직 하나님으로부터 온 영을 받았으니 이는 우리로 하여금 하나님께서 우리에게 은혜로 주신 것들을 알게 하려 하심이라. 우리가 이것을 말하거니와 사람의 지혜가 가르친 말로 아니하고 오직 성령께서 가르치신 것으로 하니 영적인 일은 영적인 것으로 분별하느니라."(고전 2:12-13).

하나님은 이 세상 모든 만물을 창조한 "위대한 신"이 바로 하나님이라는 사실을 그의 특별한 말씀을 통하여 나타내십니다. 우리가 읽는 '성경'은 하나님께서 우리에게 주신 그 특별한 말씀입니다. 하나님께서는 성경을 통해 자신이 어떤 분인지를 구체적으로 설명하십니다. 그러므로 성령으로 성경을 보지 않고는 하나님이 어떤 분인지를 자세히 알 방법이 없습니다. 성령하나님이 알게 해야 알 수가 있다는 말입니다. 그래서 성도는 반드시 성령으로 세례를 받아야 합니다 그런데 성경은 인간이 하나님을 설명한 글이 아니라, 하나님이 자신을 나타내신 글이다 보니, 보통 글과는 읽는 방법이 다를 수밖에 없습니다. 일반 글들은 우리가 진리인지 거짓인지를 확인하고 검증하며 읽어야 하지만, 성경은 '믿음'을 가지고 받아야 합니다. 성령이 아니고는 알 수도 없고 깨닫지도 못하게 됩니다. 성령으로 발원한 '믿음'은 인간의 이성으로는 이해할 수 없는 하나님의 말씀을, 우리가 깨닫도록 도와주는 '영적 사다리'입니다. 성령께서 말씀의 비밀을 깨닫도록 도우십니다. 그래서 신약성경의 복음서들을 보면, 예수님께서는 계속하여 사람들에게 '네가 믿느냐?'고 질문하셨습니다. 특별히 성경은 우리들을 향한 하나님의 무한하신 사랑과 은혜를 가득 담은 글입니다. 만일 사랑고백을 담은 편지를 받는다면, 그 편지의 문법을 따지고, 문맥의 논리를 분석하고, 수학적으로 계산하며 읽겠습니까? 그런 식으로 연애편지를 읽으면, 그 편지를 쓴 사람의 진정한 사랑은 파악할 길이 없습니다. 사랑고백을 담은 연애편지는, 그 편지를 쓴 사람의 진정한 사랑을 믿으며, 활짝 열린 마음을 가지고 온 가슴으로 느껴야 그 진정한 뜻을 헤아릴 수 있습니다. 필자가 항상 말하는 것이 있습니다. 필자가 집필한 책을 읽을 때 오탈자 찾아내려고 읽지 말라는 것입니다. 그 책을 집필한 사람의 진정한 영적의도를 전달받으며, 활짝 열린 마음을 가지고 온 가슴으로 느껴야 그 진정한 영적인 뜻을 헤아릴 수 있어서 자신의 영의 눈이 열리고 영이 깨어나는 것입니다. 마찬가지로 우리가 성경말씀을 읽을 때에는, 우리를 향한 하나님의 사랑을 확신하며, 활짝 열린 마음으로 하나님의 말씀을 받아야, 성경을 우리에게 주신 하나님의 존재를 제대로 체험할 수가 있습니다.

신구약성경을 성령의 임재가운데 읽거나 듣거나 할 때 하나님께서 살아계신다는 것을 깨닫게 됩니다. 몇 가지 예를 들어 설명한다면 모세가 하나님의 말씀대로 순종하니 지팡이가 뱀이 되고, 애굽의 술사들이 만든 뱀을 집어 삼킵니다. 모세가 하나님의 말씀대로 순종하고 행하니 열 가지 재앙이 일어나 바로 왕을 굴복시킵니다. 하나님의 말씀대로 순종하니 홍해가 갈라집니다. 열왕기상 17장에 보면 사르밧 과부가 엘리야의 말을 듣고 순종하여 엘리사가 말한 대로 가뭄을 극복합니다. 사르밧 과부의 아들이 죽자 엘리야가 살립니다. "여호와께서 엘리야의 소리를 들으시므로 그 아이의 혼이 몸으로 돌아오고 살아난지라. 엘리야가 그 아이를 안고 다락에서 방으로 내려가서 그의 어머니에게 주며 이르되 보라 네 아들이 살아났느니라. **여인이 엘리야에게 이르되 내가 이제야 당신은 하나님의 사람이시오. 당신의 입에 있는 여호와의 말씀이 진실한 줄 아노라 하니라**"(왕상 17:22-24). 엘리야는 바알의 선지자 사백오십 명과 아세라의 선지자 사백 명을 갈멜 산으로 모아 내게로 나아오게 하라고 아합 왕에게 알립니다. 이들과 영적대적을 할 때 여호와의 불이 내려서 번제물과 나무와 돌과 흙을 태우고 또 도랑의 물을 핥아버립니다. 이스라엘 백성들이 보고 엎드려 말하되 **"여호와 그는 하나님이시로다 여호와 그는 하나님이시로다"** 하면서 하나님의 살아 역사하심을 인정합니다. 엘리야가 그들에게 이르되 바알의 선지자를 잡되 그들 중 하나도 도망하지 못하게 하라고 한 후에 이들을 모두 잡아서 엘리야가 그들을 기손 시내로 내려다가 거기서 죽입니다(왕상18:37-40). 이를 볼 때 하나님께서 살아계신 것이 증명된 것입니다. 하나님은 이렇게 살아계신 것을 증명하는 사람이 필요하고 이런 사람을 통해서 자신을 나타내십니다. 우리모두 세상에 살아계신 하나님을 증명합시다.

셋째, 살아계신 하나님을 크리스천의 영-혼-육의 전인격으로 나타내야 한다. 하나님은 성령이 역사하는 교회 시대에도 날마다 동행하시면서 우리를 통하여 기적을 일으킵니다. 오늘날, 일부의 잘못된 신앙들을 보면, 하나님에 대하여 너무 관념적이 되어버렸다는 사실입니다. 교회에서 듣고 배우기를, "하나님은 모든 일에 능하시고, 모든 것을 알고 계시며, 모든 곳에 거하시며, 온 세상을 창조하신 분입니다. 하나님은 못하시는 일이 전혀 없으시며, 나의 숨은 생각까지도 통찰하시고 모든 생명과 우주의 질서를 주관하시는 분으로 살아계십니다." 라고 배웠습니다. 그런데 이 진리가 지식으로만 굳어졌다는 것입니다. 행함으로 나타나지 않습니다.

또한 하나님을 성경에 가두고 예배당에 가두어버립니다. 성경 속에만 존재하는 하나님으로 믿고 있습니다. 예배당 안에만 존재하는 하나님으로 여깁니다. 그래서 예배당 밖에만 나가면 하나님이 없는 것처럼 살아갑니다. 성경에서 눈만 떼면 하나님을 무시하고 살아갑니다. 또 이성과 지식과 환경에 가두어버립니다. 자신의 이성으로 판단해 보고, 자기의 지식으로 재보고, 열심으로 재보고, 나의 환경에 비추어 보고서, 하나님의 능력을 가늠해 봅니다. 과연 하나님이 이런 일을 하실 수 있을까?

그래서 자신이 못하면 하나님도 못할 것으로 여깁니다. 자신의 능력 밖이라면 하나님의 능력도 미치지 못할 것으로 생각합니다. 하나님을 지식으로, 개념으로는 알고 있는데, 삶으로 알지 못한다는 안타까운 사실입니다. 살아계신 하나님을 믿어야 하는데, 내 지식과 이성과 개념 속에서 하나님을 찾기 때문입니다. 이것은 믿음이 아닙니다. 빨리 바른 복음으로 돌아서야 합니다. 성령으로 세례를 받고 성령의 불세례를 받고 성령으로 충만하여 성령의 인도를 받아야 합니다. 살아계신 하나님을 세상에 나타내야 합니다.

하나님께서는 어제나 오늘이나 영원토록 살아계신 하나님이십니다. 우리의 발걸음을 인도하시고, 우리 안을 성전삼고 주인으로 계시면서 우리가 어디를 가나 동행하시는 하나님이십니다. 우리의 숨결 속에 우리의 생각 속에, 우리의 인생 가운데 역사하시는 하나님이십니다. 하나님께 특혜를 받은 우리에게도 특별한 책임과 의무가 주어지는데, 바로 살아계신 하나님을 우리의 삶 가운데서 나타내 보여주어야 한다는 것입니다. 앞서 말씀 드린 것처럼, 원칙적으로 아담의 죄악을 가지고 살아가는 육적인 인간은 하나님을 볼 수가 없습니다.

대신 사람들은 하나님을 믿는 그리스도인들을 봅니다. 세상 사람들은, 하나님을 체험한 그리스도인들이 자신들이 보지 못하고 체험하지 못한 하나님을 보여줄 수 있을 것이라고 기대합니다. 세상 사람들에게는 우리 그리스도인들이 '하나님의 말씀'입니다. 온몸이 살아계신 하나님의 성전이 된 사람들입니다. 걸어 다니는 성전입니다. 하나님과 동행합니다. 그래서 사도 바울도 그리스도인들을 '그리스도의 편지'라고 불렀습니다. "너희는 우리로 말미암아 나타난 그리스도의 편지니, 이는 먹으로 쓴 것이 아니요, 오직 살아 계신 하나님의 영으로 쓴 것이며"(고린도후서 3:3).

또한 사도 바울은 그리스도인들의 모임인 교회를 '그리스도의 몸'으로 비유하였습니다. "너희는 그리스도의 몸이요, 지체의 각

부분이라"(고린도전서 12:27). 다시 말하면, 세상 사람들은 교회를 통하여 살아계신 하나님을 보고, 느끼고, 체험합니다. 결국 인간의 과학으로 증명할 수 없는 하나님의 존재는 보이지 않지만 살아계신 하나님의 성전 된 성도들을 통하여 나타납니다. 그렇기에 우리는 우리의 행실을 통하여 살아계신 하나님의 모습을 보여주어야 할 막중한 책임을 지고 있습니다.

우리 교회가 세상에 어떤 모습을 보여주느냐에 따라, 하나님의 이미지도 바뀌게 됩니다. 결국 오늘날 무신론자들이나 이단들이 득세하는 것도, 결국 기존 교회(성전된 성도)가 살아계신 하나님을 제대로 나타내지 못했기 때문입니다. 그들의 눈에는, 기존 교회 속에 거룩하고 위대하신 하나님이 아닌, 일반 사람들보다도 더 몰상식적이고 이기적인 사람들만 들끓고 있기 때문입니다. 현대인들은 단지 하나님을 증명할 수 없어서가 아니라, 기존 교회 속에서 거룩하고 위대하신 하나님을 발견할 수 없기에 실망하며 교회로부터 발걸음을 돌립니다. 사람들이 교회로부터 발걸음을 돌린다는 것은 결국 하나님에게 등을 돌린다는 뜻입니다.

이 모든 것이 하나님의 이름을 등에 업은 자신의 책임입니다. 그러므로 기억하십시오. 우리 모두는 살아계신 하나님을 증명하는 증거들입니다. 자신을 드러내기 위해 살지 말고, 삶 가운데 살아계시는 하나님을 나타내기 위하여 사시기를 바랍니다. "이같이 너희 빛이 사람 앞에 비치게 하여, 그들로 너희 착한 행실을 보고, 하늘에 계신 너희 아버지께 영광을 돌리게 하라"(마태복음 5:16).

오늘 본문은 "베드로가 사람을 다 내보내고 무릎을 꿇고 기도하고 돌이켜 시체를 향하여 이르되 다비다야 일어나라 하니 그가 눈을 떠 베드로를 보고 일어나 앉는지라. 베드로가 손을 내밀어 일으키고 성도들과 과부들을 불러 들여 그가 살아난 것을 보이니, 온 욥바 사람이 알고 많은 사람이 주를 믿더라."(행 9:40-42). 다비다가 살아난 것을 보고 많은 사람이 주를 믿었다고 말합니다. 베드로와 같이 하나님의 살아계심을 나타내야 합니다. 하나님은 크리스천들이 많이 알고 열심히 믿음 생활하는 것도 좋지만, 하나님께서 살아서 초자연적인 기적을 행하시는 것을 세상 사람들에게 증명하기를 소원하십니다. 애굽의 바로왕도 9가지 이적이 일어나도 항복하지 않다가 장자가 죽으니 항복했습니다. 크리스천들이 하나님께서 자신과 동행하면서 기적을 일으킨다는 것을 세상 사람들에게 증명해야 세상 사람들이 하나님께서 살아계신다는 것을 인정할 것입니다.

인도네시아에서 6년 동안 복음을 전했던 ○○○ 선교사는 겨우 6명을 예수 믿게 했다고 합니다. 이제 선교의 사역을 마칠 한 달 전에 자기 사택 근처 한인 교우가 살고 있었습니다. 한인 교우의 친정어머니가 오셔서 애들을 봐주고 하던 차에 자기 옆에 살고 인도네시아 현지인 집에 아버지가 갑작스럽게 심한 병으로 앓고 있어 옆집 할머니에게 도움을 청하게 되었습니다. 그 할머니는 인도네시아어도 모를 뿐만 아니라, 영어도 하지 못하는 데 아픈 사람에게 손을 얹고 한국말을 하며 예수님의 이름으로 기도 하니 성령님이 보증하여 그 즉시 나아버렸습니다. 그로 인해 그 가족 6명이 예수를 영접하고 교회로 나와 구원받게 된 것입니다. 어떤 이는 6년 동안 현지에 적응하고자 언어를 배우고 그들의 습관과 문화를 익히며 복음을 전하여 겨우 6명을 구원시켰지만, 할머니는 언어나 습관과 문화를 몰라도 살아계신 예수 그리스도를 나타내며 하나님을 증명하여 그곳에 온지 한 달 만에 6명을 구원한 것입니다. 복음의 원동력은 학문이나 언어와 지식에 있는 것이 아니라, 내 속에 살아계시는 하나님의 현존하심을 어떻게 드러내느냐에 달려 있습니다. 하나님보다 높아지려고 하지 말아야 합니다. 하나님을 안다고 자랑하지 말아야 합니다.

분명하게 성경은 "만일 누구든지 무엇을 아는 줄로 생각하면 아직도 마땅히 알 것을 알지 못하는 것이요(고전 8:2)"라고 경고하십니다. 진리를 터득한 만큼 나타내야 합니다. 하나님의 이름을 들먹거리며 사기 치지 말아야 합니다. 이 땅에 내가 갖고 있는 것들을 동원해서 하나님을 나타내려고 하지 말아야 합니다. 내 안에 성전 삼고 살아 살아계시는 초자연적인 하나님 만 드러내야 합니다. 천지만물을 초자연적으로 다스리시는 살아계신 하나님을 세상에 나타내는 크리스천이 되어야 합니다. 자신의 지식과 경험, 명예와 인기로 하나님을 증명하려고도 하지 말아야 합니다. 순수한 성령으로 살아계신 하나님만 드러나게 해야 합니다. 하나님을 하나님 되게 세상에 나타내라는 것입니다. 세상 사람들이 정말 하나님은 살아계십니다. 하고 인정하게 하라는 것입니다.

5부 체험하며 깨달은 사람과 동행하는 예수님

21장 완전해지면 때를 만나게 하시는 예수님

(마6:9~10)"그러므로 너희는 이렇게 기도하라 하늘에 계신 우리 아버지여 이름이 거룩히 여김을 받으시오며 나라가 임하시오며 뜻이 하늘에서 이루어진 것 같이 땅에서도 이루어지이다."

하나님은 불러서 훈련하시고 시험하시어 합격하면 하나님의 때를 만나게 하십니다. 하나님의 뜻이 있는 곳에 반드시 하나님이 준비한 길이 있습니다. 일부 크리스천들이 하나님의 때에 대하여 바르게 이해하고 있지 못합니다. 가만히 앉아서 기다리면 때를 만나는 줄 알고 있습니다. 그래서 때가 안 되었다. 때가 안 되었다,고 말합니다. 하나님의 때는 하나님께서 지시하신 뜻을 따라가야 종국에 때를 만나는 것입니다. 하나님의 뜻을 쫓아가다가 보니까, 하나님께서 원하시는 크리스천이 되니 때를 만나게 한다는 것입니다.

그래서 하나님의 뜻을 좇아 하나님이 예비한 길을 따라가다가 환경에 어려움에 봉착해도 환경에 지지 말아야 합니다. 환경에 진다는 것은 마귀에게 넘어간다는 것입니다. 환경을 이긴다는 것은 어떠한 환경에 어려움이 오더라도 하나님에게 기도하며 하나님의 지혜를 받아 순종하면서 성령으로 충만하여 하나님이 기뻐하시는 심령이 되도록 관리하는 것을 말합니다. 이렇게 환경을 이기는 성도가 영의통로가 열린 성도입니다. 요셉은 하나님과 영의 통로가 열린 고로 환경에 지지 아니하고 믿음을 지켜서 일약 애굽의 국무총리가 되었습니다. 하나님은 성령의 인도를 받는 사람들의 믿음을 시험하십니다. 환경이 아무리 어려워도 사드락과 메삭과 아벳느고 같이 환경에 굴복하지 아니하고 하나님의 영광을 위해서 믿음을 지키고 환경을 이기면 하나님의 때를 만나게 됩니다. 그러므로 하나님께서 원하시는 뜻만 알게 되면 길은 얼마든지 있습니다. 하나님이 뜻을 우리를 위하여 이루시기를 원하시면 천상천하에 어떠한 기적도 일어날 수가 있습니다. 그러므로 우리가 하나님의 뜻만 알면 강하고 담대하게 기도하고 구하여 하나님의 지혜를 받아 순종하면서 하나님이 길을 열고 역사하실 것을 믿고 불가능에 도전할 수 있습니다." 하나님의 말씀에는 불가능이 없습니다. 하나님의 뜻을 알고 바른 길을 찾아가는 모두가 되시기를 바랍니다.

첫째, 하나님의 뜻을 알아야 한다. 우리가 이 세상에 살면서 낭패와 실망을 당하고 앞길이 캄캄하게 될지라도 하나님의 뜻만 알면 하나님의 뜻이 있는 곳에 길은 열립니다. 문제는 하나님과 영의통로가 열렸느냐 열리지 않았느냐가 문제이지 사람이 그 길을 알 수가 없습니다. 또 알 필요도 없습니다. 하나님이 우리를 위해서 예비해 놓은 모든 것은 눈으로 보지 못하고 귀로 듣지 못하고 마음으로도 생각지 못하였다함과 같음이라고 말한 것입니다. 크고 비밀한 길입니다. 하나님의 뜻만 알면 길은 열리는 것입니다.

필자는 군대에서 40대 초반에 나오게 되었습니다. 저를 향한 하나님의 뜻을 알기 위하여 기도했습니다. 하나님이 길을 알려주셔서 지금 목회를 하고 있습니다. 목회를 하다가 마음대로 되지 않아 하나님에게 항변 하다가 음성으로 찬양으로 하나님의 위로도 많이 받았습니다. 교회를 개척하여 퇴직금으로 받은 물질 다 날아가고 이제는 하나님의 역사 외에는 도저히 해결할 수 없는 상황에 처하게 하시기도 했습니다. 교회 뒤에 칸을 막고 4년을 우리 자녀들하고 지내기도 했습니다.

어떻게 해서라도 내가 열심히 해서 교회를 부흥시키려하다가 뜻대로 되지 않아 탈진에 빠져서 하나님에게 어떻게 해야 합니까? 하나님에게 항변도 하며 기도할 때 하나님이 앞으로는 영성이다. 영성! 영성! 21세기는 영성이다. 라는 음성을 듣고 영성에 관심을 가지고 치유도 받고 말씀도 들었습니다. 성령을 체험하며 심령을 내적 치유하니 성령의 권능이 나타나 하나님께서 원하시는 성령치유 사역을 하였습니다. 성령의 인도에 순종하고 따라오다가 보니까, 지금 여기까지 온 것입니다. 그래서 서울도 강남 방배동에서 성령으로 치유목회를 하고 있는 것입니다. 필자가 군대에서 나올 때는 이렇게 되리라고 꿈에도 생각을 못했는데 하나님의 인도를 따라 오다가 보니 이렇게 된 것입니다.

하나님의 뜻을 알았으면 좌로나 우로나 치우치지 말고 하나님만 바라보고 따라 가시기를 바랍니다. 그러면 때가 이르매 거둔다는 말씀대로 하나님에게 귀하게 쓰임 받으며 하나님의 때를 만날 수가 있는 것입니다. 하나님의 뜻이 있는 곳에는 반드시 길이 있습니다. 문제는 하나님과 영의통로를 여는 것입니다. 영의통로는 하나님의 뜻에 순종하는 것입니다. 하나님만 의지하는 것입니다. 지속적으로 하나님과 교통하며 음성을 듣는 것입니다. 들린 음성대로 순종하는 것입니다. 이것이 영의통로 입니다.

그러면 하나님의 뜻을 어떻게 알 수 있습니까? 뜻을 알면 길은 있는데 하나님의 뜻을 어떻게 알 수 있습니까? 이런 질문을 하실 것입니다. 성령 안에서 온몸으로 기도하여 성령으로 충만해지면 하나님께서 말씀으로 뜻을 깨닫게 하십니다. 성경은 인간에 대한 하나님의 뜻을 담고 있습니다. 성경을 우리가 하나님의 말씀이라고 말하지 않습니까? 하나님의 말씀은 하나님의 뜻이지요. 창세기부터 계시록까지 하나님은 다양한 형편에 처한 인생들에게 하나님의 뜻을 보여주고 있는 것입니다. 성경에는 주의 말씀은 내 발의 등이요, 내 길의 빛이 된다고 말한 것입니다. 하나님의 말씀이 등불이 되고 빛이 되어서 하나님께서 우리를 인도하신 것을 우리에게 보여 주시는 것입니다. 하나님의 뜻을 알고 우리가 기도하면 길이 열리는 것입니다.

또한 성령님의 깨달음과 인도를 통하여 우리가 하나님의 뜻을 알 수 있습니다. 하나님의 성령은 꿈이나 환상을 통하여 우리에게 하나님의 뜻을 보여줍니다. 저에게도 하나님은 꿈과 환상을 통하여 하나님의 뜻을 보여 주셨습니다. 예수님을 잉태한 마리아를 보십시오. 마리아는 하나님의 천사 가브리엘이 환상 중에 나타나서 예수 그리스도를 잉태하실 것을 보여 주셨습니다. 환상을 통해서 하나님의 뜻을 보여 주신 것입니다. 누가복음 1장 35절에 "천사가 대답하여 이르되 성령이 네게 임하시고 지극히 높으신 이의 능력이 너를 덮으시리니 이러므로 나실 바 거룩한 이는 하나님의 아들이라 일컬어지리라" 그와 정혼한 요셉이 함께 잠자리를 하기도 전에 마리아가 잉태했다는 소식을 듣고 그는 굉장히 낙심해서 마리아와 약혼을 파혼하려고 했었습니다. 그럴 때 하나님의 뜻이 꿈으로 나타났던 것입니다. 마태복음 1장 20절로 21절에 "이 일을 생각할 때에 주의 사자가 현몽하여 이르되 다윗의 자손 요셉아 네 아내 마리아 데려오기를 무서워하지 말라 그에게 잉태된 자는 성령으로 된 것이라. 아들을 낳으리니 이름을 예수라 하라 이는 그가 자기 백성을 그들의 죄에서 구원할 자이심이라 하니라"

그리고 또 마음에 감동이나 깨달음을 통해서 하나님 뜻을 말씀하는 것입니다. 꿈도 아니고 환상도 아닌데 기도하는 중에 성령께서 마음에 고요하고 잠잠하게 말씀해 주십니다. 앞으로는 영성이다. 영성! 영성! 21세기는 영성이다. 또 전도 나가려고 기도하면 어느 아파트 단지로 가라고 성령께서 감동을 주시기도 합니다. 마음에 잠잠한 감동과 깨달음을 통해서 하나님께서 말씀하는 것입니다. 저는 이 성령의 감동을 받아 지금까지 움직였습니다.

또한 가장 평범하게 하나님의 뜻을 아는 길은 마음에 소원을 통해서 하나님이 보여 주시는 것입니다. 빌립보서 2장 13절에 "너희 안에서 행하시는 이는 하나님이시니 자기의 기쁘신 뜻을 위하여 너희에게 소원을 두고 행하게 하시나니" 마음에 기도할 때 끝없는 소원이 일어납니다. 그것은 오늘 아침에 일어났다 저녁에 사라지는 소원이 아닙니다. 불길같은 소원이 일어납니다. 자고나도 그 소원, 깨어나도 그 소원, 마음속에 소원, 머릿속에서 일어나는 소원이 아니고 배꼽 밑 마음에서 올라오는 소원입니다.

그리고 또 소원이 일어남과 동시에 하나님은 환경을 통해서 우리를 종종 인도하십니다. 우리는 둔합니다. 그렇기 때문에 하나님은 우리가 살고 있고 몸담고 있는 환경을 통해서 우리에게 말씀하실 때가 많습니다. 성령님이 감동을 주신 것을 믿음으로 순종을 하니 눈에 보이는 하나님의 역사가 나타나는 것을 말합니다. 하나님은 말씀하시고 눈에 보이게 이루시는 체험적인 하나님이십니다. 이와 같이 하나님께서는 오늘 말씀을 통하여 꿈이나 환상을 통하여 감동이나 깨달음을 주시고 마음의 소원을 통하여 우리 주위 환경을 통해서 우리들에게 하나님의 뜻을 보여 주시는 것입니다.

우리의 신앙생활에 가장 중요한 것이 하나님의 뜻을 아는 것입니다. 뜻을 알면 길이 열리는 것입니다. 뜻만 알면 어떠한 어려운 여건이 다가와도 길은 열리는 것입니다. 두려워 할 필요가 없습니다. 일을 행하는 하나님, 그 일을 지어 성취하는 하나님, 그 이름을 여호와라 하는 자가 이같이 이르노라. 너희는 내게 부르짖으라. 내가 네게 응답하겠고 너희가 알지 못하는 크고 은밀한 일을 보여 주겠다. 하나님의 뜻만 알면 크고 은밀한 기적이 일어나는 것입니다.

하나님의 뜻을 알고 순종하여 기적을 체험하시기를 바랍니다.

둘째, 죄로나 우로나 치우치지 말라. 하나님의 뜻을 알고는 이제는 눈에는 아무 증거 안보이고 귀에는 아무 소리 안 들리고 손에는 잡히는 것 없어도 믿음으로 나가는 것입니다. 하나님의 뜻을 알았은즉 길은 하나님이 여는 것입니다. 내가 여는 것이 아닙니다. 내가 방법을 만드는 것이 아닙니다. 뜻을 알면 길이 열립니다. 믿음으로 나가는 것입니다. 성령의 감동을 받고 따라가는 것입니다. 저 역시 하나님의 뜻을 알고 그냥 따라만 왔더니 하나님이 길을 여시면서 저를 데리고 가십니다.

필자가 교회를 개척한 지 얼마 지나지 않아 불안 장애가 찾아왔습니다. 가만히 있어도 손이 부들부들 떨리는 것입니다. 사모에게 이야기를 하지 못했습니다. 약국에 가서 청심환을 많이 사서 먹었습니다. 무슨 이유인지를 알지를 못했습니다. 나중에 발견한 사실이지만 그것은 영적 탈진 이었습니다. 탈진과 함께 두려움, 염려와 근심이 찾아왔습니다. 불안으로 가슴이 답답하고, 좌절감에 사로 잡혔습니다. 무력감이 찾아 왔습니다. 삶의 의욕을 상실했습니다. 좋아하던 책도 보기 싫고, 교회 개척도 의미를 못 느꼈습니다. 기도가 하기 싫어지고, 믿음이 상실되고, 누구든 나를 괴롭히는 사람으로 보였습니다. 피해의식이 나를 괴롭혔습니다. 비전을 잃기 시작했습니다. 포기하고 싶었습니다. 죽고 싶었습니다. 솔직하게 말한다면 지하철에 뛰어 들려고도 몇 번했습니다. 그런데 문제는 돌이킬 수 없는 환경이었습니다. 피할 래야 피할 수 없는 현실이 나를 더욱 괴롭혔습니다.

그러나 기도할 때마다 성령께서 저에게 희망을 주셨습니다. "강하고 담대 하라. 반드시 내가 너를 사용하겠다. 반드시 너를 축복하겠다. 좌절하지 말고 힘을 내라. 앞을 보고 내가 인도하는 대로 따라오라." 이런 성령의 위로를 듣고도 힘들어하는 저의 모습을 지켜보고 있는 가족들에게 더욱 심한 죄책감을 느꼈습니다. 제가 마음을 굳게 먹고 하나님만을 바라보고 기도하기로 작정을 했습니다. 하나님이 계시니 절대로 좌절하지 않기로 했습니다. 아무리 교회 개척이 어렵다고 해도 포기하지 아니하고, 교회 성장을 위하여 기도하며 하나님의 영감을 받아 노력하니 하나하나 길이 열리기 시작했습니다.

정말 개척교회 성장은 힘이 들었습니다. 아파트를 수도 없이 돌아다니면서 전도를 해도 전도가 되지를 않았습니다. 병원전도를 한 3년동안 다녔습니다. 월요일부터 시작해서 금요일까지 아침 9시부터 시작하여 오후 4시 반까지 안산과 시화에 있는 병원이란 병원은 다 돌아 다녔습니다. 하루에 환자를 230명을 안수하여 준 일도 있습니다. 안수기도를 하면 병들이 즉각적으로 나았습니다. 많은 기적을 체험했습니다. 그래서 재미가 있어 지치는 줄을 모르고 다녔습니다. 그래도 교회 성도의 숫자는 늘어나지 않았습니다.

그때 제가 그렇게 돌아다닌 것은 영웅 심리에서 그렇게 다녔는지도 모릅니다. 내 힘으로 하려고 하니 아무것도 되는 것이 없었습니다. 그래도 병원전도 다니면서 저 나름대로는 얻은 것이 많습니다. 제가 열심히 한다고 교회가 성장되는 것이 아니다. 라는 것입니다. 그리고 환자들을 많이 만나서 대화하고 치유기도를 하다가 보니까 자연스럽게 임상적인 경험이 쌓이고 치유의 전문가가 되어 가더라는 것입니다.

그러다가 저에게 영육의 문제가 찾아와 그 것을 치유하기 위하여 내적치유를 알게 되고 내적치유를 1년을 받았습니다. 성령의 역사를 알았습니다. 그리고 수많은 성령의 역사를 체험했습니다. 깊은 영의기도를 알았습니다. 하나님의 음성을 듣는 방법도 터득하였습니다. 왜 축귀를 하면 치유가 되는데 삼일만 지나면 재발하는 지도 알았습니다. 성령의 감동을 받고 40일 치유전도 집회도 했습니다. 목회자 부부를 모아놓고 매주 월화 8주 동안 연속집회도 했습니다. 국민일보 광고를 내고 전국적인 치유사역을 했습니다. 처음에는 많은 인원들이 왔습니다. 시간이 가면서 성령의 능력으로 치유 받으러 오는 사람이 현저하게 줄어들었습니다.

그때가 2003년 초입니다. 현저하게 오는 분들이 적었습니다. 얼마나 어려웠으면 국민일보 광고를 하려다가 취소를 하게 되었을까요? 사모가 돈이 없어서 광고비를 내지 못하겠다고 합니다. 이미 광고는 예약을 하여 내일 광고를 내겠다고 한 상태입니다. 그래서 전화를 했습니다. 내일광고 나가는 것 돈이 없어서 내지 못하겠다고 당담자에게 전화를 했습니다. 그랬더니 안 된다고 하는 것입니다. 당장 내일 광고가 나갈 것을 지금 취소하면 어떻게 하느냐는 것입니다. 대신 광고비를 반만 내라는 것입니다. 광고 원고를 준비하여 광고를 했습니다. 이것은 순전히 성령의 역사였습니다. 그 광고를 보고 사람들이 많이 왔습니다.

그 다음 집회 때부터 오시는 분들이 많아졌습니다. 그때를 회상하면 하나님의 뜻을 쫓아가다가 어려움이 온다고 지금까지 하던 것을 중단하면 안 된다는 것입니다. 우리가 바르게 알아야 할 것은 하나님의 뜻을 따라가면 아무런 문제가 없는 것이 아닙니다. 하나님의 뜻을 따라가다가 보면 이해하지 못할 어려움이 찾아오기도 합니다. 제가 지금 지나온 길을 회상하면 하나님이 하나님에게 기도하게 하려고 어려움에 봉착하게 하신다는 것입니다. 하나님이 함께하신다는 것을 체험하게 하기 위해서 그렇게 하시는 것입니다.

그리고 하나님만 바라보게 하기 위해서 그렇게 하시는 것입니다. 어려움이 찾아와도 하나님이 함께하시니 모든 것이 형통하게 풀립니다. 그러면서 믿음이 자라는 것입니다. 어찌하든지 성령의 감동을 받으면 성령께서 역사하실 수 있도록 순종하고 행동에 옮겨야 한다는 것입니다. 만약에 제가 그때 광고를 하지 않았더라면 지금 사역을 못했을 것입니다. 그때 상황이 그렇게 어려웠습니다. 그러나 하나님의 일이니 광고 담당자의 마음을 감동하여 광고비를 절반으로 낮추어서 할 수 있게 하신 것입니다.

2003년 초는 매우 어려웠으나 중단하지 않고 계속하니 정말 많은 사람들이 사화까지 찾아왔습니다. 불치의 질병들이 치유되었습니다. 부부문제가 해결이 되었습니다. 이혼을 하려고 하던 분들이 금술 좋은 부부가 되었습니다. 20년 별거하던 부부가 참석하여 은혜 받고 별거를 풀고 합치는 역사가 일어났습니다. 55년 동안 류마치스 관절염과 심장병으로 고생하던 분이 깨끗하게 치유가 되었습니다. 열두 가지 질병으로 고생을 하던 분들이 치유가 되었습니다. 말로 설명 못하는 여러 가지 성령의 역사가 나 일어났습니다. 소문이 나니 여기저기서 사람들이 찾아왔습니다. 오셔서 은혜를 받으니 헌금도 많이 했습니다.

그리하여 교회 안에서 살던 살림을 정리하여 아파트 33평을 얻어서 밖으로 나갔습니다. 어려울 때 포기 했으면 교회 안에서 나오지 못했을 것입니다. 절대로 포기하지 않고 강하고 담대한 믿음으로 계속했더니 성령께서 믿음을 보시고 역사를 하신 것입니다. 제가 지난 세월을 뒤돌아보면 하나님의 뜻을 쫓아가다가 보면 어려움도 닥칩니다. 절대로 어렵다고 중단하면 안 된다는 것입니다. 누가 무어라고 해도 주님만 믿고 성실하게 순종하면 때를 만나게 됩니다. 절대로 사람들의 말을 듣지 말고 하나님만 바라보고 가면 때를 만납니다. 하나님의 뜻을 쫓아가면서 체험하게 하십니다. 체험하며 믿음의 불량을 키우십니다.

그러므로 절대로 내가 해야 한다고 계산하지 말고 성령께서 하신다고 생각을 하고 담대하게 밀고 나가면 하나님의 역사를 눈으로 보고 체험하게 됩니다. 그러면서 성경말씀에 나오는 기사와 이적이 사실이라는 것을 믿게 됩니다. 하나님은 우리들의 믿음의 분

량을 크게 키워서 사용하십니다. 가나안을 향하는 여호수아에게
도 강하고 담대하라고 했습니다. 우로나 좌로나 치우치지 말고 하
나님만 바라보고 가라고 했습니다. 발로 밟는 땅을 주신다고 했습
니다. 성령이 감동을 주시면 과감하게 실행하면서 나가야 합니다.
그러면 이루십니다.

　이렇게 체험을 하니 이제 저는 항상 긍정적입니다. 식당도 맛
있다고 소문이 나면 어디든지 손님들이 모이더라. 교회도 마찬가
지일 것이다. 하나님이 저에게 주신 음성을 듣고 음성에 순종하면
하나님이 앞길을 열어 주셨습니다. 정말 세상에 믿을 사람은 아무
도 없었습니다. 군에 있을 때는 도와 달라고 전화도 잘하고 찾아
도 잘 오던 사람들이 아무도 찾아오지를 않았습니다. 도와 달라고
할까봐 찾아오지 않는 것입니다. 그러나 하나님은 절대로 떠나지
않으시고 저와 함께 하셨습니다.

　제가 괴로워 힘들어 할 때 찬양으로 위로하여 주시고, 앞길을
물을 때 음성으로 들려주시고, 어려워 고통당할 때 꿈으로 앞일을
보여주시며, 희망을 가지고 기도하게 하시고, 환자의 환부에 손을
올려 기도할 때 치유하여 주시고, 인간들은 다 멀리해도 하나님은
항상 저를 멀리하지 않으시고 저와 함께 하셨습니다. 할렐루야!
주님이 승리하게 하셨습니다.

　아무리 어려워도 포기하지 않고 기도하며 하나님의 뜻인 성령
치유 목회와 사역을 계속하니 길이 열렸습니다. 서울로 이전하게
하셨습니다. 서울로 이전한 후에도 하나님의 역사는 계속되었습

니다. 아무리 어려워도 교회를 꾸려나가도록 역사하셨습니다. 지금 교회가 자리를 잡아가고 있습니다. 재정적으로나 환경적으로 부족함이 없이 교회가 성장하고 있습니다. 이것이 다 포기하지 않고 성령의 인도를 따라온 결과입니다. 제가 한 것이 아닙니다. 다 하나님이 저를 통하여 하신 것입니다. 그래서 저는 아무리 환경이 어려워도 포기하지 않고 성령의 인도를 받으면 하나님이 하신다는 것입니다. 절대 성령의 역사를 따라가면 영적으로 성장하게 되어 있습니다.

목회자가 영적으로 성장한 만큼 교회는 성장한다는 것입니다. 그러나 그냥 되는 것이 아닙니다. 여러 시행착오를 겪으면서 체험해야 가능한 일입니다. 성령의 인도를 받기 위하여 기도해야 합니다. 기도하지 않으면 절대로 하나님이 원하시는 길을 알 수가 없습니다. 왜냐하면 하나님은 영이십니다. 우리가 아무리 머리를 굴린다고 되는 것이 아닙니다. 영이신 하나님과 교통해야 되는 것입니다. 영이신 하나님과 교통하려면 내가 성령으로 충만한 상태가 되어야 하나님과 교통할 수가 있는 것입니다. 성령으로 기도하십시다. 그래서 성령의 인도를 받아야 합니다.

하나님은 절대로 죽으시지 않았습니다. 지금도 살아서 역사하고 계십니다. 성령의 인도만 받으면 하나님이 역사하십니다. 우선 자신을 준비하세요. 성령의 음성을 듣고 순종하십시오. 자신의 육성을 죽이십시오. 교만을 꺾으십시오. 그러면 하나하나 하나님이 쓰실 수 있는 사람으로 만들어 가십니다. 부디 말씀과 성령으로 치유되어 성령이 함께하여 하나님에게 귀하게 쓰임 받으시기를 바랍니다.

셋째, 하나님이 원하는 수준이 되면 때를 만난다. 하나님의 때는 언제 오느냐? 많은 사람들이 하나님의 때가 되지 않았다고 말합니다. 그러면서도 하나님의 때가 언제인지 명확하게 대답을 못하는 것도 사실입니다. 제가 나름대로 정립하여 결론을 내린다면 이렇습니다. 하나님의 때는 하나님의 뜻을 알고 성령의 인도를 받으면서 어려워도 포기하지 않고 순종하며 나의 모든 것을 포기하고 전폭적으로 하나님을 믿고 성령의 인도따라 하나님의 뜻대로 순종하는 상태에 이르렀다면 하나님의 때를 만납니다. 자신이 완전히 없어져서 하나님이 마음대로 할 수 있는 그 사람을 통해서 하나님이 뜻을 이루시는 것입니다. 그래서 요셉도 하나님의 때를 맞추기 위해서 훈련하셨습니다. 다윗도 하나님의 때를 맞추기 위해서 훈련하셨습니다.

이 요셉이나 다윗의 경우를 영적으로 보면 하나님께서 전폭적으로 이스라엘을 인도하기 위하여 출생일자까지 조절하시면서 하나님의 때를 맞추셨다고 볼 수가 있습니다. 하나님이 그 시대의 하나님의 일을 하시기 위해서 필요한 사람을 출생부터 조절하시면서 인도하며 훈련하시는 것입니다. 그래서 우리는 이것을 보고 하나님의 섭리라고 하는 것입니다. 모세를 생각해 보시기를 바랍니다. 모세를 영적으로 잘 생각해보면 답이 나올 줄로 믿습니다.

사무엘도 마찬가지입니다.

미국의 루즈벨트 대통령은 제2차 세계대전을 승리로 이끈 위대한 대통령인데 어릴 때 천식 때문에 숨 쉬는 것조차 힘들어서 의사들이 말하기를 10년을 더 못산다고 말했었습니다. 그러나 아버지가 하나님을 늘 의지하고 믿고 기도하면서 그에게 와서 말하기를 "네가 가진 불편함은 단순한 장애가 아니고, 하나님께서 주신 선물이다. 그 선물의 의미를 네가 잘 찾아낸다면 넌 오히려 장애 때문에 더욱 훌륭한 삶을 살게 될 것이다. 천식이 있기 때문에 네가 하나님께 기도하고 하나님의 도움을 부르짖고 하나님께 의지하게 되어서 오히려 천식이 없이 세상을 따라가는 어린이보다 더 좋게 될 것이다. 그러므로 불평하지 말고 오히려 감사하고 열심히 운동하고 기도해라." 그래서 아버지 말을 듣고 열심히 운동도 하고 기도도 하고 건강을 회복해서 그는 대학을 공부했습니다. 하버드 대학을 졸업하고 30대에 촉망 받는 정치 후보자가 되어서 한참 인기가 올라가는데 그만 열이 나서 쓰러졌는데 소아마비에 걸렸습니다. 30대에 소아마비에 걸려서 절름발이가 되고 만 것입니다. 스스로 걷지를 못하고 휠체어에 앉아야 되었습니다. 인간적으로 생각하면 절망입니다. 정치가로 나온 사람이 휠체어에 앉아서 돌아다니면서 어떻게 정치를 합니까? 그러나 아버지의 말을 기억했습니다. "네가 건강하면 너를 의지하지만 네가 몸이 약하기 때문에 하나님께 의지하고 하나님께 기도하므로 하나님이 도와주시기 때문에 건강한 사람보다 더 큰일을 할 수 있다." 그 말을 또 기억했습니다. "내가 휠체어에 앉은 것은 내 힘을 의지하지 말고 하나님을 의지하라는 것이다." 그래서 그는 하나님을 의지하고 기도하고 정치생활을 계속해서 뉴욕주지사가 되고 그 다음 미국 대통령으로 당선되어서 12년 동안 대통령을 했습니다. 보통 대통령은 4년마다 갈아서 두 번합니다. 8년 하면 끝납니다. 그런데도 루즈벨트 대통령은 정치를 너무 잘했기 때문에 온 국민들이 더 하라고 해서 12년 동안 대통령을 했었습니다. 그는 비록 소아마비가 되어서 휠체어에 앉아 있었습니다만 미국과 세계를 구출하는 위대한 일을 할 수가 있었던 것입니다. 하나님의 때는 언제 찾아오느냐, 자신이 할 수 있는 인간의 지혜와 방법을 다 동원해도 되지 않는다는 인간의 부족함을 깨닫고, 모든 것을 하나님에게 전폭적으로 맡기고 모든 문제를 성령 하나님과 문의 하고 성령의 인도를 따를 때 이루어지는 것입니다.

마치 루즈벨트 대통령의 아버지가 루즈벨트 대통령에게 한 말 같이 "네가 건강하면 너를 의지하지만 네가 몸이 약하기 때문에 하나님을 의지하고 하나님께 기도하므로 하나님이 도와주시기 때문에 건강한 사람보다 더 큰일을 할 수 있다." 는 말의 의미를 깨닫고 하나님께 기도하여 도움을 구할 때 이루어지는 것입니다. 당신도 여러 가지 어려움 속에서도 하나님께서 주신 꿈과 소망을 품고 절대 긍정의 믿음으로 의심하지 말고 나가면 반드시 하나님의 때를 만나서 하나님에게 쓰임을 받는 다는 것을 믿고 체험 하시기를 바랍니다.

22장 천사(사람)을 통해 공급하시는 예수님

(왕상 17:9)"너는 일어나 시돈에 속한 사르밧으로 가서 거기 머물라 내가 그 곳 과부에게 명령하여 네게 음식을 주게 하였느니라"

하나님은 순종하는 하나님의 사람을 통하여 이 땅에 하나님의 나라를 만들어 가십니다. 우리가 하나님의 사람을 만나는 것이 축복입니다. 하나님은 불러서 훈련하시고 합격한 성도를 사람을 통하여 필요를 공급하십니다. 하나님께서는 시키는 하나님의 일을 할 때 사람을 통하여 필요를 공급하십니다. 가만히 앉아서 기도할 때 사람을 통해서 공급하시지 않습니다. 하나님의 음성을 듣고 순종하여 하나님이 시키신 일을 할 때 사람들이 찾아오게 만듭니다. 찾아온 사람들을 감동하여 필요를 공급하십니다.

저는 항상 이렇게 말합니다. 성도들이 세상을 살아가기가 어려운 것은 자신이 하나님의 일을 하기 때문에 힘이 들고 어려운 것이다. 자신은 없어지고 성령으로 충만하여 성령으로 하나님이 시킨 일을 하면 쉽다. 성령으로 하나님이 시킨 일을 하면 쉽습니다. 자신이 하려고 하기 때문에 어려운 것입니다.

제가 지난날 체험한 바로는 하나님이 하라는 대로 일을 했을 때 사람들이 찾아왔습니다. 성실하게 수행하니 찾아온 사람들을 통하여 필요를 공급하셨습니다. 하나님에게 불려서 나왔으면 기도하여 하나님의 음성을 듣고 순종해야 합니다. 순종할 때 사람을 통하여 필요를 공급하십니다.

첫째, 하나님을 믿어야 한다. 하나님은 모든 필요를 공급하십니다. 출애굽기 16장 4절 말씀에, "때에 여호와께서 모세에게 이르시되 보라 내가 너희를 위하여 하늘에서 양식을 비 같이 내리리니 백성이 나가서 일용할 것을 날마다 거둘 것이라 이같이 하여 그들이 나의 율법을 준행하나 아니하나 내가 시험하리라" 라고 말씀하고 있습니다. 이스라엘 백성들은 마라에서 쓴 물이 단 물로 변화되는 것도 체험했습니다. 거친 사막에서 아무 준비도 안 된 상황에서 수백만 명의 이스라엘 백성들이 여행하는데 얼마나 필요한 것이 많이 있겠습니까?

하룻밤도 아니고 사십 년을 여행해야 하는 이스라엘 백성들로서는 막막하기 짝이 없을 정도이었습니다. 그럼에도 불구하고, 하나님께서는 이스라엘 백성들을 향해서 필요한 모든 것들을 공급해 주셨습니다. 여행 중에 가장 필요한 것은 무엇입니까?

네, 바로 물과 식량이지요. '아무리 좋은 곳을 향해서 여행한다' 라고 할지라도, 지금 배가 고프면 그 곳을 향해서 나아갈 힘이 없으니까 말입니다. 이스라엘 백성들이 여행 하면서 식량 문제에 직면하게 됩니다. 사막에서 먹을 수 있는 것이 무엇이 있겠습니까? 아무것도 없지요. 그러니까 이스라엘 온 회중이 그 광야에서 모세와 아론을 원망합니다.

"우리가 애굽 땅에서 고기 가마 곁에 앉았던 때와 떡을 배불리 먹던 때에 여호와의 손에 죽었더면 좋았을 것을 너희가 이 광야로 우리를 인도하여 내어 이 온 회중으로 주려 죽게 하는도다" 라고 말합니다. 왜 우리를 이 광야로 인도하여 내어서 이 사막에서 굶어 죽게 하느냐! 라며 모세와 아론을 원망합니다. 하나님께서 모세에게 말씀하십니다. "보라 내가 너희를 위하여 하늘에서 양식을 비 같이 내리리니 백성이 나가서 일용할 것을 날마다 거둘 것이라" 라고 말씀하십니다.

하나님께서는 이스라엘 백성들을 위하여 모든 필요를 채워 주실 수 있는 분이심에도 불구하고, 이스라엘 백성들은 하나님의 공급하심에 대하여 전적으로 신뢰하지 못한 결과 모세와 아론을 원망하고 하나님을 원망했습니다. 혹시, 이 세상을 살아가면서 하나님에 대하여 원망하며 살아가고 계시는 분들이 계십니까? 오히려 원망을 기쁨으로 변화시키시는 하나님을 믿고 신뢰하게 되시길 간절히 소망합니다.

이스라엘 백성들은 계속해서 실수를 범합니다. 물이 없으면 하나님에 대해서 그리고 영적 리더들에 대해서 원망하기 시작합니다. 먹을 양식이 없으니까 하나님에 대해서 그리고 영적 리더들에 대해서 원망하기 시작합니다. 정말로 안타까운 모습이 아닐 수 없습니다. 홍해를 가르시는 하나님을 경험하고도, 불기둥과 구름기둥으로 인도하시는 하나님을 경험하고도, 쓴 물을 단 물로 변화시키시는 하나님을 경험하고도, 먹을 일용할 양식이 없다고 하나님을 원망합니다.

복음서에서 나타나는 오병이어의 기적에서는 예수님께서 보리떡 다섯 개와 물고기 두 마리를 가지고 수만 명이 먹을 수 있도록 기적을 베푸셨습니다. 그 때 모든 이스라엘 백성들은 예수님을 그들의 왕으로 삼고 싶어 합니다. 구약의 이스라엘 백성들과 신약의 이스라엘 백성들이 다 같은 실수를 범하는데, 그 이유는 바로 세상의 관점으로 그들의 인생을 바라보니까 똑 같은 실수를 계속해서 범하게 됩니다.

그러면, 나는 과연 이런 실수를 범하고 있지는 않습니까? 예수 그리스도를 개인의 구주로 영접하고, 믿음 생활을 시작했습니다. 교회에도 열심히 나오고, 예배도 열심히 드립니다. 나름대로 열심히 믿음 생활을 한다고 생각합니다. 그런데, 나의 마음 속 깊은 곳에서 하나님께 진정으로 원하는 것이 무엇입니까? 세상적인 풍부함입니까? 아니면, 영적인 풍부함입니까? 예수 그리스도를 개인의 구주로 영접한 믿음의 사람들이라면, 세상적인 풍부함보다도, 영적인 풍부함을 누리시는 모두가 되시기를 바랍니다.

하나님은 광야에서 '먹을 것이 없어 죽게 되었다'고 원망하는 이스라엘의 원망소리를 들으시고 그들에게 만나를 내려주십니다. 그렇다면 왜 하나님께서는 이스라엘 백성들에게 만나를 내리셨는가요? 이것이 우리들의 주된 관심사입니다. 물론, 광야에는 먹을 것이 없어서 먹거리인 만나를 주셨다고 생각할 수 있습니다. 그러나 하나님은 그 이상을 원하십니다. 하나님은 자기 백성의 필요를 채워주십니다. 하나님은 불러낸 성도를 결코 굶게 하지 않습니다. 그러나 하나님은 그것만으로 만족하지 않으십니다. 하나님은 자기 백성들이 '만나를 기뻐하는 것'이 아니라 '하나님을 기뻐하기'를 원하십니다. 하나님은 자기 백성들이 떡으로만 살기를 원하지 아니하시고 하나님의 말씀으로 살기를 원하십니다.

광야에서 시험을 받으시던 예수께서는 "사람이 떡으로만 살 것이 아니요 하나님의 입으로 나오는 모든 말씀으로 살 것이라"는 놀라운 말씀을 하십니다. 그렇습니다. 사람은 떡만으로는 살 수 없습니다. 사람은 육신의 필요가 충족된다고 해서 만족한 삶을 사는 것은 아닙니다. 육신의 필요가 충족되더라도 정신적이고 영적인 욕구가 충족되지 못하면 공허할 수밖에 없습니다. 하나님은 사람을 창조하실 때에 하나님의 형상대로 창조하셨습니다. 짐승은 배가 부르고 육체의 필요가 충족되면 만족합니다. 그러나 사람은 육체적이고 정신적이고 영적인 욕구가 만족할 수 있어야 비로소 만족하게 됩니다. 육적으로 건강해야 정신적으로 영적으로 건강해지는 것입니다. 육체가 건강해야 한다는 말입니다.

둘째, 엘리야는 과부를 통하여 공급받는다. 하나님께서는 엘리야를 사르밧 과부를 통하여 필요를 공급받게 하십니다. 하나님께서는 아합에게 "나의 섬기는 이스라엘 하나님 여호와의 사심을 가리켜 맹세하노니 내 말이 없으면 수년 동안 우로가 있지 아니하리라"(열상17:1절)고, 고한 엘리야에게 "너는 여기서 떠나 동으로 가서 요단 앞 그릿 시냇가에 숨고 그 시냇물을 마시라"(2-3절)고 말씀하신 후, 까마귀들을 명하시사 엘리야에게 먹을 것을 약속하신대로(3절) 공급해 주셨습니다(6절).

하나님께서는 까마귀들을 명하사 "아침에도" 또한 "저녁에도" 떡과 고기를 엘리야에게 가져다주게 하셨던 것입니다(6절). 그러나 결국 비가 내리지 아니하므로 시내가 말라 엘리야는 더 이상 시냇물을 마실 수 없게 되었습니다(7절). 그 때에도 하나님께서는 엘리야에게 말씀으로 임하시사 엘리야에게 "일어나 시돈에 속한 사르밧으로 가서 거기 유하라"고 명하신 것입니다(9절).

그 이유는 하나님께서 "그곳 과부에게 명하여 너(엘리아)를 공궤(to supply with food)하게 하셨기" 때문입니다(9절). 그런데 흥미로운 점은 이 과부에게는 "떡이 없고 다만 통에 가루 한 움큼과 병에 기름 조금 뿐"이였던 것입니다(12절). 그녀는 자기와 자기 아들을 위하여 마지막 음식을 만들어 먹고 그 후에 죽으려고 했던 것입니다(12절).

그런데 하나님께서는 그녀를 통하여 엘리야에게 음식을 공급하시고자 준비해 놓으신 것입니다. 상식적으로는 좀 이해가 안 되는 하나님의 섭리가 아닐 수 없습니다. 그러나 하나님은 궁핍한 과부를 통하여서도 엘리야에게 먹을 것을 공급해 주셨던 것입니다. 어떻게 이 일을 행하셨습니까? 하나님께서는 엘리야를 통하여 기적을 이루신 것입니다. 엘리야는 그 과부에게 "두려워 말고 가서 네 말대로 하려니와 먼저 그것으로 나를 위하여 작은 떡 하나를 만들어 내게로 가져오고 그 후에 너와 네 아들을 위하여 만들라"(13절)고 말하였던 것입니다.

그 이유는 엘리야는 하나님께서 비를 지면에 다시 내리는 날까지 "그 통의 가루는 다하지 아니하고 그 병의 기름은 없어지지 아니"하게 하실 줄 알았기 때문입니다(13절). 결국, 하나님께서는 엘리야로 하신 말씀 같이 통의 가루가 다하지 아니하고 병의 기름이 없어지지 아니하게 하셨던 것입니다(16절). 하나님께서 기적적으로 엘리야에게 먹을 것을 풍족히 공급해 주신 것입니다.

이렇게 하나님은 하나님의 음성을 듣고 그대로 순종할 때 필요를 공급하십니다. 우리가 해야 할 일은 하나님의 뜻을 아는 것입니다. 즉, 하나님의 음성을 들어야 합니다. 음성을 듣고 순종할 때 사람을 통하여 필요를 공급하시는 것입니다. 오늘날 많은 성도들과 목회자들이 하나님의 뜻을 알려고 하지 않고 자기들의 수단과 방법으로 자기 열심으로 필요를 채우려고 합니다. 이것은 믿음이 없는 것입니다. 하나님이 부르셨으면 필요를 공급하시는 것은 당연한 것입니다. 하나님에게 기도하여 음성을 듣고 순종하면 믿음을 보고 역사하시는 것입니다.

셋째, 바울은 아굴라 부부를 통하여 공급 받는다. 바울은 하나님의 음성에 순종하고 복음을 전할 때 아굴라 부부를 통하여 복음을 증거할 수 있도록 필요를 공급하셨습니다. 아굴라 부부는 에베소에 머물면서 그들의 사역을 성공적으로 마감하고 주님의 인도하심에 따라 에베소를 떠나갑니다.

고린도전서 16:19에 보면 바울이 로마에서 고린도 교회 성도들을 향하여 이렇게 쓰고 있습니다. "아시아의 교회들이 너희에게 문안하고 아굴라와 브리스가와 및 그 집에 있는 교회가 주 안에서 너희에게 간절히 문안하고." 이 때 아굴라 부부는 다시 로마로 이사한 후였습니다. 이들 부부는 글라우디오 황제가 죽은 후에 당시 세계의 수도였던 로마의 복음화를 포기할 수 없어 다시 로마로 되돌아갑니다. 그 때 로마의 성도들은 어디에 모였을까요? 이 말씀에 의하면 아굴라의 집에서 모이고 있었던 것을 알 수 있습니다. 아굴라의 집이 바로 성전이었습니다.

초대교회 시대에는 핍박을 받던 시대라서 큰 건물을 가질 여유가 없었습니다. 만일 오늘 당장 우리 교회 성도들이 모두 어떤 집으로 교회를 옮겨야 한다면 어떤 교인이 선뜻 자신의 집을 개방하려고 하겠습니까? 이따금씩 우리 집을 거쳐 가는 손님을 치루는 것도 쉬운 일이 아닙니다.

그런데 밤낮으로 교인들이 당신의 집을 드나든다고 생각해 보십시다. 이것은 보통으로 헌신해서는 되는 일이 아닙니다. 주님을 위해서 모든 것을 바쳐 내놓은 사람이 아니면 불가능한 이야기입니다. 그리스도인의 숫자가 아주 소수였지만 초대 교회 성도들이 복음을 통하여 로마 제국을 넘어뜨리고 세계를 변화시킬 수 있었던 것은 이러한 주님 앞에 헌신된 아굴라 부부와 같은 성도들이 있었기 때문입니다

초대교회는 오늘날처럼 웅장한 예배당 건물이 없었고 거의가 가정교회였습니다. 골로새서 4:5에 나오는 눔바와 그 여자의 집에 있는 교회라든가, 빌레몬서 1:2에 나오는 빌레몬의 집에 있는 교회라든지, 마가의 다락방은 예루살렘 초대교회의 발상지였으며 빌립보에는 자주 장사 루디아의 집이 빌립보교회가 되었던 것처럼 아굴라와 브리스길라 집이 교회가 되어 훗날 저 유명한 에베소교회가 되었던 것입니다.

이 얼마나 큰 축복이며 헌신이었습니까? 우리나라에도 오래된

교회의 역사를 살펴보면 개인 가정에서 두 세 사람이 모여 예배를 드리기 시작했다는 기록이 많이 있습니다.

숨은 전도자 아굴라와 브리스길라 부부는 사도바울을 위하여 물심양면으로 도왔으며 순식간에 자라난 그들의 신앙으로 위대한 인물 아볼로를 가르쳤으며 바울을 그림자처럼 따라다니며, 바울이 위기에 처할 때는 바울의 목숨을 대신하여 자신들이 참형을 당할 위험도 감수하였으며, 마침내 자신들의 보금자리였던 주택을 교회당으로 사용하도록 선뜻 내어 놓은 그런 부부였습니다. 하나님은 지금도 하나님의 사람을 통하여 필요를 공급하십니다.

넷째, 목회의 필요를 공급하셨다. 하나님은 사람들을 통하여 필자의 목회에 필요를 아시고 공급하셨습니다. 하나님은 하나님이 시키는 일을 할 때 사람을 통하여 필요를 공급하십니다. 하나님을 통하여 필요를 공급받으려면 강하고 담대해야 합니다. 하나님이 원하시는 일은 거의 생소한 일이 될 수가 있습니다. 사람들에게 인정을 받지 못하고 오히려 손가락질 당하는 일이 될 수가 있기 때문입니다. 그래서 강하고 담대하지 못하면 하나님이 시키시는 일을 할 수가 없습니다. 세상의 모든 일들은 강하고 담대한 사람들을 통하여 개척이 되었습니다. 강하고 담대한 믿음의 사람들을 통하여 개발되고 발전이 되었습니다. 모두 미지의 세계를 강하고 담대하게 개척하고 개발했기 때문에 대륙이 점령되고 개발되었습니다. 과학과 물질문명이 발전된 것입니다. 하나님은 이런 사람과 같이 하십니다. 하나님은 창조의 하나님이시기 때문입니다. 강하고 담대하지 못하면 하나님의 일을 할 수가 없습니다. 저도 누가 무어라고 해도 사람의 말에 개의치 않고 강하고 담대하게 하나님이 원하시는 일을 할 때 사람들을 통하여 필요를 공급하셨습니다.

1) 하나님은 하나님의 뜻에 순종하고 성령치유 사역을 하니 은혜 받은 성도를 통하여 물질을 공급하셨습니다. 영적인 사역을 하면 주변에서 여러 말이 많습니다. 그러나 귀를 막고 하나님의 뜻에 묵묵히 순종하며 영적인 사역을 하니 성도들을 찾아오게 하시어 찾아온 성도들이 은혜를 받고 헌금하게 했습니다. 은혜 받은 성도들의 헌금으로 교회를 운영하게 하셨습니다. 하나님은 하나님이 원하시는 일을 할 때 사람을 통하여 필요를 공급하십니다. 무엇보다도 하나님의 뜻이 무엇인지 알고 순종하는 것이 필요를 공급받는 길입니다.

2) 성령치유 사역을 한창 할 때의 일입니다. 제가 어느날 꿈을 꾸었습니다. 제 기억으로 2002년 3월경으로 생각이 됩니다. 꿈에 보니 하얀 옷을 입은 사람들이 우리 교회에 와서 교회의 장의자를 비롯한 집기류를 다 내놓고 청소도 하고 도색을 다시 하는 꿈을 꾸었습니다. 두 번을 연달아 같은 꿈을 꾸었습니다. 그래서 저는 그때 아주 교회가 재정적으로 어려울 때라 혹시 우리교회가 망하여 다른 교회가 들어와 교회를 수리하는 것이 아닌가 은근히 걱정이 되었습니다.

그런데 얼마 있지 않아서 성령치유 집회에 참석한 성도들이 은혜를 받고 헌금하여 장의자를 빼내고 접의자로 바꾸었습니다. 그리고 앰프도 바꾸고 에어컨도 바꾸고 바닥도 카펫으로 깔았습니다. 다 치유 받으러 오신 분들이 은혜 받고 헌금하여 중고품 장의자를 바꾸고 싸구려 앰프를 최고급으로 바꾸어주고, 중고 에어컨도 바꾸어 주고 바닥에 앉아서 치유 받으라고 카펫을 깔아 준 것입니다. 이와 같이 하나님은 하나님의 뜻에 순종할 때 사람을 통하여 필요를 공급하십니다. 무엇보다도 하나님이 시키는 일을 해야 모든 소유를 공급하시는 것입니다. 많은 성도들과 목회자들이 자신들이 손수 필요를 채우는 경우가 많습니다. 이는 하나님이 시키는 일을 하지 않고 자기가 생각하는 자신의 일을 하기 때문에 하나님이 역사하시지 않는 것입니다.

3) 처음 개척하여 교회 뒤에서 4년을 살았습니다. 저는 사택을 얻어서 밖으로 나가기를 날마다 하나님에게 사정하며 기도했습니다. 하나님 저 좀 사용하여 주시고, 사택을 어서 빨리 이곳에서 이사 가게 해주셔서 주택가나 아파트에서 살아가게 해주세요. 정말 가장 체면이 말이 아닙니다. 하고 기도하던 어느 날 그 때가 아마 2001년 7월정도 되는 것 같습니다. 한 밤에 꿈을 꾸는데 천사들이 도열을 하여 박수를 받으면서 우리식구가 나가는 것이었습니다. 그곳을 설명하면 승강기를 내려서 양쪽으로 통로가 나있는데 우리는 차가 다니는 곳이 아닌 사람이 통행하는 쪽을 이용하였습니다. 그런데 그곳 양쪽에 제 허리정도 되는 작은 키의 천사들이 통로 좌우편에 도열하여 박수를 치는데 제가 제일 앞에서고, 그 다음은 사모가 서고, 그 뒤에 큰딸 은혜가 서고, 그 다음에 작은딸 은영이가 천사들의 박수를 받으면서 나오는 것이었습니다.

그 꿈을 꾸고 저는 며칠만 있으면 교회를 나와서 밖으로 이사를 갈 것으로 생각했는데, 그 세월이 이년이나 걸렸습니다. 하나님이 축복을 하셔서 그 꿈과 같이 승리하여 아파트 32평을 월세로 얻어서 나왔습니다. 그것도 성령치유 집회에 참석한 권사님이 난치병을 치유 받고 큰돈을 헌금하여 사택을 얻어서 나갔습니다. 하나님이 하라는 일을 하니 하나님이 역사하셔서 사람을 보내시고, 참석한 성도를 치유 받게 하시고, 성도의 마음을 감동하시니 큰돈을 헌금하여 사택이 나가게 한 것입니다. 가만히 앉아서 해달라고 기도만 한다고 되는 것이 아닙니다. 하나님의 뜻을 알고 하나님이 원하시는 일을 할 때 필요를 공급하시는 것입니다.

4) 치유 받고 은혜 받은 성도들을 통해서 교회를 서울로 이전하게 하셨습니다. 2003년 7월경으로 생각이 됩니다. 기도하는데 성령의 감동이 왔습니다. 서울로 교회를 옮겨간다는 감동이었습니다. 어느 부근입니까? 서울도 넓어서 여러 곳이 많은데 그러니 사당역 부근이라고 감동을 주셨습니다. 그래서 그때 당시로는 돈도 없고 아무런 대책이 없는 상황이라 무작정 기도만 하였습니다.

2003년도에 치유사역이 활성화되어 서울에서 많은 분들이 다녀갔습니다. 그러다가 교회를 나와 다닐 곳이 없는 성도들의 다수가 등록하지 않고 사화 우리교회에 와서 주일 예배를 드렸습니다. 재력도 있는 사람들이었습니다. 지금 생각하면 하나님이 서울로 이전하게 하려고 사람을 보내신 것이었습니다. 결국 그 성도들의 역사로 서울로 이전하게 되었습니다. 하나님의 역사는 아무도 모릅니다.

2003년 11월경에 기도를 하는 데 서울에 가서 현장을 답사하라고 감동을 주셨습니다. 그래서 첫날은 거부하였습니다. 그 날이 금요일이었습니다. 다음날 또 더 강하게 감동이 왔습니다. 그래서 토요일 날 전철을 타고 사당에 와서 처음은 사당동을 돌아다니면서 알아보았습니다. 걸어 다니는데 가슴이 답답하였습니다. 더군다나 교회를 하려고 하여 건물을 얻어달라고 하니 부동산 사람들이 머리를 좌우로 흔들었습니다. 그래서 남현동으로 갔습니다. 남현동도 사당동과 마찬가지 이였습니다.

그래서 10번 출구 통해 건너와 11번 출구로 나왔습니다. 가슴이 뻥뻥 뚫리고 시원하였습니다. 그래서 부동산에 가서 건물을 물어봤더니 상당히 호의적이었습니다. 그래서 내년 3월이나 4월에 이전을 할 것이니 잊지 말고 건물을 알아봐 달라고 했습니다. 그런 후 1월 말경에 다시 하나님이 방배동에 가보라는 감동을 주셨습니다. 그래서 방배동에 와서 건물을 보러 다니는 데 건물이 없었습니다. 어느 목욕탕하던 곳인데 200평정도 되는데 가보라고 했습니다.

왜냐하면 그 때 그 부동산 사장에게 300평을 얻어달라고 했기 때문입니다. 가봤더니 신통치가 않아서 마음에 들지 않는 다고 했더니, 여기 조그마한 것이 있는 데 한번 보라고 하여 이수 초등학교 앞에 있는 건물을 들어가 보니, 실 평수 40평정도 되는 공간이 비워있는 데 교회도 줄 수가 있다는 것이었습니다.

그래서 서울에서 오는 성도들에게 이야기했더니 자신들이 알아보겠다고 해서 토요일 날 함께 방배동 서초동 다 돌아 다녀도 비워두어도 교회는 준다는 곳이 없었습니다. 할 수없이 이수 초등학교 앞에 작은 공간이라도 우선 이사하여 1년 지내다가 옮기기로 작정하고 기도하였습니다.

2월 말경이 되니까, 어느 아는 사람이 1억을 헌금하여 교회장소를 임대하게 하겠다고 한다고 서울에서 다니는 어느 성도가 말하는 것이었습니다. 그래서 필자가 기도하였습니다. 정말 주시는 것입니까? 한 참 기도했더니. 걱정하지 말아라. 내가 다른 사람에게 돈을 받아서 장소를 얻는 다는 그 사람을 통하여 일을 추진하리라. 그래서 아멘! 그러면서 입을 굳게 다물고 우리 사모에게도 말하지 않고 기다렸습니다. 이후 이야기는 생략합니다. 좀 더 지난 다음에 이야기하렵니다.

장소를 우여곡절을 통해서 3.31로 계약하고 구 교회가 나가기를 기도하는 데 하나님이 자꾸 빨리 가라고 감동을 주시는 것이었습니다. 우리 교회가 서울로 이사 오기로 결정하고 2004년 3월 31일 날 이사를 계획하고 준비하고 있었습니다. 그런데 기도할 때마다 빨리 가라, 빨리 가라, 고 감동을 주었습니다. 그래서 필자가 구 교회가 나가기를 기다리고 머뭇거리자 이제는 주일날 성도들도 줄어들고 집회에 사람들이 오지를 않았습니다. 그래서 구 교회가 나가지 않더라도 그냥 빨리 이사를 하겠다고 3월 18일에 이사를 왔습니다. 만약 그때 이사를 하지 않았다면 임대료 문제가 생겨 이사도 못하고, 시화에서 목회도 못하고, 붕 떠있을 뻔 했습니다. 이와 같이 성령의 감동을 받으려면 무엇보다 성령의 깊은 임재 가운데 들어가 문제를 놓고 몰입을 해야 합니다.

우리는 아무리 어려워도 문제에 얽매이지 말고 주를 찾고 기다리시기를 바랍니다. 절대로 인간방법 동원하지 말고 기도하며 하나님의 역사를 기다리기를 바랍니다. 하나님은 나를 한 걸음 한 걸음 인도하며 하나님의 사람으로 만들어 갔습니다. 하나님은 성령의 감동과 꿈, 그리고 보증의 역사를 통하여 저를 인도하여 목회 하는데 문제가 생기지 않도록 인도하고 계십니다. 목회는 하나님의 일입니다. 하나님이 주인이십니다. 그분의 음성을 듣고 교통하며 따라가기만 하면 하나님이 하십니다. 성도도 하나님의 자녀입니다. 하나님의 뜻을 알고 하나님이 안내하는 길을 따라가 노라면 인생은 성공합니다. 그러나 마귀는 가는 길에 어떻게 해서든지 훼방을 놓습니다. 그래서 우리는 성령의 충만함으로 기도해야 합니다.

하나님은 하나님의 사람을 통하여 필요를 공급하시면서 이땅에 하나님의 나라를 만들어 가십니다. 그러므로 하나님께서 함께 하시면서 사용하시는 사람을 만나는 것을 축복 중에 큰 축복입니다. 사람 잘 만나게 해달라고 기도하시기를 바랍니다. 중요한 것은 자신이 하나님께서 사용하시는 사람이 되는 것입니다. 하나님께서 사용하시는 사람이 되려면 성령의 역사로 자신이 없어져야 합니다. 성령 안에서 온몸으로 기도하여 온몸에 보물인 예수님이 충만하게 채워지게 하면 하나님께서 자신을 통하여 일하실 것입니다. 이는 **"보물을 어떤 곳에 쌓을 까요?"** 책을 참고하면 됩니다.

성령 안에서 온몸 기도하실 분은 **"성령 안에서 온몸기도 하는 법" "방언기도에 숨은 권능" "기도 쉽게 바르게 하는 방법"** 책을 읽어보시기를 바랍니다.

23장 살아가는 문제의 해답이 되시는 예수님

(시 46:10~11) "이르시기를 너희는 가만히 있어 내가 하나님 됨을 알지어다. 내가 뭇 나라 중에서 높임을 받으리라 내가 세계 중에서 높임을 받으리라 하시도다. 만군의 여호와께서 우리와 함께 하시니 야곱의 하나님은 우리의 피난처시로다"

우리들이 인생길을 걸어 나아갈 때 우리 스스로 해결할 수 없는 문제들이 많이 있습니다. 사람들은 문제를 만나면 먼저 마음이 무너집니다. 어느 젊은 여 집사가 저에게 전화를 했습니다. 목사님! 저는 지금 정상이 아닙니다. 직장을 다니고 있는데 몸이 비정상입니다. 가슴이 답답하고, 잠을 자도 늘 피곤하여 닭이 병든 것과 같이 꾸벅꾸벅 졸기 일 수입니다. 기도가 막혀서 기도를 할 수가 없습니다. 그리고 조그마한 소리도 받아들이지 못하고 짜증이 심합니다. 불안하고, 두렵고, 우울할 때도 있습니다. 몸이 천근만근 무겁습니다. 그래서 서울대 병원에 입원하여 450만원을 들여서 건강검진을 받았습니다. 그런데 결과는 모든 기능이 정상으로 나왔습니다. 그런데 몸은 비정상입니다. 목사님! 이유와 원인이 무엇입니까? 하나님의 은혜로 해결 받고 싶습니다.

집사님이 바르게 아셔야 할 것이 있습니다. 집사님은 예수를 믿어서 하나님의 자녀가 되었습니다. 하나님의 자녀는 하늘에 시민권이 있습니다. 이제 하나님께서 주시는 것으로 살아야 합니다.

영육의 문제도 하나님이 알려주시는 방법으로 치유를 해야 합니다. 하나님께서는 자녀들의 문제를 하나님의 사람을 통하여 치유하십니다. 세상에서 치유하지 못하는 문제도 하나님께 기도하면 하나님께서 하나님의 사람을 만나게 하여 치유하십니다. 하나님은 치유하지 못하는 것이 없습니다. 걱정하지 마세요.

여 집사가 토요일 날 개별 집중치유를 예약하여 집중치유를 받았습니다. 첫날 기도를 하는데 성령세례를 받지 않은 상태였습니다. 일단 성령의 임재가 여 집사를 장악하게 하여 성령세례가 임하도록 했습니다. 얼마 지나자 성령세례가 임했습니다. 소리를 내면서 한동안 울었습니다. 울음이 그치니 기침을 사정없이 했습니다. 그러면서 분노가 올라왔습니다. 들어보니 남편을 향한 분노였습니다. 필자가 남편이 힘들게 합니까? 그랬더니 울먹이는 소리로 그렇다는 것입니다. 사사건건 충돌이 일어난다는 것입니다. 계속 기도를 하게 했습니다.

그리고 집으로 돌아가서 남편을 설득하여 남편하고 같이 와서 치유를 받았습니다. 의외로 남편이 쉽게 성령으로 장악이 되었습니다. 안수를 하니까, 깊은 곳까지 치유가 일어났습니다. 여 집사의 깊은 곳에서 치유가 일어났습니다. 남편도 생전처음 성령으로 세례를 받고 체험했다고 좋아했습니다.

돌아가서 이렇게 메일로 소식이 왔습니다. "한 달 전 대전에서 남편과 같이 치유 받은 ○○○ 집사입니다. 답답했던 가슴이 뚫리고 기도가 너무나 잘된다는 것입니다. 건강도 아주 좋아졌습니다. 더군다나 1년 6개월 동안 팔리지 않았던, 대전 아파트가 며칠 전

계약이 되었습니다. 먼저 하나님께, 그리고 목사님께 감사드립니다. 목사님께서 알려 주신 데로 대전 아파트에 가서 남편과 같이 열심히 대적 기도 했습니다. 대적기도의 결과 응답되었고, 앞으로 마귀를 불러들이는 일은 하지 않아야겠다고 깨닫게 되었습니다."

우리 주님이 못 고칠 병이 없습니다. 그러므로 예수님은 '강하고 담대하라. 내가 세상을 이기었노라.' 말씀하십니다. 강한 믿음을 가지시길 바랍니다. 해결할 수 없는 문제들이 우리 앞에 놓였을 때 천부여 의지 없어서 손들고 옵니다. 주님만이 나의 모든 것이 되십니다. 주여! 나를 도와주옵소서. 나를 불쌍히 여겨 주옵소서. 나를 절망에서 건져 주시옵소서. 주님만 믿고 의지하고 나아가는 크리스천이 되시기를 주님의 이름으로 축원합니다. 하나님의 은혜로 현실 문제를 해결하려면 어떻게 살아야 하느냐?

첫째, 하나님께 의뢰하는 신앙입니다. 주님 어차피 내가 못하는 것을 내가 이리 뛰고 저리 뛰고 고통하며 괴로워하며 슬퍼하여 살아갈 것이 아니라 주님께 의뢰하고 맡겨야 합니다. 우리는 툭하면 하나님께 "의뢰합니다. 맡깁니다."합니다. 맡기고 의뢰한다는 의미를 잘 알아야 합니다. 맡기고 의뢰한다는 것은 하나님께 기도하여 하나님의 지혜를 구하는 것입니다. 하나님께서 주시는 지혜대로 순종하면 문제가 해결이 되는 것입니다. 우리가 알아야 할 것은 크리스천은 예수를 믿는 순간에 자신은 죽고 예수로 태어난 사람입니다. 죽은 사람이 문제를 해결할 도리가 없습니다. 다시 사신 예수님이 문제를 해결해야 합니다. 그래서 예수님께 기도하여 알려주시는 지혜대로 순종하는 것입니다. 그러면 믿음을 보시고 성령께서 해결하시는 것입니다. 시편 46편 10절에 이와 같이 말씀합니다. "이르시기를 너희는 가만히 있어 내가 하나님 됨을 알지어다" 가만히 있어라. 왜 안절부절못하고 입을 열어서 원망과 불평을 하고 분노를 발하고, 혈기를 내고, 아이고 나 죽네! 부정적인 소리를 쏟아놓느냐? 가만히 좀 있어라. 입 다물고 내가 어떻게 일하는지 좀 살펴보고 믿음으로 지켜보고 주님 역사하심을 살펴보아라. 할렐루야. 46편 10절 말씀 다시 기억합니다. "이르시기를 너희는 가만히 있어 내가 하나님 됨을 알지어다. 내가 뭇 나라 중에서 높임을 받으리라. 내가 세계 중에서 높임을 받으리라 하시도다. 이 놀라운 일 가운데 내가 하나님의 은혜와 기적을 나타내서 모든 사람들 가운데 모든 나라 가운데 영광을 받을 것이다. 높임을 받을 것이다. 그러므로 너희는 가만히 있어라." 가만히 있으라는 표현이 성경에 여러 곳 나오는데 그 대표적인 하나가 홍해가 막혀있고 뒤에는 바로의 군대가 쫓아와서 430년 만에 애굽에서 탈출한 이스라엘 백성이 원망과 불평을 쏟아놓을 때 가만히 있으라는 말이 나옵니다.

출애굽기 14장 11절을 보면, 그들이 입을 열어 불평합니다. "그들이 또 모세에게 이르되 애굽에 매장지가 없어서 당신이 우리를 이끌어 내어 이 광야에서 죽게 하느냐 어찌하여 당신이 우리를 애굽에서 이끌어 내어 우리에게 이같이 하느냐" 430년 동안 저들이 노예 생활을 하던 애굽에서 해방 받아서 저들이 약속의 땅 가나안으로 가는데 불과 얼마 지나지 않아서 그 기쁨은 사라져

버리고 앞에 홍해가 막히고 뒤에 군사가 쫓아오니까 우리를 차라리 종살이 하게 내버려두지 왜 우리를 건져내갖고 여기서 죽게 하느냐? 우리를 묻을 묘지가 없어서 이곳에 까지 끌고 나오느냐? 다 입을 열고 불평합니다. 문제를 만났을 때 제일 먼저 우리가 하는 것이 불평입니다.

원망입니다. 남의 탓입니다. 모세를 탓하고 하나님을 원망했어요. 문제가 생겼을 때 내가 문제가 무엇일까? 내 자신을 살펴봐야 하는데 당신 때문에 그렇소… 당신 때문에 그렇소… 원망하면 문제가 더 커져버립니다. 모세가 하나님이 함께 하신다는 음성을 듣고 담대히 말씀 했습니다. 출애굽기 14장 13-14절 말씀 다 같이 봅니다. "모세가 백성에게 이르되 너희는 두려워하지 말고 가만히 서서 하나님께서 오늘 너희를 위하여 행하시는 구원을 보라 너희가 오늘 본 애굽 사람을 영원히 다시 보지 아니하리라 하나님께서 너희를 위하여 싸우시리니 너희는 가만히 있을 지니라" "하나님께서 우리를 위하여 대신 싸우실 것이므로 너희는 가만히 있을 것이라. 잠잠하고 조용하고 불평하지 말고 가만히 있어라. 그저 주님께서 하라는 대로 순종하고 맡기고 주님 앞에 감사하며 찬양하며 나아갈 것이라." 이것이 바로 믿음입니다. 예수님 믿고 믿음의 사람으로 살아야지 예수님 믿고 신앙생활을 한지 10년이 지나고 20년 지났는데도 문제만 생기면 불평하고 '당신 탓이오. 당신 탓이오.'하면서 부부가 싸우고 부정적인 얘기들을 쏟아 놓고 있으니 얼마나 부끄러운 구원을 받은 우리들 입니까? 하나님은 항상 내가 문제라고 말하는 성도를 좋아하십니다. 항상 자신이 문제입니다. 하나님은 너 자신을 알라고 하십니다.

그 이스라엘 백성하고 우리하고 다른 게 뭐가 있어요? 출애굽 사건의 B. C 1400년에, 그러니까 3400년 전에 이스라엘 백성들이 불평을 하는 거나 우리가 예수 믿고 불평하는 거나 불평의 내용은 비슷한 것입니다. 주여! 우리의 입술이 불평, 원망, 부정적인 얘기를 쏟아 놓는 입술이 아니라 감사, 찬양의 입술로 바꾸어지게 하옵소서. 기도해야 합니다. 그 다음에 되어 질 일들이 우리가 다 잘 알고 있습니다. 출애굽기 14장 21절에, "모세가 바다 위로 손을 내밀매 하나님께서 큰 동풍이 밤새도록 바닷물을 물러가게 하시니 물이 갈라져 바다가 마른 땅이 된지라"

모세가 하나님의 음성을 듣고 순종하여 바다 위로 손을 내미니까, 이 바다가 갈라져서 육지 같이 된 곳을 남자로만 60만 명, 여자와 아이를 합하여 약 300만 명 가까이 되는 이스라엘 백성들이 그 홍해를 육지처럼 건너갑니다. 하나님은 일찍이 홍해 밑에 다가 길을 만들어 두셨습니다. 크리스천이 성령의 인도를 받고 천성을 향해서 가는 길에 일어나는 모든 문제는 하나님께서 모두 아십니다. 문제를 해결할 방법도 만들어 두셨습니다. 하나님께 기도하여 해결할 방법을 알아내고 온존하게 순종하면 해결이 되는 것입니다. 믿음을 가지시기를 바랍니다.

이스라엘 백성이 이 홍해를 절대로 가르지 못합니다. 이스라엘 백성의 힘으로는 그 물길이 절대로 갈라질 수 없습니다. 그 많은 사람들이 당장 배를 만들 수도 없는 것이고 그중에 헤엄을 잘 쳐서 그 바다를 건너갈 사람이 몇 사람이 되겠습니까? 그러니까 하나님 말씀이 '가만히 있어라. 불평하지 말라. 원망하지 말라. 부정적인 이야기를 쏟아놓지 말아라. 내가 도와줄 것이다.' 이와 같은 놀라운 일이 또 여호사밧 왕 때의 일입니다. 여호사밧의 왕 때, 3개국 연합국이 쳐들어옵니다. 모압, 암모, 마온 족속이 쳐들어 왔는데 금식기도하며 주님께 부르짖었더니 '이 전쟁은 내게 속한 것이니 염려하지 말라.' 선지자가 와서 말씀합니다.

역대하 20장 17절 말씀을 보니까, "이 전쟁에는 너희가 싸울 것이 없나니 대열을 이루고 서서 너희와 함께 한 하나님께서 구원하는 것을 보라 유다와 예루살렘아 너희는 두려워하지 말며 놀라지 말고 내일 그들을 맞서 나가라 여호와가 너희와 함께 하리라 하셨느니라 하매" 하나님께서 말씀하시기를 "이 전쟁은 내게 속했다. 3개국 연합군들이 몰려온다고 숫자 때문에 두려워하거나 염려하지 말라. 너희는 가만히 서서 지켜봐라. 하나님 여호와가 너희를 대신해서 싸울 것이다." 이 놀라운 하나님 말씀을 듣고 나서 너무 감사해서 여호사밧 왕이 찬양대를 만들어서 찬양대 가운을 입히고 앞에 서서 찬양을 부르며 나아가게 하는 장면이 역대상 20장 21절 이하에 나옵니다.

"백성과 더불어 의논하고 노래하는 자들을 택하여 거룩한 예복을 입히고 군대 앞에서 행진하며 여호와를 찬송하여 이르기를 여호와께 감사하세 그의 인자하심이 영원하도다 하게 하였더니 그 노래와 찬송이 시작될 때에 여호와께서 복병을 두어 유다를 치러 온 암몬 자손과 모압과 세일 산 주민들을 치게 하시므로 그들이 패하였으니 곧 암몬과 모압 자손이 일어나 세일 산 주민들을 쳐서 진멸하고 세일 주민들을 멸한 후에는 그들이 서로 쳐죽였더라"

3개국 연합군들이 자기들끼리 싸워서 다 멸망해 버리고 말았어요. 얼마나 놀라운 일입니까? 그러므로 우리가 문제가 다가올 때 엎드려 부르짖어 기도해야 되는 것입니다. 시편 37편 5절 말씀입니다. "네 길을 여호와께 맡기라 그를 의지하면 그가 이루시고" 믿음이란 하나님께서 하신다는 것을 믿고 하나님께서 하라는 대로 순종하며 맡기는 것입니다. 주님이 하십니다. 나는 못합니다. 주님이 하십니다. 잘 자라던 아이가 갑자기 중학교 들어가면서부터 확 바뀌어 가지고 대들고 소리 지르고 그래서 부모하고 자식 간에 다툼이 그치지를 않아요. 부모님의 마음은 무너집니다. 한번도 속 썩인 것이 없는데 어떻게 애가 이렇게 됐는가? 하나님께 물어보아야 합니다. 태중에서 상처가 있어서 그렇게 될 수도 있으니까요. 하나님께 물어보세요. 그 시기는 지나가는 시기입니다. 성령으로 기도 많이 해서 하나님께서 알려주시는 방법으로 예방하여 잘 지나가게 해야 합니다. 우리가 알아야 할 것은 모든 자녀들은 성령으로 세례 받게 하고 치유를 해야 됩니다. 예수님 안에서 사춘기는 얼마든지 예방할 수가 있습니다.

예수를 믿는 성도는 하나님께 기도하여 하나님께서 하라는 대로 순종하고 맡기고 기다려야 합니다. "네 짐을 여호와께 맡기라 그가 너를 붙드시고 의인의 요동함을 영원히 허락하지 아니하시리로다"(시 55:22). 필자는 이 말씀들을 기억하며 그날그날, 순간순간의 어려움을 하나님께 의논하고 토로합니다. 누군가를 만나 하소연하고 싶을 때도 있지만, 그것을 받아줄 사람은 그리 많지 않습니다. 하지만 '하나님'은 언제 어디서나 저를 만나주십니다! 시간과 장소에 관계없이 편하게 만날 수 있는 분이십니다. 우리는 걸어 다니는 살아계신 하나님의 성전입니다. '항상 하나님께 질문하고 하나님께 성령으로 기도하는 것', 그것을 통해 저는 오늘도 제게 주어진 이 길을 담대하게 걸어갈 수 있는 힘을 얻습니다!"

하나님께 영광 돌립니다. 일생 살아가는 동안 하나님께 맡기는 그러한 큰 믿음의 사람이 되기를 바랍니다. 개인, 가정, 생활, 자녀, 범사 다 맡겨야 합니다. 잘 알아야 할 것은 맡긴다는 것은 하나님께 기도하여 하나님의 뜻에 순종하는 것입니다. 절대로 하나님께 기대고 하나님이 해주시길 기대하면서 기다리며 가만히 있는 것이 아닙니다. 하나님께서 하라는 대로 순종(움직이는)하는 것입니다. 하나님께 기도할 때 주님께서 기도를 들으시고 응답하시고 놀라운 일을 베풀어주십니다. 주님의 뜻대로 맡길 때 주님께서 일을 하시는데 우리는 그 때 하나님께 영광을 돌려야 합니다.

둘째, 하나님께 영광 돌리는 신앙입니다. 사람들은 자기 자신을 나타내기 좋아합니다. 자꾸 자기 자신을 나타내려고 해요. 그러면 하나님의 은혜가 멈춰버려요. 모든 영광 하나님께…. 필자는 죽을 병에 걸린 사람을 저를 통하여 치유하셨기 때문에 하나님께서 하신 것입니다. 하나님께서 치유하셨습니다. 필자는 보조자입니다. 항상 하나님께 영광을 돌립니다. 모든 크리스천이 그렇게 되면 하나님께서 하늘의 문을 여셔서 쌓을 곳이 없이 부어 주십니다.

최근 100년 동안 세계 최대 재벌은 록펠러라고 하는 사람입니다. 록펠러라고 하는 사람이 50대까지는 자기중심으로 살았어요. 그런데 50대 중병을 겪게 되면서 죽음을 눈앞에 두게 되니까 "내가 지금까지 잘못 살았구나. 내가 하나님의 영광을 위해 살겠다." 그때부터 가진 것을 내어 놓기 시작했는데, 하나님이 90세가 넘도록 장수하는 복을 주셔서, 그리고 그가 가진 그 재산을 다 하나님 영광 위해서 쓰게 만드셨는데, 하나님께서 크게 영광을 받으셨습니다. 미국 전역에 큰 대학 도서관만 2,000개를 넘게 지어줬고, 그 시카고대학은 아주 명문 대학인데 그 분이 혼자 성금을 내서, 600억 달러, 지금은 6,000억 - 6조가 되는지 지금을 얼마만큼의 화폐가 되는지 몰라도 그 돈을 내서 그 대학을 세웠어요. 하나님께 영광을 돌리고요. 하나님의 이름만 높여 지기를 원했던 것입니다. 그러면 하나님의 은혜가 임합니다. 하나님께서 강하게 역사하십니다.

지금 고난이, 지금 문제가, 지금의 어려움이 장차 다가올 축복의 전주곡입니다. 하나님은 현실 문제를 통하여 기도하게 하시고 믿음을 견고하게 하십니다. 절대로 낙심하지 마시기를 바랍니다. 로마서 8장 18절에, "생각하건대 현재의 고난은 장차 우리에게 나타날 영광과 비교할 수 없도다" 그래서 이스라엘 백성들이 홍해를 육지처럼 건너고 난 다음 하나님을 찬양하는 장면이 출애굽기 15장 1절에서 2절에 나옵니다. "이 때에 모세와 이스라엘 자손이 이 노래로 여호와께 노래하니 일렀으되 내가 여호와를 찬송하리니 그는 높고 영화로우심이요 말과 그 탄자를 바다에 던지셨음이로다. 여호와는 나의 힘이요 노래시며 나의 구원이시로다 그는 나의 하나님이시니 내가 그를 찬송할 것이요 내 아버지의 하나님이시니 내가 그를 높이리로다" 우리가 호흡이 살아있는 동안 이 땅에서 가장 힘써야 할 것이 무엇이냐. 주님을 찬양하는 것입니다. 시편 제일 마지막 150편 6절은 우리에게 어떻게 말씀하고 있습니까. "호흡이 있는 자마다 여호와를 찬양할지어다" 할렐루야! 근데 사실은 실제로 살아있는 동안 마지막 순간에 찬양하라고 했지만, 죽음이라는 것은 울타리를 넘어가는 것입니다.

영원한 세계로 울타리를 넘어가는 시간이 죽음의 시간인데 찬양은 지상에서 영원으로 이어지는 징검다리인 것입니다. 호흡이 멈춰지는 순간까지 찬양하지만, 다시 저 영원한 천국에 가서, 영원한 세계에서 영원히 주님을 찬양하며 살게 될 것입니다. 우리도 저 천국에 가서 주님을 찬양하게 될 줄 믿습니다. 지금은 음악을 할 줄 아시는 분만 성가대에 서지만, 천국에 가면 음치가 없습니다. 우리 모두가 찬양대가 되어서 주님을 찬양하게 될 것입니다. 그러므로 하나님 앞에 감사해야 해요. 나 같은 죄인이 구원을 받아서 하나님의 자녀가 되었으니, 감사합니다. 감사합니다. 이사야 43장 21절에, "이 백성은 내가 나를 위하여 지었나니 나를 찬송하게 하려 함이니라" 여호사밧 왕이 3개 연합군과 싸우러 나갈 때 찬양을 불렀잖아요. 그 결과로 큰 승리를 거두었습니다. 역대하 20장 18절에서 19절에, "여호사밧이 몸을 굽혀 얼굴을 땅에 대니 온 유다와 예루살렘 주민들도 여호와 앞에 엎드려 여호와께 경배하고 그핫 자손과 고라 자손에게 속한 레위 사람들은 서서 심히 큰 소리로 이스라엘 하나님 여호와를 찬송하니라" 24절에, "유다 사람이 들 망대에 이르러 그 무리를 본즉 땅에 엎드러진 시체들뿐이요 한 사람도 피한 자가 없는지라"

모두가 완전히 멸망당해서 저들이 돌아올 때, 기뻐 춤추며 주님을 찬양합니다. 역대하 20장 27절에서 28절에, "유다와 예루살렘 모든 사람이 다시 여호사밧을 선두로 하여 즐겁게 예루살렘으로 돌아왔으니 이는 여호와께서 그들이 그 적군을 이김으로써 즐거워하게 하셨음이라 그들이 비파와 수금과 나팔을 합주하고 예루살렘에 이르러 여호와의 전에 나아가니라"

다윗왕 시대는 B.C 1,000년이니까 3,000년 전인데요. 벌써 그때 오케스트라를 조직해서 오케스트라가 연주를 하면서 찬양하며 하나님께 나아갔습니다. 얼마나 감사한지 모르겠어요. 주님을 찬양할 때 모든 악기로 주님을 찬양해야 하는 것입니다. 최고의 악기가 우리의 목소리, 그리고 우리가 가진 모든 기구로 주님을 찬양할 때 하나님께서 영광을 받으실 것입니다. 시편 103편 2절에, "내 영혼아 여호와를 송축하며 그의 모든 은택을 잊지 말지어다"

시편 50편 14절에, "감사로 하나님께 제사를 드리며 지존하신 이에게 네 서원을 갚으며" 그러므로 감사 찬양 모든 존귀와 영광을 하나님께 올려 드릴 때 하나님께서 하늘 문을 활짝 여시사 넘치는 은혜의 복을 부어 주시는 것입니다. 예수 믿고 나서 달라져야 합니다. 생각이 달라지고 말이 달라지고 행동이 달라져야 합니다. 부정적인 생각과 부정적인 말로 살았던 과거의 모습을 내던져 버리고 절대긍정, 절대감사로 무장해서 찬양과 감사로 나아갈 때 하나님의 기적과 축복이 임하게 되는 것입니다. 우리를 예수님의 피 값으로 사셨으니, 이제는 감사와 찬양을 돌리는 삶을 살아야 합니다. 고린도전서 6장 20절입니다. "값으로 산 것이 되었으니 그런즉 너희 몸으로 하나님께 영광을 돌리라" 첫째도 하나님께서 하셨다. 둘째도 하나님께 영광, 셋째도 하나님께 영광, 마지막도 하나님께 영광돌리는 것입니다. 할렐루야! 그렇게 될 때 하나님께서 영원토록 우리의 피난처가 되어 우리를 보호해 주십니다.

셋째, 피난처가 되신 하나님이십니다. 우리가 절망의 때에 고통의 때에 편히 쉴 수 있는 것은 주님의 품밖에 없습니다. 십자가 그늘 밑이 우리의 안식처인 것입니다. 십자가는 내가 죽고 예수님으로 사는 것입니다. 시편 46편 11절에, "만군의 여호와께서 우리와 함께 하시니 야곱의 하나님은 우리의 피난처시로다" 비가 올 때 잠시 비를 피할 곳이 있는 것은 그 순간 얼마나 안심이 되는지 모릅니다. 우리가 주님 품에 안기면 모든 염려, 근심 걱정 다 사라지고, 나의 마음속이 늘 평안해, 평안해. 평안히 잠을 잘 수 있게 되는 것입니다. 어떤 분들은 얼마나 마음이 평안한지 예배시간에도 그냥 잠을 잘 자요. 너무 많이 마음이 편안해 가지고…. 예배시간에 습관적으로 자는 것은 문제입니다만, 어쩌다가 밤새 한 밤도 못자고 고민하며 왔다가 곤히 와서 자고 나면 모든 문제가 다 해결된 것입니다. 그렇다고 예배시간에 와서 자라는 것은 절대 아니지만, 주님의 말씀에 순종하고 다 맡기세요. 그러면 평안한 잠을 주십니다. 예수님께서 자신의 온몸에 채워지면 평안입니다.

시편 118편 8절에서 9절은 이야기 합니다. "여호와께 피하는 것이 사람을 신뢰하는 것보다 나으며 여호와께 피하는 것이 고관들을 신뢰하는 것보다 낫도다” 시편 18편 2절에서 3절을 기억합니다. “여호와는 나의 반석이시오, 나의 요새시오, 나를 건지시는 이시오, 나의 하나님이시오, 내가 그 안에 피할 나의 바위시오, 나의 방패시오, 나의 구원의 뿔이시오, 나의 산성이시로다” 얼마나 감사합니까? 하나님! 사랑합니다, 하나님! 감사합니다. 하나님! 고맙습니다. 주님은 나의 피난처가 되십니다. 힘들고 어렵고 고통스러울 때, 한 번도 주님은 우리를 모른다고 외면하지 않으시고, 그 사랑의 팔로 폭 안아 주시고, “힘들지, 어렵지. 염려하지 말라. 내가 너를 도와줄 것이다.” 말씀하시는 주님의 은혜에 그저, 그저 감사할 것밖에 없습니다. 시편 27편 1절 말씀을 기억합니다. “여호와는 나의 빛이요, 나의 구원이시니 내가 누구를 두려워하리요, 여호와는 내 생명의 능력이시니 내가 누구를 무서워하리요” 믿음의 반대말은 걱정, 염려, 근심, 두려움입니다.

“자꾸 걱정하는 크리스천들은 믿음이 약해서 그런 것입니다. 자꾸 불평하는 사람들은 믿음이 약해서 그렇습니다. 자꾸 아무것도 아닌데 마음속에 쓸데없이 염려, 근심, 걱정해서 마음이 무너지고 “아이고, 나 죽네.” 하는 사람들은 믿음이 약해서 그런 것입니다. 믿음이 약하다는 것은 매사를 자신의 생각으로 하려고 한다는 것입니다. 자신이 하려니 걱정과 근심을 하는 것입니다. 하나님께서 하신다는 강한 믿음의 용사들이 되기를 바랍니다. 나약해져서 늘 무너지는 모습으로 상처투성이가 되어 그렇게 살지 마시고 가슴피고 당당하게 기뻐하고 감사하며 사시기를 바랍니다.”

24장 온전히 순종하면 축복하시는 예수님

(수 1:11)"진중에 두루 다니며 그 백성에게 명령하여
이르기를 양식을 준비하라 사흘 안에 너희가 이 요단을 건
너 너희의 하나님 여호와께서 너희에게 주사 차지하게 하
시는 땅을 차지하기 위하여 들어갈 것임이니라 하라"

하나님께서는 말씀을 온전하게 믿고 순종하는 크리스천들이
되기를 원하십니다. 온전하게 믿는 다는 것은 100% 보물인 예수
님으로 채워졌다는 것입니다. 자신이 1%도 남아있지 않았다는 말
씀입니다. 우리가 보물인 예수님으로 채워지면 하나님께서 우리
를 제일 귀한 보물들로 여기시는 것입니다. 하나님은 보물인 예수
님으로 완전하게 채워진 우리를 통하여 일하시는 것입니다. 말씀
을 온전하게 믿는 다는 것은 아브라함이 이삭을 재물로 바치라고
했을 때 두말하지 않고 순종하는 것을 말합니다. 하나님은 이렇게
하나님의 말씀에 온전하게 순종하는 사람을 통하여 이 땅에 하나
님의 나라를 건설하십니다. 하나님은 성도들을 불러서 말씀에 온
전하게 순종하는 사람이 되도록 훈련하시는 것입니다. 하나님은
기록된 말씀 안에서 성령으로 들리는 말씀(레마)에 순종하게 하십
니다. 우리 크리스천들은 하나님의 들리는 음성(레마)을 듣고 순
종할 수 있는 영성이 되어야 합니다.

첫째, 희망찬 꿈을 마음에 그리고 눈앞에 두라. 우리가 항상 마

음에 희망찬 꿈을 그리고 살아야 되는 것입니다. 하나님이 우리에게 주기로 약속하신 그 희망사항을 마음속에 보고 뛰어야지요. 하나님이 이리 와서 은혜를 주겠다고 하는데 저리가면 안 되는 것입니다. 바라보아야 소유하게 되는 것입니다. 하나님이 우리에게 주시기 위해서 예비하신 것을 바라보아야 소유할 수 있는 것입니다. 아브라함은 75세에 갈대아 우르에서 가나안으로 와서 아들을 달라고 10년 동안 기도를 했으나 아들을 안 주셨습니다. 그래서 나중에는 낙심해서 종을 자기 아들로, 상속자로 만들려고 했는데 하나님께서 그렇게는 안 된다. 네 몸에서 난 자식이 네 상속자가 된다고 했습니다. 그런데 기도해도 안 주지 않습니까? "네가 잘못보고 기도한다. 밤에 천막에서 나와서 하늘을 쳐다봐라." 그래서 밤에 천막에서 나와서 하늘을 쳐다보니 "뭐가 보이느냐?" 별들이 보입니다. "얼마나 많으냐?" 헤아릴 수 없습니다. "네 자손이 저 별들처럼 많을 것이다. 좀 바라보고 기도하라." 그래서 그 다음 별들을 바라보니 얼마나 별이 많고 모든 별들이 아버지 아브라함이여~ 외치는 것 같아서 가슴이 뜨거웠습니다. 바라보고 희망이 마음속에 꽉 생겨서 하나님 아버지여 믿습니다. 하니까 하나님이 옳다. 그렇게 해야 된다. 아브라함은 바라보고 믿음을 가질 수 있었던 것입니다. 목표를 바라보아야 기도를 하고 무엇을 할 수 있습니다. 목표가 없이 바라보지 않고 어디 가는지 모르고 목적도 방향도 없이 방황하면 실패하는 것입니다.

여호수아 1장 2절로 4절에 보면 백성들과 더불어서 어디로 가는지를 분명히 알고 뛰라는 것입니다. 천지 어디로 가는지 모르고 뛰어서는 안 되는 것입니다. "이제 너는 이 모든 백성과 더불어 일어나 이 요단을 건너 내가 그들 곧 이스라엘 자손에게 주는 그 땅으로 가라 내가 모세에게 말한 바와 같이 너희 발바닥으로 밟는 곳은 모두 내가 너희에게 주었노니 곧 광야와 이 레바논에서부터 큰 강 곧 유브라데 강까지 헷 족속의 온 땅과 또 해 지는 쪽 대해까지 너희의 영토가 되리라" 하나님은 소유할 수 있는 땅을 미리 바라보라고 여기에 말씀해 주시는 것입니다. 그러므로 우리가 꿈을 가지고서 바라보아야 되는 것입니다. 바라보면 믿음이 생깁니다. 꿈이 있으면 믿음이 생깁니다. 꿈이 없으면 안 믿어지는 것입니다. 믿음이 있으면 꿈이 생기고 꿈이 있으면 믿음이 생깁니다. 형제같이 같이 다니는 것입니다. 한번 따라 해보세요. "꿈이 있으면 믿음이 생기고 믿으면 꿈이 생긴다." 아주 놀랍게 그렇게 같이 역사하는 것입니다. 아브라함은 꿈을 가지니까 그 꿈을 얻을 수 있는 믿음이 가슴에 있었습니다. 아브라함은 바랄 수 없는 것을 바랬다는 것은 꿈을 꾸었다는 말입니다. 상상할 수 없는 것을 바라고 꿈꾸었습니다. 꿈을 꾸고 나니까 믿음이 생겼습니다. 여기에 그 하나님은 죽은 자를 살리시며 없는 것을 있게 하시는 하나님인데 그 믿음을 받게 되었다는 것입니다.

그리고 기도할 때 하나님이여 내가 그냥 기도하지 않습니다. 하나님께서 나를 위해서 예비한 것을 바라보고 마음속에 꿈꾸고 그리고 그것이 이루어질 줄 믿습니다. 그러면 하나님께서 너 잘 믿었다. 네 믿음대로 될지어다. 그럴 것입니다. 새로운 해를 맞이할 때마다 무언지 모르게 좀 더 특별하게 살아야 되겠습니다. 특별한 은혜를 받아야 되겠어요. 체험을 해야 되겠어요. 미지근하게 믿어서는 되지 않습니다. 에베소서 3장 20절처럼 "우리 가운데서 역사하시는 능력대로 우리가 구하거나 생각하는 모든 것에 더 넘치도록 능히 하실 하나님과 같이 동행해야" 되겠습니다.

우리가 구하거나 생각하는 것에 넘치도록 비정상적이라고 생각할 정도로 놀라운 은총을 받기를 바랍니다. 우리가 세상을 살면서 제가 부탁하고 싶은 말씀은 제일 우리 예수 믿는 사람이 바라보아야 될 것은 갈보리 십자가 밑에 내려가서 몸 찢고 피 흘려 우리를 위해서 죽으신 예수님을 바라보아야 되는 것입니다. "믿음의 주요 또 온전하게 하시는 이인 예수를 바라보자"(히 12:2). 예수로 죽고 예수로 살면서 예수님을 바라보고 예수님이 주시는 은혜를 우리의 삶의 출발점으로 삼아야 되는 것입니다. 예수님을 바라보면 몸 찢고 피 흘려서 우리에게 주신 은혜가 무엇입니까? 처음 은혜가 죄를 용서하고 의롭게 해주시는 은혜가 넘쳐나고 그 다음에는 허물을 사하여 주시고 거룩하게 만들어 주시고 성령을 주시어 권능을 주시는 은혜가 있고, 그 다음 그 십자가를 바라보면 우리 연약한 것을 친히 담당하시고 병을 짊어지고 가신 건강 은혜가 그곳에 있고, 그 다음에 또 보면 예수님이 저주를 받아서 나무에 달려 우리 저주를 다 대속하시고 아브라함의 복을 준 은혜가 있으니, 그것을 또 마음에 받아들이고 그 다음에 쳐다보니 예수님이 우리를 위해서 사망과 음부를 철폐하시고 부활, 영생, 천국을 주셨으니 그 은혜를 가슴에 받아들여야 되는 것입니다.

그러면서 우리 주님께서 우리 위해서 예비해 놓은 것을 우리가 바라보아야 되는 것입니다. 십자가에는 지금 마귀들도 둘러 진치고 있습니다. 예수님이 이 놀라운 은혜와 축복을 주의 백성들에게 주기 위해서 다 이루어 놓았는데 주의 백성들이 알면 마귀의 나라가 무너진다 말입니다. 완전하게 무너집니다. 그러니 주의 백성이 알지 못하게 하려고 마귀가 둘러 진치고 있습니다. 그러나 이 진리를 알기 위해서 십자가를 바라보고 십자가를 바라보고 알았으면 믿음으로 꼭 한번 씩 외우고 그날을 지나가야 되는 것입니다. 예수님 십자가를 바라보고 "주님! 오늘도 좋은 날을 주시니 감사합니다. 이날에 예수님의 보혈로 용서와 의로움을 주시니 감사합니다. 거룩함과 성결함을 주심을 감사합니다. 채찍에 맞음으로 병이 낫게 해주심을 감사합니다. 아담의 저주를 대속하시고 아브라함의 복을 주시니 감사합니다. 영생천국을 주시니 감사합니다. 나는 이제 주님을 바라보고 영혼이 잘됨같이 범사에 잘되며 강건하고 생명을 얻되 풍성하게 얻는 축복을 받았습니다. 택하신 족속이요 왕 같은 제사장이요 거룩한 나라요 그의 소유된 백성이 되었으므로 나는 하나님 앞에서 감사하며 가슴을 펴고 살겠습니다."

먼저 출발하기 전에 어떠한 사람이 되었다는 것을 알고 당당하게 담대하게 그날을 살아가야 될 것인 것입니다. 대속의 은혜를 바라봐야 되는 것입니다. 마음이 훈훈해지고 만족해지고 감사하게 될 정도로 대속의 은혜를 바라보아야 될 것입니다. 하나님이 우리들에게 값없이 주셨으니 그것은 우리들의 것인 것입니다. 대속의 은혜를 꿈을 꾸고 바라보면 그 꿈이 이루어지는 것입니다.

필자가 어릴 때 시골에서 닭이 알을 품는 것을 늘 보았습니다.

암탉이 계란을 낳으면 그 계란을 모아 놓았다가 둥지에 암탉이 어지간히 계란을 낳았다 싶으면 품습니다. 21일 동안 품습니다. 그러면 병아리가 태어나는 것입니다. 꿈을 마음속에 품고 있으면 21일이 되든 한 달이 되든지 그 꿈은 병아리가 되어서 깨어 나오는 것입니다. 그런데 꿈도 없이 살면 유정란이 아니고, 무정란이 되어서 아무것도 안 나옵니다. 백날을 안고 있어도 안 나오는 것입니다. 하나님 말씀을 가지고서 꿈을 마음속에 품고 있으면 꿈은 반드시 이루어지는 것입니다. 반드시 계란이 되어 나오는 것입니다. 그것을 잘 키우느냐 못 키우느냐는 후에 달려 있겠지만 반드시 꿈꾸는 자에게는 열매를 맺게 되는 것입니다. 꿈이 부화되면 인생이 놀랍게 변화되는 것입니다.

오늘날 모두다 마음속에 꿈을 품고 꿈을 하나님 앞에 감사드리고 이 세상을 살아가시기를 바랍니다. 이 한 해가 끝날 때 보면 꿈이 이끄는 대로 와서 있을 것입니다. 꿈과 목표를 분명히 할 때 성공적인 인생을 살아갈 수 있는 것입니다.

미국의 템플대학교라고 굉장히 신앙을 중심으로 하는 대학교이 있는데 거기 템플대학을 설립한 러셀 콘웰 박사는 제1차 세계대전 직후 미국의 백만장자가 4,043명이 있었습니다. 그 백만장자들이 어떻게 해서 백만장자가 되었는지 조사를 해보았습니다. 그런데 놀랍게도 그들 중 고졸 이상의 학력을 가진 사람은 69명에 불과했습니다. 4,043명의 백만장자 중 고등학교 이상의 학력을 가진 사람은 69명밖에 없었습니다. 대부분이 남들보다 열악한 환경에서 성장한 사람들이었습니다. 하지만 그들은 평범한 사람들과는 다른 몇 가지 공통점을 가지고 있었는데, 첫째로 목표가 있더라는 것입니다. 방황하지 않고 뚜렷한 목표가 있고 둘째 뜨거운 열정이 있더라. 늦잠자고 걸음도 느릿느릿 걷고 일도 잘하지 않고 백만장자가 되었더라. 그런 것은 없어요. 다른 사람보다 더 일찍 일어나고 더 적게 먹고 더 열심히 뛰고 부지런한 사람들이 남보다 나아지는 것입니다. 그런데 무엇보다도 이 사람들이 첫째로 뚜렷한 목표가 있고, 둘째는 뜨거운 열정이 있고, 셋째는 불퇴전의 인내심을 가지고 있더라. 넷째는 자기관리를 잘하고 살았더라. 거의 동일하게 학력이 그들을 출세시킨 것이 아니라, 마음의 목표와 목표를 이루겠다는 열정과 그리고 실패하더라도 뒤로 물러가지 않고 다시 일어나고 다시 일어나는 인내심이 있는 사람이 성공했다는 것입니다.

뚜렷한 목표를 가지고 뜨겁게 소원하며 나아가는 것이 성공의 출발점이라는 것을 우리가 알아야 되는 것입니다. 우리가 희망찬 꿈을 바라보고 뜨거운 소원을 가져야 되는 것입니다. 희망이 있지요? 꿈이 있으면 그 꿈을 그냥 보고 지나가지 않고 뜨거운 소원을 가져야 되는 것입니다. 저것 내가 꼭 이루어지게 하여 주시옵소서. 목표를 가지고 소원을 가지고 기도하며 나갈 때 예비하신 약속의 땅을 하나님 앞에서 얻을 수가 있는 것입니다.

둘째, 우리가 하나님의 마음을 알아야 한다. 우리가 대개 하나님은 두려운 하나님이다. 심판을 베푸는 하나님이다. 하나님은 굉장히 깍쟁이다. 하나님은 나를 사랑 안 하신다. 이런 부정적인 생각을 많이 가지고 있습니다. 자기도 모르는 사이에 마귀에게 들어서 그 부정적인 마음이 하나님과 우리 사이를 막고 있는데 하나님은 정말로 그렇지 않습니다. 좋은 하나님이신 것입니다. 저는 제가 경험해 본 내 하나님도 좋은 하나님이라고 말하지 않을 수가 없습니다. 이사야 41장 10절에 보면 "두려워하지 말라 내가 너와 함께 함이라 놀라지 말라 나는 네 하나님이 됨이라 내가 너를 굳세게 하리라 참으로 너를 도와주리라 참으로 나의 의로운 오른손으로 너를 붙들리라" 하나님이 우리에게 솔직하게 말씀해 주시는 것입니다. 한번 읽어 보십시다. "두려워하지 말라 내가 너와 함께 함이라 놀라지 말라 나는 네 하나님이 됨이라 내가 너를 굳세게 하리라 참으로 너를 도와주리라 참으로 나의 의로운 오른손으로 너를 붙들리라" 이 말씀을 듣고 있을 때 아~ 하나님께서 나를 정말로 사랑하시는구나. 그렇게 느끼지 않을 수가 없습니다.

그 다음 여호수아 1장 5절에 보면 "네 평생에 너를 능히 대적할 자가 없으리니 내가 모세와 함께 있었던 것 같이 너와 함께 있을 것임이니라 내가 너를 떠나지 아니하며 버리지 아니하리라" "볼지어다. 내가 세상 끝날 까지 너희와 항상 함께 함이라." 하나님이 함께해서 돌보아 주시겠다고 하는 좋으신 하나님이기 때문에 이 하나님의 말씀을 기억하고 마음속에 이 하나님께 감사하고 찬송하는 삶을 살아야 되는 것입니다. "두려워하지 말라 내가 너와 함께 함이라. 놀라지 말라 나는 네 하나님이 됨이라. 내가 너를 굳세게 하리라. 내가 너를 도와주리라. 참으로 나의 의로운 오른손으로 너를 붙들리라." 이런 성경구절을 많이 마음속에 외우고 그것을 상상하고 감사하면 이 말씀이 굉장히 위로가 되는 것입니다. 하나님이 우리를 향한 좋은 뜻을 가지고 있는 것입니다. 하나님은 우리들이 못 되기를 원하지 않습니다. 잘되기를 원하지 못 되기를 원치 않습니다. 왜 그렇습니까? 하나님은 믿는 자를 통하여 세상을 치리하며 살아계신 하나님을 증명하며 일하시기 때문입니다. "도적이 오는 것은 도적질하고 죽이고 멸망시키는 것뿐이요, 내가 온 것은 양으로 생명을 얻게 하되 풍성히 얻게 하려 왔노라." 그냥 오신 것이 아니라 풍성히 생명을 주시기 위해서 오신 것입니다.

시편 23편에 보면 "사망의 음침한 골짜기를 다녀도 해를 두려워하지 않는 것은 지팡이와 막대기를 가지고 하나님이 같이 계시고, 원수 앞에서 하나님 아버지는 진수성찬 차리셔서 먹게 하고 기름을 발라 잔이 넘치게 만들어 주는 좋은 하나님인 것을 알도록 해주시는 것입니다." 우리를 축복하시는 살아계신 하나님이십니다.

셋째, 우리의 태도. 우리가 이 하나님을 알았은즉 마음을 강하게 하고 담대히 해야 되는 것입니다. 마음을 강하게 먹고 담대히 먹고 일을 해야지 마음에 두려움을 가지면 안 되는 것입니다. 성경에는 하나님께서 365번 두려워하지 말라고 말한 것입니다. 하루에 한번 씩 꼭 하나님이 이 말을 한 것이 됩니다. 두려워 말라. 무서워 말라. 두려워 말라는 것은 하나님이 두려워하는 사람은 쓸 수가 없습니다. 이스라엘 백성들이 가나안에 들어가서 살 때 블레셋 군사들이 끊임없이 침공해 들어왔습니다. 한번은 미디안 백성들이 이스라엘을 멸하기 위해서 군대를 거느리고 나왔을 때 기드온이 하나님의 소명을 받았습니다. 하나님이 기드온으로 하여금 네가 나가서 이스라엘 백성을 지켜라. 그래서 기드온이 나팔을 부니까 지원병이 모여왔는데 3만 2천명이 모여왔습니다. 정신대 끌고 오듯이 끌고 온 것이 아니라, 그냥 자발적으로 나팔소리를 듣고 나라를 위해서 나온 청장년들이 3만 2천명입니다. 하나님께서 그것을 보고 난 다음 "기드온아 너무 많다. 이 숫자로는 전쟁에 나가 이기지 못하게 할 것이다." 하나님 무슨 말입니까? 지금 미디안은 온 들에 꽉 매였는데 3만 2천명 가지고 어떻게 합니까? "너무 많다. 두려워하는 사람은 다 집으로 가라고해!" 그래서 나라를 지키기 위해서 이와 같이 자원해서 오신 것을 감사하게 생각합니다만 두려워하는 사람이 있거든 집으로 돌아가십시오. 간이 크지 못한 사람은 집으로 돌아가십시오. 그러니까 한두 사람 서로 옆을 보더니만 달아난 것이 2만 2천명이 달아나고 만 것입니다. 올 때는 무슨 마음으로 왔는지 모르겠지만 2만 2천명이 도망을 쳤습니다. 그리고 남은 사람은 만 명 밖에 남지 않았습니다. 3만 2천명이 모였습니다. 2만 2천명이 두렵고 무서워서 떠났고 그렇지 않은 사람 만 명만 남았습니다. 만 명도 많다고 해서 나중에는 군인들이 물을 마시는데 개가 핥는 자 같이 혀로 물을 핥는 자 300명만이 전쟁에 쓰시겠다는 것입니다.

개 같이 물을 손바닥에 떠서 핥는 것은 주변을 경계하면서 자기 관리하면서 먹었다는 것입니다. 영적으로 깨어 있는 자의 모습을 보여주는 것입니다. 영적으로 깨어 있지 않으면 300명에 포함될 수 없습니다. 그러므로 두려움이 얼마나 하나님 사역에 훼방이 되는지 모릅니다. 우리가 두려워하고 무서워하면 일을 안 하는 것이 좋다는 것입니다. 하나님 앞에 기도하고 은혜를 받으면 마음에 강하고 담대함이 생겨나는 것입니다. 그러므로 강하고 담대하라. 저는 이것을 언제 느꼈냐면 목회를 하자니까 육체적으로 정신적으로 영적으로 병든 사람 많지 않습니까? 가정이 어려운 사람들 많고…. 기도해달라고 올 때 마음에 꼭 두려움이 오는 것입니다. 내가 안수기도하고 안 나아서 이 사람 낙심하면 어떻게 하나. 두려움이 생기는 것입니다. 그래서 속으로 "하나님 예수님의 보혈로 이 두려움을 다 씻어 주시고 성령으로 믿음을 주시옵소서." 다시 마음에 "내가 예수님의 이름으로 안수 기도했지 내 이름으로 기도하지 않았다." 그렇게 생각하고 "원수 귀신아 물러가라! 환난아 물러가라! 고통아 물러가라!" 그렇게 하면 마음에 두려움 없이 마음에 강하고 담대한 마음이 생겨서 안수 기도하면 치유가 되는 것입니다. 무엇을 위해서 기도하더라도 기도하다가 마음이 고요하고 잠잠하고 강하고 담대해지거든 응답을 받은 줄로 아시기를 바랍니다. 아무리 기도해도 두려워하고 마음이 떨리면 응답 못 받은 것입니다. 응답이 온 제일 큰 증거는 평안인 것입니다. 마음이 평안해지고 고요하고 담대해지면 이긴 것이 되고 마는 것입니다.

여호수아 1장 7절로 8절에 보면 "오직 강하고 극히 담대하여 나의 종 모세가 네게 명령한 그 율법을 다 지켜 행하고 우로나 좌로나 치우치지 말라 그리하면 어디로 가든지 형통하리니 이 율법 책을 네 입에서 떠나지 말게 하며 주야로 그것을 묵상하여 그 안에 기록된 대로 다 지켜 행하라 그리하면 네 길이 평탄하게 될 것이며 네가 형통하리라" 강하고 담대하게 되는데 어떻게 그렇게 될 수 있느냐. 하나님의 말씀을 주야로 읽고 지키는 것입니다. 율법이라고 말하니까 우리 마음에 공포를 줍니다. 율법 무서워서 그 율법을 다 어떻게 지키느냐. 율법이라는 것은 단순한 말로 하나님의 말씀을 말하는 것입니다. "하나님의 말씀을 늘 생각하고 묵상하고 읽고, 그리고 시행하면서 나가면 만사형통이다. 하는 모든 일을 형통하게 하신다." 우리 대한민국이 요사이 무엇을 하든지 잘되고 만사형통하는 것은 우리 한국에 하나님이 세우신 교회가 이렇게 많고 성도들이 천만이 넘고 수많은 백성들이 선교사로 나가고 하나님이 굉장히 좋아하십니다. 말씀과 가까이하기 때문에…. 그래서 만사형통케 해주는 것입니다.

하나님 말씀을 행하고 좌로나 우로나 치우치지 아니하면 만사형통인 것입니다. 하나님께서 우리에게 형통함을 주시면 못할 것이 없습니다. 하는 일마다 다 성공하게 되는 것입니다. 그러므로 모세에게 주신 율법을 행하라 형통하게 된다하는데 우리 예수 믿는 사람들은 형통하게 되는 것이 하나님의 뜻인 것입니다. 두려워하지 말고 놀라지 말아야 되는 것입니다. 하나님께서 같이 계시므로 어떠한 일이 생겨도 두려워하거나 놀라면 하나님이 기뻐하지 아니하시는 것입니다. 여호수아 1장 9절에 보면 "내가 네게 명령한 것이 아니냐 강하고 담대하라 두려워하지 말며 놀라지 말라 네가 어디로 가든지 네 하나님 여호와가 너와 함께 하느니라"

하나님이 같이 하신다는 것은 형통한다는 말과 똑같은 것입니다. 형통한 사람은 하나님이 같이 있고 하나님이 같이 계신 사람은 형통함이 있다는 것입니다. 주일날 와서 예배드리고 주님을 주인으로 보시고 가면 일주일 내내 하나님이 같이 계시므로 형통하는 것입니다. 하나님 떠나서 자기 마음과 자기의 생각으로 살겠다고 하는 사람 주일날 일해도 별로 형통하지 못하는 것입니다. 성경 히브리서 10장 38절에 "나의 의인은 믿음으로 말미암아 살리라 또한 뒤로 물러가면 내 마음이 그를 기뻐하지 아니하리라"

하나님을 믿고 말씀에 섰으면 약속하신 말씀 이루어질 줄 단호히 믿고 밀고 나가야 되는 것입니다. 뒤로 물러나서 포기하면 하나님이 기뻐하지 아니하는 것입니다. 하나님 말씀을 어떻게 하면 우리가 가질 수 있는 것입니까? 하나님 말씀을 입으로 시인하면 하나님 말씀이 자신과 같이 있는 것입니다. 말씀을 시인하지 아니하면 말씀도 놓쳐 버리고 하나님의 축복도 놓쳐 버리는 것입니다.

말씀을 입으로 시인하는 신앙생활을 해야 되는 것입니다. 말로 시인 안하면 신앙이 자라지 않습니다. "예수를 믿고 난 다음에 마음에 믿어 의에 이르고 입으로 시인하여 구원에 이른다. 병 낫는 사람 안수 받고 나았으면 나가서 저가 채찍에 맞음으로 내가 나음을 얻었다. 저가 채찍에 맞음으로 내가 나음을 얻었다." 입으로 시인하면 그것이 마음을 붙잡아서 믿게 되는 것입니다. 그냥 안수기도 받고 난 다음 나가서 "정말 나을까 모르겠다. 정말 나을까 모르겠다." 한번 안수기도 해보세요. 낫는가 보게, 그런 믿음은 안수를 백번 받아도 안 낫습니다. 시인은 긍정적으로 시인해야 됩니다. 내 영혼이 잘됨같이 범사에 잘되며 강건하게 진다고 자꾸 하면 이것이 마음을 꽉 잡아서 믿음이 마음에 생기는 것입니다.

마음으로 믿고 입으로 시인하고 행동하면 믿음이 확고하게 된다는 것을 잊지 마시기 바랍니다. "하나님의 말씀은 살아 있고 활력이 있어 좌우에 날선 어떤 검보다도 예리하여 혼과 영과 및 관절과 골수를 찔러 쪼개"(히 4:12)는 살아있는 말씀인 것입니다. 하나님의 말씀은 살아있습니다. 하나님이 생명이 그 속에 들어있는 것입니다. 그러므로 하나님의 말씀을 내가 입으로 시인하면 말씀이 살아서 내 속에서 역사하는 것입니다. "사람이 마음으로 믿어 의에 이르고 입으로 시인하여 구원에 이르느니라"(롬 10:10). "죽고 사는 것이 혀의 힘에 달렸나니 혀를 쓰기 좋아하는 자는 혀의 열매를 먹으리라"(잠 18:21). 그러므로 마음속에 혀로써 시인하므로 큰 축복을 받을 수 있는 것입니다. 병든 사람은 안수를 받고 저가 채찍에 맞음으로 내가 나음을 입었다는 말을 수천 번, 수만 번이라도 하십시오. 그 말씀이 살아있기 때문에 자꾸 치료의 역사를 강하게 만들어 주어서 승리하게 만들어 주는 것입니다.

축복을 받아서 물질적으로 성공하기를 원하는 사람은 하나님께서 나와 같이 계시므로 손을 대는 곳마다 형통한다고 자꾸 말하십시오. "예수님이 나를 통하여 일하심으로 나는 형통하다. 나는 예수 이름으로 형통한다. 예수 이름으로 형통한다. 예수 이름으로 형통한다." 나중에 그러고 보니까 주위에 형통함이 생겨나는 것입니다. 그러지 않고 "나는 못한다. 안 된다. 가난하다." 그렇게 하면 그렇게 되고 마는 것입니다. 말을 통해서 죽이기도 하고 살리기도 하고 성공도 하고 실패도 하고 축복도 받고 축복도 못 받을 수 있습니다.

25장 하나님의 성전 된 자와 동행하시는 예수님

(행 17:24-25)"우주와 그 가운데 있는 만물을 지으신 하나님께서는 천지의 주재시니 손으로 지은 전에 계시지 아니하시고, 또 무엇이 부족한 것처럼 사람의 손으로 섬김을 받으시는 것이 아니니 이는 만민에게 생명과 호흡과 만물을 친히 주시는 이심이라."

하나님은 이렇게 말씀하십니다. "너희가 하나님의 성전인 것과 하나님의 성령이 너희 안에 거하시는 것을 알지 못하느뇨(고전3:16)" "너희 몸은 너희가 하나님께로부터 받은바 너희 가운데 계신 성령의 전인 줄을 알지 못하느냐 너희는 너희의 것이 아니라(고전6:19)" "하나님의 성전과 우상이 어찌 일치가 되리요, 우리는 살아 계신 하나님의 성전이라(고후6:16)" "그의 안에서 건물마다 서로 연결하여 주 안에서 성전이 되어 가고 너희도 성령 안에서 하나님의 거하실 처소가 되기 위하여 예수 안에서 함께 지어져 가느니라(엡2:21-22)" "만일 내가 지체하면 너로 하나님의 집에서 어떻게 행하여야 할 것을 알게 하려 함이니 이 집(성도)은 살아 계신 하나님의 교회요 진리의 기둥과 터이니라(딤전3:15)"

건물 성전 시대는 이미 지나갔으며 폐지되었습니다. 진정한 기독교는 더 이상 거룩한 장소나 건물을 갖고 있지 않고 오직 거룩한 사람들만 소유하고 있습니다. 예수를 믿고 성령으로 세례를 받아 성령의 인도를 받는 성도들 한 사람 한 사람이 눈에 보이지 않지만 살아계신 하나님의 성전입니다. 구약과 신약에 나타난 성전의 진정한 의미를 바르게 정리하여 보도록 하겠습니다.

첫째, 광야교회의 성막규례. 구약시대의 성전은 이스라엘 민족이 출애굽 하여 광야에서 하나님을 섬기던 '성막'에서 유래됩니다. 지성소와 성소를 구분하고, 지성소에는 아론의 싹 난 지팡이와 만나 항아리가 언약궤 앞에 놓여있고, 십계명의 두 돌 판이 언약궤 안에 들어가 있었습니다. 하나님께서는 왜 이 성막을 만들도록 하셨을까요? 성막은 규례의 완성으로, 범죄한 이스라엘 민족의 죄를 양의 피로 용서하는 제사를 하나님께 드림으로 언제나 하나님을 기억하고 경외하고자 하는 섭리였던 것이었습니다. 왜냐하면 피흘림이 없으면 죄사함이 없기 때문인 것입니다(히9장 22절). 즉, 아침저녁으로 속죄제의 제물이 불살라져 그 연기가 올라갈 때 이스라엘 민족은 자신들의 죄가 용서함 받았음을 깨닫고 오직 여호와 하나님께 감사와 찬양을 돌리게 되는 것입니다.

이스라엘 민족의 죄를 용서하는 제사를 드리려면, 반드시 다음 3가지 요건이 갖추어져 있어야 합니다. 첫째로 성막(성전), 둘째로 제사장, 셋째로 제물이 준비되어야 합니다. 이 3가지가 충족되어야 무서운 죄가 용서받을 수 있게 되는 것입니다.

여기서 이러한 3가지 요건들은 모두 불완전하여 하루도 빼먹지 말고 매일 아침저녁으로 제물을 불살라야 했습니다. 하나님은 (히 10장 1-4절) "율법은 장차 오는 좋은 일의 그림자요 참 형상이 아니므로 해마다 늘 드리는바 같은 제사로는 나아오는 자들을 언제든지 온전케 할 수 없느니라. 그렇지 아니하면 섬기는 자들이 단번에 정결케 되어 다시 죄를 깨닫는 일이 없으리니 어찌 드리는 일을 그치지 아니하였으리요, 그러나 이 제사들은 해마다 죄를 생각하게 하는 것이 있나니 이는 황소와 염소의 피가 능히 죄를 없이 하지 못함이라"

둘째, 솔로몬의 성전. 이스라엘 민족은 젖과 꿀이 흐르는 약속의 가나안땅에 들어가 성막을 실로에 내내 두고 있다가, 드디어 솔로몬 왕이 모리아 산에 황금으로 만든 '성전'을 20년 만에 완공시키게 됩니다. (역대하 3장 1절)"솔로몬이 예루살렘 모리아산에 여호와의 전 건축하기를 시작하니 그곳은 전에 여호와께서 그 아비 다윗에게 나타나신 곳이요 여부스 사람 오르난의 타작마당에 다윗이 정한 곳이라." 여기서 이 모리아산은 지금의 갈보리(골고다)언덕을 의미합니다. "하나님께서 참으로 땅에 거하시리이까? 하늘과 하늘들의 하늘이라도 주를 용납치 못하겠거든 하물며 내가 건축한 이 전이오리이까"라는 성전 건축의 기도를 드리며, 솔로몬 왕은 하나님께서 주는 계신 곳 하늘에서 백성들의 기도를 들어달라는 간청을 합니다.

여기서 중요한 것은 솔로몬 왕이 이방 귀신을 섬기는 무당들 같이 하늘에 계신 하나님께서 이 성전에 강림하셔서 임재하여 달라는 간구를 하지 않았다는 사실입니다. 이방 종교는 반드시 신전(신사)을 지어놓고, 그 장소에 귀신을 모셔 놓습니다. 제우스 신전, 바다귀신 신당, 부처 신을 모신 대웅전 등이 그 예가 되겠습니다. 그러나 솔로몬 왕은 하늘들의 하늘이라도 주를 용납치 못하는데, 자기가 건축한 성전이 하나님을 용납할 수 없다는 분명한 고백을 하고 있습니다. 하나님은 하늘에서 들으시고 라고 합니다.

계속하여 역대하 6: 21 주의 계신 곳 하늘에서 들으시고,

역대하 6: 23 주는 하늘에서 들으시고, 역대하 6: 25 주는 하늘에서 들으시고,

역대하 6: 27 주는 하늘에서 들으사, 역대하 6: 30 주는 계신 곳 하늘에서 들으시며,

역대하 6: 33 주는 계신 곳 하늘에서 들으시고, 역대하 6: 35 주는 하늘에서 저희의 기도와 간구를 들으시고,

역대하 6: 39 주는 계신 곳 하늘에서 저희의 기도와 간구를 들으시고, 라는 분명한 기도를 드리자, 하나님께서 받으시고 응답으로 하늘에서 불이 내려와 번제물과 제물들을 사르고 여호와의 영광이 그 전에 가득하게 됩니다(대하 7:1).

이는 이사야 선지자의 증거와도 같은 맥락을 이루고 있습니다. "여호와께서 이와 같이 말씀하시되 하늘은 나의 보좌요 땅은 나의 발판이니 너희가 나를 위하여 무슨 집을 지으랴 내가 안식할 처소가 어디랴 나 여호와가 말하노라 내 손이 이 모든 것을 지었으므로 그들이 생겼느니라 무릇 마음이 가난하고 심령에 통회하며 내 말을 듣고 떠는 자 그 사람은 내가 돌보려니와 소를 잡아 드리는 것은 살인함과 다름이 없이 하고 어린 양으로 제사드리는 것은 개의 목을 꺾음과 다름이 없이 하며 드리는 예물은 돼지의 피와 다름이 없이 하고 분향하는 것은 우상을 찬송함과 다름이 없이

행하는 그들은 자기의 길을 택하며 그들의 마음은 가증한 것을 기뻐한즉"(사 60:1~3). 하지만, 이 솔로몬 왕이 황금으로 세운 성전은 세 번씩이나 무너짐을 당하는 수난을 겪게 됩니다.

첫째로 BC 572년 바벨론의 침략으로 솔로몬의 황금 성전을 여지없이 무너지게 되고 그 속의 모든 제사도구들을 다 강탈당하게 됩니다.

둘째로 바벨론 포로에서 돌아온 백성들이 BC 516년 학개와 스가랴에 의하여 다시 성전을 전과 같이 재건하지만, 헬라 시대에 애굽 왕 안디오쿠스에게 BC 168년 다시 훼파되어 황폐하여집니다. 이때 언약궤도 없어진 것으로 추정되지만, 가장 중요한 언약궤도 지금 어디에 있는지 아무도 모르는 것입니다.

셋째로 마지막으로 BC 3세기경 헤롯 대왕에 의하여 대리석과 금으로 사치스럽게 재건됩니다. 그러나 예수님께서 이 헤롯의 성전을 가리켜 "돌 하나도 돌 위에 남지 않고 다 무너뜨리우리라"라고 마태복음 24장 2절에 저주의 말씀을 하신 뒤에, 40년도 못되어 AD 70년 로마 군대가 쳐들어와서 완전히 황폐하게 부셔버려, 지금은 통곡의 벽이라 불리는 성벽 일부가 남아 현재까지 이르고 있는 실정입니다. 지금은 솔로몬의 성전 자리에 모하메드 신전이 세워져 있습니다. 이는 바로 누가복음 21장 24절 저희가 칼날에 죽임을 당하며 모든 이방에 사로잡혀 가겠고, 예루살렘은 이방인의 때가 차기까지 이방인들에게 밟히리라 라는 말씀대로 그대로 실현되는 증거인 것입니다. 위와 같은 일련의 사건은 무엇을 의미하고 있을까요?

셋째, 성령이 역사하시는 교회시대의 참 성전. 솔로몬 왕이 모리아 산에 여호와 하나님의 성전을 지어 제사를 드렸다는 사실은 바로 똑같은 장소인 골고다 언덕에서 장차 예수 그리스도가 성도들의 죄를 위한 십자가의 죽음을 당하실 것에 대한 예표(예언)적인 사건인 것입니다. 요한복음 2장 19절에서 "너희가 이 성전을 헐라 내가 사흘 동안에 일으키리라"라고 말씀하셨던 예수님께서 요한복음 2장 21절에서 "성전 된 자기 육체"를 가리켜 말씀하신 것이라는 참된 성전의 의미를 가리켜 주십니다.

즉, 모리아 산에 세 번이나 세워졌던 성전은 결국은 무너져버려야 하는 '저주'의 의미를 내포하고 있는 것입니다. 즉 구약의 성전은 "예수 그리스도의 육체"를 암시하는 것으로, 예수님의 육체가 바로 참 성전임을 증거하고 있는 놀라운 역사적 사건인 것입니다. 다시 말해서 예수 그리스도는 자신의 육체로 참 성전 되시고, 제사장중의 대 제사장으로, 성도들의 죄를 대신하는 어린양의 제물로서, 영원하신 참 제사를 모리아 산(골고다언덕)에서 드리신 것입니다. 히브리서 9장 12절에서 "염소와 송아지의 피로 하지 아니하고 오직 자기의 피로 영원한 속죄를 이루사 단번에 성소에 들어가셨느니라." 말씀하십니다. 이제 21세기를 맞이하는 지금도 골목마다 세워진 인간의 손으로 만든 벽돌 건물들을 가리켜, 가톨릭에서는 성당(聖堂)이라 하고, 개신교에서는 집 당이라는 한자를 집전으로 바꾸어 성전(聖殿)이라고 하여 거룩한 장소로 만들어 이방 종교의 신당(神堂)과 신사(神寺)로 꾸며가고 있습니다.

북쪽 이스라엘은 산꼭대기마다 산당을 지어 놓고 "이것이 성전이다"하여 우상 숭배하다가 결국 멸망당하고야 말았습니다. 지금은 지구상 어느 곳에도 성전은 남아 있지 아니합니다. 오직 그림자적인 성전은 예루살렘의 모리아산에만 세워져야 합니다. 또한 반드시 언약궤가 있어야 하며, 레위지파 제사장이 있어야 하는 것입니다. 우리가 히브리서 9장 24절을 보면 "그리스도께서는 참 것의 그림자인 손으로 만든 성소에 들어가지 아니하시고 바로 그 하늘(하나님)에 들어가사 이제 우리를 위하여 하나님 앞에 나타나시고" 라고 하신 말씀을 성령으로 깨달아 적용해야 합니다. 말씀을 성령으로 깨달아 인용해야 합니다. 그래야 성령으로 거듭난 새 사람으로 살아갈 수가 있습니다.

또 구약의 성전은 예수 그리스도의 죽음과 부활을 예표하는 것으로 반드시 무너지게 되어 있습니다(시간성). 지금도 가톨릭 신부들은 자신들이 제사장이라고 주장합니다. 제사장은 반드시 레위 지파에서 나와야 합니다. 지금의 목사나 신부가 레위지파 제사장입니까? 절대로 아닙니다. 만약에 지금도 성전(당)에서 제사장 목사(신부)가 죄를 용서하는 제사 예배를 드린다면, 이는 예수 그리스도의 십자가를 부정하는 이단 행위가 되는 것입니다.

그러한 분들이 자꾸 성전이라는 주장을 하면, "언약궤가 있느냐"고 물어보십시오. 그리고 "당신이 레위지파냐"고 물어보십시오. 이러한 구약의 율법대로 성전을 세워 거룩히 여기고 있는 유대인을 향하여 스데반 집사님께서도 사도행전 7장 47-51절에 "솔로몬이 그를 위하여 집을 지었느니라. 그러나 지극히 높으신 이는 손으로 지은 곳에 계시지 아니 하시나니 선지자의 말한 바

주께서 말씀하시되 하늘은 나의 보좌요 땅은 나의 발등상이니 너희가 나를 위하여 무슨 집을 짓겠으며 나의 안식할 처소가 어디뇨 이 모든 것이 다 내 손으로 지은 것이 아니냐 함과 같으니라. 목이 곧고 마음과 귀에 할례를 받지 못한 사람들아 너희가 항상 성령을 거스려 너희 조상과 같이 너희도 하는 도다" 라는 말씀의 증거를 하시다가 순교를 당하셨습니다.

또한 그리스의 수도 아테네에서 수많은 신전을 바라보며, 사도 바울은 사도행전 17장 24-25절에서 "우주와 그 가운데 있는 만물을 지으신 하나님께서는 천지의 주재시니 **손으로 지은 전에 계시지 아니하시고 또 무엇이 부족한 것처럼 사람의 손으로 섬김을 받으시는 것이 아니니 이는 만민에게 생명과 호흡과 만물을 친히 주시는 이심이라**" 라는 분명한 증거로써, 온 우주 만물의 창조주이며 주재신이신 영원하신 하나님께서 이방 종교의 귀신들 같이 인간의 손으로 만든 성전에 계시지 아니하며, 또한 언제나 배가 고파 돼지머리를 찾아 인간의 손으로 섬김을 받는 분이 절대로 아니라는 것을 보여주십니다. 오히려 하나님께서는 온 인류에게 생명과 호흡과 만물을 친히 주시는 분이십니다. 영광의 하나님께 찬양과 경배를 올립니다.

넷째, 성경적 복음적인 참 성전. 성경적 복음적 성전은 하늘에 있는 참 성전과 지상에 있는 성전(예수를 믿고 성령으로 거듭난 성도들)으로 크게 둘로 나눌 수가 있습니다.

1) 어린양의 신부인 하늘의 성전(천상교회). 요한계시록 21:9 절에 "일곱 대접을 가지고 마지막 일곱 재앙을 담은 일곱 천사 중

하나가 나아와서 내게 말하여 이르되 이리 오라 내가 신부 곧 어린 양의 아내를 네게 보이리라 하고 성령으로 나를 데리고 크고 높은 산으로 올라가 하나님께로부터 하늘에서 내려오는 거룩한 성(城) 예루살렘을 보이니"라는 말씀과 같이, 어린양이신 예수 그리스도의 아름다운 신부의 비밀이 바로 하나님께로부터 하늘에서 내려오는 거룩한 성 예루살렘(천상 교회)인 것을 보여주고 있습니다. 바로 하늘의 참 성전이 어린양의 아내가 되는 것입니다.

이곳에는 성령으로 거듭나 성령의 인도를 받으면서 하나님의 집 성전으로 살아가면서 매일 하늘나라 천국을 누리면서 사는 성도들이 들어갑니다. 신앙은 지금이 중요합니다. 지금 성령으로 세례를 받고 성령으로 거듭나 성령의 인도를 받으면서 걸어 다니는 성전으로 살아가는 성도가 예수님 재림하실 때에 들림을 받아 영원한 천상의 교회에서 예수님을 찬양하며 영원히 사는 것입니다. 이는 예수님께서 마태복음 25장 1-13절에서 강조하신 열 처녀의 비유에서 잘 이해하고 기름을 준비할 수가 있는 것입니다.

2) 지상 성전(지상교회-예수를 믿고 성령으로 거듭난 성도들). 사도 바울은 많은 그의 서신서에서 성전의 참된 의미를 분명하고도 명쾌하게 증거하고 있습니다. "너희가 하나님의 성전인 것과 하나님의 성령이 너희 안에 거하시는 것을 알지 못하느뇨(고전 3:16)"과 "하나님의 성전과 우상이 어찌 일치가 되리요 우리는 살아 계신 하나님의 성전이라(고후 6:16)"과 또 "너희 몸은 너희가 하나님께로부터 받은바 너희 가운데 계신 성령의 전(殿)인 줄을 알지 못하느냐 너희는 너희의 것이 아니라 값으로 산 것이 되었으

니 그런즉 너희 몸으로 하나님께 영광을 돌리라(고후 6:19)"라는 말씀에서, 깨달은 대로 바로 예수 그리스도께서 보혈의 공로로 사신 하나님의 택하신 자녀인 예수님을 믿고 성령으로 세례 받아 성령의 인도를 받는 성도(지상교회)가 살아 계신 하나님의 집 성전이며, 하나님의 성령을 모시는 성령의 전(殿)이라는 것을 증거하고 있습니다. 성도들이 하늘나라 지상교회라는 말입니다.

또한 "그러므로 이제부터 너희가 외인도 아니요 손도 아니요 오직 성도들과 동일한 시민이요 하나님의 권속이라 너희는 사도들과 선지자들의 터 위에 세우심을 입은 자라 그리스도 예수께서 친히 모퉁이 돌이 되셨느니라. 그의 안에서 건물마다 서로 연결하여 주안에서 성전이 되어 가고 너희도 성령 안에서 하나님의 거하실 처소가 되기 위하여 예수 안에서 함께 지어져 가느니라"(엡 2:19-22)라는 말씀으로, 우리 이방인들도 사도들과 선지자의 터 위에 세우심을 입고 함께 서로서로 연결되어져 예수 안에서 함께 지어져 가는, 그리스도께서 친히 모퉁이 돌이 되신 하나님의 집 처소(성전)가 된다는 것을 증거하고 있습니다.

3) 성전(교회)의 비밀. 이제 성령 하나님을 마음속에 주인으로 모시고 사는, 즉 살아 있는 하나님의 성전인 성도들의 모임인 교회예배당에 대하여 구체적으로 알아보도록 하겠습니다. 예수님께서도 마태복음 18:20절에서 "두세 사람이 내 이름으로 모인 곳에는 나도 그들 중에 있느니라"라는 말씀으로 성도들과 함께 하심을 증거 하십니다. 그러므로, 사도 바울은 고린도전서 1:2절에서 "고린도에 있는 하나님의 교회 곧 그리스도 예수 안에서 거룩

하여지고 성도라 부르심을 입은 자들과 또 각처에서 우리의 주 곧 저희와 우리의 주되신 예수 그리스도의 이름을 부르는 모든 자들에게"라는 말씀에서, 하나님의 교회가 바로 주되신 예수 그리스도의 이름을 부르는 모든 성도들의 모임이라는 분명한 증거를 하고 있습니다. 그러니까, 예수님을 믿고 성령으로 세례를 받아 성령의 인도를 받는 성도들이 모여 있어야 교회예배당이라는 것입니다. 반드시 성도들이 두세 사람이 모여 있어야 교회예배당이 되는 것입니다. 교회에서 성도들이 떠나면 성전이 되지 못합니다. 벽돌로 잘 지어진 건물이 교회(성전)가 아니라는 말씀입니다.

또한 사도바울은 에베소서 3:6절에 "이는 이방인들이 복음으로 말미암아 그리스도 예수 안에서 함께 상속자가 되고 함께 지체가 되고 함께 약속에 참여하는 자가 됨이라" 라는 증거대로, 성경에는 이방인들도 복음을 듣고 함께 약속에 참여하는 후사가 된다고 하는 너무도 귀한 말씀이 기록되어져 있습니다.

여기서 너무도 놀라운 것은, 이방인에게도 복음이 전파되어 주예수의 이름을 불러 구원을 얻게 되는 이 모두가 하나님의 창세 전에 계획하신 뜻대로 이루어져 가는 놀라운 복음 전파의 역사적 사실이라는 것입니다. "곧 영원부터 우리 주 그리스도 예수 안에서 예정하신 뜻대로 하신 것이라"(엡 3:11)

그러므로 오직 하나님의 은혜로 장차 부활하여 영원한 천국에 가서 이러한 천상 교회를 이루게 될 성도들이, 이 지상에 사는 동안에는 지상 교회(성령으로 거듭난 하나님의 집 성전 된 성도)를 이루어 그리스도 안에서 점점 성장하게 됩니다. 그러나 이 지상

교회(거듭난 성도)에게는 온갖 거짓 진리와 투쟁을 하며 성경의 진리를 수호하며 오고가는 다음 세대에게 전수하여야 할 사명이 있음으로 "투쟁 교회"라는 표현을 하기도 합니다.

이번 코로나19로 인하여 교회가 정부로부터 여러 제재를 받은 것도 이 때문입니다. 사단은 어찌하든지 성도들이 교회예배당에 나와서 성령 충만하지 못하도록 기를 쓰고 방해하기 때문입니다. 사단은 믿지 않는 자들을 조종하여 성도들이 성령의 기름부음으로 충만하지 못하게 하는 것입니다.

지금 교회예배당에 나와서 예배를 드리지 않는 성도들이 많다고 하는데 이는 크게 잘못된 것입니다. 성도라면 주일만이라도 교회예배당에 나와서 영과 진리로 예배를 드리면서 살아계신 하나님의 성전 된 자신의 전인격을 정화하여 성령의 충만함으로 성화가 되도록 해야 하는 것입니다. 예배당에 나와서 예배드리며 기도하며 찬양을 하면서 보물인 예수님으로 충만하게 채워야 합니다. 그래야 예수님 재림하실 때 들림을 받을 수가 있는 것입니다.

4) 유형 교회와 무형 교회. 하나님께로부터 영생을 주시기로 작정된 자들이(행 13:48) 복음을 듣고 예수님을 믿어 주님의 품으로 돌아와 함께 이루어진 성도들의 모임을 "유형 교회"라고 말합니다. 건물로 지어진 교회예배당에 모인 성도들을 "유형 교회"라고 하는 것입니다. 건물이 아니고 성도들이 "유형 교회"입니다.

그리고 "무형 교회"는 고린도 성 안 사람들에게 복음 전하는 사도 바울에게 하나님께서는 사도행전 18:10절의 "내가 너와 함께 있으매 아무 사람도 너를 대적하여 해롭게 할 자가 없을 것이니 이는 이 성 중에 내 백성이 많음이라 하시더라" 라는 말씀을 통하여, 아직 때가 되지 않아 복음을 듣지 못한 하나님의 백성(성도)이 있음을 가리켜 주고 있습니다. 이를 가리켜 "무형 교회"라고 합니다.

그러므로 이 "무형 교회"의 하나님의 택하신 성도들은 때가 되어 주님의 복된 소식을 듣고, 주님께로 돌아와 "유형 교회"를 이루어 이 지상에서의 사명을 감당하게 되는 지상 교회의 구성원으로서 지내다가, 부활 후 하늘의 거룩한 천상 교회의 구성의 일원이 되는 것입니다. "무엇이든지 속된 것이나 가증한 일 또는 거짓말하는 자는 결코 그리로 들어오지 못하되 오직 어린양의 생명책에 기록된 자들뿐이라."(계시록 21:27). 교회건물은 성전이 아닙니다. 교회예배당이며, 예수를 믿어 성령으로 세례를 받고 성령의 인도를 받는 눈에 보이지 않지만 살아계신 하나님의 집 성전 된 성도들이 모여서 영과 진리로 예배를 드리며 성령으로 세례를 받고 자신을 성전으로 거룩하게 가꾸어 가는 교회예배당입니다.

교회란 "하나님의 자녀들의 공동체" 혹은 "불려 내어진 무리"라는 뜻입니다(무리, 공동체). 예수를 영접한 사람이외의 그 어떤 것도 교회가 될 수 없습니다. 흔히 너무도 많은 사람들이 교회라고 착각하고 있는 교회건물은 교회당, 예배당일 뿐이지 정확한 의미에서 교회당은 교회가 아닙니다. 뿐 만 아니라, 인간이 만든 조직이나 제도 역시 그 자체가 교회는 아니며, 그 자체가 신성한 것도 아닙니다(그것은 대치적 교회구조일 뿐, 결코 교회 본질의 일부가 될 수 없습니다). 교회당 건물을 "성전"이라고 부르는 것은 우민화된 증거이자, 무지의 소치이며, 반성경적인 것이기도 합니다. 교회당 건물을 "주님의 집"이라고 하는 것은 부당합니다. 왜냐하면 교회란 곧 믿는 사람들이기 때문입니다.

오늘 한국교회는 교회가 예수님을 믿고 성령으로 거듭난 사람이어야 하는데 그렇지 못하고 건물이 교회입니다. 그래서 교회를 '성전'이라고 하고, '제단'이라고 부르면서 크고 화려한 성전을 지어서 하나님 앞에 영광을 돌리자는 것이 구호입니다. 교회와 세상을 이분법적으로 구별해버렸습니다. 그래서 모든 것을 교회 안으로 끌어 모으는데 온 힘을 쏟습니다. 더 크고 더 화려한 건물을 짓는 것이 우상이 되고 목회 성공의 잣대가 되어버렸습니다.

그런데 세상 사람들은 우리를 개독이라고 조롱하고, 하나님의 이름과 영광을 땅에 떨어지고 짓밟히고 조롱당하고 있습니다. 하나님을 이야기하면 "하나님 좋아하고 있네!"라고 조롱합니다. 왜 그럴까요? 건물은 크고 화려한 데 하나님의 살아계신 역사가 나타나지 않습니다. 자기들하고 별로 다를 것이 없으니까요. 그래서 교회가 "모여라. 돈 내라. 집짓자."하는 곳으로 이해하며 조롱합니다. 하나님은 사람의 손으로 지은 건물에 계시지 않습니다(행 17:24). 그래서 건물로 지어진 교회가 성전이 아니라, 하나님께서 주인으로 계시는 자신이 성전이라는 의식을 가지고 믿음생활을 해야 합니다. 우리는 참 하나님과 자기의 하나님을 분명히 구별해야 하며, 참 예수님과 거짓예수를 분별해나가야 합니다. 무엇이 성경적인 진리인지, 유사 진리인지 성령으로 깨달아 알고 믿고 행해야 하며, 무엇이 교회인지 무엇이 교회가 아닌지 분명히 알아야 합니다. 특별하게 하나님의 형상으로 살아갈 성도들은 자신이 성전이라는 것을 분명하게 깨닫고 자신이 하나님의 성전이 되도록 성령의 인도를 받으면서 관리를 해야 할 것입니다.

결론적으로 인간의 가장 큰 신비는 인간은 영적 존재라는 것입니다. 단순히 동물과 같은 몸만을 갖고 있는 존재가 아닌 영혼이 있는 존재라는 것입니다. 그러기에 영을 갖고 있는 존재로서 하나님과 교류하고 소통할 수 있는 존재가 인간입니다. 그 방법으로 하나님은 성령을 우리 속에 보내주셨고 그 성령이 거하는 성도는 곧 하나님의 영이 거하므로 성전이 되는 것입니다. "너희 몸은 너희가 하나님께로부터 받은바 너희 가운데 계신 성령의 전인 줄을 알지 못하느냐 너희는 너희 자신의 것이 아니라 값으로 산 것이 되었으니 그런즉 너희 몸으로 하나님께 영광을 돌리라"(고전 6:19~20). 구체적으로 강조하셨습니다. 우리 몸은 하나님이 거하시는 성전이요, 성령이 거하시는 곳입니다. 믿음으로 우리는 이것을 알아야 합니다. 내 몸은 이제 더 이상 내 것이 아닙니다. 하나님이 값을 주고 우리 몸을 사셨습니다. 내가 주님을 영접하여 성령이 내 안에 오시는 순간부터 이제 내 것이 아니라 하나님의 것입니다. "야곱아 너를 창조하신 여호와께서 지금 말씀하시느니라 이스라엘아 너를 지으신 이가 말씀하시느니라 너는 두려워하지 말라 내가 너를 구속하였고 내가 너를 지명하여 불렀나니 너는 내 것이라"(사 43:1). 하나님이 우리를 구속하셨고, 우리를 한 사람씩 지명하여 부르셨다고 말합니다. 하나님의 눈에는 나를 보배롭고 존귀하게 여긴다고 말씀하십니다. 최고의 보물로 여기십니다.

이 책을 통해 예수님이 땅끝까지 전파 되기를 소원합니다.
(출판으로 인한 이익금은 문서선교와 개척교회 선교에 사용합니다.)

약한자를 사랑하시는 예수님

발 행 일 | 2024. 05.03초판 1쇄 발행

지 은 이 | 강요셉

펴 낸 이 | 강무신

편집담당 | 강무신

디 자 인 | 강무신

교정담당 | 강무신

펴 낸 곳 | 도서출판 성령

신고번호 | 제22-3134호(2007.5.25)

등록번호 | 114-90-70539

주   소 | 서울 서초구 방배천로 2길 53(방배동)

전   화 | 02)3474-0675/ 3472-0191

E-mail | kangms113@hanmail.net

유   통 | 하늘유통. 031)947-7777

ISBN | 978-89-97999-95-8 부가기호 | 03230

가   격 | 18,000원